T0244434

Angela Saini

El patriarcado

Los orígenes de la dominación masculina

Traducción del inglés por Silvia Alemany

editorial Kairós

Título original: THE PATRIARCHS
Esta traducción se publica por acuerdo con Angela Saini

© Angela Saini, 2023

© de la edición en castellano:
2024 Editorial Kairós, S.A.
Numancia 117-121, 08029 Barcelona, España
www.editorialkairos.com

Traducción del inglés al castellano: Silvia Alemany, 2023
Revisión: Amelia Padilla
Diseño cubierta: Editorial Kairós
Ilustración cubierta: KeithBinns

Fotocomposición: Florence Carreté. Barcelona
Impresión y encuadernación: Romanyà-Valls. 08786 Capellades

Primera edición: Febrero 2024
ISBN: 978-84-1121-233-5
Depósito legal: B 1.566-2024

«Cuando maté lo hice con la verdad, y no con un cuchillo. Es mi verdad lo que les asusta. Esta temible verdad me da un gran coraje. Me protege de mi temor a la muerte, o a la vida, el hambre, la falta de abrigo o la destrucción. Es esta temible verdad la que me impide temer la brutalidad de los gobernantes y los policías».

NAWAL AL-SA'DAWI, *Mujer en punto cero,* 1991

Sumario

Cronología

De 13 millones a 4 millones de años a.C.: El linaje humano difiere de los otros simios, incluyendo a chimpancés y a bonobos, según diversas valoraciones científicas.

Aproximadamente 300.000 años a.C.: Nuestra especie, *el homo sapiens*, aparece en el registro arqueológico de África.

10.000 a.C.: Una revolución agrícola da comienzo en el antiguo Creciente Fértil de Oriente Medio, a la que siguen miles de años de cultivos vegetales en todo el mundo, y eso simboliza el inicio del período Neolítico de esta zona.

7400 a.C.: Las grandes comunidades neolíticas de Çatalhüyük, situadas al sur de Anatolia, son relativamente ajenas al género, según el arqueólogo Ian Hodder.

Aproximadamente 7000 a.C.: El cadáver de una cazadora de caza mayor es enterrado en los Andes peruanos.

5000 a 3000 a.C.: Surge en Europa una especie de cuello de botella genético, y también en varias zonas de Asia y África; y eso implica que un pequeño número de hombres tienen desproporcionadamente más hijos que otros.

3300 a.C.: Es el inicio de la Edad de Bronce en África del Norte, Oriente Medio, el subcontinente indio y diversas partes de Europa.

2500 a.C.: Kubaba funda la tercera dinastía de los Kish en Mesopotamia y gobierna como reina por derecho propio.

2500 a.C. a 1200 a.C.: Un movimiento de varios pueblos procedentes de la estepa euroasiática penetran en Europa, y luego en Asia llevando consigo culturas más violentas y más dominadas por el hombre, según la arqueóloga Marija Gimbutas.

750 a.C.: Las antiguas residencias señoriales de Grecia están divididas en espacios separados para las mujeres y los hombres.

700 a.C.: El antiguo poeta griego Hesíodo describe a la mujer diciendo que «es de una raza y de una tribu mortales» y que «está en su naturaleza hacer el mal» en su influyente historia del mundo *La teogonía*.

Alrededor de 622 a.C.: Se redacta una forma temprana del libro de Deuteronomio del Antiguo Testamento, en el que se dan instrucciones a los hombres sobre cómo deben tratar a las mujeres capturadas en la batalla.

Aproximadamente en 950 a.C.: Una líder y guerrera vikinga de rancio abolengo es enterrada en Birka, Suecia.

1227: Fallecimiento del líder mongol Chinggis (Genghis) Khan, cuyos descendientes se cree en la actualidad que son uno de cada doscientos hombres que pueblan el planeta.

1590: Reunión de las mujeres nativas americanas haudenosaunee en Seneca Falls para exigir la paz entre sus pueblos.

1680: *Patriarca o El poder natural de los reyes*, del teórico político inglés sir Robert Filmer, defiende el derecho divino de los reyes argumentando que un monarca tiene autoridad natural sobre su pueblo del mismo modo que un padre lo tiene sobre su hogar.

1765: *Commentaries on the Laws of England*, del famoso jurista inglés sir William Blackstone, refuerza el principio de que la existencia legal de la mujer se incorpora a la de su marido cuando contrae matrimonio.

1848: La primera convención en pro de los derechos de la mujer se celebra en la capilla metodista de Seneca Falls, en Nueva York.

1870: El Acta sobre la Propiedad de las Mujeres Casadas se aprueba en el Reino Unido, la cual permite a las mujeres casadas conservar legalmente sus ganancias.

1884: El filósofo socialista alemán Friedrich Engels escribe que las sociedades matriarcales fueron derrocadas por «la derrota histórica y mundial del sexo femenino».

1900: La reina madre del Imperio asante ghanés Nana Yaa Asantewaa lidera una guerra de independencia contra el Imperio británico.

1917: La Revolución rusa conduce a la creación del primer estado socialista.

1920: La Rusia soviética se convierte en el primer país del mundo en legalizar el aborto.

1960: Sirimavo Bandaranaike es la primera mujer en ser elegida primera ministra en Sri Lanka.

1976: La legislatura de Kerala en la India abole el linaje matrilineal.

1979: La Revolución iraniana derroca la monarquía gobernante y conduce a la creación de una República Islámica conservadora.

1989: El muro de Berlín cae y marca el inicio del colapso de la Unión Soviética.

1994: El secuestro de las jóvenes casaderas es proclamado ilegal en Kirguistán.

2001: Los Países Bajos se convierten en el primer país en legalizar los matrimonios de parejas del mismo sexo.

2017: La Organización para el Trabajo Internacional incluye el matrimonio obligatorio en sus cómputos estadísticos sobre la esclavitud moderna por primera vez.

2021: Los talibanes recuperan el poder en Afganistán tras veinte años de guerra, y por lo pronto impiden el acceso a la educación y al trabajo a las mujeres y las niñas.

2022: La Corte Suprema de Estados Unidos anula el dictamen de 1973 de Roe contra Wade que establecía el derecho federal al aborto.

2022: La muerte de Mahsa Amini en Irán tras su arresto por parte de la policía religiosa islámica provoca un aluvión de protestas contra la República islámica.

Mapa del linaje matriarcal

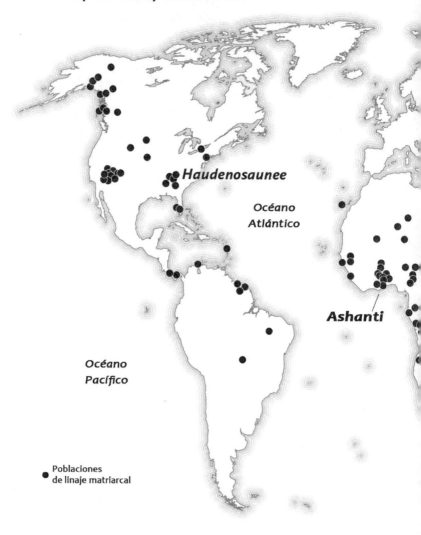

Haudenosaunee

Océano
Atlántico

Ashanti

Océano
Pacífico

● Poblaciones
de linaje matriarcal

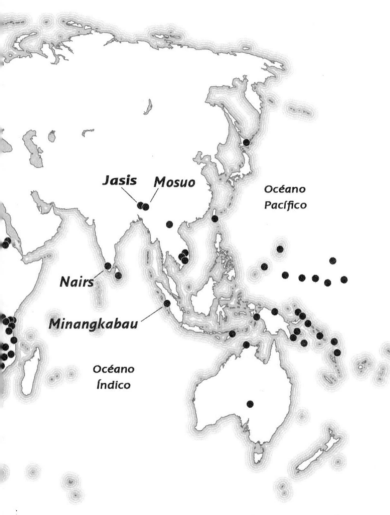

Jasis Mosuo

Océano
Pacífico

Nairs

Minangkabau

Océano
Índico

Ilustración de Martin Brown (basada en la ilustración número 1 del artículo
de Alexandra Surowiec, Kate T. Snyder y Nicole Creanza «A Worldwide view of matrinity;
using cross-cultural analyses to shed light on human kinship systems»,
Philosophical Transactions of the Royal Society B, vol. 374, núm. 1780, 2 de septiembre de 2019).

Introducción

He estado muy ocupada con las imágenes de las diosas mientras escribía este libro. De entre ellas, hay una que me merece especial interés.

Se trata de una litografía popular hindú realizada hace algo más de un siglo. Kali, la asesina de demonios, el símbolo de la muerte y del tiempo, nos desafía para que supervisemos la carnicería que ha desatado. Con los ojos abiertos de par en par y sacando la lengua, su intensa piel azul sobresale de la página. La melena negra y ondulada le llega hasta la cintura, rodeada por una falda de brazos amputados. Del cuello le cuelga una guirnalda de cabezas cortadas como si fueran flores. En una mano sostiene una espada y en la otra, la cabeza de un demonio. En la tercera mano sostiene una bandeja que recoge la sangre vertida a manera de una ofrenda, mientras que con la cuarta señala la sangrienta escena que la rodea en señal de bendición.

Los antiguos dioses y diosas hindúes por lo general son transgresores, como si hubieran sido convocados por otros universos. Ahora bien, en la era del imperio, las autoridades británicas y los misioneros cristianos de la India se sentían tan aterrorizados por Kali, en concreto, que los revolucionarios nacionalistas la adoptaron como símbolo de oposición a las normas coloniales. En algunas representaciones se la ve con cadáveres a modo de pendientes, y con cuerpos enteros atravesándole los lóbulos. «¡Qué retrato más espantoso! –escribió una inglesa en un panfleto publicado por la Sociedad de Misiones de los Clérigos de la Biblia en 1928–. ¡Y se atreven a llamar a esta deidad femenina y salvaje la dulce madre!».

La paradoja de Kali es que es una madre divina, una que desafía todos los supuestos modernos sobre la feminidad y el poder. Tanto si es un reflejo como una subversión de la humanidad, el hecho de que se hicieran representaciones de ella nos sigue sorprendiendo a todos. En el siglo XXI la han adoptado las activistas por los derechos de la mujer desde Nueva Delhi hasta Nueva York, y la han descrito como el icono feminista que necesitamos en la actualidad. En esa diosa podemos seguir reconociendo el potencial que tenemos de destruir el orden social. Podemos visualizar la irrefrenable rabia que se aloja en el corazón de los oprimidos. Incluso podemos llegar a preguntarnos si esas cabezas que le cuelgan del cuello no serán las de los patriarcas de la historia.

Este es el poder que ejerce en nosotras el pasado. ¿Por qué en pleno siglo XXI nos remitimos a una figura de la historia antigua para confiar en la capacidad que tenemos de cambiar el mundo? ¿Qué nos da Kali que no somos capaces de encontrar en nosotras mismas?

El filósofo Kwame Anthony Appiah preguntó en una ocasión, siguiendo esta misma línea, por qué algunos nos sentimos en la necesidad de creer en un pasado más igualitario para representarnos un futuro más equitativo. Tanto historiadores como científicos, antropólogos, arqueólogos y feministas se han sentido fascinados por esta pregunta. Como periodista de divulgación científica especializada en temas de racismo y sexismo, a menudo me planteo esta cuestión. Queremos saber la razón de que nuestras sociedades se hayan estructurado de esta manera, y cómo eran en tiempo pasados. Cuando contemplamos a Kali, me pregunto si no estaremos refiriéndonos a la posibilidad de que hubo un tiempo en que los hombres no gobernaban, un mundo perdido en el que la feminidad y la masculinidad no significaban lo que significan en la actualidad.

El deseo de contar con un precedente histórico también nos está diciendo otra cosa. Indica que nuestras vidas nos pueden parecer faltas de sentido en determinados momentos. La palabra que ahora usamos para describir la opresión de las mujeres, «el patriarcado», se ha convertido en una palabra devastadoramente monolítica, que describe todos los escenarios en los que las mujeres y las niñas de todo el mundo sufren maltratos e injusticia, y me refiero a la violencia doméstica y a las violaciones, pero también a la brecha en los salarios debido al género y a los postulados de la doble moral. Tomado en su conjunto, la escala y la magnitud de todo esto parece que escapan de nuestro control. La opresión por causa del género empieza a parecernos una gran conspiración que se extiende hasta los confines de los tiempos. Debió de ocurrir algo terrible en nuestro pasado ya olvidado para que hayamos terminado situadas donde estamos en la actualidad. Las personas llevan muchos años intentando entender el origen del patriarcado.

Fue en 1680 cuando el teórico político inglés sir Robert Filmer luchó para defender la norma divina de los reyes argumentando en su *Patriarca o El poder natural de los reyes* que el estado era como una familia, y con ello implicaba que los reyes en realidad eran los padres y sus súbditos, los hijos. La cabeza visible del estado era el patriarca terrenal por antonomasia, por la gracia de Dios, cuya autoridad se retrotraía hasta los tiempos bíblicos de los patriarcas. En la visión que tiene Filmer del universo (muy conveniente para él, como aristócrata que deseaba defender al rey de sus críticos), el patriarcado era algo natural. Empezaba a pequeña escala en las familias de los pueblos, en las que el padre ejercía su dominio en el hogar, y terminaba a gran escala, en las marmóreas instituciones de la política, la ley y la religión.

Durante un tiempo, a mediados del siglo XIX, y también durante la segunda mitad del siglo XX, los intelectuales volvieron a interesarse por lo que era el patriarcado y por qué surgió. ¿Era por el dominio global de los hombres sobre las mujeres, o era algo más específico? ¿Concernía al sexo, o concernía al trabajo? ¿Estaba apoyado por el capitalismo o era algo independiente del sistema? ¿Tenía su propia historia o era un patrón universal determinado por nuestra propia naturaleza?

Centenares de años después, la explicación fractal de Robert Filmer seguía ejerciendo un cierto atractivo. En *Política sexual*, un texto feminista clásico de 1970, la activista americana Kate Millet definía el patriarcado como el control de los hombres más jóvenes por parte de los hombres más maduros, así como el control de las mujeres por parte de los hombres en general. Empezando por el padre, el poder en función del género se creía que se irradiaba desde el hogar hasta la comunidad y el estado.

Sin embargo, seguía existiendo la cuestión de cómo era posible que los hombres hubieran llegado a conseguir ese poder en un inicio. En 1979, explorando en lo que hasta entonces había llegado a ser una veta muy rica de escritos feministas sobre el patriarcado, la socióloga británica Veronica Beechey se dio cuenta de que la dominación masculina a menudo se consideraba que estaba basada en el sexo y la reproducción. La opresión de las mujeres parecía radicar en la premura patológica de los hombres por controlar los cuerpos de las mujeres. «Sin embargo –escribió Beechey–, nunca ha terminado de aclararse qué es lo que convierte a los hombres en opresores sexuales, ni, lo que es más importante, cuáles son las características de determinadas formas de sociedad que sitúan a los hombres en posiciones por las que son capaces de ejercer el poder sobre las mujeres».

Como Beechey descubrió, lo que complica cualquier teoría universal del patriarcado es que la desigualdad y la opresión entre los géneros nunca han sido las mismas para todos y en cualquier parte del mundo. En la diosa Kali tenemos un símbolo del poder femenino. Quizá pertenezca al ámbito de lo legendario, pero no tendría tanta popularidad si no reconociéramos en ella una parte de nosotras mismas.

En la India, donde viví durante un tiempo, las mujeres indias de clase alta y media solían emplear tanto a hombres como a mujeres en el servicio doméstico, para cocinar y limpiar por unos salarios de subsistencia. Yo tenía veintidós años y vivía sola, pero eso no impedía que tuviera a dos hombres trabajando para mí. Los que pertenecen a la casta más baja de la jerarquía social hacen la mayor parte de los trabajos más sucios y peor pagados del país, incluida la recogida de los excrementos de origen humano y animal. Durante la primera cuarentena de la pandemia de 2020, cuando los sirvientes domésticos regresaron a sus casas porque no podían trabajar, las mujeres más ricas del país se encontraron de la noche a la mañana con que tenían que desempeñar las tareas domésticas quizá por primera vez en su vida. A inicios del año siguiente (fuera o no fuese pura coincidencia), un partido político del estado indio de Tamil Nadu inició una campaña para que las amas de casa cobraran un sueldo mensual.

Como preguntó la catedrática de Estudios de la Mujer Chandra Talpade Mohanly, «¿Cómo es posible referirse a la división sexual del trabajo cuando el contenido de esta división cambia radicalmente de un entorno a otro, y de una encrucijada histórica a otra?». Si existieran ciertos aspectos fundamentales de la naturaleza femenina y masculina que determinaran que el hombre ejerciera el control sobre la mujer, dividiéndonos netamente en dos papeles muy diferenciados, cabría esperar que, a lo largo y a lo ancho de este mundo, y durante el transcurso de la historia, se compartieran unos patrones vivenciales y laborales similares.

Nada más lejos de la realidad. La condición social inferior de algunas mujeres nunca ha impedido que otras mujeres de la misma sociedad ostenten una gran riqueza o un gran poder por derecho propio. Ha habido reinas, emperadoras, faraonas y poderosas guerreras desde que se tiene constancia histórica. Durante los dos últimos siglos, las mujeres han sido monarcas de Gran Bretaña durante más años que los hombres. Las mujeres han tenido esclavos y criados y siguen teniéndolos. Hay culturas que dan prioridad a las madres, y, en ellas, los niños ni siquiera parecen pertenecer al mismo hogar que sus padres.

«Las mujeres, en función de su clase social, tienen experiencias históricas distintas –escribió Gerda Lerner, una de las fundadoras en el ámbito académico de la historia de las mujeres en Estados Unidos, mientras barajaba estas contradicciones–. Sí, las mujeres forman parte de los personajes anónimos de la historia, pero a diferencia de estos, también, y siempre, han formado parte de la élite reinante. Están oprimidas, pero no como lo estarían los grupos raciales o étnicos, aunque algunas lo estén. Están subordinadas y explotadas, pero no como las clases bajas, aunque algunas de ellas lo estén».

En 1989, la experta legal Catharine MacKinnon escribió que se había dado cuenta de que, salvo algunas excepciones, «el feminismo no tenía constancia del poder masculino como un todo ordenado, aunque perturbado. El feminismo empezó a ser una denuncia épica en busca de una teoría, una teoría épica que necesita hallar justificaciones escritas». Los productos finales del poder masculino están bien documentados (en una mayor proporción de hombres en los puestos de mando, en la preferencia que se tiene por los hijos varones en muchas partes del mundo, en las tasas de acoso sexual, en una estadística tras otra), pero, por sí mismo, eso no explicaría que los hombres llegaran a gobernar en un principio. «El tema que debe explicarse, es decir, el desarrollo de la supremacía del hombre, se da por sentado con gran eficacia –observó MacKinnon–. El poder social no se explica, solo se reafirma».

Lo que en realidad nos ha traído hasta aquí tiene tintes míticos. Si se explotaba más a las mujeres que a los hombres, escribió Mac-Kinnon, se consideraba que la causa radicaba en su carácter y no en su condición física. La falta se encuentra en nuestro interior, no en el exterior. Incluso Karl Marx, que soñaba con abolir la desigualdad social con el comunismo, no podía escapar a la sospecha de que la desigualdad sexual era una excepción a las otras formas de opresión, basada en las diferencias biológicas en lugar de en la historia.

Durante un tiempo, los intentos de encontrar una base universal que diera explicación de la opresión de las mujeres terminaron siendo meros ejercicios de simplificación, a veces hasta llegar al absurdo. Había quien se explicaba los orígenes del patriarcado diciendo que las mujeres eran completamente incapaces de resistirse a la coacción y al dominio masculinos. Decían que eran demasiado débiles, y los hombres, demasiado fuertes, según este punto de vista. La más curiosa de estas teorías afirma que el gran cambio de inflexión de la prehistoria se dio cuando las sociedades pacíficas y centradas en las mujeres de repente se vieron derrocadas por unos hombres violentos y saqueadores que mostraban una irrefrenable ansia de poder y de control sexual. Los dioses patriarcales substituyeron a las diosas madre cálidas y protectoras.

«En otras palabras –escribió la socióloga francesa Christine Delphy, mostrándose precavida ante estas especulaciones históricas–, la cultura de nuestra propia sociedad se atribuye a la naturaleza de una sociedad hipotética».

La antropóloga americana Michelle Rosaldo también se mostró escéptica. «Somos las víctimas de una tradición conceptual que descubre su esencia en las características naturales que nos diferencian de los hombres, y luego declara que lo que en la actualidad tienen las mujeres deriva de lo que en esencia son las mujeres», escribió la autora en 1980. Basándose en las observaciones antropológicas de las sociedades de todo el mundo, Rosaldo pensó que la dominación masculina era generalizada, sin lugar a dudas. Pero también se dio cuenta de que se manifestaba de tan distintas maneras que no tenía ningún sentido imaginar que fuera una especie de experiencia común globalizada, o que hubiera alguna causa que lo provocara.

«Haríamos muy bien si pensáramos en el sexo biológico como si fuera una raza biológica –propuso la antropóloga–, y en tomarlo como una excusa en lugar de como la causa de todo el sexismo que vemos».

Las excepciones son lo que en realidad pone a prueba lo que presuponemos. No es en los grandes y muy simplistas relatos históricos donde descubrimos quiénes somos, sino en los márgenes de estos, donde las personas viven de una manera distinta a como cabría esperar. En todas las culturas se demuestra que lo que imaginamos que son unas normas biológicas fijas o unas historias lineales claras, por lo general, son todo lo contrario. Somos una especie que muestra una enorme variación en la manera en que elegimos vivir, con un increíble margen de maniobra para cambiar. Pensando que la desigualdad de géneros está arraigada en algo inalterable que está en nuestro interior no conseguimos verla tal como es: algo más frágil que debe rehacerse y reafirmarse constantemente.

Estamos en vías de rehacer todo eso, incluso ahora.

Parece que hay muy pocas pruebas convincentes de la existencia de unas utopías matriarcales que fueron derrocadas de un solo plumazo. Y tampoco hay pruebas de que la opresión de las mujeres empezara en casa. Al contrario, vemos en los registros históricos datados de la misma época que los primeros estados e imperios empezaron a crecer mientras intentaban expandir su población y conservar los ejércitos para defenderse. Las élites que gobernaban esas sociedades necesitaban mujeres jóvenes para que tuvieran el máximo número de hijos posible, y en cuanto a los jóvenes, se les educaba para que fueran unos guerreros solícitos. Es en este punto donde es posible vislumbrar la aparición de las reglas de género que doblegan el comportamiento y la libertad de los individuos en su día a día. Las virtudes como la lealtad y el honor son reclutadas al servicio de estos objetivos básicos. Las tradiciones y las religiones, a su vez, se desarrollaron en torno a los mismos códigos sociales.

Las presiones sociales se filtraron en los hogares domésticos, e influyeron en la dinámica de las relaciones personales. En esas partes del mundo donde las novias abandonaban su familia de origen para irse a vivir con la familia de su marido, parece ser que la institución del matrimonio fue conformada a partir de la extendida y deshumanizadora práctica de la captura de cautivas y de la esclavitud. Las esposas podían ser tratadas como forasteras en sus propias comunidades, y solo ascendían de posición social a medida que iban creciendo y tenían hijos propios. La opresión de las mujeres quizá no empezara en el hogar, pero sí terminó recalando allí.

Los escombros del pasado implican que la realidad de las ideologías y las instituciones dominadas por los hombres a medida que iban surgiendo no debieron de ser un único sistema plano en el que todos los hombres ejercitaban el poder sobre todas las mujeres a la vez, sino que las diferencias dependían de las circunstancias locales. El poder patriarcal podía interpretarse de mil y una maneras distintas por todos y cada uno de los miembros de una misma sociedad. Sin embargo, mientras todo eso sucedía, las personas también se iban retrayendo. Siempre hubo resistencias y compromisos. Los cambios que vemos en el tiempo son graduales e irregulares, se apoderan de las vidas de las personas a lo largo de las generaciones hasta que estas ya no consiguen imaginarse vivir de otra manera distinta. Después de todo, así es como suele funcionar la transformación social: normalizando lo que antes habría sido impensable.

Por último, esta es la historia de unos individuos y de unos grupos que luchan por tener el control sobre el recurso más valioso de este mundo: los demás. Si las maneras patriarcales de organizar la sociedad son sospechosamente parecidas en todos los puntos del planeta en la actualidad, no es porque las sociedades aterrizaran mágicamente (o biológicamente) en ellas al mismo tiempo, o porque las mujeres de todo el mundo se doblegasen y aceptaran la subordinación; es porque el poder es inventivo. La opresión de género fue cocinada y refinada no solo en el seno de las sociedades, sino que también fue exportada deliberadamente durante muchos siglos a través del proselitismo y el colonialismo.

Lo más insidioso de este fraude es el modo en que ha llegado a modelar la cantidad de creencias que sostenemos sobre la naturaleza humana. Si la diosa hindú Kali nos cuenta algo de nuestro pasado es que la representación del mundo que nos hemos hecho jamás ha sido estática. Los que se hallan en el poder han trabajado desesperadamente a lo largo de los tiempos para proporcionarnos la ilusión de una solidez ante los códigos y jerarquías de género que inventaron. En la actualidad, estos mitos han pasado a convertirse en nuestras propias convicciones. Vivimos a través de ellos. No nos atrevemos a preguntar si la razón de que Kali sea contemplada como una deidad tan radical, una deidad que rompe con las normas de la feminidad, podría ser porque procede de una época en que las normas eran distintas.

Después de varios siglos viviendo en las sociedades que hemos construido, damos a lo que vemos una etiqueta única: «el patriarcado». A partir de aquí, el término parece casi conspiratorio, como si todo estuviera astutamente planificado desde el inicio, cuando, en realidad, siempre ha sido una apropiación muy lenta. Podemos verlo con nuestros propios ojos en los patriarcas que todavía siguen intentando alargar sus tentáculos hacia nuestras vidas actuales. Podemos verlo en el resurgimiento de los talibanes de Afganistán, ver sus garras en las libertades de género en Rusia y Europa del Este, en la abolición del derecho al aborto en Estados Unidos. No es esta una historia de los orígenes terminada y revisada. Es una historia que estamos en proceso de escribir, y el proceso es activo.

He dedicado varios años a investigar y viajar para escribir este libro. El desafío mayor ha sido desenmarañar el nudo de hechos dados por sentado que empantanan la cuestión y vienen disfrazados de conocimientos objetivos, aunque a menudo terminen siendo un vehículo de conjeturas. Cuanto más te retrotraes hacia la prehistoria, más ambiguas son las pruebas. El mito y la leyenda interactúan con los hechos y las interpretaciones imaginativas hasta que es casi imposible separarlos. Me he ceñido todo lo que he podido a la identificación de las primeras señales de la dominación masculina, de los pistoletazos sociales e ideológicos de la opresión de género, y a seguir su lento crecimiento hasta nuestros propios días. El relato que ofrezco es imperfecto, qué duda cabe, y también incompleto. Aunque seamos capaces de ver más allá de los juegos de manos, nos vemos limitados por nuestras propias experiencias y creencias. Para todos los que hemos ido a la búsqueda de los orígenes del patriarcado, nuestros esfuerzos no dicen tanto del pasado como puedan decirlo del presente.

Sin embargo, quizá sea el presente lo que en realidad estamos buscando comprender.

1. La dominación

«¿Ha existido alguna vez algún tipo de dominio que no les pareciera natural a los que lo poseían?».

JOHN STUART y HARRIET TAYLOR MILL,
La esclavitud femenina, 1869

¡Imagínate que pudiéramos rehacer el mundo partiendo de cero!

Es donde nos lleva el argumento de la película de Hollywood que hizo una taquilla multimillonaria y se convirtió en franquicia: *El planeta de los simios*. Esta fantasía distópica, adaptada de la obra de 1963 del novelista francés, y antiguo agente secreto, Pierre Boulle, describe a unos incautos seres humanos que son expulsados del estatus de criaturas más poderosas del mundo por un colectivo de chimpancés, gorilas y orangutanes que proceden a forjar su propia civilización y a crear sus propias instituciones políticas y sociales. De un plumazo, nosotros, los seres humanos, nos convertimos en una especie inferior. Es una revolución tan sustancial como no se había visto jamás.

Las películas, que empiezan con el protagonista de la película original Charlton Heston en la década de 1960 y terminan en las secuelas y las nuevas versiones que se han realizado a lo largo de cinco décadas, son provocativas en toda la extensión de la palabra. Es difícil obviar los comentarios sobre la guerra, los derechos de los animales o la fragilidad de la creencia de la humanidad en su propia excepcionalidad. Existe un subtexto racial muy claro, que se hace eco de las luchas por los derechos civiles y que sorprendió a los críticos por lo ofensivo que resultaba. Sin embargo, hay una parte de *El planeta de los simios* que a menudo pasa desapercibida para el público: tanto si se trata de humanos como si se trata de simios, los machos se encuentran situados casi siempre en el centro mismo de la acción.

En la película original había un personaje femenino muy fuerte. Sin embargo, en la entrega de 2014, Cornelia, la chimpancé que tiene más relevancia y es la esposa del protagonista, César, tan solo aparece en pantalla unos minutos. Es más, la chimpancé es todo un manojo de los estereotipos de género. Tras la revolución, se transforma rápidamente en cuidadora y compañera, se adorna el pelo con cuentas, coge a un pequeño en brazos y adopta una actitud vulnerable.

Lo emocionante de la ciencia ficción debería ser la licencia que se arroga de romper con las convenciones. La promesa radical de este género es que puede ayudarnos a hacer que retroceda el mundo en que vivimos. La difunta Ursula K. Le Guin escribió una vez que sus novelas, como gran parte de la narrativa especulativa que tanto admiraba, esperaban «brindar una alternativa imaginada pero persuasiva de la realidad, sacarme de mi mente, y, por consiguiente, de la mente del lector, del perezoso y timorato hábito de pensar que el modo en que vivimos en la actualidad es la única manera en que son capaces de vivir las personas».

Sin embargo, incluso nuestras fantasías parecen tener un límite. No podemos evitar buscar entre los entresijos de lo conocido lo que parece inverosímil. Quizá esa sea la razón de que los productores de *El planeta de los simios* den un toque de más humanidad a los otros primates del que poseen en la vida real. Los chimpancés no aparecen tan alejados de nosotros en el árbol evolutivo, pero, con un empujoncito más, podríamos empezar a creer que quizá son capaces de dominarnos. Podemos vernos reflejados en ellos, como una especie haciendo guiños al dominio globalizado.

¿Cómo contempla la sociedad el amanecer de este nuevo y valiente mundo en el que todo vuelve a empezar? Curiosamente, no lo hace de una manera muy distinta a la de la actualidad. Aunque nos traguemos la posibilidad de que se dé un alzamiento dirigido por los chimpancés, no acertamos a plantearnos la pregunta de por qué los machos de estas películas son los que siguen haciéndose cargo de la situación. No nos cuestionamos el hecho de que otra especie adopte automáticamente las costumbres del matrimonio heterosexual por las cuales las hembras no tardan en desaparecer en las sombras de la vida doméstica. De alguna manera, los simios han terminado por dar con lo que parece ser otro patriarcado más.

Para que las cosas fueran de otra manera, y eso es algo que se deja a nuestro entendimiento (si es que se nos ocurre pensar en ello), se necesitaría un argumento de ciencia ficción distinto del que ya está escrito. Y eso exigiría que se llevara a cabo otra revolución.

El día que fui al zoológico de San Diego, en California, llegué justo a tiempo de ver el resultado final de una batalla.

Atisbando por el cercado, no pude evitar compadecerme del simio que cuidaba de la herida que tenía en la mano, agachado, recostado de lado y de espaldas al grupo, mirándome a los ojos como si estuviera asustado o avergonzado. Amy Parish, una primatóloga de la Universidad de California del Sur que había estudiado los simios bonobos durante tantos años que los animales ya la conocían, me explicó que los machos en general confían en sus madres para que los protejan y les otorguen una posición social. Al no tener la madre cerca, este bonobo había sido presa fácil de un ataque violento por parte de una hembra de mayor edad.

Desde el día en que conocí a Parish en el zoológico, y de eso hace ya cinco años, su trabajo con los bonobos no ha hecho más que reforzar el consenso científico de que la dominación femenina es normativa en esta especie. Las hembras bonobo persiguen y atacan a los machos. Y eso es relevante para la historia de la humanidad porque los bonobos se encuentran situados tan cerca de nosotros en términos evolutivos como los chimpancés, lo que los convierte en unos parientes de primer o segundo grado en el ámbito genético del reino animal. El especialista en primates Frans De Waal, catedrático de Psicología en la Universidad Emory, confirma que no se ha descubierto ninguna colonia de bonobos que esté liderada por un macho, ni en cautividad ni en un entorno salvaje. «Había ciertas dudas sobre el tema, pero de eso hace ya veinte años –me cuenta–, ahora ya nadie afirma tal cosa. Ahora decimos que las hembras son las dominantes».

La dominación masculina es muy común en el reino animal. La vemos en los chimpancés, por ejemplo. «La mayoría de la gente cree que el patriarcado es algo que nos viene dado», dice Amy Parish. Pero esta norma no es tan rápida y eficaz como parece. Cuantos más detalles van viendo los investigadores, más variantes encuentran. El liderazgo femenino no solo se advierte en los bonobos, sino también entre las orcas, las leonas, las hienas moteadas, los lémures y los elefantes hembras.

Cuando se trata de comprender cómo funciona el dominio, «podemos aprender muchas cosas de los bonobos», añade Parish. Al menos en lo que respecta a esta especie, el dominio no tiene nada que ver con el tamaño. Las hembras bonobo de promedio son un poco más pequeñas que los machos, del mismo modo que las hembras chimpancés son un poco más pequeñas que sus machos. Lo que las diferencia es que las bonobos forjan unos vínculos sociales muy estrechos entre ellas, aun cuando no estén emparentadas, y cimentan estas relaciones y alivian las tensiones frotándose juntas los genitales. Estas redes sociales íntimas generan poder y dejan al margen toda posibilidad de que un macho en concreto pueda llegar a dominar el grupo.

«Se nos ha contado que los machos dominan por naturaleza a las hembras, y que son mejores líderes que ellas. Pero yo creo que esta línea de argumentación no funciona», añade De Waal. No hay pruebas de ello. Sin embargo, como De Waal y Parish han comprobado por sí mismos, convencer a los demás de que esta teoría es cierta les ha llevado más tiempo del que debería. «A los hombres les resulta muy difícil aceptar que las mujeres se pongan al mando», dice De Waal. Si se pasaran por alto los hechos que aparecen en las películas de *El planeta de los simios*, podríamos echar la culpa a los mitos sexistas que llevan empantanando los estudios del comportamiento animal desde hace generaciones.

«Es interesante que yo, como hombre, escriba sobre el género y los bonobos, porque yo creo que si una mujer escribiera las cosas que yo escribo sobre los bonobos, probablemente descartarían todo lo que contara», dice De Waal. Incluso sus colegas primatólogos se mostraron reticentes a aceptar la existencia de una especie claramente dominada por las hembras. En una ocasión, mientras estaba dando una conferencia en Alemania sobre el poder de la hembra alfa bonobo, De Waal explicó: «Al término del debate hubo un catedrático alemán, un señor ya anciano, que se levantó y dijo: "¿Pero qué les pasa a estos machos?". Tenía clarísimo que los machos debían ser los dominantes».

Ahora bien, aquí hay más cosas que entran en juego, aparte del sexismo. Cuando observamos a otras especies, estamos buscando aquello que observamos en nosotros mismos. Si los seres humanos tienen sociedades patriarcales, ¿cómo es posible que nuestros primos hermanos, los primates, los que creemos que representan nuestro pasado primigenio, no tengan? ¿Qué dice todo eso de las raíces evolutivas del dominio masculino?

Cinco años después de que se estrenara la primera película de *El planeta de los simios* en los cines, en 1968, Steven Goldberg, un catedrático de Sociología de la Universidad Municipal de Nueva York, publicó un libro argumentando que las diferencias biológicas fundamentales entre los hombres y las mujeres eran de una raigambre tan profunda que, en cada iteración de la sociedad humana, el sistema patriarcal terminaría por ganar de plano. En *La inevitabilidad del patriarcado* afirmó que, fueran quienes fuesen los que se repartieran el pastel, los hombres, que en su opinión eran por naturaleza más poderosos y agresivos, siempre terminarían por hacerse con la tajada de mayor tamaño.

Goldberg escribió que valoraba las verdades científicas y los datos biológicos fidedignos. Pero su argumentación en realidad descansaba sobre lo que él calibraba que debía de ser la noción que los demás tenían de su propio estatus. «El dominio masculino se refiere a la sensación reconocida (al énfasis) de las emociones tanto de los hombres como de las mujeres de que la voluntad de la mujer de alguna manera está supeditada a la del varón. Toda sociedad acepta la existencia de estos sentimientos, y se conforma a ella socializando a los niños en concordancia, porque ese es el deber de toda sociedad». Goldberg podría haber interpretado este comportamiento como una profecía autocumplida, la que dice que la cultura influye en cómo nos comportamos a lo largo de las distintas generaciones, pero hizo todo lo contrario, y lo consideró un instinto biológico, como si la naturaleza estuviera actuando siguiendo un guion propio.

Por muy descartable que pueda parecernos esta explicación hoy en día, de hecho, hay diferencias entre la conclusión a la que llegó Goldberg y los escritos que los científicos y los filósofos elaboraron a lo largo de los siglos. El naturalista Charles Darwin pensó que «el hombre ha terminado por ser superior a la mujer» como resultado de la evolución. El biólogo Edward O. Wilson escribió en 1975 que uno de los patrones básicos del ser humano era que los varones adultos «dominan a las mujeres». Y esta es una creencia que va saliendo, una y otra vez, en la cultura popular. En un episodio de 1988 de la serie televisiva *Star Trek: La nueva generación*, la tripulación baja a un planeta que resulta que está gobernado por mujeres que tratan a los hombres como si fueran sus inferiores. El misterio de este planeta matriarcal se resuelve para el público con una simple pista visual: los hombres de este mundo son mucho más bajos y físicamente más endebles que las mujeres. De lo que se deduce, evidentemente, que las mujeres están al mando porque son más grandes que los hombres. Está claro, ¿no?

Sin embargo, y por lo que sabemos de los bonobos, no podemos dar por sentado que las diferencias físicas promedio de tamaño o fuerza entre los sexos conduzcan necesariamente a un profundo desequilibrio del poder en el ámbito de la sociedad como un todo. No existe ninguna regla biológica que lo demuestre.

¿Por qué, así las cosas, asumimos de entrada que debe existir? Incluso las feministas, dice la socióloga Christine Delphy, se han apoyado en argumentos biológicos para explicarnos la condición de las mujeres, y consideran que el patriarcado tiene sus raíces en una división natural del trabajo entre los sexos, o en el sobrecogedor instinto masculino de controlar la sexualidad femenina. «El naturalismo, por supuesto, es obvio que está más presente en el pensamiento antifeminista –dice la autora–, pero también lo sigue estando en gran medida en el feminismo».

***

Steven Goldberg al final fue nombrado miembro del Departamento de Sociología de la Universidad Municipal de Nueva York. Cuando hablé con él transcurridas casi cinco décadas después de la publicación de *La inevitabilidad del patriarcado*, vi que la fe que conservaba en su teoría apenas la había curtido el paso del tiempo. Goldberg insiste en que el tema no le interesaba políticamente cuando empezó sus investigaciones, hace ya mucho tiempo, que solo estaba intentando encontrarle sentido a una observación neutra.

«La curiosidad… esa sí que ha sido mi auténtica motivación –me dijo un día por teléfono–. Cuando estaba metido de lleno en la sociología, me molestó un poco lo sentimentaloide que me pareció todo, francamente. Y cuando comprendí el hecho de que las sociedades eran todas patriarcales en sí mismas, eso me dejó completamente fascinado».

La raíz de sus argumentaciones se basaba en un único hecho: en 1973, cuando se publicó su libro, muchos de los países más poderosos del mundo, incluidos Estados Unidos, China y Unión Soviética, estaban gobernados por hombres. Ciertamente se podía haber argumentado que Indira Gandhi era la Primera Ministra de India, y que Golda Meir gobernaba Israel. (Y que a finales de esa década Margaret Thatcher gobernaría Gran Bretaña). Sin embargo, Goldberg dio con una verdad incómoda: descubrió la existencia de una empecinada resistencia a la autoridad masculina. Aun en los países donde las mujeres eran quienes gobernaban, la mayoría de los políticos que estaban subordinados a ellas solían ser hombres. Thatcher sería el ejemplo por excelencia, al haber elegido a una sola mujer para que formara parte de su gabinete de gobierno durante los once años que estuvo en el poder.

«El patriarcado es universal –me contó Goldberg–. El hecho de que toda sociedad esté constituida de esta manera a mí me sugiere en gran medida que existe algún elemento biológico y, hasta cierto punto, creo que es algo inevitable».

En una reseña de un libro del momento para la revista especializada *American Anthropologist*, Eleanor Leacock, presidenta del Departamento de Antropología de la Universidad Pública de Nueva York, mostró su disconformidad por lo poco científica que resultaba la teoría de Goldberg. La respuesta de este especialista del dominio masculino resultaba irritante, por lo tautológica que era: era natural que el dominio masculino existiera, y si existía era porque era natural. «Si fuera ingeniosa, escribiría una parodia en lugar de una reseña propiamente dicha –dijo Leacock–. De todos modos, quizá el argumento de Goldberg pueda considerarse en sí mismo una parodia».

Cuando el libro de Goldberg salió a la luz, los datos que se tenían sobre las mujeres que ocupaban una posición de liderazgo inclinaron la balanza a favor de Goldberg. Pero desde entonces, y a lo largo de las distintas décadas, los números se han ido desplazando en sentido contrario. La primera mujer del mundo en ser elegida primera ministra gobernó en Sri Lanka, en 1960. Sirimavo Bandaranaike terminó cumpliendo tres mandatos distintos. A partir de 1960, el número de países en que la posición más elevada en el poder ejecutivo lo ostentaba una mujer se fue incrementando paulatinamente, retrocediendo tan solo de manera ocasional, hasta alcanzar la cifra de dieciocho personas en 2019. Según las Naciones Unidas, a inicios de 2020 eran catorce los países que también tenían un gobierno en el que al menos la mitad de los ministros eran mujeres: España, Finlandia, Nicaragua, Colombia, Austria, Perú, Suecia, Ruanda, Albania, Francia, Andorra, Canadá, Costa Rica y Guinea-Bissau.

«La ciencia solo habla de lo que es y de lo que, dentro de los límites de la probabilidad matemática, debería ser», escribió Goldberg en 1973, plenamente convencido de que los datos se volverían en su favor. A la luz de estos últimos cincuenta años de cambio social, la cosa ha ido al revés, y «la tendencia ha sido contraria a lo que se argumenta en mi libro –admite–. Cuando tienes una teoría, hay que estar preparado por si se demuestra que es incorrecta». Pero Goldberg sigue creyendo que a la larga se le dará la razón. «Creo que ahora estamos en una situación un tanto revuelta –me contó–. Si las cosas hubieran seguido como estaban hace cien años, mi teoría habría cobrado más fuerza, aunque yo todavía creo que sigue siendo muy sólida».

Goldberg se despidió de mí no sin antes hacer una predicción: «Nunca volveremos a ese punto en que una sociedad carezca completamente de un patriarcado». Para él, el dominio masculino es una marea biológica que la presión cultural solo puede detener hasta un cierto punto. La igualdad sexual es algo por lo que debemos luchar aun cuando sea contraria a nuestros instintos.

El argumento de Goldberg vuelve a recaer sobre el instinto. Su implicación es que el poder femenino es algo nuevo, una interferencia moderna de orden universal e intemporal. El patriarcado es el modo en que hemos vivido siempre la vida. Pero el problema sigue siendo difícil de probar. ¿Qué prueba tenemos de que la vida siempre haya sido así? Si fuera universal e intemporal, al menos deberíamos ser capaces de hallar algunos patrones patriarcales, como los que vemos en los seres humanos, en las otras especies, sobre todo en las que más se aproximan a nosotros en el árbol evolutivo.

Sin embargo, como explica el primatólogo Frans De Waal, cuando los investigadores de la vida animal hablan del dominio masculino, casi siempre se refieren a los machos que intentan ejercer su dominio sobre los demás machos, no sobre las hembras. «Incluso en una sociedad de chimpancés en la que dominan los machos, hay líderes femeninas», argumenta. La coacción sexual de las hembras es un hecho constatado, pero la violencia que implica y el grado en que se ejerce varían enormemente entre las especies. Y entre los machos, el tamaño y la agresión no siempre garantizan el punto ganador. El macho alfa no siempre gana por golpear a los demás hasta someterlos, sino por forjar redes de aliados que le resulten estratégicos. Los primates, por lo que parece, no son proclives a dejarse gobernar por matones ni a recibir un trato injusto: algunos de los rasgos claves vinculados al dominio en ellos son la bondad, la sociabilidad y la cooperación. Incluso el chimpancé más pequeño físicamente puede terminar siendo el macho alfa si demuestra tener la capacidad de ganarse la confianza y la lealtad, añade De Waal.

Unas estrategias similares para gestionar el conflicto, y que se usan para mantener la paz, también están presentes entre los cuervos y los perros domésticos, según la bióloga Amy Morris-Drake, de la Universidad de Bristol, que, en 2021 integraba un equipo que demostró que las mangostas enanas, a su vez, recuerdan cuáles son los grupos que combatieron con el suyo propio, y manifiestan su desprecio hacia ellos ignorándolos por completo.

Identificar lo que es natural y lo que no es natural en el comportamiento animal no es tan fácil como parece, por otro lado. En 2010, unos investigadores del instituto Max Planck vieron que un chimpancé de una fundación para la defensa de la vida salvaje en Zambia se puso una brizna de hierba en la oreja sin ninguna razón aparente. Otros chimpancés no tardaron en imitarlo, y la moda siguió, aun después de la muerte del primero. Los científicos describieron ese comportamiento diciendo que se había convertido en una tradición. Y eso planteaba un dilema: si los primates pueden forjar lo que parece ser una tradición o una costumbre social, ¿cómo vamos a ser capaces de establecer que existe una naturaleza inmutable, que no cambia jamás, en una especie tan culturalmente compleja como la nuestra? Como De Waal me contó, existen algunas comunidades de chimpancés en África occidental que, contrariamente a las de África oriental, están más cohesionadas. En estas sociedades, las hembras tienen más mano. De Waal cree que la diferencia, en este caso también, puede ser, en parte, una diferencia cultural.

«Creo que cuando la gente dice que el patriarcado es connatural a la especie humana, habrá quien dirá que el dominio masculino y la violencia masculina son hechos naturales, pero yo creo que exageran –dice De Waal–. Yo no creo que este sea necesariamente el estado natural de nuestra especie».

Cuando se la compara con el resto de los primates, la familia humana patriarcal, encabezada por el padre, en realidad es un fenómeno raro. En un número especial de la revista científica de La Real Sociedad de Londres publicado en 2019, la antropóloga Melissa Emery Thompson, de la Universidad de Nuevo México, descubrió que «no existe ninguna especie de primates que nos brinde una directa analogía con la de los seres humanos». Al contrario, Thompson descubrió que las relaciones de afinidad entre los primates se organizan coherentemente a través de las madres en lugar de hacerlo a través de los padres. Quizá este dato no sea excesivamente importante (bien podría ser que los seres humanos seamos distintos), pero era un rasgo tan persistente que llevó a Thompson a cuestionarse si los científicos que habían estudiado a los seres humanos no habrían infravalorado la importancia de los vínculos maternos a través de las distintas generaciones. Los especialistas estaban tan seguros de que el patriarcado humano podía explicarse a partir de la biología que habían descartado la posibilidad de que las madres pudieran ostentar también el poder.

***

Una mañana de monzones de julio de 1968, Robin Jeffrey viajaba en autobús por el estado indio de Kerala. En la actualidad es un académico que se dedica a estudiar la historia y la política modernas de la India, pero en aquella época trabajaba de maestro de escuela en el Punjab, en el norte del país. El clima de Kerala suele ser húmedo, y el autobús no tardó demasiado en calentarse como un horno, así que Jeffrey abrió la lona impermeable de su ventana en la primera parada que hicieron para que entrara un poco de aire. A unos metros de distancia se fijó en que había una mujer sentada, cómoda y bien resguardada de la lluvia, en su porche. Era una anciana vestida de blanco con la mirada clavada, a través de unas gruesas gafas, en el periódico de la mañana.

Ese momento le pareció tan relevante que jamás lo olvidó. «Se me quedó clavado en la memoria», me dijo. A Jeffrey le pareció rarísimo ver a una persona leyendo el periódico en su idioma natal en público, al menos en el Punjab. El grado de alfabetización en la India era muy bajo, como también lo era en gran parte del mundo entonces, aunque la alfabetización de las mujeres todavía era inferior. Sin embargo, ahí había una mujer leyendo ociosa su periódico, que sostenía quieto sobre una pierna. «Es una de esas imágenes que las ves tan vívidas que te dejan anonadado, porque no tienen nada que ver con lo que te esperas».

A pesar de que el grado de alfabetización es muy superior en la actualidad, sigue existiendo una brecha de género en la mayoría de los estados de la India. En Kerala, de todos modos, las tasas de alfabetización de las mujeres han sido las mismas que las de los hombres desde que se tiene constancia. En la actualidad supera el 95%. Este estado, que recorre la exuberante costa sudoccidental, es famoso porque las mujeres pueden viajar solas y caminar por las calles con una relativa seguridad. Y no es poco. En mi primer trabajo, en una revista de temas de actualidad de Nueva Delhi, no fueron pocas las veces que me sentía tan intranquila circulando por la calle cuando era de noche que le pedía a un amigo o a un familiar que me acompañara. Kerala, por otro lado, tenía tintes de fábula, porque lo pintaban como un lugar donde los papeles de género estaban invertidos, donde las mujeres habían gobernado desde siempre y las hijas tenían prioridad por encima de los hijos.

Hasta el día de hoy, los foráneos que han sucumbido al hechizo todavía dicen que Kerala es una sociedad matriarcal. En realidad, la misoginia y los maltratos existen en Kerala tanto como en cualquier otra parte, y las mujeres distan mucho de ejercer el poder, sobre todo las que pertenecen a castas inferiores. Sin embargo, hay algo de cierto en esta clase de leyendas. Al menos se sabe que existen registros estatales sobre la igualdad de género que cabe atribuir a los antiguos nairs, una poderosa comunidad basada en el sistema de castas que dominó en la Antigüedad ciertas zonas de esta región, y se organizó en función del linaje matriarcal; es decir, que debían buscarse los antepasados siguiendo la línea materna en lugar de recurrir al linaje paterno.

Aunque se consideran la excepción, las sociedades de linaje matriarcal, de hecho, aparecen puntualmente en Asia, en ciertas localidades de América del Norte y del Sur y a lo largo de un amplio cinturón matriarcal que se extiende por África central. Solo en Europa son una rareza. El linaje matriarcal no garantiza que se trate mejor a las mujeres, o que los hombres no ostenten una posición de poder y autoridad, sino que representa una parte del retrato que una sociedad se hace sobre el género. En su versión más simple, se les dice a los niños que sus antepasadas tienen importancia, que las niñas ocupan un lugar relevante en la familia. También puede determinar la posición de una mujer, y la riqueza y las propiedades que esta puede esperar en herencia. En 2020, la economista Sara Lowes, de la Universidad de California, en San Diego, publicó un estudio que abarcaba una población de más de seiscientas personas que vivían en una zona urbana situada a lo largo del cinturón matriarcal de Kananga, en la República Democrática del Congo, y comparó las reacciones que les provocaron unos estudios independientes sobre la demografía y la sanidad del país tomado en su conjunto. Lowes descubrió que «las mujeres de linaje matriarcal dicen disfrutar de una mayor autonomía en su toma de decisiones, son menos tolerantes con la violencia doméstica y, básicamente, la sufren menos». Lowes también descubrió que los hijos y las hijas de las mujeres procedentes de un linaje matriarcal no habían enfermado tanto durante el último mes y, de promedio, disfrutaban de casi medio año más de estudios.

Los investigadores estiman que alrededor de un 70% de las sociedades de todo el mundo son patrilocales, y eso significa que las personas tienden a vivir con las familias de los padres. La matrilocalidad, que significa que las personas se quedan a vivir en la familia de sus madres, o cerca de ellas, toda la vida, a menudo va aparejada a un linaje matriarcal. Y algunas de estas sociedades matrilocales se considera que al menos tienen miles de años de antigüedad. En 2009, los biólogos y antropólogos que escribieron en los *Proceedings of the Royal Society B* recurrieron a las pruebas genéticas, a los datos culturales y a los árboles genealógicos para demostrar que las comunidades matriarcales del Pacífico, por ejemplo, podían remontarse a cinco mil años de antigüedad como mínimo. Los hábitos y las costumbres han cambiado mucho desde aquellos tiempos, pero sigue existiendo el linaje matriarcal y la matrilocalidad como tema recurrente.

En su libro autobiográfico sobre las experiencias que vivió, escrito en malayalam en 1991, y que más tarde fue traducido al inglés con el nombre *The Village Before Time*, el periodista Madhavan Kutty nos brinda un retrato íntimo de la vida cotidiana en su hogar infantil, de linaje matriarcal, situado en Kerala. En lugar de pintarnos un escenario con familias nucleares que se rompen cuando acaece un matrimonio, los nairs viven juntos en grandes *taravads*, que son unos hogares anexionados que alojan a docenas de miembros de la familia, cada uno de los cuales comparte con los demás una antepasada de mayor edad. Las hermanas y los hermanos permanecen bajo el mismo techo toda la vida. Las mujeres tienen permiso para tener más de una pareja sexual, que no tiene por qué vivir con ellas necesariamente. Eso significa que los padres no tienen por qué desempeñar un papel relevante en la cría de sus propios hijos, sino que más bien ayudarían a educar a los hijos de sus hermanas. Nacido en un inmenso *taravad*, Kutty relata que en su árbol genealógico solo se inscribía la descendencia que habían tenido las hijas.

La abuela de Kutty, Karthiyayani Amma, fue quien terminó por convertirse en la cabeza de familia. Como dictaba la costumbre local, nunca se tapó los pechos. «Una profunda y subconsciente riqueza histórica se hallaba contenida en ellos –escribe Kutty–. Esta matriarca de nuestra familia extensa, una mujer de gran fortaleza y comprensión, estaba profundamente preocupada por las libertades de las mujeres».

La suya no era una comunidad pequeña o marginal. El escritor nacido en Kerala Manu Pillai ha seguido la historia del reinado de Travancore, que ocupó diversas zonas del sur de Kerala durante al menos doscientos años, hasta mediados del siglo xx. «Las mujeres nairs siempre contaron con la seguridad de los hogares donde nacieron durante toda la vida, y nunca dependieron de sus esposos, –escribe en *The Ivory Throne*–. La viudedad no tenía consecuencias catastróficas, y se encontraban a la par con los hombres en lo que respectaba a sus derechos sexuales, porque tenían un control absoluto sobre sus propios cuerpos».

Para los que formaban parte de la estructura, no había nada relevante en ello. Era la misma vida de familia que llevaban haciendo desde hacía muchas generaciones. Sin embargo, a partir del momento en que descubrieron los nairs de Kerala, los turistas europeos se quedaron traspuestos. No solo fue la realidad de lo que vieron lo que los dejó fascinados, sino también el potencial creativo de lo que les pareció que era una completa subversión de la sociedad llamada normal. Para algunos representó toda una conmoción, según G. Arunima, especialista en estudios sobre las mujeres de la Universidad Nehru de Jawaharlal y directora del Consejo de Investigaciones

Científicas de Kerala. En el siglo XVII, un viajero holandés dijo que eran «la nación más lujuriosa e impúdica de todo oriente», apunta Arunima. Otros encontraron una fuente de inspiración. A finales del siglo XVIII, James Henry Lawrence, un joven novelista británico e hijo de un comerciante de esclavos, escribió una novela corta que posteriormente tituló *The Empire of the Nairs*. Lawrence usó el ejemplo de Kerala para defender el derecho de las mujeres a acceder a una mejor educación y a disponer de varios amantes, y también para poner fin al matrimonio.

Sin embargo, e independientemente de cuál fuera su reacción, escribe Arunima, los foráneos en general consideraban los nairs una rareza, una traición a su creencia de que la línea patriarcal era el modo en que debía vivirse la vida con normalidad. Las sociedades matriarcales fueron descritas como incivilizadas y antinaturales; y su mera existencia requería que hubiera alguna justificación.

Incluso en la actualidad, los eruditos occidentales las consideran con una mezcla de confusión y sorpresa. El linaje matriarcal se ha considerado en la más reciente bibliografía antropológica una paradoja, un estado del ser que es inherentemente inestable. La expresión «el rompecabezas del linaje matriarcal» se usa desde hace setenta años por parte de investigadores que están estudiando sociedades como la de los nairs de Kerala: ¿Por qué un padre invertiría su tiempo y su energía cuidando de sus sobrinas y sus sobrinos en lugar de cuidar de sus propios hijos? ¿Por qué un hombre iba a permitir que su cuñado tuviera autoridad sobre sus propios hijos y sobre la madre de estos? ¿Cómo es posible que los hombres aguantaran esta situación durante siglos sin forzar el cambio?

Cuando el cambio llegó efectivamente a Kerala en el siglo XIX, lo irónico es que fue debido sobre todo a la actitud que mostraron los curiosos y muy escandalizados foráneos. Los colonialistas británicos que se adueñaron de la región, junto con los misioneros que buscaban convertir a la gente al cristianismo, presionaron a los matriarcales keralitas para que acataran las normas de género conforme a la sensibilidad victoriana. «Buscando aventajar psicológicamente a sus súbditos, la ideología colonial se sintió obligada a afirmar la superioridad moral de los gobernantes de maneras sutiles, y no tan sutiles, por cierto», escribe la historiadora india Uma Chakravarti.

Durante todo el siglo XIX, el poder que ostentaban los hermanos mayores en los *taravads* cambió y pasó de compartirse con las mujeres de su mismo hogar, siempre dependiendo de las circunstancias o de la veteranía, a ser único e incontestable. La normativa legal de la era colonial que tenía en su punto de mira civilizar, por así decirlo, las comunidades de linaje matriarcal contribuyó a elevar la posición social de los hombres más ancianos de los *taravads*. Y surgieron las disputas familiares. En un caso que llegó a los tribunales en 1855, un juez de Calicut, que en la actualidad se denomina Kozhikode, una de las mayores ciudades de Kerala que estaba bajo la legislación británica de la época, afirmó que «podría ser considerada una inferencia violenta que... la autoridad residiera solo en las mujeres».

La cuestión sobre el poder que debería tener una mujer de por sí ya había surgido cuando la reina de Travancore, Rani Gowri Lakshmi, inició su reinado en 1810. Cuando dio a luz a un hijo varón, le pidieron que lo nombrara sucesor al trono, según Manu Pillai. La reina recibiría a cambio el deslucido título de cuidadora del rey, que es el de regenta, hasta que el niño tuviera la edad suficiente para gobernar. Por mucho que las autoridades británicas intentaron diluir su posición, la gente del lugar no logró evitar considerarla la auténtica monarca por derecho propio. Pillai afirma que la reina siguió con su mandato ejerciendo una autoridad ilimitada. Y la situación se prolongó cuando su hermana subió al trono tras su muerte. La reina incluso recibía la denominación oficial de maharajá en todos los documentos oficiales, que es el título que habitualmente se le daba a un rey indio.

Bajo el sistema del linaje matriarcal, en el que los sexos eran relativamente más igualitarios que en el sistema de linaje patriarcal, «el género del monarca no era relevante –escribe Pillai–. Era el puesto y la dignidad que este comportaba lo realmente importante; y quien ejerciera la suprema autoridad del estado y en la Casa Real era el que se consideraría maharajá».

Sin embargo, y con el paso de las décadas, la presión para que las familias nairs cambiaran empezó a tener el efecto deseado. Los reformadores jóvenes y con estudios estaban deseosos de romper con el pasado, porque habían aprendido a ver sus tradiciones con ojos ajenos, y las consideraban embarazosas y retrógradas. El matrimonio monógamo y las familias más reducidas fueron ganando en aceptación porque se consideraban más modernas. La literatura y el arte empezaron a reflejar opiniones cambiantes sobre las mujeres y el lugar que estas ocupaban en la sociedad. El dial cultural se movió y, con él, las ideas que la gente había tenido de sí misma.

***

Existe un dicho local en la comunidad khasi, formada por un millón de personas que habitan en las verdes montañas de Meghalaya, al noreste de la India, que dice: *Long Jaid na ka Kynthei*. Significa «todas las personas surgen de la mujer». Los khasis son matriarcales, pero, a diferencia de los nairs de Kerala, su sociedad tribal sigue siendo matriarcal hasta el día de hoy. Se considera que los niños y las niñas pertenecen a la madre, y ella, a su vez, pertenece a su propia madre, y así seguiríamos hasta llegar a la antepasada primigenia. El nacimiento de una hija es motivo de celebración porque no hay nadie que pueda llevar adelante el linaje familiar sin ella.

«Los hombres no tienen derechos sobre la propiedad, y tampoco tienen derecho sobre sus hijos, porque estos pertenecen al clan de la madre, a la familia de la madre», me contó Tiplut Nongbri, una catedrática jubilada de Sociología de la Universidad Nehru de Jawaharlal que creció en las montañas Khasi. Tras la boda, el marido de los khasi se traslada a la residencia familiar de su esposa. Sin embargo, el hogar de sus ancestros sigue perteneciendo al clan de su madre (y en algún caso los restos del difunto son trasladados junto a los de su familia de origen tras su muerte). «Tradicionalmente, la herencia de los khasis pasa de madre a hija, y es la menor de ellas la que adquiere el grueso de la propiedad», explica Nongbri. Su responsabilidad es cuidar de sus padres y de los hermanos o las hermanas que estén solteros. Es la custodia de la familia.

No existe estrictamente una sociedad matriarcal. La autoridad familiar recala formalmente en el hermano de la madre, aunque su poder no es absoluto. Las mujeres también desempeñan un papel marginal en la política local. Pero, aun así, según me cuenta Nongbri, su situación es más acomodada que la que disfrutarían en cualquier otra comunidad de linaje patriarcal en la India. Las mujeres de los khasis se divorcian y se casan más veces que el resto de las mujeres indias. Tienen relativamente una mayor libertad y capacidad de acción. Nongbri, por el hecho de haber vivido en ambos sistemas, como mujer dependiente de una sociedad matriarcal e independiente de ella, refiere que no existe comparación posible. «Estoy contenta de haber vivido en esa sociedad», refiere.

Sin embargo, como sucede en Kerala, se ha ejercido una gran presión para que las cosas cambien. Y ahí es donde se solapan las historias de los khasis modernos con la de los nairs. Cuando los misioneros cristianos galeses llegaron a las montañas Khasi en el siglo XIX, arrancaron de cuajo algunas de las raíces en que se sustentaban las costumbres familiares locales, y eliminaron los rituales religiosos que servían para reunir a los clanes. Esta costumbre debilitó los lazos que existían entre los hermanos y las hermanas y que se habían constituido en el seno de la familia matriarcal. En la actualidad, como el mundo está más interconectado, los varones khasis han podido ver que en la India existen otras alternativas patriarcales a su propia sociedad. Y hay quienes han empezado a realizar modificaciones en lo que respecta a las leyes hereditarias para que salgan beneficiados tanto los hijos como las hijas.

«Quieren los mismos poderes y privilegios, la misma autoridad de que disfrutan los hombres de las sociedades no matriarcales», explica Nongbri. «Los hombres que tienen contacto con el mundo exterior, cuando se ven a sí mismos, se comparan con los hombres de las sociedades patriarcales que tienen derechos sobre los hijos y las propiedades, y que además ejercen el control en todo lo que respecta al núcleo familiar, y por eso se ven así mismos en franca desventaja, –añade la autora–. Padecen de un complejo de inferioridad».

Las agencias internacionales de noticias están cautivadas por lo que han calificado de lucha enrevesada por la igualdad de género. «Conoce a los defensores de la liberación de los hombres de Meghalaya», decía un titular de *The Times of India*. Los hombres khasis se sienten infravalorados y marginados, tratados como si fueran unos reproductores que solo sirven para hacer hijos, en palabras de otros. Este es el lugar «donde gobiernan las mujeres y los hombres son los sufragistas», dijeron en *BBC News*.

Las curiosas reacciones de la prensa fueron haciendo mella en el modo en que se contemplaban a sí mismos los hombres khasis. «Las mujeres están en todas partes, desde el mercado hasta los ministerios del gobierno», cita en el *Deutsche Welle* Keith Pariat, expresidente del grupo defensor de los derechos de los hombres Synkhong Rympei Thymmai (que aproximadamente se traduciría por Asociación para la Reforma de la Estructura Familiar). Pariat contravino la tradición poniéndole a su hija su propio apellido. Según él, la incomodidad que sienten algunos hombres khasi que viven en sociedades de linaje matriarcal los ha llevado al consumo de alcohol y de estupefacientes, y los ha arrojado en brazos de otras mujeres.

Sin embargo, Pariat es un caso aislado. Hay otros que defienden las tradiciones de su comunidad. El apoyo a la línea matriarcal sigue siendo muy potente. Si nos remontamos a 1936, el escritor khasi David Roy Phanwar, nacido en la estación de montaña de Shilong y educado en Calcuta, atacó la hipocresía de los extranjeros que etiquetaban a su comunidad de simple y supersticiosa y, sin embargo, consideraban la relativamente reciente lucha por el sufragio de las mujeres moderna y progresista. «Las mujeres de los khasis ostentan una posición de dignidad y de relevancia francamente inusuales –escribió–. La esclavitud de la mujer, por la que esta se convierte en un mero bien mueble de la familia de su marido, ha sido el origen del movimiento feminista en todo el mundo, pero, entre los khasis, la mujer es una persona a la que se la ensalza y se le da libertad para actuar».

La tensión existente entre las renovadas fuerzas patriarcales y las veneradas en otros tiempos, entre lo que se considera moderno y lo que se valora porque es antiguo, es compartida por todas las sociedades de linaje matriarcal. En Sumatra Occidental, en Indonesia, las comunidades minangkabau viven en hogares tradicionalmente constituidos por las mujeres y su descendencia, y son los esposos quienes se van a vivir con ellas tras casarse. Los hombres pueden heredar las tierras de sus madres, pero la propiedad solo la conservarán mientras sigan con vida (no se les permite pasar la herencia a sus propios hijos). Evelyn Blackwood, una antropóloga de la Universidad Purdue, en Indiana, escribió que cuando esta región se encontraba bajo el dominio holandés, en el siglo XIX, los colonialistas dieron por sentado que los varones de mayor edad de la comunidad minangkabay eran quienes debían ser los jefes y los líderes. Y seleccionaron a varios hombres para que trabajaran conjuntamente con ellos y pusieran en práctica sus directrices. Con el paso del tiempo, las autoridades danesas aprobaron decretos en los que se defendía que solo los hombres podían registrar las propiedades o representar a sus familias de origen en cualquier clase de disputa.

Quizá todo eso no influyera demasiado en lo que las familias de los minangkabau pensaban sobre sí mismas a corto plazo, pero Blackwood afirma que la mera presencia de esta manera tan distinta de concebir el mundo caló «muy hondo en los hombres que conformaban la élite de los minangkabau y que habían sido educados en las universidades holandesas». La llegada del islam fue una nueva contribución que volvió a dar alas a los hombres para que adoptaran una posición de autoridad que anteriormente no habían tenido, y que en esa ocasión pasó a ser la de líderes religiosos. Al final, el país terminó siendo de mayoría musulmana. Y hasta el día de hoy no se ha llegado a resolver todavía la confrontación que existe entre los que quieren vivir acorde con los nuevos usos y los que quieren aferrarse a las viejas costumbres, conocidas en su idioma nativo como *adat*.

El difunto antropólogo indonesio Mochtar Naim, que hizo la crónica de los cambios que se iban viendo en la sociedad minangkabau, explicó que una parte del problema era que el padre era considerado un invitado por parte de la familia de sus hijos. En una sociedad en la que los hombres jóvenes y casaderos también se sentían marginados, no se encontraban firmemente arraigados en los hogares de sus madres una vez alcanzada la edad adulta y no tenían una esposa que les diera un hogar, no es de sorprender que a algunos les entraran ganas de contemplar otras alternativas. Hubo quien empezó a emigrar en busca de propiedades y de riqueza. Las parejas que deseaban tener una mayor intimidad rompieron con sus familiares y constituyeron familias nucleares, o bien llegaron a alguna clase de acuerdo con las viejas tradiciones del matrimonio. No estaban rechazando de plano el linaje matriarcal, sino que más bien se preguntaban si la vida no les sonreiría más si podían concebirla de otra manera.

***

En las *taravads* de los nairs de la Kerala del siglo XIX, como en las sociedades de linaje matriarcal que en la actualidad están negociando su supervivencia, el cambio no llegó de una manera tempestuosa, sino insidiosamente lenta.

Una novela en malayalam muy famosa, escrita en 1889, describía a un nuevo prototipo de mujer, según nos refiere Manu Pillai: «Tiene todas las cualidades de una mujer que está segura de sí misma, pero (y esto es determinante) está absolutamente dedicada a un solo hombre, tiene la gracia y el donaire de una dama inglesa y se horroriza cuando alguien cuestiona su virtud». Cuatro años después, una pintura realizada por el aclamado artista indio Raja Ravi Varma mostraba a una mujer nair joven y de clase alta vestida con la indumentaria tradicional, con un bebé apoyado en la cadera y un perro a sus pies: tres personajes que aguardaban la llegada de una persona misteriosa a lo lejos. El título del cuadro, *Ahí viene papá*, nos da razón de la identidad del cuarto personaje. El padre, que nunca había sido un personaje central en las *taravad* de linaje matriarcal, iba convirtiéndose en alguien de mayor importancia.

Lo que estaba sucediendo era que se estaba reajustando gradualmente el lugar que la autoridad familiar ocupaba de manera natural. Y no fue un fenómeno que surgiera debido a los esfuerzos de las autoridades coloniales y al celo de los misioneros; también lo defendían los que pensaban que saldrían ganando con el nuevo sistema, que aceptaban con los brazos abiertos el fin de sus hogares comunitarios y veían en eso la oportunidad de llevarse una buena tajada del poder, las propiedades y la riqueza de la familia.

Las normas de género cambiaron, favorecidas por la legislación. Antes de 1912, según Arunima, el linaje matriarcal resultó minado por las nuevas leyes que se aprobaron en Travancore, y que intentaban cambiar las relaciones de pareja entre hombres y mujeres, que hasta entonces podían darse por finalizadas sin mayores problemas, con el objetivo de definirlas a partir del ámbito de los matrimonios legales y monógamos. Los esposos de nuevo cuño podían legar sus propiedades, que hasta entonces compartían con las familias de sus madres, a su propia esposa y a sus hijos. Las esposas podían recibir una manutención, pero solo si no eran adúlteras, explica Arunima, y eso significaba que la libertad sexual que habían tenido las mujeres hasta entonces desaparecía radicalmente. Los cambios fueron lentos y graduales, pero aportaron su grano de arena.

La legislación de Travancore y de Cochín durante las décadas de 1920 y 1930 ganó por varios asaltos a la organización de la familia tradicional de los nairs y fue formalizando el nuevo sistema de linaje patriarcal hasta que fue imposible vivir legalmente de cualquier otra manera. Sin embargo, el golpe final a los *taravad* llegaría en 1976, varias décadas después de que la India se independizara de las normas británicas. Ese mismo año, la legislatura de Kerala abolió de una vez por todas el linaje matriarcal.

A finales del siglo xx, esas viviendas en expansión de los antiguos clanes matriarcales se abandonaron a su suerte. Las que estaban en mejores condiciones se vendieron, y el resto fue demolido. La socióloga Janaki Abraham, de la Universidad de Delhi, que trabajó desde el terreno en Kerala, refiere el colapso terrible en que cayeron las *taravads* de esa época. Los que habían vivido en sus buenos tiempos recuerdan la cantidad de personas, sobre todo niños, que se alojaban en esas casas. «¡A veces había tantos que se hubiera podido formar un equipo de críquet con ellos!». En la actualidad, «solo había uno o dos ancianos ocupando los edificios que habían sobrevivido, y muchos estaban cerrados a cal y canto, envueltos de una vegetación espesa y salvaje que trepaba por ellos».

El período de transición que condujo al abandono de la línea matriarcal de Kerala fue doloroso y duró más de un siglo. No fue debido a una sola causa, y tampoco era inevitable de por sí. Lo cierto es que, durante sus últimos coletazos, todos se dejaron llevar, y solo se dieron cuenta de lo que habían perdido hasta que todo aquello desapareció.

***

Durante décadas, los biólogos y los antropólogos han propuesto diversas hipótesis que pudieran dar razón de las condiciones bajo las cuales el linaje matriarcal prospera o entra en decadencia.

Hay quien afirma, por ejemplo, que solo puede existir entre los cazadores-recolectores o entre los entendidos en agricultura, pero no en sociedades a gran escala. Otros dicen que el linaje matriarcal funciona mejor cuando los hombres no están presentes porque están dedicados mayormente a la guerra y han dejado a las mujeres al cuidado de todo. Son muchos los que argumentan que cuando los pueblos empiezan a cuidar del ganado o a dedicarse a la caza mayor, el linaje matriarcal termina porque los hombres quieren controlar estos recursos. Y son mayoría también los que afirman que la propiedad de las tierras o de las viviendas implica de por sí, y por razones parecidas, que existe un patriarcado. La misma existencia de estas argumentaciones da por sentado que las sociedades que se basan en un linaje matriarcal son casos esporádicos, «que acusan tensiones especiales, frágiles e infrecuentes, y que posiblemente incluso están condenadas a la extinción», escribió la antropóloga de la Universidad del Estado de Washington Linda Stone. En los círculos académicos, este problema tiene un nombre propio: «el rompecabezas del linaje matriarcal».

El linaje patriarcal, por otro lado, no parece necesitar de ninguna explicación. Es como es.

En 2019, unos investigadores de la Universidad Vanderbilt, en Tennessee, se plantearon solucionar el rompecabezas del linaje matriarcal. Analizaron las comunidades matriarcales que se sabía que existían en el planeta para ver si en realidad tenían algo en común. Buscaban si compartían algún hilo evolutivo, algún patrón. De las 1291 sociedades que observaron, 590 eran tradicionalmente patriarcales y 160 eran tradicionalmente matriarcales; 362 eran bilaterales, es decir, que reconocían la descendencia de ambos progenitores, y el resto era el resultado de otros sistemas o combinaciones. Nicole Creanza, una de las biólogas que trabajó en el estudio, me contó que ni una sola de las ideas antropológicas más famosas que se tienen sobre el linaje matriarcal resultó ser cierta. «Pensé que, si escalábamos los patrones y los trasladábamos a un ámbito mundial, probablemente veríamos que solo algunos de ellos eran significativos, y eso fue básicamente lo que vimos –dijo Creanza–. Muchas de las hipótesis que catalogamos y extrajimos de la bibliografía, en realidad no superaban un análisis evolutivo de alcance mundial».

Según Creanza, el único factor que sí pareció influir en el distanciamiento del linaje matriarcal por parte de la sociedad fue «cuando las poblaciones tuvieron propiedades, no en términos de tierras, sino de bienes muebles y transmisibles, de esa riqueza que si tus descendientes la heredan potencialmente salen beneficiados». Sin embargo, ni siquiera esta correlación resultó ser cierta, en cualquier caso. Al final, las sociedades eran demasiado complejas socialmente para reducirlas a unos simples factores, fueran estos biológicos, contextuales o de cualquier otro tipo. «Cuanto más de cerca lo miras, más complejo parece», dice Creanza.

Los antropólogos occidentales llevan mucho tiempo insistiendo en que en realidad no existe el linaje matriarcal, si por matriarcado entendemos lo opuesto al patriarcado. Pero si el patriarcado empieza con el dominio que tiene el padre sobre su familia y termina con el que tiene el gobernante sobre sus súbditos, como escribió Robert Filmer hace varios siglos en su *Patriarca o El poder natural de los reyes*, es difícil argumentar que las sociedades matriarcales y matrilocales en realidad no sean patriarcales. A pesar de que la autoridad en gran medida resida en el hermano o en el tío, este poder a menudo es más difuso y no es tan parecido al poder absoluto al que Filmer se refería. Lo que caracteriza a las sociedades de linaje matriarcal, como escribió Linda Stone, «es que varían considerablemente en lo que respecta a la autoridad, el poder y la influencia que tienen en los varones y las mujeres».

Por mucha variación que exista en la actualidad, más debió de existir en el pasado. En la prehistoria, las normas sociales cambiaban continuamente. El difunto antropólogo británico David Graeber y su colega, el arqueólogo David Wenrow, escribieron que la vida humana antes de la adopción generalizada de la agricultura estaba repleta de «atrevidos experimentos sociales parecidos a un desfile de carnaval en que estaban representadas todas las formas políticas». Para ambos, la prueba de que hubo una desigualdad institucional en la prehistoria ha resultado ser esporádica. «Aun sometiéndolo todo a la irregularidad de las pruebas de que disponemos, seguiríamos teniendo que preguntarnos la razón de que las pruebas sean tan irregulares».

Si la única manera de pensar en el género y el poder es mediante la oposición binaria entre hombres y mujeres, resulta imposible imaginar que los hombres compartan su condición y su importancia con las mujeres, o que el equilibrio de poderes cambie en función de las circunstancias. Pero eso es lo que suele suceder en las sociedades matriarcales. Para los asantes de Ghana, por ejemplo, el liderazgo se divide entre la reina madre (puesto que ostenta por derecho propio, no porque sea la madre o la esposa de alguien) y el jefe, al que ella debe elegir. Fue la poderosa gobernante de los asantes, Nana Yaa Asantewaa, la que saltó a la fama por dirigir su propio ejército contra el dominio colonial de los británicos en 1900.

«Hasta un cierto punto, el rompecabezas del linaje matriarcal es fundamentalmente un rompecabezas si pensamos en la transmisión varonil por defecto que se hace de todas las cosas –observa Crenza–. Nadie se ha referido jamás al patriarcado con la expresión "el rompecabezas del patriarcado"».

Sin embargo, sabemos que la historia del ser humano está repleta de transiciones, y que las sociedades cambian drásticamente su manera de organizarse o de funcionar. Lo que desde un punto de vista puede parecer una inestabilidad que se está resolviendo por sí sola (un cambio de linaje matriarcal a patriarcal, por ejemplo), desde otro punto de vista puede significar que un estado relativamente estable pasa a ser substituido por otro, explica Creanza. Los eruditos casi nunca contemplan los movimientos feministas de otras sociedades patriarcales para preguntarse si eso no significará que socialmente son inestables. Quizá el rompecabezas auténtico no sea la existencia de un número más o menos insignificante de sociedades matriarcales, sino que las sociedades patriarcales se hayan convertido en el denominador común.

***

Para Choo Waihong, el linaje matriarcal fue una experiencia que le cambió la vida.

En el libro autobiográfico *La tribu de las mujeres: vida, amor y muerte en las recónditas montañas de China*, una abogada de empresa relata el viaje que hizo a la tribu de los mosuos, una sociedad que tiene a una diosa como referente de adoración y está situada en el sudoeste de China. Los mosuos, que viven en la frontera entre Sichuan y Yunnan presuntamente desde el siglo XIII, han resistido hasta el momento frente a la extendidísima cultura china Han, de sesgo patriarcal, a diferencia del resto de sus vecinos. Los niños y las niñas mosuos viven en los hogares de sus madres. El lugar que ocupa el hombre se sitúa en el hogar de su propia madre, que es donde presta ayuda para criar a los hijos de sus hermanas. En cuanto a las mujeres, en lugar de optar por aceptar el matrimonio, cuando una joven llega a una determinada edad, recibe una habitación propia en la que poder invitar a sus amantes a pasar la noche, siempre y cuando estos abandonen la casa a la mañana siguiente.

Tras haber vivido y trabajado en la metrópolis capitalista de Singapur, Choo descubrió que la manera de vivir de los mosuos era tan liberadora (tanto que incluso llegó a afirmar que no solo eran un matriarcado, sino que además podían definirse como una utopía feminista) que decidió elegir quedarse a vivir con ellos.

«Creo firmemente que si me aceptan es porque soy una mujer que es bien recibida en un mundo conformado por las mujeres –escribe con visible emoción–. Las mosuos hacen de su propia confianza su piedra angular, sin lugar a dudas. Y no se trata de una confianza agresiva, sino de una asertividad que les sale de dentro. Lo veo en sus andares, firmes y enderezados». Mientras se baña en unas fuentes termales, Waihong se maravilla al ver a una mujer de sesenta y seis años con unos abdominales marcadísimos de haber hecho tanto trabajo físico. En un bar ve a una joven que se acerca con toda la confianza del mundo a un grupo de hombres y los invita a una ronda de cervezas. E incluso relata que una vez la hicieron esperar para poder hablar de una cuestión de trabajo con un abuelo mosuo porque el hombre estaba atareado cambiando los pañales de sus nietas.

En la galaxia de los mundos alternativos existen los mundos imaginarios, que son los que vemos representados en la ciencia ficción. Ahora bien, ninguno de ellos es tan radical como los mundos reales. Este reino de las mujeres, escribe Choo, «ha demostrado que es posible la existencia de un modelo alternativo». Es un ejemplo viviente de que las cosas pueden ser distintas.

Sin embargo, no existe sociedad que pueda llegar a forjarse sin esfuerzo alguno. James Suzman y Christopher Boehm, dos antropólogos que estudiaron las sociedades igualitarias, sobre todo las pequeñas comunidades cazadoras y recolectoras, vieron que la igualdad social en nuestra propia especie no es algo que se consiga fácilmente. Requiere de una negociación compleja y continuada, y requiere también poner en jaque la conservación del poder, los celos y la avaricia, a veces recurriendo a las críticas o dejando en ridículo a los que ostentan el poder. Pero, por muy difícil que sea, seguimos intentándolo por si acaso. Suzman escribió: «Por mucho que la historia de la humanidad haya sido condicionada por la búsqueda de la riqueza, la condición social y el poder, también ha sido definida por los movimientos populares determinados a arrasar con las jerarquías establecidas».

No existe lugar en el mundo en el que nadie ejerza ninguna clase de presión para estructurar la sociedad de una manera distinta, para que los marginados tengan más libertades o privilegios. «A quienquiera que se le ofrezca la más mínima oportunidad optará por la igualdad y la justicia antes que por abrazar la desigualdad y la injusticia –escribe la politóloga Anne Phillips–. La sumisión, en general, no es algo que a la gente le salga de una manera natural». En general no nos dejamos someter por el poder y las agresiones sin ofrecer resistencia.

El núcleo central del argumento del sociólogo Steven Goldberg en *La inevitabilidad del patriarcado*, obra fechada en 1973, era que, si se detectaba un patrón de conducta bien establecido, probablemente era porque tenía una base biológica. Esta línea de razonamiento es la que lleva conformando la obra de los biólogos desde hace siglos. La mejor manera de entender una especie es ver cómo se comporta. Pero si seguimos este enfoque y tomamos como un hecho científico que todos los miembros de un sexo están, por naturaleza, subordinados al otro, que existen unas diferencias innatas en nosotros que hace que les resulte imposible a las mujeres que puedan disfrutar de la igualdad o tengan tanto poder como los hombres, también tenemos que ser capaces de dar con la razón de por qué las mujeres siguen luchando para conseguir más derechos y privilegios. Si la subordinación está tan engranada en nuestros cuerpos y en nuestras mentes, es difícil entender por qué luchamos contra todo esto. Si recurrimos a la teoría de Goldberg que dice que los sentimientos son los que dirigen nuestra conducta, ¿por qué son tantas las personas que se sienten agraviadas en lo que respecta a las expectativas y a la opresión de género? Si solo existe una única forma de vivir que además es biológicamente inevitable, ¿por qué vivimos de maneras tan distintas?

«En mi opinión, considero que la opresión de las mujeres es un sistema –argumenta la socióloga Christine Delphy–. No podemos explicar la existencia de una institución actual argumentando que ya existía en el pasado, aunque ese pasado sea reciente». Si nos resignamos a aceptar lo que nos ha tocado vivir porque consideramos que eso es parte de quienes somos, estamos renunciando a entender lo que podría haber pasado. Cuando nos conformamos al basar la existencia del patriarcado en algo tan simple como son las diferencias biológicas, cuando, de hecho, las pruebas nos remiten a una realidad mucho más compleja y contingente, perdemos la capacidad de ver lo precario que podría ser. Dejamos de preguntarnos cómo funciona, o cómo podría reinventarse. No diseccionamos las circunstancias que podrían ayudarnos a minar su poder ideológico desde este mismo instante.

Lo más peligroso de cualquier forma de opresión es que las personas pueden llegar a creer que no hay alternativa posible; y eso se ve en las antiguas falacias de la raza, la casta y la clase. La pregunta que debe abordar cualquier teoría basada en la dominación masculina es por qué esta forma única de desigualdad debería tratarse como si fuera una excepción.

2. La excepción

«La búsqueda de una base sólida por parte del feminismo es la búsqueda de la autenticidad del colectivo de todas las mujeres, a pesar de la mentira impuesta de que todas las mujeres son iguales».

CATHARINE A. MACKINNON,
Hacia una teoría feminista del estado, traducción de 1995

La pequeña ciudad de Seneca Falls, rodeada de pintorescos lagos y viñedos al norte del estado de Nueva York, me resultó inquietantemente silenciosa el frío día de marzo en que fui a verla.

La antigua capilla metodista situada en la esquina de la calle Fall Street no existe desde hace mucho. Lo poco que quedó del edificio se ha reconvertido en un museo por obra y gracia del legado cultural, y ahora es un lugar de peregrinaje para las activistas por los derechos de la mujer. De todos modos, incluso las activistas saben que no hay que ir en invierno. Por tanto, soy yo la única que se encuentra en la ciudad. Tomo asiento y me quedo contemplando los muros de ladrillo, imaginándome durante unos instantes aquel verano de 1848 en que este lugar debió de estar abarrotado de gente, tanto de defensores como de oponentes de la causa, además de algunos testigos venidos a presenciar la primera convención por los derechos de la mujer.

Los historiadores recuerdan esos tiempos como el amanecer del movimiento sufragista de Estados Unidos. Uno de los oradores más relevantes fue Frederick Douglass, el reformador social y abolicionista negro que huyó de la esclavitud en 1838. Los organizadores fueron exclusivamente mujeres blancas, de clase media y cristianas, con muy buenos contactos. Entre ellas se encontraba Elizabeth Cady Stanton, de treinta y dos años de edad, que fue quien, el primer día de la convención, pronunció el dictamen radical que afirma que las mujeres se habían reunido en aquel lugar «para declarar el derecho a ser tan libres como pudiera serlo el hombre». Stanton adquiriría el estatus de pionera y, posteriormente, escribiría diversos artículos y libros que llegaron a ser muy influyentes. Contribuyó a elaborar *La biblia de la mujer*, que desafiaba de una manera muy controvertida las creencias religiosas que se tenían sobre la inferioridad de las mujeres y su sometimiento al hombre.

En la actualidad, hay varias pinturas de Stanton distribuidas en distintos emplazamientos de Seneca Falls; incluso hay una escuela primaria que lleva su nombre. La historia de esta ciudad se escribió gracias a mujeres como ella, y el lugar que ocupa en la actualidad se debe en gran parte a sus esfuerzos y a la leyenda que forjaron en torno a su lucha. Esas mujeres no lucharon solo por ellas, se dice, sino que lucharon por las mujeres de todo el mundo.

Sin embargo, a la sombra de esta historia pervive otra que no ha gozado de tanta consideración. El significado que tiene Seneca Falls para los derechos de las mujeres en realidad se retrotrae a épocas anteriores a la de mediados del siglo XIX. Se retrotrae a los tiempos en que Estados Unidos ni siquiera se había fundado.

***

«La historia es un relato que los entusiastas de la cultura occidental se cuentan unos a otros», escribe la académica feminista Donna Haraway.

Pienso en todo esto mientras paseo por unas salas de atenuada luz del Museo de Historia Natural de Estados Unidos, que está en la ciudad de Nueva York, a unas cinco horas de coche desde el sudeste de Seneca Falls. En 1939 construyeron un diorama que representaba una escena titulada «La vieja Nueva York». Este diorama relataba la historia del nacimiento de la ciudad, en 1660, cuando los colonos europeos empezaron a establecerse en este estado; y hasta el día de hoy sigue vigente en la exposición. Tras un cristal, un modelo a tamaño natural del líder de los colonos holandeses, Peter Stuyvesant, da la bienvenida a una delegación de los lenapes (los nativos americanos en cuyas tierras se asentó la ciudad). Hay un molino de viento de madera de estilo holandés en el fondo, y una flota de buques navieros europeos destaca deslumbrante tras él. Los holandeses que aparecen en escena van vestidos. Stuyvesant aparece con un sombrero y una capa. Los personajes que representan a los lenapes, en cambio, incluido el que representa a uno de sus líderes y más respetados delegados, el jefe de la tribu, Oratamin, van vestidos con unos sencillos taparrabos rojos. En el plano intermedio veo la imagen de unas indias que llevan una pesada carga sobre su desnuda espalda y van cabizbajas. Su postura es de sumisión.

En 2018, los comisarios del museo hicieron algo inusual. Reconociendo que el diorama mostraba inexactitudes históricas, decidieron que, en lugar de quitarlo, añadirían unos amplios rótulos explicativos en el cristal delantero. No eliminaron ni reemplazaron lo que la historia narraba, sino que la corrigieron ante la vista de todos, como el maestro que va armado con un rotulador rojo. Si los que habían creado originariamente esa escena se ampararon en hechos falsos, si la compleja realidad de la colonización se había visto substituida por unos estereotipos confusos, ahora todo quedaría claro ante los ojos del gran público. La lección sería doble: se corregirían los hechos y, a su vez, se explicaría que la historia se había visto alterada por obra de los que ejercían el poder.

La escena resulta extraña echando la vista atrás. Ya es raro de por sí que un diorama que representa un acontecimiento político se encuentre representado en un museo de historia natural, que además es famoso por su taxidermia animal y sus fósiles de dinosaurios. Aunque también es posible que en 1939 este encuentro fuese considerado parte de la historia natural, como si una raza de personas, por decirlo de alguna manera, se enfrascara en una lucha existencial con otra. Es cierto que en todo el museo tratan a las personas de un modo bastante parecido a las especies animales, y que nuestros rasgos culturales son considerados el equivalente de las plumas o las pieles. Esa era la política de Estados Unidos en aquella época.

Stuyvesant aparece bien etiquetado en el diorama original. En cambio, el nombre de Oratamin no aparece por ninguna parte. En uno de los rótulos se pide excusas porque los rostros de los dos lenapes que aparecen en el primer plano, uno de los cuales se supone que es Oratamin, son curiosamente idénticos. Casi parecen unas caricaturas. Los personajes europeos, en cambio, parecen personas de verdad y tienen unos rasgos físicos distintivos. Si fue cierto que se dio este encuentro histórico de esta manera, probablemente los delegados de los lenapes habrían acudido con sus más ricas vestiduras, y no con la sencillez con que se los representa en la escena. Ponerles unos taparrabos servía para enfatizar la diferencia que se percibía entre las civilizaciones de los conquistadores europeos y los habitantes indígenas de esas tierras. La intención es clara: una era superior a la otra.

Como se revela en las etiquetas, hay un error tras otro en este diorama. Pero de entre todos ellos, son las mujeres indígenas las que quizá salen peor paradas.

Sabemos que las lenapes tenían un papel preponderante y que actuaban como guardianas del conocimiento en el siglo XVII. Las lenapes de la actualidad siguen haciéndolo. En cambio, lo único que vemos en el diorama son tres mujeres anónimas que están demasiado lejos como para poder identificarlas, dobladas hacia delante como si fueran bestias de carga. La imagen fue concebida queriendo implicar con ello que las trataban como a esclavas dentro de su propia comunidad. Nada más lejos de la realidad. La jefa de la tribu, Mamanuchqua, estuvo implicada muy activamente en las negociaciones de los tratados de la época, pero aquí no aparece representada en ningún lugar.

El viaje histórico que conduce a esta narrativa es muy complejo. No siempre existió una brecha entre los colonos europeos y los indios americanos, tal y como muestra el diorama. Durante las primeras décadas de la colonización, mientras las fuerzas militares de las comunidades indígenas siguieron equiparándose a las de los colonos, los europeos y los indios americanos interactuaban constantemente. «Durante más de 150 años, la mayoría de los europeos vivieron en frecuente contacto, incluso diario, con los indios», escribe Randall McGuire, un arqueólogo de la Universidad Estatal de Nueva York, en Binghamton, cuya obra está dedicada al análisis de las relaciones de poder entre los distintos pueblos del pasado. Solo cuando terminó la Guerra de Independencia en Estados Unidos, en 1783, y sus consiguientes batallas, todo eso cambió. En la costa este de América del Norte, por lo menos, los estrechos vínculos que se habían ido estableciendo entre los blancos y las comunidades indígenas empezaron a diluirse.

Los estereotipos étnicos racistas (como el de «piel roja» y «mujerzuela india», que salían en las viejas películas del oeste de Hollywood) pasaron a ocupar dicha brecha. Algunos europeos consideraban salvajes a los indios americanos, aunque había quien reconocía la fortaleza y la belleza de su cultura. Sin embargo, fueran como fuesen considerados, como nobles salvajes o salvajes en estado puro, en función de lo persuasivo que se mostrara el observador, dice McGuire, los titulares venían a decir que, ante todo, eran seres primitivos. Antes del siglo XIX, los arqueólogos creían tan firmemente en esta idea que tildaron sin excepción a los indios americanos de ser meros objetos de la naturaleza, o de lo que quedaba de ella. «En 1870, este punto de vista ya estaba firmemente institucionalizado y se daba por consabido».

El pasado se había reescrito para hacer justicia al mito del destino manifiesto, según el cual la historia de los orígenes de la forja de la nación decía que los americanos descendientes de los europeos estaban destinados a emigrar al oeste para conseguir conquistar más tierras. Incluso los liberales, añade McGuire, «defendieron la humanidad de los indios, pero les permitían disfrutar de una posición en la nación solo en el supuesto de que abandonaran su condición india».

El antropólogo nacido en Sudáfrica Adam Kuper, cuya obra demuestra cómo se inventó la idea de las sociedades primitivas, me contó que todo eso formaba parte de las doctrinas del siglo XIX. Los europeos creían que los indios americanos, como los indígenas de cualquier otra parte del mundo, pertenecían al pasado y se encontraban situados en los eslabones más inferiores de la cadena evolutiva, que eran los más cercanos al estado primigenio. Si la humanidad avanzaba pasando del estado salvaje al civilizado, Europa occidental era la que se encontraba en la cima de esta escala de progreso. El resto estaba situado en los peldaños inferiores.

En esta visión del mundo, no solo sucedía que determinadas razas se imponían a otras, sino que además los hombres ocupaban el lugar del sexo dominante. Muchos naturalistas y filósofos europeos llegaron a la conclusión de que la mujer estaba más cerca de la naturaleza, mientras que el hombre era un ser más racional, porque era capaz de domesticar la naturaleza. Los intelectuales europeos imaginaron que existía una transición desde el estado salvaje al civilizado, desde el irracional al racional y desde el inmoral al moral en la medida en que los seres humanos dejaban de verse gobernados por la naturaleza para gobernarse a sí mismos. La autoridad masculina pasó a considerarse un indicador más del progreso de la humanidad. «Era la doctrina de la Ilustración –insiste Kuper–. La doctrina que dice que hay una dirección que marca la historia».

Este fue el fundamento filosófico sobre el cual se erigió Estados Unidos, y que luego inspiraría las exposiciones del Museo de Historia Natural de Estados Unidos. Los supuestos europeos sobre la raza y el género habían sido importados al Nuevo Mundo por los Padres Fundadores, hombres como Thomas Jefferson, John Adams y George Washington, que redactaron la Declaración de Independencia y la constitución del país hacia finales del siglo XVIII. «Eran los caballeros cosmopolitas de la Ilustración –escribió McGuire–. Aceptaban la primacía de la naturaleza y la teoría de que los eruditos podían llegar a un conocimiento racional del mundo descubriendo las leyes de la naturaleza».

Un académico llegó incluso a decir de Jefferson, el tercero de los presidentes del país, que estaba dominado por una rabia patriarcal que le serviría para poner a las mujeres en su lugar. La sociedad en la que este había crecido, construida a partir de las plantaciones de tabaco y la esclavitud, estaba gobernada por una élite de hombres blancos que contaban con el apoyo de sus mujeres. El modelo que Jefferson tenía la esperanza de inculcar en su propia familia era el que también quería para la nueva nación que estaba ayudando a crear. Creía que, en lo que concernía a las mujeres, era en el ámbito doméstico donde estas podrían alcanzar su mayor potencial y ver cumplida su anhelada felicidad, una felicidad que los hombres perseguían en la esfera pública», dice el historiador Brian Steele de la Universidad de Alabama, en Birmingham. «Para la mayoría de los Padres Fundadores, y creo que eso puede aplicarse a prácticamente todo el pensamiento político occidental, existían unos supuestos de género que subyacían a todas las declaraciones positivas sobre cómo deberían ser las sociedades», sigue diciendo Steele. Jefferson consideraba que las mujeres estaban constituidas para ser «un objeto de placer». Vivían para el disfrute de los demás, para depender de los hombres. Este paternalismo se entretejió con las leyes y los valores de la nación no por error o por un descuido, sino porque así se diseñó.

En cuanto a los que estaban elaborando estas normas, sin embargo, hay que decir que lo que hacían parecía bastante radical para la época, incluso antipatriarcal. Si un aspecto del patriarcado es el control de la sociedad por parte de una élite antidemocrática de hombres poderosos, los Padres Fundadores rechazaron ese aspecto de plano, según Linda Kerber, experta en género y en historia del derecho de Estados Unidos de la Universidad de Iowa. En el Nuevo Mundo se vieron a sí mismos como los forjadores de una sociedad basada no en unas jerarquías artificiales como las de las viejas y obsoletas aristocracias europeas, sino en unas normas respaldadas por los que ellos consideraban que era biológico. Volvieron la espalda a la monarquía constitucional, en la que el poder era ejercido a nivel estatal por parte de un rey o una reina no electos. Estados Unidos sería una república en la que todos los hombres libres serían iguales. Se regirían por unas leyes hechas por el hombre y guiadas según la naturaleza humana. En este sentido, hombres como Thomas Jefferson y John Adams fueron los que rompieron con ciertas desigualdades del pasado.

En 1840, en el segundo volumen de *La democracia en América*, el politólogo francés Alexis de Tocqueville quedó encantado con lo que vio en Estados Unidos. Era en ese país donde los ideales revolucionarios franceses sobre la libertad se habían puesto en práctica y habían creado una sociedad que le pareció incluso más ilustrada que cualquier otra de Europa, porque ofrecía a las mujeres de una determinada clase poder ocupar un lugar de consideración. En la república americana, «a pesar de haber permitido que siguiera perviviendo la inferioridad social de la mujer, habían hecho todo lo posible por elevarla moralmente e intelectualmente al mismo nivel que el hombre –escribió el pensador–. No dudo en confesar que, aunque las mujeres estadounidenses se ven confinadas al estrecho círculo de la vida doméstica, y que su situación en determinados sentidos es de una extrema dependencia, no he visto ningún otro lugar en que las mujeres hayan ocupado una posición más elevada».

Por muy paradójico que pueda parecernos en la actualidad que las mujeres sean descritas como afortunadas por no ser capaces de votar, trabajar o llevar una vida pública, la idea cobraba un perfecto sentido para los Padres Fundadores. Thomas Jefferson pensaba que las mujeres eran afortunadas si estaban bajo la plena tutela de sus esposos porque eso las liberaba para poder cuidar de sus hijos y de sus hogares, tal y como la naturaleza estipulaba. De alguna manera, podía considerarse una especie de independencia. Liberaba a las mujeres y las situaba en una igualdad que encajaba con su naturaleza, afirma Steele. Incluso hubo quien llegó a describir esta situación como «una exaltación de la mujer».

«Los tiernos pechos de las damas no estaban formados para la convulsión política», sugirió en una ocasión Jefferson. Esta clase de patriarcado le fue inculcada desde muy temprana edad. Formaba parte del ambiente que él respiraba, de plantador virginiano de clase alta, dice Steele. Para «los hombres blancos, Jefferson recalcaba que había unos derechos inalienables, pero cuando se trataba de considerar a las mujeres blancas, cambiaba el enfoque y pasaba a hablar de los papeles naturales y de la felicidad de la sociedad». Los papeles de la mujer estaban firmemente arraigados al hogar, y eran los de esposa y madre.

El problema que nos ocasiona considerar a posteriori la libertad que les ofrecieron a ellas es que esta libertad claramente tenía sus límites. Por muy revolucionaria que fuera, la democracia americana eligió trazar una línea a las mujeres y a los esclavizados, por la sencilla razón de que ninguno de estos dos grupos se consideraba que merecieran por naturaleza tener voz y voto. Los indígenas ni siquiera eran reconocidos como ciudadanos por derecho propio. Esta manera de ver el mundo explica tanto el sexismo como el racismo que vemos en las exposiciones del Museo de Historia Natural de Estados Unidos. Las indígenas debían de haber estado siempre subordinadas a su propia comunidad, habrían pensado los diseñadores del diorama, porque la naturaleza había situado a las mujeres por debajo de los hombres, y los indígenas además estaban más próximos a la naturaleza. Los que documentaron la historia fueron incapaces de imaginarse un universo que pudiera estar ordenado de otra manera.

***

Desde un buen principio, hubo esposas de hombres blancos y libres de Estados Unidos que se mostraron descontentas ante la doble moral que se había instaurado en el seno mismo de su democracia. En 1776, Abigail Adams, esposa de John Adams, que más adelante se convertiría en el segundo presidente de Estados Unidos, le escribió a su marido apremiándolo: «Recuerda a las damas, y sé más generoso con ellas, muéstrate más favorable a ellas que tus antepasados». ¿Qué significaban en realidad la libertad y la igualdad si estas tan solo estaban destinadas a unos pocos en lugar de a todos?

La pregunta de Abigail le dio qué pensar. Pero, al final, John decidió que las mujeres ya ejercían el poder subrepticiamente a través de sus maridos y en su propio hogar. No necesitaban tener presencia política en la vida pública. «Vale más que no repudiemos nuestros sistemas masculinos en favor del despotismo de los corsés», le contestó.

A mediados del siglo XIX, de todos modos, los argumentos legales y morales que defendían la igualdad empezaban a ir en aumento en todo el planeta. «La contradicción existente entre el principio y la práctica no puede obviarse», escribió la feminista y filósofa británica Harriet Taylor Mill en su ensayo de 1851 *Enfranchisement of Women*. Es irónico, pero iba a ser la propia retórica sobre la libertad, la igualdad y la fraternidad de Estados Unidos la que al final fomentaría los poderosos movimientos que surgieron contra la esclavitud y en defensa del sufragio de las mujeres. Era imposible leer la Declaración de Independencia de 1776, con verdades tan evidentes por sí mismas que afirmaban que todos los hombres eran iguales desde su misma creación, sin que nadie se preguntara por qué no se aplicaba eso a todas las personas. En la convención por los derechos de la mujer de Seneca Falls de 1848, la Declaración de Independencia se convirtió en la base de sus propios requerimientos.

«Han proclamado una Declaración de Sentimientos que esencialmente adopta el lenguaje de Jefferson de la Declaración de Independencia para aplicarlo explícita y directamente a las mujeres», explica Brian Steele. Las activistas estaban reescribiendo las mismas palabras a las que habían recurrido los Padres Fundadores. En la nueva versión, sin embargo, los hombres y las mujeres habían sido creados en el mismo plano de igualdad.

Sin embargo, el camino por recorrer sería largo. Las mujeres no solo tenían prohibido votar. Hasta que no aprobaron la Decimonovena Enmienda en 1920, eran propiedad de sus padres, sus hermanos y esposos, y no podían ejercer ninguna autoridad sobre sus propios hijos. La ley establecía que un esposo podía pegar y violar a su esposa. Y ese postulado era el reflejo de otras leyes que se aplicaban en Europa. «La mujer no podía poner un pleito, ser objeto de un pleito, firmar ningún contrato, hacer testamento, quedarse con sus propias ganancias o controlar sus propiedades –escribe la abogada Renée Jacobs–. Las mujeres casadas estaban muertas en lo civil».

Las leyes fueron estipuladas sobre el principio que decía que una mujer casada podía ser encubierta bajo la identidad legal de su marido, escribe Linda Kerber. Las casadas existían como ciudadanas solo a través de sus maridos. Y eso significaba que hasta 1922 una estadounidense podía perder su ciudadanía si se casaba con un extranjero que no fuera ciudadano americano, aunque ambos vivieran en el mismo país. Las mujeres nacidas en Estados Unidos no tuvieron derecho a pasaporte hasta la década de 1950, añade Kerber, «porque habían estado casadas con foráneos antes de 1922». Estados Unidos no fue el único país en adoptar estas normas. En la actualidad hay leyes sobre la nacionalidad, en países como Nepal, Arabia Saudí y Malasia, que impiden que las mujeres puedan pasar automáticamente la ciudadanía a sus hijos o a un cónyuge que no sea ciudadano.

En el siglo XIX, cuando las personas empezaron a cuestionarse las razones por las cuales los estados denegaban a las mujeres los mismos derechos que a los hombres, las creencias patriarcales se vieron desafiadas desde diversos frentes. Los científicos y los filósofos cuestionaron los presupuestos básicos que existían sobre la jerarquía humana. Si la humanidad realmente avanzaba hacia la modernidad y la civilización, ¿cómo había empezado todo aquello? ¿Existía un estado natural más simple que pudiera dar razón de quiénes eran los seres humanos biológicamente, en lo más hondo de su ser? Hubo quienes se preguntaron si estudiando a los salvajes que vivían en un estado primitivo, por así decirlo, no serían capaces de entender el pasado que compartía toda la humanidad y explicar los orígenes de la sociedad. Algunos se preguntaron si no sería posible además aislar la fuente de las relaciones de género más primigenias.

Estudiando el pasado, creyeron que podrían identificar de un plumazo las razones que daban explicación de la dominación masculina. Pero hubo algunos problemas. Las respuestas que se hallaron no fueron las que se esperaban los antropólogos, los etnólogos y los misioneros religiosos europeos. En primer lugar, porque el progreso de las civilizaciones no seguía un único patrón universal. Explorando el mundo, y estudiando historias y culturas que no eran las suyas propias, descubrieron que las sociedades humanas no encajaban en unos modelos pulcros de progreso que iban desde un estadio primitivo hasta alcanzar otro más avanzado. Al contrario, las civilizaciones iban floreciendo y cayendo en decadencia a lo largo de los siglos, se convertían en centros neurálgico-tecnológicos para deslizarse luego hacia una edad oscura, o bien sobrevivían con unos medios más simples y sostenibles durante miles y miles de años. Algunas comunidades eran notablemente igualitarias. Otras colocaban a las mujeres en posiciones de liderazgo. No existía un modelo único que fuera capaz de explicar por sí mismo el cambio cultural a lo largo de los tiempos.

Los supuestos sobre los datos biológicos que explicaban la subordinación de las mujeres se confundían con el hecho de que las comunidades humanas no estaban estructuradas de la misma manera en todas partes. El mundo estaba plagado de excepciones. Tantas que las normas ya ni siquiera tenían sentido.

En Estados Unidos, observando de cerca las culturas nativas americanas, los académicos descubrieron que su misma manera de entender las relaciones de género en función de la naturaleza estaba siendo rápidamente socavada. En algunas sociedades indígenas, los llamados salvajes vivían tradicionalmente en clanes de linaje matriarcal, los grupos familiares se agrupaban en torno a una antepasada común y los nombres pasaban de generación en generación siguiendo la línea materna. «No hay nada más real... que la superioridad de las mujeres –observó Joseph-François Lafitau, un jesuita misionero francés que vivió en una comunidad nativa americana no muy alejada de Montreal en el siglo XVIII–. Son ellas quienes en realidad conservan la tribu, la nobleza de la sangre, el árbol genealógico, el orden de las generaciones y la continuación de la familia. Es en ellas en quien reside la auténtica autoridad».

Había mujeres indígenas en las Américas que poseían y gestionaban propiedades. Las mujeres practicaban deportes al aire libre que eran muy exigentes físicamente, incluidos los deportes de pelota y los combates cuerpo a cuerpo, y lo hacían tanto para divertirse como para competir. Las chicas de los navajos hacían carreras para mostrar su fortaleza de carácter. Las seris del estado mexicano de Sonora eran capaces de correr más de setenta kilómetros en una sola noche, según observó un etnólogo europeo.

Fue una época en que Estados Unidos se erigió en el faro de luz que iluminaría el resto del mundo, que construiría una sociedad situada en el culmen de la civilización occidental. Sin embargo, y para su sorpresa, las activistas decimonónicas que lucharon por los derechos de las mujeres (incluidas algunas de las que asistieron a la Convención de Seneca Falls de 1848) se dieron cuenta de que ya existían unos modelos más igualitarios y democráticos para gestionar las relaciones de género, y esos modelos los tenían justo delante de sus propias narices. La conmoción resultante de haberse dado cuenta de que la dominación del varón en absoluto era un fenómeno natural, les quitó la venda de los ojos. En las sociedades que convivían con la suya propia cabía plantear la posibilidad de que el libro de las normas pudiera volver a reescribirse.

Fue en Seneca Falls donde las historias de esas mujeres se cruzaron.

***

Vivo aquí, en la nación de los onondaga –afirmó la organizadora de la comunidad Awhenjiosta Myers el día que habló conmigo–. Creo que este es un lugar formidable para vivir. No querría vivir en ningún otro sitio.

La tierra natal de Myers está situada en el centro neurálgico del territorio que pertenece a la Confederación de los haudenosaunee, un grupo de seis naciones tribales que los foráneos dieron en llamar iroqueses. También los llamaron el Pueblo de las Casas Largas, por las largas e inmensas casas de madera que las familias solían compartir y que tenían un espacio muy amplio para cocinar en el interior.

Las tierras que tienen en la actualidad no hacen justicia a la manera en que vivían sus antepasados.

Es muy triste, porque ahora solo ocupamos un terreno de ocho kilómetros cuadrados, cuando antes nuestras tierras llegaban más allá del horizonte –relata Myers.

Cuando llegaron los colonos, su mundo se empequeñeció.

Vinieron con todas sus prohibiciones para que nos convirtiéramos en buenos americanos, para que borráramos todo lo que de indígenas había en nosotros. De todos modos, siempre fuimos capaces de agarrarnos a cualquier cosa. Para algunos no era nada del otro mundo, pero ya podíamos contentarnos si podíamos agarrarnos a nuestra lengua, nuestras ceremonias, nuestra cultura y nuestra manera de vivir.

Myers explica que esa manera de vivir implicaba que las mujeres eran objeto de la misma consideración que los hombres.

Como crecí aquí, nunca sentí que mi papel como mujer fuera inferior al de los hombres –contó Myers, y añadió que su madre había tenido una hermana y ocho hermanos más–. Esa mujer era capaz de cortar leña igual que sus hermanos. Era capaz de cocinar como sus propios hermanos. Así los educaron. Yo nunca sentí que tuviera que ocupar un lugar determinado por ser mujer.

La historia de las haudenosaunee de Seneca Falls es mucho más antigua de lo que pueda ser cualquier edificio que perviva en la ciudad. En 1590, más de 250 años antes de que la famosa convención en defensa de los derechos de la mujer se celebrara en la capilla metodista de la calle Fall Street, se reunieron varias mujeres de las naciones de los seneca, los mohawk, los oneida, los onondaga y los cayuga para reclamar la paz mientras la guerra asolaba sus pueblos. Estas haudenosaunee no eran unas activistas indefensas que se sublevaran contra la autoridad masculina. Ni mucho menos. Pertenecían a unas comunidades en las que ya desempeñaban un control significativo, como llevaban haciendo desde hacía generaciones. Y estaban en pleno proceso de consolidar todavía más su posición. En el siglo XVII, las mujeres ya tenían asegurado el derecho de veto sobre posibles guerras futuras.

En otras palabras, las americanas de clase media que se reunieron para luchar por la igualdad en Seneca Falls en 1848 estaban pidiendo una pequeña tajada de lo que las indias americanas de la zona ya tenían, de hecho, varios siglos antes que ellas. La batalla por el sufragio en Estados Unidos terminaría siendo larga y amarga; sin embargo, la auténtica democracia ya formaba parte de la vida cotidiana de los haudenosaunee. Los indígenas siguen abrazando estas costumbres en la actualidad. Y no estamos diciendo que la vida en esas comunidades sea un paraíso matriarcal. Ya hace mucho tiempo que el trabajo fue dividido en función del género entre hombres y mujeres: las mujeres se ocupaban tradicionalmente de la producción agrícola, mientras que los hombres cazaban, por ejemplo (y cultivar puede llegar a ser muy duro). Sin embargo, el control de la producción alimentaria daba a las mujeres un cierto poderío económico y, con ello, una relativa libertad social; y eso incluía la libertad de poder divorciarse.

En las historias sobre los orígenes de los haudenosaunee, que están divididas en varias épocas hasta llegar a la actualidad, la vida empieza con una mujer. Según Barbara Alice Mann, especialista en historia y culturas amerindias de la Universidad de Toledo, en Ohio, es en este punto donde puede verse la base ideológica que tiene la autoridad femenina en su sociedad. Hay algunas versiones de esta historia en las que se dice que, antes de que el mundo existiera, había una isla en el cielo habitada por gente celestial. Un día, una de estas mujeres celestiales se cayó por un agujero, pero unos pájaros la condujeron sana y salva hasta depositarla sobre la Gran Tortuga, y otros animales se dedicaron a recoger lodo del mar para depositarla sobre el caparazón de la tortuga hasta que se formó una isla, y eso fue lo que marcó el inicio de la primera época. Hay distintas versiones sobre este asunto, pero en algunas de ellas se dice que la mujer celestial llegó con unas semillas en las manos procedentes de su propio mundo, y que esas semillas constituyeron la base de la agricultura.

Dado que se considera a la mujer celestial un ancestro en el sentido más literal del término y no una metáfora, se da por hecho que el árbol genealógico de todos empieza con ella, y que se transmite por mediación de las madres,

En la segunda época de esta historia de los orígenes, fechada en algún momento de la primera mitad del milenio anterior, aparece Jikonhsaseh, la Madre de las Naciones. En compañía de dos hombres, El Gran Pacificador y Hiawatha, el legendario jefe de la tribu de los onondaga, los tres formaron la Confederación de los haudenosaunee. Las mujeres del clan todavía ayudan a dirigir el gobierno a nivel local, y su poder político se irradia al nivel federal. Son las que seleccionan quiénes serán los jefes honorarios que dirigirán sus clanes e influirán en sus decisiones, y tienen el poder de destituirlos si no hacen bien su trabajo. Myers me cuenta que su jefe no tiene los atributos que pueda tener un rey o un gobernante absoluto:

El jefe trabaja para la gente. No está por encima ni por debajo de ellos, sino que trabaja a su lado, junto a ellos.

Así como las tradiciones han ido cambiando a lo largo de las décadas, las mujeres han permanecido en el seno mismo de la vida pública de los haudenosaunee actuales como líderes de la comunidad. Jikonhsaseh, como madre que fue del primer clan, representa el arquetipo de todas las madres que la siguieron; por eso decimos que las madres de los clanes existieron mucho antes de que vinieran los Padres Fundadores.

En una edición de 1900 del *Journal of American Folklore*, el etnólogo William Martin Beauchamp, que pasó un cierto tiempo conviviendo con los haudenosaunee, describió una canción de duelo en la que se decía que era más duro para la comunidad que falleciera una mujer que un hombre. Se consideraba que incluso era peor que si hubiera muerto un jefe, «porque con ella desaparecía su linaje», en palabras de Beauchamp. Cuando los indígenas empezaron a aprender el inglés, tras la colonización, añadió, atribuyeron por defecto a los hombres el pronombre «ella», y a las mujeres el pronombre «él». Intercambiaron los pronombres, fuera de manera consciente o inconsciente, porque se dieron cuenta de que el pronombre «él» representaba el género más importante en este idioma. Una maestra se dio cuenta de que cuando aprendían la Biblia, los niños indígenas cambiaban de manera sistemática el cuarto mandamiento, y en lugar de decir «honrarás a tu padre y a tu madre», decían «honrarás a tu madre y a tu padre».

Las sociedades indígenas americanas están organizadas de distinta manera. Jennifer Nez Denetdale, de la nación navajo, catedrática de Estudios Americanos de la Universidad de Nuevo México, investigó sus raíces familiares a partir de su madre y de sus abuelas, y a partir de las historias que le contaban. Si se enteró de las gestas de sus trasbisabuelos fue tras leer los informes del ejército de Estados Unidos, fechados en 1866, en los que se contaba que su trasbisabuelo había desempeñado un papel muy relevante haciendo frente a la ocupación americana. «Tenía yo veinte años de edad cuando finalmente fui consciente de que lo que mi madre me estaba diciendo en realidad era que descendemos de una pareja».

«En la actualidad seguimos siendo un pueblo de linaje matriarcal –añade Denetdale–. Mi madre fue la matriarca; por eso soy muy consciente del liderazgo de las mujeres y del poder y la autoridad que tienen, porque he vivido en un sistema de linaje matriarcal».

Como sucede en gran parte de estas sociedades matriarcales, no podemos considerar que sean un mero antagonista de las patriarcales. Ha sido recientemente cuando los eruditos occidentales han empezado a valorar la complejidad del género en algunas tradiciones indígenas. «Estamos debatiendo la cuestión de la existencia de un tercer género en los relatos sobre la creación, que sería una persona a la que llaman *nádleehí*, o persona del tercer género –explica Denetdale–. Se trata de una persona que había mostrado tener la habilidad y el talento de poder ser una negociadora y una mediadora entre los hombres y las mujeres, y que, por lo general, iba vestida con ropajes femeninos». Otros creen que sus ancestros reconocían la existencia de cuatro, cinco o quizá un número mayor de manifestaciones de género, e implican que quizá eso se correspondiera con lo que hoy en día podríamos llamar gay, lesbiana, hombre afeminado o mujer masculina. El término indígena «dos espíritus» ha vuelto a la palestra y se usa comúnmente para significar ese antiguo concepto de fluidez que va más allá del género binario.

«El papel femenino en la transversalidad de géneros que existía en algunas tribus indígenas de América constituía una oportunidad para que las mujeres asumieran un papel masculino de manera permanente y pudieran casarse con otra mujer», escribió la antropóloga Evelyn Blackwood. Estas prácticas culturales confundieron las ideas que Occidente tenía sobre el género, y fueron muy mal documentadas por parte de los foráneos. Según Blackwood, quizá les resultara más fácil la idea de la transversalidad de los géneros a los miembros de las igualitarias comunidades indígenas, porque ni los hombres ni las mujeres tenían un trabajo que destacara por encima del que tenía el otro sexo. Si no existía una diferencia en la condición social, pocas barreras había que negociar.

A pesar de que muchos de los matices sobre las relaciones de género quizá se perdieran, la arrasadora e igualitaria forma de gobierno que vimos que existía entre los haudenosaunee no pasó inadvertida a los primeros colonos europeos. «Los colonizadores vinieron y aprendieron de nosotros –dice Awhenjiosta Myers–. La democracia como tal la aprendieron de los haudenosaunee. Muchos de los símbolos de su gobierno son apropiaciones de los símbolos que representaban a nuestros pueblos». El reconocimiento oficial no sobrevendría hasta octubre de 1988, cuando el senado de Estados Unidos aprobó una resolución que confirmaba que cuando sus primeras colonias se agruparon en una sola república, en el siglo XVIII, y eso contribuyó a la formación de una democracia representativa, el sistema político del pueblo haudenosaunee tuvo una gran influencia en sus fundadores.

Oren Lyons, que es guardián de la fe del Clan de los Tortugas de las naciones onondaga y seneca, contó en una entrevista de 2007 que, cuando Cristóbal Colón partió de España para embarcarse rumbo al Nuevo Mundo, los haudenosaunee «ya llevaban varios centenares de años viviendo en democracia, en una democracia organizada. Teníamos una constitución basada en la paz, en la equidad y la justicia, basada asimismo en la unidad y en la sanidad».

Por eso mismo, la paradoja de la democracia americana todavía resulta más complicada. En pleno siglo XIX, las mujeres de Seneca Falls luchaban por el derecho al voto en un país que, por reconocimiento propio, había importado algunos de sus principios democráticos de unas sociedades indígenas de linaje matriarcal en las que las mujeres ya ostentaban un poder significativo. Sin embargo, la ideología que respaldaba la expansión de Estados Unidos consideraba a esos mismos indígenas unos seres retrógrados, unos vestigios del pasado, condenados incluso a la extinción. ¿Cómo podían argumentar que la igualdad de las mujeres representaba la modernidad y el progreso cuando las haudenosaunee tenían más derechos y autonomía en sus sociedades que las europeas y las americanas?

Había que cuadrar el círculo.

De esta manera, la cuestión de los orígenes del patriarcado se convirtió en una de las más importantes de la época. Llamó la atención de pensadores muy influyentes de la época, como Charles Darwin, el naturalista inglés, Friedrich Engels, el politólogo alemán, y también de las activistas en defensa de los derechos de la mujer más destacadas de América.

***

Matilda Joslyn Gage fue una agitadora incluso para lo que se consideraba la norma entre las sufragistas.

Nacida en 1826 en el seno de una familia de librepensadores del estado de Nueva York, activista en defensa del movimiento para abolir la esclavitud, Gage siguió su andadura hasta convertirse en un personaje tan importante en la lucha por los derechos de la mujer como lo fue su representante, Elizabeth Cady Stanton. Gage no estuvo en la Convención de Seneca Falls de 1848, pero sí se convirtió en la oradora más joven de la Tercera Convención Nacional de los Derechos de la Mujer cuatro años más tarde.

Hay una anécdota que resume la clase de activista que fue Gage. En octubre de 1886, durante una ceremonia para dedicar la estatua de la Libertad, regalo de Francia, a lo que más tarde se conocería con el nombre de Isla de la Libertad, Gage apareció en ella para manifestarse en contra. Se enteró de que ese día se había denegado el acceso a la isla a las mujeres y, junto con su grupo, irrumpió en el muelle con un barco de vapor alquilado para dejar bien claro cuál era su punto de vista. «Es muy sarcástico que en el siglo XIX representemos la libertad en forma de mujer –declaró Gage–, cuando ni una sola mujer en todo lo largo y lo ancho del país se encuentra todavía en posesión de su propia libertad política».

Gage acudió a las haudenosaunee, que vivían en el estado de Nueva York como ella, y lo que vio allí fue un mundo completamente diferente. Le sorprendió muchísimo la diferencia de trato que se les daba en las comunidades. Cuando una joven haudenosaunee se casaba, el esposo iba a vivir con la suegra. Estaba obligado a entregarle a su mujer todas las piezas de caza que hubiera cobrado. Y si la pareja se separaba, los niños se iban a vivir con la madre. Para Gage, fue toda una revelación. La doble moral por la que se regía su propia vida se le apareció ante sus ojos vívidamente. Los hombres blancos de Nueva York «se encuentran situados en estos momentos en un punto más bajo en la escala de la civilización humanitaria que el que ocupaban los iroqueses», declaró, porque, al menos, los indígenas reconocían que si una pareja se separaba, los niños pertenecían a la madre en lugar de al padre.

En un artículo del *Evening Post* neoyorquino de 1875, Gage manifestó su sorpresa por haber descubierto una sociedad en que las mujeres ejercían tanta autoridad. «La división de poderes entre los sexos de esta república india era prácticamente equitativa», escribió. Gage llegó a estrechar tanto sus vínculos con los haudenosaunee que en 1893 fue adoptada por uno de los clanes y recibió el nombre de Karonienhawi, que significaba «la que sostiene el cielo».

Sin embargo, quedaba un dilema por resolver.

Muchas de las activistas en pro de los derechos de la mujer de la época, incluida Gage, se embarcaron en la defensa de la igualdad sexual argumentando que representaba el futuro. Dijeron que era un signo de las civilizaciones maduras y avanzadas. Si extendían el derecho de voto a la mujer, argumentaban, los estadounidenses serían quienes liderarían este estilo de vida ante el resto del mundo. ¿Pero cómo podrían explicar entonces el orden igualitario y de linaje matriarcal de las comunidades indígenas americanas, que eran mucho más antiguas? ¿Cómo se las arreglarían estas sociedades indígenas para superar a una nación como la de Estados Unidos?

Entre los que buscaron responder a esta misma pregunta en esos tiempos se encontraba Lewis Henry Morgan, un etnólogo y abogado de Nueva York que pertenecía a una fraternidad secreta que estudiaba las tradiciones de los haudenosaunee. Además de formar un grupo de presión para reclamar más tierras en nombre de los indígenas americanos, Morgan elevó una petición (que no prosperó) al presidente Abraham Lincoln para que lo nombrara comisario de Asuntos Indios. En 1847, Morgan fue adoptado por el clan de los Halcones, uno de los clanes de las cuatro aves de la nación seneca, y le dieron el nombre de Tayadawahkugh, que significa «El Situado a Ambos Lados», quizá para simbolizar que tenía un pie en ambos mundos, o bien que era un puente tendido entre ambos.

La fascinación de Morgan por las costumbres indígenas americanas era de un cariz distinto al que sentía Gage. A diferencia de ella, Morgan no buscaba hallar inspiración política. Al contrario, pensaba que los indígenas eran unos bárbaros situados muy por debajo de la escala en la que, como otros colonialistas europeos de la época pensaban de manera interesada, «la familia blanca de los arios representa el flujo central del progreso humano», tal y como expresan sus palabras. Su interés era más bien antropológico, y pretendía conocer mejor lo que creía que eran las raíces compartidas por toda la sociedad humana. Los indígenas, según daba por sentado Morgan, eran una ventana abierta al pasado.

En lo que respecta a sus puntos de vista, Morgan explicó en su libro, publicado en 1877, *Ancient Society*, que los haudenosaunee se organizaban en torno al pilar que constituían las relaciones familiares. Si una sociedad quería estructurar su parentesco de esta manera, las mujeres tenían que adoptar el papel protagonista, porque el linaje de sus hijos siempre podría remitirse al de las madres. De la paternidad, uno no podía estar tan seguro. Morgan dio por sentado que si los pueblos primitivos adoptaban los patrones matriarcales en lo que respectaba a los legados, era porque todavía no habían encontrado una manera mejor de asegurarse de la paternidad de un hijo o una hija. Si la hubieran encontrado, sin duda alguna esa sociedad sería patriarcal.

Para Morgan, las tradiciones haudenosaunee representan un pasado lejano compartido por toda la humanidad, un estadio temprano de desarrollo en el que las personas eran más promiscuas, vivían comunalmente y no sabían de quién eran los bebés que nacían. Siguiendo su razonamiento, estas sociedades antiguas no tenían otra elección que dar prioridad a las mujeres. La sociedad indígena americana, centrada en la mujer, no era superior desde su punto de vista; sencillamente era más simple.

En 1861, el antropólogo y legislador suizo Johann Jakob Bachofen ya había sugerido que la estructura más temprana de la familia humana debió de haber sido matriarcal. Usó la palabra *Mutterrecht*, que significa «derecho de la madre», para referirse al legado transmitido por línea materna. Morgan vinculaba el poder masculino a la reproducción, así como había hecho Bachofen y harían otros pensadores de su misma era (incluido el padre de la teoría de la evolución, Charles Darwin, con quien Morgan mantuvo correspondencia). Según Morgan, las sociedades más avanzadas, como las europeas, tendían a ser de dominio masculino, porque los hombres, con su sabiduría y su racionalidad, finalmente habían tomado el control de la sexualidad de las mujeres para asegurarse de que sus hijos fueran en realidad suyos propios y no de otro hombre. El invento del matrimonio monógamo por estricta obligación permitió a la sociedad organizarse en función de un linaje patriarcal. Y eso significaba que todas las propiedades que pertenecieran a los hombres podían transferirse a sus auténticos herederos. Si los hombres se hacían cargo de las mujeres, la herencia podía traspasarse de los padres a los hijos varones, tal y como Morgan creía que debía ser.

«Morgan creía que eso era lo natural y adecuado», escribe el antropólogo Adam Kuper. Con esta proeza digna de calificarse de acrobacia intelectual, Morgan podía identificar la dominación masculina, la monogamia y el matrimonio heterosexual con el progreso y la modernidad (y cuadrar el círculo del patriarcado occidental con toda comodidad).

El modo en que se interpretaran las teorías de Morgan dependía del lector; en concreto, de la política del lector. Así como Morgan no aprobaba la igualdad de género en sus escritos (en realidad, hacía todo lo contrario), su obra ofrecía en cualquier caso una nueva manera, una muy curiosa manera, de interpretar las cosas para las activistas en pro de los derechos de la mujer, como Matilda Joslyn Gage. Los hombres como Morgan veían en el pasado matriarcal una época sexualmente corrupta y retrógrada. Las sufragistas, por otro lado, consideraban que eso demostraba que era posible que las mujeres ostentaran el poder. Si las haudenosaunee no eran unas rarezas culturales, sino vestigios de un pasado matriarcal que era compartido universalmente, los que argumentaban que la dominación masculina era el orden que se había seguido siempre, desde el principio de los tiempos, podían considerar que se encontraban ante un verdadero desafío. El fracaso de Estados Unidos en garantizar a las mujeres los mismos derechos que los hombres basándose en la diferencia de su naturaleza podía etiquetarse como una negación contundente de los derechos que antaño habían disfrutado las mujeres.

Destrozar el patriarcado no era una afrenta a la naturaleza, sino un retorno a ella. Esa resultó ser la historia perfecta de los orígenes del pujante movimiento por los derechos de la mujer en Estados Unidos. Y llegó a profundizarse más en ella cuando la retomó el filósofo socialista alemán Friedrich Engels, coautor, con Karl Marx, de *El manifiesto comunista*.

***

Friedrich Engels se sintió tan inspirado por *Ancient Society*, de Lewis Henry Morgan, que en 1884 publicó una ambiciosa teoría sobre el tema para explicar los orígenes del estado. En ella daba unas fantásticas explicaciones sobre el modo en que la familia y la propiedad habían terminado organizadas en las sociedades modernas. Engels argumentó, como Bachofen y Morgan hicieron antes que él, que el derecho de las madres era un sistema primitivo que terminaba con la aparición de la familia civilizada, monógama y patriarcal. El punto en que Engels divergía de Morgan era que consideraba la transición del matriarcado al patriarcado una destrucción trágica de las libertades de las mujeres, el momento de «la derrota histórica y mundial del sexo femenino».

Esas palabras (la derrota histórica y mundial del sexo femenino) resonarían en la literatura feminista a lo largo del siguiente siglo, e incluso durante más tiempo. Engels modelaría lo que diversas generaciones iban a pensar del patriarcado.

Su narrativa socavaba las cosas, y era bastante teatral. El impulso de los hombres de controlar la paternidad y la herencia no solo obligaba a las mujeres a convertirse en poco más que meros recipientes de gestación de sus bebés, en palabras de Engels, sino que además pasaban a convertirse en propiedad de los hombres. «El hombre, además, tomó las riendas del hogar, y la mujer fue degradada y reducida a la servidumbre; se convirtió en la esclava de su lujuria y en un mero instrumento para gestar hijos». La desigualdad legal de la era moderna entre ambos sexos fue el producto de «esta opresión económica», tal y como Engels relató, por la cual se relegaba a las mujeres a ser unas meras subordinadas en el seno de la institución del matrimonio y en sus propios hogares. El esposo, y padre, se convertía en cabeza de familia y «la esposa se convertía en jefa del servicio».

Engels consideró que la salvación de las mujeres pasaba por la creación de una sociedad igualitaria en la que no existieran las clases sociales. Citando directamente a Morgan, Engels esperaba que, redistribuyendo la riqueza a todos por un igual y eliminando las jerarquías, las personas podrían lograr «la recuperación, en una de sus formas más elevadas, de la libertad, la igualdad y la fraternidad» de los antiguos matriarcados. Engels no defendió que hubiera que vivir como los pueblos indígenas de la era moderna, y tampoco Morgan, por cierto; pero sí creía que estos pueblos contenían en sí mismos el germen de una igualdad sexual que al final la gente terminaría por reclamar cuando decidiera rebelarse contra el capitalismo.

Su teoría parecía tenerlo todo atado y bien atado, tanto es así que resultaba muy fácil dejarse llevar por sus argumentos; pero en esta teoría había un problema fundamental.

***

¿Los seres humanos se encuentran situados en una escala de progreso por la que van subiendo hasta alcanzar el mítico punto de la perfección? ¿Es justo pensar que todas las sociedades van avanzando por los mismos estados de la civilización, pero que unas van más deprisa y otras más despacio?

El problema que subyace a la línea de razonamiento que siguió Johann Jakob Bachofen en 1861, y que luego defendieron Lewis Morgan y Friedrich Engels, como apunta Adam Kuper en su libro *The Invention of Primitive Society*, es que las sociedades humanas no se retrotraen todas ellas necesariamente a un único punto, a una época en que todos vivían de la misma manera. Podemos extraer un entramado común de todas ellas, escribe Kuper, pero no hay nada parecido a unos «fósiles de la organización social». En el continente americano, las prácticas, las costumbres y los idiomas indígenas varían de una nación a otra, de un lugar a otro y de una época a otra, como ocurre en cualquier parte del mundo. Las tribus omaha del medio oeste, por ejemplo, son de linaje patriarcal. Las culturas no son homogéneas, ni estáticas. No existe ninguna base que nos permita dar por sentado que las familias haudenosaunee del siglo XIX vivían como los europeos hace miles de años.

El tema de la perspectiva dejó perplejo incluso a Benjamin Franklin, uno de los Padres Fundadores de Estados Unidos, mientras reflexionaba sobre las sociedades indígenas americanas. «Los llamamos salvajes, porque sus maneras son diferentes de las nuestras, y porque creemos que las nuestras son el culmen de la civilización, –escribió entre 1783 y 1784–. Pero ellos piensan lo mismo de la suya».

Los esfuerzos de los pensadores del siglo XIX, como Engels y Morgan, para encontrar una historia única y coherente que pudiera dar cuenta del desarrollo humano y explicarlo como una progresión del matriarcado al patriarcado traicionaba estos sesgos. En lugar de considerar a los haudenosaunee una comunidad de personas moderna y viva que había llegado a desarrollar unas normas que beneficiaban más a las mujeres, en cierto sentido, que otras sociedades, Engels y Morgan las consideraron unos esqueletos vivientes. A sus ojos, eran meros vestigios de su propio pasado. Las vidas de los indígenas americanos solo eran relevantes para entender de dónde procedían todos los seres humanos modernos, pero olvidaron lo que debería de haber sido obvio: que los indígenas americanos no son lo que en el pasado solían ser los demás, sino que eran unas personas actuales con unas historias propias, ricas y cambiantes que se entretejían con el mundo que las rodeaba.

La antropóloga Gail Landsman, de la Universidad de Albany, en Nueva York, especializada en los textos de las sufragistas decimonónicas, advierte que hemos de tener conciencia de las intenciones de los que invocaban a los indígenas americanos como modelos para una política alternativa. Landsman señala que, así como por un lado se buscaba inspiración en las sociedades indígenas, incluso Matilda Joslyn Gage pensaba que estaba observando una cultura primitiva en extinción. Gage creía firmemente en la tradición ilustrada europea, que imaginaba que todas las personas estaban situadas en una escala de progreso, y que las que formaban parte de la tradición europea, como ella misma, estaban ubicadas en lo más alto. No esperaba vivir como vivían los haudenosaunee, sino que más bien pretendía reformar las leyes de su propia nación. Estados Unidos representaba para ella el futuro. «Los indios tenían un valor y un interés fundamental por la manera en que hacían que avanzara la historia americana», escribió Landsman.

Gage podría haber pensado que la sociedad haudenosaunee le ofrecía la oportunidad de encajar las ideas y prácticas indígenas antiguas en un modelo que fuera capaz de crear unos Estados Unidos distintos que supieran valorar los derechos y las culturas de los indígenas americanos, que no los consideraran prescindibles; sin embargo, la mirada de Gage se posó en ella misma. En lugar de incluir a las mujeres indígenas en la lucha por la igualdad, las activistas como ella las usaron como peones intelectuales. El pueblo de los haudenosaunee se convirtió en una herramienta al servicio de los ideales políticos. Para hombres como Lewis Henry Morgan, sirvieron de oscuro recordatorio de un pasado matriarcal corrupto que solo confirmaba que el dominio masculino era más civilizado. Para otros, como Friedrich Engels, se erigieron en promesa de un retorno al igualitarismo que debía pasar a través de una revolución. Y a Gage le brindaron la asombrosa tranquilidad de saber que el poder femenino era natural porque había existido incluso en una sociedad tan antigua y primitiva como la de ellos.

Nadie consideraba las comunidades indígenas por lo que eran en realidad, sino por lo que deseaban que fueran. Sobre la marcha, los miembros vivos de la comunidad terminaron siendo reducidos a reliquias del pasado. Y eso significaba que algunos de los derechos y las libertades de las mujeres terminarían siendo sacrificados en favor de los derechos de los demás.

***

Cuesta mucho sobrevalorar el papel central que desempeñó el ama de casa hogareña en la fundación de Estados Unidos.

Varios siglos antes de que se redactara la Declaración de Independencia, los europeos habían llegado a creer que el patriarcado seguía el orden divino del universo, un orden según el cual el padre ejercía autoridad sobre su familia, el monarca gobernaba la nación y, siguiendo el razonamiento, Dios mismo lo gobernaba todo. El historiador David Veevers, de la Universidad Reina María de Londres, ha investigado sobre las actitudes imperialistas británicas en lo que concierne al género, y dice que, a partir del siglo XVI, «las instituciones del estado y la sociedad se obsesionaron con la aplicación de este principio patriarcal [*sic*] a nivel familiar, local y nacional». El siglo XVIII vio una explosión de manuales sobre la gestión del hogar que tenían la firme intención de preservar las buenas relaciones entre ambos sexos, porque eran consideradas «la piedra de toque de la estabilidad política». Si la familia estaba bajo control, si todos seguían las normas de género al pie de la letra, el estado sería estable y seguro.

Los Padres Fundadores de Estados Unidos heredaron esta misma filosofía. «La república americana estaría a salvo, siempre y cuando las mujeres permanecieran en el ámbito doméstico», explica el historiador Brian Steele.

A mediados del siglo xix, en los mismos tiempos en que se celebró la convención por los derechos de la mujer en Seneca Falls, esta idea estaba firmemente enraizada en las relaciones entre las distintas clases sociales de la ciudad de Nueva York, según Christine Stansell, historiadora de la Universidad de Chicago. Las clases medias pudientes consideraban que era su trabajo apoyar los valores familiares tradicionales, y no solo en su propio hogar. Las mujeres, en concreto, «vieron reforzado su papel como dictadoras de los valores domésticos y familiares», añade esta académica, y por eso juzgaron con encono a las que no perseguían el ideal de la maternidad hogareña.

Las mujeres se vigilaban entre ellas. Los reformadores sociales de la clase media de Nueva York, sigue explicando Stansell, se contaban entre los que creían que «la independencia económica de las mujeres era sinónimo de indigencia». Incluso las sufragistas más prominentes, a pesar de propugnar el derecho al voto, compartían el compromiso de defender el ideal de esposa y madre del hogar. Entre las reformadoras morales de la época, por ejemplo, se encontraba Lydia Maria Child, contemporánea de Elizabeth Cady Stanton y de Matilda Joslyn Gage, que además era una activista destacada en pro de los derechos de las mujeres y de las indígenas americanas. Viendo a tantos niños empobrecidos en las calles de la ciudad de Nueva York, Child se preguntó si «esos desdichados y miserables pequeños» no estarían mejor en un orfanato. Fueron las reformistas como ellas las encargadas de fundar orfanatos, escuelas e instituciones diseñadas para ayudarlos.

El problema fue que las niñas que ingresaban en esos lugares terminaban siendo adoctrinadas no para ejercer el trabajo remunerado que en realidad necesitaban, sino para convertirse en futuras esposas y madres. Como ha documentado Stansell, solían moldearlas para que fueran unas amas de casa perfectas. A pesar de todas sus buenas intenciones, las reformistas no supieron darse cuenta de que las mujeres de clase humilde trabajaban no porque rechazaran ese ideal, sino porque a menudo no les quedaba ninguna otra opción. Casi dos terceras partes de las mujeres censadas en dos barrios de Nueva York, según el censo de 1855, no contaban con un hombre que viviera en su hogar, dice Stansell. Si no hubieran aceptado un trabajo remunerado, se habrían visto condenadas a la pobreza y a la indigencia.

En principio, solo los más ricos aspiraban a tener una esposa hogareña. Hasta la finalización de la esclavitud, fue el trabajo que realizaban los esclavos, fueran estos hombres, mujeres o niños, lo que les permitió a las mujeres blancas el lujo de no tener que trabajar. Lo curioso fue que, a mediados del siglo XX, eso se hubiera convertido en un símbolo para la clase social media. «Esa fue siempre mi única ambición –confesó la actriz Doris Day–, yo no quería ser ni una bailarina ni una estrella de cine de Hollywood, sino un ama de casa felizmente casada». Si un hombre ganaba lo suficiente para que su esposa pudiera quedarse en casa, todos consideraban que le iban muy bien las cosas. Los empresarios daban por sentado que cuando una mujer se casaba, dejaría de trabajar; y esta filosofía fue la que se extendió por todo Occidente. En el Reino Unido, «el listón del matrimonio», introducido en la época de entreguerras para proteger las tasas de empleo masculino, implicaba que las mujeres que ejercieran profesiones pertenecientes al mundo de la enseñanza y del funcionariado estaban obligadas a abandonar su empleo tras haberse casado (el Ministerio de Asuntos Exteriores de Gran Bretaña no abolió el listón del matrimonio hasta 1973). Esa es la razón de que las mujeres con estudios de la década de 1950 terminaran canalizando sus energías en el mantenimiento del hogar y conformando lo que hoy sabemos que constituye el estereotipo de la pizpireta esposa y madre que vive en una zona residencial y siempre lleva la manicura bien hecha.

Este ideal también fue lo que inspiró eso que la historiadora Linda Kerber llamó «la madre republicana» (una mujer cuyo trabajo era criar a unos hijos sanos y robustos para ponerlos al servicio del estado). Rosemarie Zagarri, una historiadora especializada en los primeros tiempos de América de la Universidad George Mason, de Virginia, ha descrito este paradójico ajuste (que aceptaba la unidad familiar considerándola vital políticamente, aun sin conceder a las mujeres el derecho de actuar como agentes de la política) como una forma de feminidad angloamericana, que otorgaba a las mujeres un lugar respetado y visible en la sociedad, aunque solo definido por su capacidad de tener hijos y de criarlos. Si las mujeres querían ejercer un poder político o económico fuera del hogar, tendrían que hacerlo subrepticiamente; es decir, a través de sus esposos o de sus hijos varones. En cierta manera, este era el sello que imprimió Thomas Jefferson al asunto de la feminidad. Jefferson no consideraba a las mujeres unos seres inferiores a los hombres, pero tampoco les ofrecía una posición que fuera más allá de la de esposa y madre. «Las situaba en el mismo límite que separa la tradición de la innovación», escribe Zagarri.

Nadie defendió más la causa de la madre republicana que la escritora antifeminista, y abogada también, Phyllis Schlafly, que dedicó toda su vida a promover el ideal del ama de casa americana hasta su muerte, acaecida en 2016. (Schlafly fue una de las primeras personas que apoyaron la campaña de Donald Trump a la presidencia; en su funeral, Trump la describió como una auténtica patriota americana). En la década de 1970, Schlafly movilizó a las amas de casa que pensaban como ella y organizó una campaña que tuvo mucho éxito para impedir que Estados Unidos ratificara una Enmienda a los Derechos de Igualdad de su constitución, que hasta entonces había gozado de un apoyo político bipartito. Schlafly se posicionó contra el derecho al aborto y contra las mujeres trabajadoras.

Sin embargo, hay que decir que, durante toda su vida, Schlafly fue la prueba palpable de las limitaciones que impone el sueño de la vida hogareña. Mientras hacía campaña contra la igualdad, esta mujer estudiaba y trabajaba, hasta que finalmente terminó por ansiar tener una visibilidad política a nivel nacional. A pesar de que jamás lo habría admitido, su trayectoria profesional entraba en franca contradicción con las mismas normas que tanto luchó por defender.

Ahora bien, el ideal del ama de casa hogareña siempre ha tenido sus limitaciones. Poco sentido tenía para la mayoría de las mujeres de a pie, incluso en los tiempos en que vivió Thomas Jefferson. Las familias de las inmigrantes más pobres no habrían podido sobrevivir sin trabajar fuera del hogar, tanto si vivían en zonas rurales como si habitaban en las ciudades. Y, sin lugar a dudas, eso también se aplicaba a las mujeres negras cuyo trabajo era objeto de explotación. Según Brian Steele, los papeles estipulados de la esposa en casa y el esposo trabajando fuera tenían la capacidad de hacer felices solo a los que poseían la riqueza suficiente y un número de esclavos apropiado para permitirse el lujo de poder eludir los trabajos pesados.

Para las haudenosaunee, eso no tenía ningún sentido. La tradición de trabajar y gestionar la tierra para ellas era milenaria. Los etnólogos han visto que, en tiempos de Jefferson, las haudenosaunee eran mucho más fuertes físicamente por el trabajo que realizaban al aire libre. Además, tendían a tener menos hijos que las blancas, y es muy posible que se sometieran a algún tratamiento abortivo para alcanzar ese límite. Y no cabe decir que también ostentaban un puesto de poder, tanto fuera de casa como dentro del propio hogar. Su misma existencia desafiaba los ideales de los Padres Fundadores, hasta tal punto que llegaron a considerarlas subversivas.

Sus vidas también se verían sacrificadas en aras del objetivo de la vida hogareña. La creencia patriarcal de que las mujeres debían quedarse en casa tiraba por los suelos las tradiciones de las comunidades indígenas. Dada la creencia de que el trabajo al aire libre no era adecuado para las mujeres, los líderes políticos, los reformadores sociales, con sus buenas intenciones, y los misioneros cristianos estadounidenses consideraron que instar a las mujeres a desempeñar su papel en el hogar y a los hombres a implicarse en el trabajo agrícola y en el liderazgo era crucial para integrar a los indígenas americanos en la sociedad moderna. «El discurso misionero favorecía una interpretación muy concreta de los papeles en función del género que situaba por encima a las mujeres americanas blancas y de clase media», escribe Rosemarie Zagarri. En el ínterin, añade, esperaba reafirmar la superioridad de la civilización occidental.

En efecto, los blancos buscarían civilizar a los indígenas americanos y convertirlos al patriarcado.

***

«Como mujer india, yo era libre».

Estas palabras fueron las que transmitió la controvertida antropóloga Alice Cunningham Fletcher en diversas entrevistas que mantuvo con indias americanas en el siglo XIX. En 1888 las leyó en voz alta ante el público en la Primera Convención del Consejo Internacional de las Mujeres.

«Yo era propietaria de mi casa, de mi persona, del trabajo que hacía con mis propias manos... Y mis hijos nunca se olvidaron de mí. Estaba mejor situada como mujer india que auspiciada por la ley de los blancos», siguió narrando Fletcher. Los hombres con los que habló le contaron otro tanto. «Vuestras leyes demuestran que vuestros hombres se ocupan muy poco de sus mujeres –le dijeron–. La esposa no es nada de por sí. Vale muy poco, a menos que le sirva a un hombre para poseer ciento sesenta acres de tierras».

Las familias indígenas ya portaban las cicatrices de la colonización.

En el siglo XIX, escribe la antropóloga Gail Landsman, las mujeres blancas y sufragistas de clase media se unieron para hacer frente a la opresión de género. De todos modos, algunas de ellas gozaban de un poder del que otras carecían. «En general estaban bien situadas en el seno de la sociedad dominante en lo que respectaba a su raza y a su clase social». Esta situación dividió sus lealtades cuando tuvieron que decidir quiénes deberían ser las primeras en tener garantizados sus derechos.

«Incluso las que se consideraban a sí mismas amigas de las indias, y que pretendían reformar la política gubernamental, consideraban que los indígenas eran esencialmente unos niños (unos seres primitivos y sin evolucionar que acababan de nacer para la cultura americana)», observa Melissa Ryan, de la Universidad Alfred de Nueva York, que investiga sobre la presencia de la raza, la clase social y el género en la literatura de Estados Unidos. Matilda Joslyn Gage, por ejemplo, y a pesar de todo el apoyo que brindaba a los derechos de los indígenas americanos, se mostraba titubeante porque, por un lado, se congratulaba de la existencia de la tradición matriarcal de las haudenosaunee, pero por otro admitía que encontraba que estaban muy atrasadas. Esta actitud que mostraban algunas sufragistas se percibía también en el trato a los negros y a los inmigrantes estadounidenses. En lo relativo al sufragio, escribe Ryan, el lenguaje que usa Gage «implica que yuxtaponer a los bárbaros que tienen derecho a voto y a las mujeres blancas que están privadas de voto es un ultraje no solo para las mujeres, sino para los principios de la civilización misma».

Elizabeth Cady Stanton, que es reconocida por haber hablado durante la primera mañana de la convención en favor de los derechos de la mujer en Seneca Falls, creía asimismo que «era mejor y más seguro otorgar el derecho al voto a las mujeres blancas y con estudios que a los antiguos esclavos o a los inmigrantes analfabetos», escribe Elisabeth Griffith en su biografía sobre Stanton. Cuando el reformista social y abolicionista Frederick Douglass, que había apoyado abiertamente el sufragio de las mujeres desde el principio, contó en un congreso de 1869 que era urgente ocuparse del sufragio de los negros debido a los asesinatos y las persecuciones brutales que estaban padeciendo los hombres negros en algunos estados, Stanton desveló sus propios prejuicios al decirle: «Si no dais la totalidad del sufragio a todo el pueblo, dádselo primero a los más inteligentes».

Muchas sufragistas blancas se opusieron con vehemencia a la esclavitud y fueron activistas del movimiento abolicionista. Stanton organizó la convención de Seneca Falls tras haber visto marginar a unas mujeres en un congreso londinense antiesclavista. De todos modos, no por ello consideraban necesariamente que las negras, las mulatas o las inmigrantes fueran sus iguales. Hubo quien hizo campaña por el sufragio de las mujeres blancas, advierte Landsman, esgrimiendo el argumento de que eso ayudaría a diluir el voto de color e inmigrante si el sufragio se volvía universal. Las negras terminaron marginadas por los desacuerdos que, sobre la esclavitud y la raza, existían entre las sufragistas blancas del norte y del sur del país. En la procesión para el Sufragio de la Mujer de 1913, en la que desfilaron miles de mujeres por todo Washington DC, estos desacuerdos fueron la causa de que se les pidiera a las activistas negras que se colocaran al final. La periodista Ida B. Wells-Barnett, una de las fundadoras de la Asociación Nacional para el Progreso de la Gente de color, se negó en rotundo.

En el libro de Ruby Hamad, *White Tears/Brown Scars*, la periodista documenta la turbadora historia de unas mujeres que se traicionan mutuamente en lo relativo a los temas de la raza, la clase social y otros asuntos. Es una estrategia muy común, escribe Hamad, «alinearse con las mujeres de color cuando conviene, clamar por una hermandad que no existe como tal y ponerse la máscara que les permite apropiarse de nuestro trabajo y progresar en el mito de que el mundo es mejor si está dirigido por las mujeres». Las americanas terminarían por asegurarse el voto en 1920, gracias a la ratificación de la Decimonovena Enmienda a la Constitución de Estados Unidos. En realidad, el derecho al voto no era universal. Algunos estados impedían votar a los negros, tanto a los hombres como a las mujeres, recurriendo a los impuestos electorales, a los exámenes y a la segregación. El Acta de la Ciudadanía India de 1924 les dio la oportunidad a los indígenas americanos de votar, pero dejó a cargo de cada uno de los estados de la nación llevar ese derecho a la práctica (y en algunos casos se tardaron varias décadas). Pero, aun así, los nativos americanos siguieron viéndose a sí mismos frente a las mismas barreras que impedían el paso a los votantes negros.

La creencia subyacente de que unas personas merecen tener más derechos que otras sigue influyendo en las indígenas de muy diversas maneras. A mediados del siglo XIX, por ejemplo, no existía el término «hijo ilegítimo» en la nación seneca, observa Nancy Shoemaker, experta en historia de los nativos americanos de la Universidad de Connecticut. Todos los hijos nacidos de madres senecas eran automáticamente ciudadanos de por ley. «Y en los registros no aparece ningún documento en el que se diga que en la sociedad seneca existía un estigma vinculado a las mujeres que, sin estar casadas, tenían hijos». Sin embargo, en el censo de 1865, las senecas se vieron en la obligación, por parte de las autoridades estadounidenses, a ponerles a sus hijos el nombre del padre. Acorraladas, intentaron ponerles algún nombre distinto, como el de sus abuelos o el de otros parientes varones que pertenecieran a las familias de sus madres.

Las senecas terminaron adoptando el sistema de apellidos de linaje patriarcal. Sí lograron en cambio conservar la membresía tribal de linaje matriarcal. Tanto los hombres como las mujeres de la nación seneca lucharon para salvaguardar los derechos sociales, el legado, los derechos de la propiedad y la libertad de las mujeres de casarse y divorciarse. Sin embargo, externamente siguió ejerciéndose presión sobre los hombres para que estos asumieran los papeles de liderazgo.

«Los misioneros y los representantes del gobierno siempre trataban a los hombres como si fuera el cabeza de familia, sin respetar otros patrones de autoridad familiar», escribe Shoemaker. Y, mientras eso sucedía, «la vida política de los senecas llegó a parecerse a la de los blancos porque la constitución identificaba a los hombres como líderes de la comunidad». La antropóloga Eleanor Leacock observó en esta misma línea que cuando los americanos de ascendencia europea hacían transacciones políticas o dirimían acuerdos militares con las comunidades indígenas, preferían tratar con los hombres; es decir, que el patriarcado no se introdujo de la noche a la mañana. Fue librando una batalla tras otra, y la situación se alargó durante varios siglos. El patriarcado fue eliminando lentamente las leyes y las costumbres existentes, como había sucedido en la India durante el siglo XIX entre los nairs de Kerala, de linaje matriarcal.

«Las políticas económica y política socavaron los papeles económicos de las mujeres como granjeras y comerciantes, derogaron sus derechos sobre las tierras, las echaron del sector público de la economía y bajaron puestos en su condición rural», escribe Leacock. Eso significaba que «la posición relativa de las mujeres frente a los hombres se deterioró profundamente con el colonialismo». Los patrones de empleo cambiaron. A las mujeres se las animaba a quedarse en casa, y estas cada vez iban siendo más dependientes del sueldo de su esposo.

El declive fue parecido entre los tsimshian, una comunidad de pescadores y cazadores que vivía en la costa noroeste de Columbia Británica, según la especialista en género Jo-Anne Fiske, de la Universidad de Lethbridge, en Alberta, Canadá. Fiske cree que es poco probable que los tsimshian distinguieran entre el ámbito doméstico y el público antes de ser colonizados. A partir de entonces, las mujeres se vieron obligadas a irse retirando de los oficios que les habían dado el sustento y la independencia. El comercio con los europeos, sobre todo en lo que se refiere a los valiosos cargamentos de pieles, fue dominado por los hombres. «Las viudas eran las que peor lo pasaban», escribe Fiske. Perdían su prestigio porque, sin un trabajo remunerado, «ya no podían ampararse en sus derechos tradicionales de poseer lo que les pertenecía por linaje».

El historiador David Veevers confirma que las corporaciones de ultramar, tan poderosas durante el imperio, gobernaron con un puño marcado por el género. «Desde Levant a Virginia, y desde Massachusetts a Sumatra, el orden de género patriarcal fue circulando e implantándose de una región globalizada a otra».

Los historiadores tan solo están empezando a desentrañar los efectos que el alcance de este orden de género ha ido teniendo en la gente globalmente durante los últimos siglos. La presión para recrear unos hogares ideales a imagen y semejanza de Europa y comprometerse solo con lo que se consideraba que era la conducta apropiada sexualmente, según la historiadora de la Universidad de Cornell, Durba Ghosh, demostró «ser restrictiva para las mujeres nativas e indígenas, y eso las apartó de la participación significativa en asuntos políticos y familiares, como, por ejemplo, poder tomar decisiones sobre las propiedades y las tareas familiares». En nombre de la modernización de las mujeres, el colonialismo les puso una camisa de fuerza de género que les resultaba mucho más estrecha, las fue privando paulatinamente del derecho al voto y, en cambio, fue trasladando las propiedades, los ingresos y la autoridad a manos de los hombres.

Las indígenas de Estados Unidos del siglo XX con razón terminaron ostentando mucho menos poder del que habían tenido sus antepasadas en lugares como Seneca Falls en 1590. No solo perdieron su posición en la sociedad, sino que sus sociedades también fueron perdieron posiciones a causa de la colonización. Miles de niños fueron enviados a internados diseñados para la integración en una sociedad blanca y cristiana, y también para arrancarlos de sus culturas y lenguas. «Mi madre murió intentando sobrevivir a la civilización», escribió la periodista nativa americana Mary Annette Pember sobre su madre Bernice, que fue enviada a una de estas escuelas en

Wisconsin y terminó arrastrando secuelas psicológicas durante toda su vida. Las monjas que estaban a cargo de la escuela la obligaban a hacer innumerables horas de pesadas tareas manuales mientras la iban llamando «sucia india». Recientemente se han ido publicando diversos informes que describen el enorme alcance del brutal maltrato que era tan habitual en estas instituciones de Norteamérica.

El dolor causado por la injusticia tiene raíces profundas. «Lo que nos arrebatan de nuestras comunidades es para su propio beneficio», me dijo un día la erudita de los navajos Jennifer Nez Denetdale. A pesar de toda la resistencia que su comunidad opuso al cambio cultural, son muchas las cosas que deben recordarse y reclamarse conscientemente. «La imposición del colonialismo por parte de los recién llegados transformó en gran medida lo que somos en la actualidad y la manera en que llevamos a la práctica los conocimientos indígenas».

Ahora bien, eso mismo que ha terminado sumiendo en un liderazgo primordialmente masculino y cristiano a la nación navaja es lo que está obrando para respaldar el mismo marchamo de patriarcado heterosexual que vemos en cualquier lugar de Estados Unidos, dice Denetdale. Incluso en una época tan tardía como el año 1998, se le pusieron infinidad de trabas a una mujer que quería presentarse a la presidencia de la nación navajo. LeNora Fulton recibió diversas advertencias por parte de los hombres como de las mujeres de su comunidad, porque todos ellos consideraban que las mujeres no deberían ejercer de líderes.

***

En el museo que hay junto a la capilla metodista de Seneca Falls, una de las pocas menciones a las mujeres de los haudenosaunee se encuentra recogida en tres plafones nuevos, aunque en ninguno de ellos se explica por qué las mujeres no lograron el apoyo de los que podrían haberlas ayudado. Apenas se explican las atrocidades a que fueron sometidas bajo el régimen colonialista de los recién llegados. Incluso en este mismo lugar, en la ciudad que está situada en el mismo centro neurálgico que vio nacer la proclamación de los derechos en favor de la mujer de Estados Unidos, las diferentes narrativas siguen siendo incompletas. La historia del sufragio que tanto se ha maquillado, esa que es más compleja que la versión triunfalista, demuestra lo que pocos están dispuestos a admitir, y es el concepto de que las ideas patriarcales se transmiten desde los estados y las instituciones con que las mujeres también están comprometidas, de los que también obtienen beneficios y que además defienden.

La historia también relata que el surgimiento del patriarcado en ningún caso debió de ser un acontecimiento único y catastrófico que sucediera en un momento determinado y se remontara tan atrás en el tiempo que resulte imposible disponer de un registro que lo documente. ¿Cómo iba a ser eso posible cuando en la actualidad todavía existen personas que son capaces de recordar el modo en que el patriarcado se impuso en sus propias comunidades porque ya vivían cuando todo eso sucedió? Incluso hay sociedades de linaje matriarcal que hoy en día todavía se resisten a su invasión.

Cuando Friedrich Engels describió «la derrota mundial e histórica del sexo femenino», hablaba del patriarcado que él reconocía que no existía globalmente, pero sí en la Europa en que él vivía, y lo definía como un lugar en el que los hombres ostentan un poder extraordinario en casi todas las etapas de su vida, y que era así desde que se tenía memoria. El patriarcado europeo fue exportado a otros lugares en el siglo XIX. Y, al menos en estos otros lugares, el dilema central siguió dando coletazos: ¿Cómo, en primer lugar, una sociedad cualquiera llegaba a organizarse en torno al principio de la dominación masculina? ¿Cómo era posible que las personas hubieran terminado cayendo en un sistema de opresión de género tan acusadamente sesgado? Si el patriarcado no era inevitable por razones biológicas o divinas, ¿qué era en realidad?

Los fantasmas de Johann Jakob Bachofen, Lewis Henry Morgan y Friedrich Engels seguían al acecho de esta cuestión mucho después de que sus personajes hubieran muerto. Su teoría de unos orígenes matriarcales compartidos, que afirmaba que todas las poblaciones del pasado habían estado gobernadas por las mujeres antes de que los patriarcas se alzaran con el poder, nunca desapareció por completo. Al contrario, siguió perviviendo en la literatura feminista occidental y en la literatura socialista durante décadas, a la espera de recibir un mayor y más sólido apoyo histórico.

Finalmente, en la década de 1960, unos arqueólogos creyeron haber dado con la respuesta.

3. El génesis

«El futuro no nos aporta nada, no nos da nada [...]. No tenemos otra vida, otra savia viva más que los tesoros almacenados del pasado y digeridos, asimilados y recreados de nuevo por nosotros».

Simone Weil,
Raíces del existir: preludio a una declaración de deberes hacia el ser humano, publicada en español en 2023

Una carretera polvorienta y diseminada con pistacheros me lleva de la antigua metrópolis turca de Konya, sede del santuario del poeta sufí Rumi, a las ruinas de Çatalhüyük, que antaño fue considerada la primera ciudad del mundo.

Este lugar desafía todo entendimiento. La mayor parte del enclave quedó sepultado bajo una protuberancia hace mucho tiempo en los, por otro lado, planos y áridos llanos de Anatolia del sur. Lo poco que hay desenterrado revela que existió una sociedad en la que nada seguía las normas que cabría esperar. El margen del enclave arqueológico desaparece con brusquedad en múltiples capas extendidas en forma de cavernas bajo la tierra. Las casas de Çatalhüyük (que significa «encrucijada de caminos», porque en realidad era eso antes de que se iniciaran las excavaciones) estaban construidas como unas cajas apretujadas que encajaban por detrás y por los lados. Los tejados eran planos, y no había ventanas o puertas. Las personas circulaban subiendo y bajando por unas escaleras de mano que daban a unas oberturas practicadas en el techo, por lo que caminaban por encima de los edificios en lugar de caminar entre ellos. Sus moradas estaban construidas bajo otras moradas más viejas, dispuestas en capas.

Lo que hace que Çatalhüyük sea un lugar especial es porque fue ocupada a finales de la Edad de Piedra, alrededor de 7400 a.C., en el Neolítico, antes de que los humanos empezaran a utilizar la escritura. Eso significa que estuvo habitada casi 5000 años antes de que las primeras pirámides se erigieran en Egipto, y más de 4000 años antes de que se construyera Stonehenge en Gran Bretaña. Incluso es posible que sea más antigua que la cultura Harappa del valle del Indo. Çatalhüyük se encuentra junto al antiguo Creciente Fértil, esa zona de Oriente Medio que nutría algunas de las primeras comunidades agrícolas del mundo. La tierra ahora está seca, pero en el pasado debió de ser un humedal donde había peces y pájaros en abundancia. Los habitantes debieron de recolectar bayas y apacentar allí a sus cabras. El barro y los juncos de la zona debían de ser los materiales de construcción de sus hogares. Pero por muy remota que esté situada en el pasado, la ciudad de Çatalhüyük sigue rebosando una gran complejidad social y artística.

Miles de personas la proclamaron su hogar. Los muros se encalaban con periodicidad, y pintaban unas obras de arte asombrosas en sus nuevas superficies. Existen unos vívidos frescos rojos que muestran a unos diminutos personajes en forma de palillo que están cazando unos animales enormes. Unos cuerpos descabezados han sido presa de unos buitres que se ciernen sobre ellos con las alas desplegadas. Se ven cabezas de toro insertadas en los muros, con sus cuernos sobresalidos, como uno podría encontrar en el interior de un rancho cualquiera de Estados Unidos.

«Te sentías en medio de la nada, en este enorme montículo de una cultura material realmente muy rica de 9000 años de antigüedad», me contó Ruth Tringham, catedrática de Antropología de la Universidad de California de Berkeley, que ha centrado su trabajo en la arqueología de la Europa neolítica. Desde que prácticamente se iniciaron las excavaciones, en mayo de 1961, Çatalhüyük se convirtió en el referente de todos los que querían entender el modo en que los seres humanos se habían organizado en uno de los antiguos y más conocidos enclaves del planeta. En 1997, Tringham dirigió un sector del equipo que estaba trabajando en las obras arqueológicas de ese enclave para ayudar a reconstruir lo que debieron de haber sido los modos de vida de los que habitaron allí.

No fueron tan solo los edificios o los frescos los que dejaron fascinados a los arqueólogos. El centro de atención fue algo mucho más reducido, un objeto que podría sostenerse en la mano. En la actualidad, ocupando con orgullo una vitrina propia en el Museo de las Civilizaciones de Anatolia, situado en Ankara, este tesoro se conoce con el nombre de *Mujer sedente de Çatalhüyük*.

Los especialistas creen en la posible existencia de un culto de adoración a los ancestros en Çatalhüyük. Los restos de los antepasados difuntos se conservaban en los mismos hogares donde vivía la gente, bajo unas plataformas que recubrían los suelos. A veces retiraban algunos cráneos, que incluso enyesaban y pintaban, para pasárselos entre ellos. Centenares de figuritas fueron halladas en este enclave; algunas eran claras representaciones de seres humanos, pero otras parecían ser animales, o bien tenían una forma antropomórfica más ambigua. Sin embargo, en los montículos de esculturas que se hallaron en muchos enclaves neolíticos de la región, e incluso de tierras más lejanas, una inmensa cantidad de figurillas eran de forma femenina y curva. El museo cuenta con docenas de ellas, montones de diminutas figurillas de arcilla modeladas al estilo de Barbara Hepworth. Una muestra el torso de una embarazada por delante y, en la espalda, el costillar protuberante de un esqueleto. Pero ninguna de ellas es tan espectacular como *La mujer sedente*.

Cuando la contemplo, comprendo la fascinación que ejerce. Hubieron de reconstruirle la cabeza, porque no la tenía cuando la descubrieron, pero eso apenas importa, porque el resto del cuerpo nos dice muchísimas cosas. Ha sido descrita por algunos especialistas como un símbolo de la fertilidad. A mi entender, sin embargo, esta mujer no está embarazada, ni es especialmente provocativa. Es voluptuosa, y muestra sus desnudas lorzas desparramadas por el cuerpo en forma de cascada. Tiene unas profundas hendiduras que señalan el lugar donde van las rodillas y el ombligo, y que le confieren toda la apariencia de ser un cuerpo que ha vivido muchos años y pertenece a una mujer mayor, quizá ya curtida por la edad. Pero es su postura lo que en verdad destaca. Tiene la espalda perfectamente alineada. A ambos lados de sus caderas, donde reposan sus manos, hay lo que parecen ser dos gatos enormes, quizá unos leopardos, con la mirada al frente.

El aspecto más intrigante de *La mujer sedente de Çatalhüyük* no es su cuerpo glorioso, de carnes generosas, es la actitud de estar dominando dos criaturas inmensas. En una sociedad que obviamente vivía preocupada por los animales, la caza y la muerte, esa mujer ostenta una autoridad impresionante, incluso matriarcal.

***

Poco después de que las excavaciones dieran comienzo, en la década de 1960, Çatalhüyük se convirtió en un lugar de peregrinaje para los devotos de la Nueva Era y los adoradores de las diosas, inspirados todos ellos por sus figurillas femeninas. Los turistas americanos y europeos descendían entusiasmados a las ruinas en la creencia de que habían encontrado pruebas de la existencia de unas sociedades igualitarias en la Antigüedad, unas sociedades que celebraban la feminidad y veneraban las distintas formas en que se presentaba lo que ellos dieron en llamar la Gran Diosa. Habían descubierto, al menos siguiendo sus parámetros mentales, una ventana que daba a una ciudad prehistórica que parecía haber situado a las mujeres en primer lugar. El mito decimonónico de un pasado matriarcal compartido por todos llevaba visos de renacer.

Los viajes de las diosas que nos llevan a Anatolia siguen haciendo una parada obligatoria en Çatalhüyük. Actualmente están organizados en su mayoría por Resit Ergener, un catedrático de Economía turco autor de *Anatolia, Land of Mother Goddess*, libro que ahonda en leyendas como la de la madre diosa Cibeles, adorada en estos confines hace miles de años. Ergener se convirtió en el guía de sus propios viajes en 1990. «Me sentí hechizado –explica–. Y si me interesó tanto el tema creo que fue por mi historia personal, por mi vida. Yo crecí en un entorno de mujeres muy fuertes. Mi abuela, mi madre, mi hermana… Todas ellas fueron mujeres muy fuertes».

No hay duda de que la población de ese enclave seguía la tradición de adorar a diosas. Cibeles aparece en gran parte de la bibliografía de la Grecia y Roma clásicas. La cuestión principal sería poder determinar si estas deidades fueron en el pasado un reflejo de las relaciones sociales que existían entre las personas reales que formaban parte del mundo cotidiano. Y en este punto es donde la historia empieza a ser controvertida. El hecho de que una sociedad tenga deidades femeninas, o fabrique figurillas femeninas a destajo, no significa que esta fuera gobernada por las mujeres, ni siquiera que las mujeres fueran tratadas con la misma equidad que los hombres.

Fue el difunto arqueólogo británico-holandés James Mellaart quien insuflaría vida por primera vez a las leyendas matriarcales que hasta la actualidad siguen circulando sobre Çatalhüyük. Cuando este arqueólogo y su equipo descubrieron unas figurillas femeninas mientras realizaban sus primeras excavaciones a principios de la década de 1960, a Mellaart le faltó tiempo para construir un relato que alimentara todos estos viejos mitos que habían promovido Johann Jakob Bachofen y Friedrich Engels. En lo que a él respectaba, Çatalhüyük era la prueba arqueológica definitiva que demostraba que su teoría de que las primeras sociedades humanas habían situado a la mujer en el centro, adoraban a las diosas y seguían un sistema de linaje matriarcal en lo que respectaba al legado era cierta.

En lo que fue una trayectoria realmente impresionante de por sí, «Çatalhüyük llegó a convertirse en el hallazgo más importante de Mellaart», apareció escrito en su obituario. El enclavamiento era tan complejo como antiguo. Casi de un plumazo, terminó con la creencia de que la gente del Neolítico llevaba una vida relativamente simple y básica. Mellaart fue más lejos todavía, y argumentó que Çatalhüyük era demasiado grande y sofisticado para haber sido un pueblo de granjeros. La calificó de ciudad, y eso contribuyó a elevar su posición internacional y su significado.

La antropóloga Ruth Tringham me cuenta que en la década de 1960 parecía que todos los libros de arquitectura debían empezar con una mención de Çatalhüyük que indicara que había sido la primera ciudad del mundo. Mellaart, que fue quien la había encumbrado a esta posición, argumentó que algunos de los edificios eran demasiado sofisticados en su decoración para poderlos considerar viviendas normales y corrientes; más bien parecían templos o santuarios. «Eso sería lo que consagraría a Mellaart, a su propio entender. Estaba ilusionadísimo con todo ese material», añade Tringham. Fue interpretando las obras de arte arbitrariamente, y una era una diosa que daba a luz a un toro o a un carnero, y otra era una diosa con un buitre. «La deidad suprema era la Gran Diosa», concluyó Mellaart.

Mellaart había ungido el asentamiento con los óleos de lo sagrado, y mezclado en él otra mella añadida de valor histórico. «No tardabas en encontrarte palabras tan excitantes como "templo", "santuario" y "diosa", y veías que el tema ya arrancaba el vuelo –explica Tringham–. Estos términos se convirtieron en palabras de moda que se usaron para describir este lugar calificándolo de centro de religiosidad». Fue corriendo la voz, y eso atrajo un interés enfebrecido en todo el planeta. «Se consideró que era una especie de meca de la diosa... Llegó a tener muchísima fama. Y su fama se debía a la diosa». Tringham dice que incluso a inicios de la década de 1990, cuando su propio equipo ya estaba trabajando en Çatalhüyük, de vez en cuando aparecían adoradores para rendirle tributo y para meditar.

No era sorprendente que todo aquello atrajera a las multitudes. Los relatos de los hallazgos de Mellaart eran subyugadores. En un artículo que Mellaart escribió para *Scientific American* en 1964, rememoró con orgullo el día que empezó sus trabajos en el enclave. «Diez días después las primeras pinturas del Neolítico que se habían descubierto en muros construidos por el hombre fueron mostradas al público, y quedó muy claro que Çatalhüyük no era un enclave ordinario». Mellaart lo describió como «una comunidad con un desarrollo económico importante, especializada en artes manuales, con una vida religiosa muy rica, unos logros sorprendentes en el arte y una organización social impresionante». Una foto de *La mujer sedente de Çatalhüyük* que se incluía en el artículo fue etiquetada sin ninguna clase de tapujos y en mayúsculas con el nombre de «ESTATUA DE LA DIOSA».

Los descubrimientos estaban a la orden del día. Mellaart descubrió más de un centenar de edificios en solo tres temporadas. En contrapartida, en la década de 1990, Tringham y sus colegas tardarían siete años en desenterrar una sola casa en Çatalhüyük. «Mellaart excavaba con mucha rapidez», dice la académica. Su objetivo no era fijarse en los detalles más pormenorizados, sino hacerse con la idea total del enclave. «Lo que quería era conocer el patrón por el que se regía el asentamiento». Y para eso necesitaba ver el lugar a vista de pájaro en la medida de lo posible.

Este período febril de actividad arqueológica llegó a su término con una rapidez vertiginosa. Las excavaciones de Mellaart terminaron poco después de 1965, cuando le prohibieron acceder al enclave las autoridades turcas esgrimiendo que se estaban haciendo falsificaciones y desaparecían objetos arqueológicos. Tras su fallecimiento, en 2012, se extendió el rumor de que Mallaart quizá había exagerado sobre algunos de sus hallazgos, y que incluso era posible que hubiera inventado pruebas para demostrar sus teorías. Sin embargo, fuera cual fuese su reputación durante sus últimos tiempos, los trabajos arqueológicos de Mellaart en Çatalhüyük revelaron unos hallazgos muy significativos históricamente que han llegado a transformar lo que conocemos del pasado. El enclave revolucionó la manera de pensar de los investigadores sobre los habitantes del Neolítico: ya no podía considerarse que su cultura fuera básica, y aún menos dada la existencia de unos asentamientos de la Edad de Piedra tan ricos y complejos como estos.

La influencia del arqueólogo, de todos modos, llegó a ser muy significativa, y toda una narrativa sobre la historia de la mujer fue forjada en torno a Çatalhüyük. El apoyo que el arqueólogo dio a la teoría de la existencia de una prehistoria matriarcal configuró la manera en que las personas de la segunda mitad del siglo xx considerarían los temas del género y el poder desde las mismas raíces de la humanidad.

***

Un artículo aparecido en *Feminist Studies* en 1978 de la historiadora estadounidense Anne Llewellyn Barstow contribuyó a catapultar la obra de James Mellaart hasta el punto de que llamaría la atención de escritores y pensadores que nada tenían que ver con este campo de estudios. Barstow incluyó algún que otro fragmento de conversaciones que había mantenido con él. Sus hallazgos, explicó Barstow, habían hecho retroceder los orígenes de la religión institucional y de la civilización urbana y los habían situado unos tres mil años antes. Las mujeres eran quienes se encontraban en la delantera y en el centro de esta nueva historia. «Mellaart defiende el argumento de que en esta sociedad neolítica la condición femenina gozó de una posición impresionante». No había signos de que la ciudad hubiera sido atacada, ni de que hubiera habido masacres o grupos que hubieran muerto de manera violenta, al menos a partir de lo que se había excavado hasta entonces. Barstow interpretó esos hechos como una prueba de que las comunidades neolíticas, con sus cultos femeninos, eran significativamente más pacíficas que las sociedades que las sobrevinieron.

A pesar de todas las expectativas creadas, de todos modos, algunos expertos sintieron nacer en ellos una creciente inquietud. Esas narrativas claramente definidas se estaban extendiendo con demasiada rapidez. La teoría del mito matriarcal decimonónico ya se consideraba poco convincente. Y no estaba claro que los hallazgos de Çatalhüyük por sí solos bastaran para resucitarla.

Nadie podía saber en realidad si *La mujer sedente de Çatalhüyük* representaba a una diosa, era un símbolo de fertilidad, una representación literal de una persona auténtica u otra cosa distinta. Cuando le pregunté al guía turístico Resit Ergener lo que veía en *La mujer sedente de Çatalhüyük*, él me respondió con una carcajada: «¿Lo que veo personalmente? ¡A mi abuela!»; una razón tan válida como cualquier otra. Ni siquiera los especialistas en la materia pueden estar seguros de las razones que movían a los habitantes de la ciudad a desenterrar a sus muertos de vez en cuando para quitarles el cráneo y pasárselo entre ellos. Quizá nunca lleguen a entender por qué inserían cuernos de toro en las paredes encaladas y en las banquetas de las viviendas. Lo único que pueden hacer los investigadores es adivinar, basándose en sus estudios, lo que debían de pensar los moradores del pasado a partir de sus obras de arte o de los patrones funerarios. «No es frecuente que podamos llegar a interpretar unos datos arqueológicos muy concretos de manera rotunda», nos advierte Ruth Tringham. Los eruditos tienen que ser humildes y reconocer que hay cosas que desconocen. «Y eso va a peor a medida que vas profundizando en la prehistoria. En el ámbito de mi trabajo, no disponemos de ninguna fuente escrita, pero es que las distintas fuentes escritas también pueden ser ambiguas».

El poder de descodificar un significado con unas pruebas tan limitadas descansa en manos de la persona que tiene el conocimiento más íntimo del enclave: el arqueólogo. En este caso, el arqueólogo fue James Mellaart. En el momento en que orientó su prisma en dirección a la diosa, todo debía encajar en ese relato del pasado y confirmar lo que parecía ser una narrativa coherente. Y así fue como el mito matriarcal terminó siendo algo de carne y hueso.

Por supuesto, la teoría siempre despertó quejas y un cierto escepticismo, pero también hubo muchos que estuvieron más que dispuestos a dar alas a esta versión de la historia. Un ingente volumen de publicaciones que surgieron durante las décadas de 1970 y 1980 convirtieron esta creencia de que la prehistoria estaba centrada en la mujer y adoraba a las diosas en un movimiento de gran alcance. Y, por aquel entonces, tanto las feministas como los eruditos ya se habían implicado demasiado en ella para aceptar que quizá no fuera cierta.

***

Antes de los dioses, según dice la historia, hubo varias diosas.

En su famoso libro de 1976, *The Paradise Papers*, la historiadora de arte y escultora Merlin Stone trazó varios paralelismos entre la violenta eliminación de los ritos de las mujeres en la Antigüedad y la pérdida de los derechos de las mujeres en la actualidad. Escribió que la Gran Diosa, o la Divina Antepasada, llevaba siendo adorada desde los principios de los tiempos neolíticos, alrededor del 7000 a.C., hasta «la clausura de los últimos templos de la Diosa», aproximadamente alrededor del 500 a.C. «Existe documentación sobre esta Diosa en Sumeria, Babilonia, Egipto, África, Australia y China». En su éxito de ventas *El cáliz y la espada*, publicado en español en 2021, y que vio la luz en inglés en 1987, la científica social Riane Eisler también se remontó a la historia remota en busca de cualquier prueba de la existencia del «punto de inflexión catastrófico» que marcó, en palabras de Engels, «la derrota histórica mundial del sexo femenino».

La creencia en un pasado matriarcal empezó a florecer en algunos círculos feministas en la segunda mitad del siglo XX, tal y como había sucedido en la segunda mitad del XIX. Los extraordinarios relatos (a veces quizá demasiado extraordinarios) que nos brindaron autoras como Stone y Eisler encontrarían un público fervoroso entre mujeres en busca de precursores históricos de su lucha en favor de los derechos de igualdad. La activista norteamericana Gloria Steinem se encontraba entre las que estaban dispuestas a reforzar el mito. «Había una vez varias culturas que poblaban este mundo y formaban parte de una era llamada ginocrática», escribió. Haciéndose eco de las palabras del etnólogo neoyorquino Lewis Henry Morgan, Steinem añadió que la razón por la que los hombres estuvieron situados en la periferia de estas sociedades era porque la paternidad todavía no había sido descubierta. Las mujeres eran adoradas y consideradas seres superiores a causa de la capacidad que tenían de dar a luz.

Profundizando en la arqueología y la antropología, cribando entre las diseminadas pruebas del pasado de la humanidad, Stone, Eisler y Steinem formaron parte del perfil de las populares pensadoras que promovían la causa de que la existencia de un poder femenino universal no era un sueño imposible. Era una parte real y tangible de la prehistoria humana. Los libros que escribían daban una gran importancia a la representación de las antiguas figurillas femeninas, incluida *La mujer sedente de Çatalhüyük*, pero también a otros sorprendentes ejemplos de la antigua Creta, Egipto y Grecia. Los debates del siglo anterior resurgieron con todas sus fuerzas, porque las feministas occidentales buscaban de nuevo el modo de comprender cómo y por qué había surgido la dominación masculina en su cultura.

La respuesta debía de hallarse en lo más profundo de los tiempos. Y, finalmente, parecía haber pruebas científicas que lo corroboraban. Otra arqueóloga relevante estaba a punto de unirse al coro.

***

Así como James Mellaart había descubierto el extraordinario ejemplo de Çatalhüyük, el vínculo narrativo más amplio que lo dejaría todo atado y bien atado vendría de la mano de una investigadora, tan iconoclasta como controvertida, llamada Marija Gimbutas.

Nacida en Lituania en 1921, Gimbutas se mudó a California posteriormente, zona en la que florecía el pensamiento de la Nueva Era occidental. Gimbutas había pasado varias décadas investigando las culturas neolíticas del valle del Danubio, en el sudeste de Europa, fechadas alrededor del 6000 a.C. Llamó a esta época y a este lugar «la vieja Europa», y casó sus hallazgos arqueológicos con las pruebas que aportaban los mitos y los idiomas europeos para revelar lo que a sus ojos parecía ser un patrón cultural que estaba centrado en las madres y la adoración de las deidades femeninas.

Gimbutas fue criada en el rico folklore de Lituania, en el que abundan cuentos fantásticos sobre mujeres con poderes sobrenaturales. Tenemos a Baba Yaga, por ejemplo, que era considerada una bruja por el folklore ruso, y que Gimbutas describió como la diosa eslava de la muerte y la regeneración. En las culturas celtas, escribió la antropóloga, las mujeres disfrutaban de una posición relativamente elevada, y eran famosas por participar en las batallas. En muchas de las historias que recopiló, las diosas, las brujas y las mujeres con poderes sobrenaturales eran capaces de transformarse en animales, como, por ejemplo, buitres, cuervos o cabras. Andre Mari, que en el folklore vasco es considerada una profetisa, solía adoptar la forma de un ave.

Los restos que pervivían de un pasado muy antiguo se fusionaron ante sus ojos. Sus libros estaban llenos de ilustraciones de figurillas femeninas con redondeados traseros, grabadas con espirales y formas zigzagueantes, formas que ella misma consideraba que eran símbolos de la feminidad. Tanto las pruebas mitológicas como materiales parecían apuntar en la dirección de que había existido una prehistoria en que la vida había sido muy diferente para las mujeres, y en la que la brutalidad del patriarcado todavía no existía. Y eso convertiría a Gimbutas en la fuerza impulsora intelectual que respaldó el floreciente movimiento en defensa de la diosa.

El último libro de Gimbutas, *Las diosas vivientes*, fue publicado en inglés en 2001, siete años después de su muerte, y en español, en 2022. El libro lo concluyó su amiga íntima, Miriam Robbins Dexter, una lingüista con un enorme interés por la arqueología y la mitología que enseñaba en la Universidad de California, en Los Ángeles, en esa época, y documenta todos los datos arqueológicos y mitológicos que Gimbutas fue amasando a lo largo de su trayectoria profesional sobre lo que ella estaba convencida que habían sido las sociedades de linaje matriarcal originarias de Europa.

«Solía decir que ella no era feminista –explica Dexter, que sigue siendo una de sus más acérrimas defensoras–. Marija, hasta la década de los años setenta, trabajó como arqueóloga de una manera muy tradicional». No le interesaba nada que no pudiera demostrarse con pruebas, me contó Dexter. «Lo que modeló su trabajo fueron los pasos que ella fue dando, uno tras otro, método que también modeló el mío, y el descubrimiento de todas esas cosas que tanto le sorprendieron».

Gimbutas expuso que las sociedades que adoraban a las diosas de la antigua Europa quizá estuvieran organizadas como un linaje matriarcal. «Las imágenes de la madre, y de la hija-madre, están presentes en toda la vieja Europa, mientras que la imagen del padre, tan prevaleciente en los últimos tiempos, está ausente», escribió. Gimbutas no consideraba que las sociedades de esas épocas remotas fueran necesariamente matriarcales, pero sí igualitarias, y con un núcleo femenino. Era «la fuerza femenina lo que permeaba la existencia». Estas interpretaciones fueron adoptadas y popularizadas rápidamente. En *El cáliz y la espada*, Riane Eisler escribió: «Los hallazgos de figurillas femeninas y de otros documentos arqueológicos que dan fe de una religión ginocéntrica (o, lo que es lo mismo, basada en la Diosa) en la época neolítica son tan numerosos que tan solo su catalogación ocuparía varios libros enteros».

Esta historia sería la que tanto interesaría a las activistas que lucharían en pro de los derechos de la mujer. Pero, como dice Dexter, para Gimbutas este tema no tenía nada que ver con la política. Gimbutas solo tenía en cuenta los hechos, tal y como ella los veía. El que su obra llegara a resonar tanto en muchísimas mujeres la tomó prácticamente por sorpresa. «Una amiga mía organizó un día una firma de libros –recuerda Dexter–. Alquiló una iglesia de dos plantas, y estaba tan llena que la gente tuvo que sentarse en los pasillos. Marija no tenía ni idea de que su obra gustara tanto, porque ella estaba centrada en su trabajo, no en lo que a la gente le gustara o le disgustara».

En 1990, época en que le diagnosticaron un cáncer, sus ideas estaban tan de moda que el *New York Times* le dedicó un titular: «Una teoría idílica sobre las diosas provoca una tempestad». El periódico mostraba a una arqueóloga de sesenta y ocho años que pintaba como la heroína de las activistas por los derechos de la mujer, y otorgaba a lo que hasta hacía muy poco habían sido mitos sin verificar y teorías intangibles «el sello de la ciencia y la certeza de la historia». Su editor le contó al periódico que Gimbutas había demostrado a la gente que «lo que las feministas deseaban que fuera verdad en realidad era verdad».

***

Las diosas solo constituían la mitad de la nueva y fabulosa narrativa que se había construido sobre la historia de la mujer. Si la vieja Europa era igualitaria, pacífica y estaba centrada en lo divino femenino, ¿cuándo cambiaron las cosas? ¿Cómo llegamos a los patriarcados actuales?

Fue en este punto donde la arqueóloga Marija Gimbutas canalizó el espíritu de Engels y la idea de que mucho tiempo atrás las mujeres habían sufrido una derrota histórica. Había habido un punto de inflexión catastrófico, y eso era indudable, explicó Gimbutas. Y eso había sucedido entre 3 000 y 6 000 años antes de nuestra era, cuando las pacíficas sociedades de la vieja Europa fueron brutalmente invadidas por unos invasores que procedían de las nórdicas estepas rusas del mar Negro. Estos recién llegados daban un gran valor a la guerra y a las batallas, según Gimbutas; y lo que hicieron fue llevar a cabo toda una apropiación cultural. Ese fue el gran momento al que se refería Engels, el que marcó el inicio de la dominación masculina.

Gimbutas describió a los recién llegados de las estepas como unos seres pertenecientes a la cultura kurgán, que toma el nombre de la palabra rusa que se utiliza para designar esas tumbas en forma de montículo en las que entierran a los muertos junto con sus armas. Los restos arqueológicos sugieren que los kurganes eran nómadas, viajaron primero a caballo y posteriormente en carros; también llevaban ganado consigo. Así como las sociedades de la vieja Europa habían sido pacíficas y pasaban el rato creando hermosas piezas de alfarería, estas otras gentes tenían una gobernante, una casta guerrera muy destructiva, escribió Gimbutas. Los patrones de linaje matriarcal que afectaban a los legados y a la veneración por la familia fueron substituidos por unos patrones de linaje patriarcal, en los que las mujeres eran relegadas a un papel secundario.

Los kurganes, según su teoría, se fueron extendiendo hacia la India, Irán y el Turquistán chino, en dirección este; y en dirección oeste, cruzaron toda Europa hasta llegar a Gran Bretaña e Irlanda. Su presencia se detectaba en las raíces del idioma vulgar que todas esas regiones compartían. Los lingüistas, al menos desde finales del siglo XVIII, habían reconocido que los idiomas que hablaban miles de millones de personas a lo largo de la vasta extensión del planeta (incuido el español, el francés, el inglés, el persa, el hindi y el alemán) tienen un léxico y una gramática comunes. Constituyen lo que se llama la familia de las lenguas indoeuropeas. Como Miriam Robbins Dexter explica, estas lenguas se consideraba que venían de una sola fuente, de una lengua perdida cuyos rastros se advierten ya en el antiguo sánscrito de la India, así como en las antiguas lenguas anatolias y germánicas.

Según Gimbutas, los kurganes no solo exportaron el idioma de las estepas y lo introdujeron en Europa y Asia, sino que además se llevaron sus culturas patriarcales consigo, y asimilaron o destruyeron las que iban encontrándose por el camino. La arqueóloga vio pruebas de este cambio en los micénicos, pobladores de la Grecia antigua con una cultura que floreció alrededor del 1600 a.C. Los micénicos tenían una miríada de diosas y fabricaban miles de figurillas femeninas, escribió Gimbutas, pero también se encontraban en la cúspide de una transformación social. Su tesis afirma que eso fue provocado por la llegada de los hablantes indoeuropeos de las estepas euroasiáticas.

Aproximadamente en el año 500 a.C., más o menos en la época de la Grecia clásica, tal y como la conocemos en la actualidad por la literatura y el arte, ese cambio catastrófico fue total. Podemos ver los resultados en las leyendas de la antigua Grecia. Los dioses varones, como, por ejemplo, Júpiter y Zeus, se convirtieron en los jefes del panteón celestial. «Zeus, la deidad masculina principal, descendía del clásico dios guerrero indoeuropeo», explicó Gimbutas.

Las diosas no llegaron a desaparecer del todo, pero sí se metamorfosearon en unas versiones más patriarcales de sí mismas. «Las diosas griegas […] servían ahora a las deidades masculinas» como esposas e hijas, según la arqueóloga. Las preservaron las distintas culturas griegas, pero a la sombra de su antigua identidad. Ahora estaban al servicio de unos dioses masculinos y poderosos, eran personajes erotizados y a veces pintados como más débiles. «Las figuras femeninas indoeuropeas fueron representadas de una manera muy naturalista, y a veces debilitada», me contó Dexter. En contrapartida, «las figurillas indígenas a menudo representaban a la Gran Diosa. Afrodita, Artemisa y Atenea formaban parte de la Gran Diosa. Todas las grandes diosas de la cultura indoeuropea eran indígenas, y tenían grandes poderes que, con el tiempo, irían erosionándose claramente».

Los cielos reflejaban lo que estaba sucediendo en la tierra. A medida que las diosas iban siendo marginadas por los dioses de los antiguos mitos griegos, las mujeres normales y corrientes iban perdiendo autoridad ante los hombres. En la antigua Atenas, las griegas de clase alta fueron encerradas en casa y se les prohibió participar de la vida pública e intelectual. «En la mitología griega, Zeus viola a centenares de diosas y ninfas, Poseidón viola a Deméter, y Hades viola a Perséfone –escribió Gimbutas–. Estas violaciones acaecidas en la esfera divina quizá fueran el reflejo del brutal tratamiento que recibieron las mortales de la vieja Europa durante la transición del prepatriarcado al patriarcado».

La famosa escritora Merlin Stone trató este tema religioso en *The Paradise Papers*, de 1976, arguyendo que el auge de las fes monoteístas como el judaísmo y el cristianismo planteaba que las diosas serían condenadas por ser ídolos paganos, asociados a la adoración de la naturaleza, la brujería y la permisividad sexual. En el libro del Génesis de la Biblia, que algunos historiadores creen que se escribió aproximadamente en el 900 a.C., Stone vio una alegoría de todo esto. Cuando Eva fue castigada por su transgresión en el Jardín del Edén, se le dijo «tendrás ansia de tu marido, y él te dominará». Esta afirmación reflejaba la violencia con que las mujeres debieron de ser tratadas en la sociedad a medida que las actitudes patriarcales fueron asentándose.

Bajo este sesgo, el relato histórico que nos brinda Gimbutas y otros autores sí parece que cobra un auténtico sentido. Hay hechos que encajan entre sí. Si hay algún problema, es que todo parece estar muy claro. Y el cambio social raramente es tan simple como parece, como ya sabemos por los tiempos en que vivimos. Queda poco espacio histórico para que Gimbutas, Eisler y Stone pintaran en él la posibilidad de que la gente se resistiera o contraatacara, como hicieron las sociedades de linaje matriarcal ante las imposiciones coloniales sobre sus normas de género en Asia en los siglos XIX y XX. ¿La violencia era en realidad la única herramienta que usaba el patriarcado para expandirse? Y, si se conseguía por medio de invasiones repentinas y violentas, ¿por qué tardaron miles de años en hacerlo? ¿No ejercieron el control de otras maneras más sutiles? Y las mujeres, ¿no tomaron parte en este asunto? ¿Fueron siempre las víctimas y ellos tan solo los victimarios?

La magnífica narrativa de la derrota histórica de las mujeres no habría podido tener tintes más dramáticos si la hubiera escrito una novelista: unas comunidades amables, artísticas y adoradoras de las diosas fueron reemplazadas brutalmente por una cultura militarista que adoraba a unos dioses masculinos y estaba gobernada por unos patriarcas. La antropóloga Ruth Tringham, que trabajó en el enclave de Çatalhüyük, es una de las personalidades que se muestran abiertamente escépticas ante este tema. Ha criticado tanto a Mellaart como a Gimbutas por haber forjado una historia basándose en unas pruebas que, a su entender, son, como mínimo, ambiguas. Tringham raramente recurre o se refiere a la obra de Gimbutas en la actualidad, según me confiesa.

Sin embargo, tampoco cree que la intención de Gimbutas fuera la de engañar a los demás. «Ella creía firmemente en su teoría». Lo que Gimbutas desarrolló no fue una simple teoría arqueológica; fue toda una historia por la que afirmaba que éramos capaces de explicar en los términos más grandilocuentes posibles la forma en que el patriarcado había emergido en Europa y en otras tierras más lejanas. «Marija Gimbutas vio todo el material de Çatalhüyük de que disponía y lo transformó –explica Tringham–. Lo que hizo fue mucho más potente que lo que Mellaart hiciera jamás. Lo que hizo fue situar el foco en una sociedad matriarcal centrada en las diosas de lo que ella dio en llamar "la vieja Europa" y mostrar que esta no fue la que cambió, sino que más bien fue reemplazada».

***

«Creo que pensar en términos mitológicos le ha ido muy bien a la gente –dijo en una ocasión el ya fallecido catedrático de Literatura y especialista en Mitología Joseph Campbell–. Los mitos y los sueños provienen del mismo lugar; son una toma de conciencia que luego tiene que encontrar su expresión en una forma simbólica».

Según Cynthia Eller, especialista en religiones de la Escuela de Estudios Superiores de Claremont, en California, solo porque el mito no tenga tantas posibilidades de ser probado de manera científica o material no significa que no tenga ningún valor. El mito puede seguir siendo el prisma por el que vemos y contemplamos nuestras esperanzas y nuestros sueños. En su libro *The Myth of Matriarchal Prehistory*, Eller investiga el fenómeno de la adoración de la diosa en la actualidad entre las occidentales que viven en países predominantemente cristianos.

Eller no cree que hubiera sociedades matriarcales que adoraran a las diosas en tiempos neolíticos, pero sí acepta que tener un espacio suficiente donde imaginar un pasado centrado en lo femenino, por muy improbable que fuera su existencia, tiene su utilidad. «Creo que es una reacción a la misoginia, y en mi opinión, no hay que dejar pasar algo así –confiesa–. Creo que para las mujeres que han crecido en una sociedad dominada por los hombres, o patriarcal, la sola capacidad de representarse una alternativa tan vibrante ya es excitante de por sí». Nos ayuda a establecer nuevos límites a lo que consideramos posible, del mismo modo que las religiones establecidas ofrecen unas alegorías inspiradoras que igualmente son insustanciales *de facto*. Valoramos las lecciones, los sentimientos que nos inspiran, aunque sepamos que, literalmente, no nos los podemos tomar al pie de la letra.

El mito matriarcal es un mito moderno. Es posible seguirle la pista hasta sus orígenes, y eso nos permite desmontar con mayor facilidad otros mitos. Sin embargo, sigue teniendo la fuerza suficiente de inspirarnos. «Hay personas que se aferran a esta historia por su valor inspirador, y me parece fantástico. En este sentido encuentro fantástico, sobre todo si vives en una estructura rígida y patriarcal, poder decir que las opciones que se tienen son muy numerosas y podrían ser muy distintas –afirma Eller–. Se ha demostrado el gran valor que eso ha tenido para muchas feministas. Les ha dado muchísima esperanza. Les ha dado la noción de que existe un precedente».

Esta necesidad de que haya un precursor histórico, unas pruebas materiales en las que basar la creencia de que puede existir una sociedad alternativa, quizá sea la única razón que explique que el mito de un pasado matriarcal compartido por todos siga vigente hoy en día. Quizá nos esté diciendo lo difícil que les resulta a algunos representarse un futuro más justo. Si esta historia fuera cierta, sería la respuesta más fácil que podría darse a los sexistas que van diciendo que las mujeres no pueden ser líderes, o que la igualdad de géneros es imposible. Esta es una de las razones por las que las sufragistas decimonónicas, como Matilda Joslyn Gage, estaban tan contentas con la idea de unas sociedades de linaje matriarcal. Pero para Eller, por muy reconfortante que pueda ser este mito, sigue existiendo algo preocupante en el hecho de considerarlo inequívocamente real, cuando las pruebas para demostrar algo así son ambiguas o, como algunos académicos han afirmado en lo que respecta a la obra de Marija Gimbutas, prácticamente inexistentes.

«El problema que veo aquí es que no puedes pretender que esto sea algo histórico y luego te montes tus propios planes para decir cómo debería cambiar el mundo basándote en una historia a todas luces defectuosa», dice Eller. Las mujeres que siguen manteniendo viva la idea de una prehistoria que adoraba a las diosas y se centraba en la mujer tienen sus propias razones para argumentar algo así.

A pesar de que hay quien no tiene ningún problema en aceptar que toda esa teoría quizá no estuviera basada en hechos reales, «para las que adoptaron esta narrativa por razones políticas, porque preferían remodelar el mundo de otra manera, les cuesta más desprenderse de la noción de su historicidad. Si les arrebatas el sesgo histórico, les estás quitando el eje sobre el que se sustentan». Si en realidad no existió una prehistoria matriarcal, la fe en que las mujeres llegaran a ostentar el poder en el futuro empieza a quebrarse.

Otro aspecto preocupante del mito es que se ha ido enredando en un conjunto muy particular de creencias sobre el género. El punto central de muchas publicaciones occidentales sobre la adoración de las diosas, según refiere Eller, es que todas ellas defienden la idea de que las mujeres son los seres nutricios más conectados a la naturaleza, y que los hombres son los destructores de esa misma naturaleza y, por extensión, los destructores de las mujeres. Hombres y mujeres son caracterizados como diametralmente opuestos, o quizá como complementarios entre sí, pero nunca como una diversidad de individuos con unos rasgos solapados entre sí. Los mitos occidentales sobre la adoración de las diosas dejan poco espacio a las diosas sedientas de sangre y violentas como Kali, la deidad hindú representada decapitando demonios y llevando sus cráneos colgados alrededor del cuello. Al contrario, la fuerza que tienen las sociedades dirigidas por mujeres es achacada a unas cuantas dotadas de unas virtudes que los hombres no tienen, y a unos hombres poseedores de una naturaleza violenta que es ajena a las mujeres.

En *El cáliz y la espada*, por ejemplo, Riane Eisler enfrenta el cáliz femenino a la espada masculina, siendo lo femenino la representación de la copiosa «fuente de vida, de los poderes generadores, nutritivos y creativos de la naturaleza» en forma de una copa. Describe a las primitivas sociedades adoradoras de la diosa como unas amantes de la paz, contrarias a la guerra y armoniosas, y consecuentemente implica con ello que a la sociedad actual le irían mejor las cosas si las mujeres estuvieran a su cargo, porque estas promueven de una manera inherente la paz y la igualdad. Eisler, en un momento dado, incluso llegó a sugerir que los portavoces indoeuropeos, mayoritariamente varones, de los que Gimbutas habla serían los que habrían esclavizado a las mujeres y a esos otros hombres que son más amables y afeminados. Su interpretación está basada en un conjunto muy determinado de estereotipos de género.

«Creo firmemente que eso ha tenido una gran influencia en los mitos y los relatos que han atraído más a las feministas occidentales. En parte están basados en eso mismo, en la misma rigidez del sistema binario», dice Eller. Las activistas en favor de los derechos de la mujer del siglo XIX, como Matilda Joslyn Gage y Elizabeth Cady Stanton, escribe Eller, también tenían «una confianza analítica en las diferencias existentes entre los hombres y las mujeres» que daba por sentado que la feminidad «sencillamente era mejor que la masculinidad. La dominación femenina era la alternativa moralmente preferible para crear un nuevo orden social».

Para la especialista en teoría de géneros Judith Butler, de nacionalidad estadounidense, las creencias en una prehistoria matriarcal han pasado muchísimas veces por alto la auténtica complejidad de la diferencia de géneros en favor de una narración simplista y reduccionista de las mujeres y sus experiencias. Estas creencias constriñen a las mujeres de todo el mundo convirtiéndolas en una versión de sí mismas que es muy estrecha de miras, y forcejean incómodas cuando queda claro que los individuos no siempre encajan bien en estas definiciones. Lo que hace esta especie de esencialismo de género, como a ciertas académicas feministas les ha costado tanto esfuerzo poner de relieve, es ignorar que las mujeres también son capaces de ejercer la crueldad, la coacción y la violencia; y que los hombres también pueden ser buenos educadores y creativos. El «recurso feminista de referirse a un pasado imaginario hay que tomárselo con mucha cautela», argumenta Butler. Las cualidades que definimos como masculinas o femeninas están conformadas por fuerzas sociales y culturales. No existe ninguna base para poder afirmar certeramente que lo que parecían ser unas creencias sobre el género sospechosamente parecidas a las del siglo XIX fueron también sostenidas por unas personas que vivieron en unas sociedades completamente distintas hace miles de años.

De todos modos, toda ola feminista aporta sus propias nociones de lo que se considera especial en el ámbito femenino, en opinión de Eller. Y eso es comprensible en las sociedades en que las mujeres han sido infravaloradas. Es una manera de reconquistar el sentido del orgullo y de la creencia en una misma. Para algunas de ellas, incluso se ha convertido en el diccionario por antonomasia del empoderamiento femenino. La grieta aparece cuando esto que resulta tan especial no es más que una nueva chaqueta de fuerza que aleja a las mujeres de lo que se consideran los rasgos masculinos, y define la feminidad con una gran estrechez de miras que la mantiene subordinada a una normativa. Tras la Madre Diosa vemos el arquetipo de la mujer desprendida y criadora cuyo papel originario es reproducirse y cuidar de los demás, una serie de expectativas que no encajan bien en todas las mujeres, y que además han demostrado ser una carga para muchas otras.

***

El escepticismo surgido en torno a la figura de Marija Gimbutas siguió aumentando. Cuanto más de moda se ponía su obra entre las activistas por los derechos de la mujer, las adoradoras de las diosas y las devotas de la Nueva Era, más sufría su reputación a ojos de sus colegas académicos.

Se levantaron ciertas sospechas sobre el hecho de si sus investigaciones se apoyaban más en la esperanza que en la realidad. Según Lynn Meskell, una arqueóloga y antropóloga de la Universidad de Stanford que estudió las figurillas de Çatalhüyük, Gimbutas construyó sus teorías en torno a lo que sus lectores deseaban que fuera cierto. Eran «unas creaciones idealistas que reflejaban la búsqueda contemporánea de una utopía social», y que traicionaban el deseo subyacente de descubrir un pasado en el que el patriarcado no existiera. Las personas se interesaban por unas diosas prehistóricas no solo por razones académicas, dijo Meskell, sino «por un deseo de poner remedio a miles de años de misoginia y marginalización».

La crítica de Meskell a Gimbutas fue más generosa que algunas de las que recibió esta arqueóloga. Durante los últimos años de su vida, e incluso tras su muerte, fueron acumulándose las críticas que desdeñaban sus teorías diciendo que eran poco más que unos cuentos de hadas para feministas. «Y mucha gente que no tenía ni idea de nada, se subió de un salto al carro de los antimarijistas –cuenta Miriam Robbins Dexter–. Todavía son muchos los que siguen esgrimiendo el tono, los que todavía siguen burlándose de ella, y que siguen burlándose igualmente de todas las que hemos escrito sobre las figurillas femeninas de la Antigüedad».

El mayor problema de Gimbutas fue la interpretación tan generosamente amplia que hizo de las evidencias arqueológicas y mitológicas de que se disponía. La diosa «personificaba todas las fases de la vida, la muerte y la regeneración», escribió. En los símbolos que representaban el agua, descubrió una conexión entre la humedad y los poderes de otorgar la vida y que pertenecían a la diosa. En las semillas de grano desenterradas de las ruinas vio el crecimiento de una nueva vida en su matriz. En la cabeza y los cuernos de los toros, vio la forma del útero y de las trompas de Falopio. En una señalización triangular, vio la vulva de la mujer. Vio también a la diosa en las piedras talladas en forma de falo, que interpretó como la unión de la fuerza masculina con la diosa. La historiadora feminista Carol Patrice Christ hizo la observación de que Gimbutas consideraba la diosa «un ave y un cabrío, la letra V, el agua, una serie de formas en zigzag, la letra M, los meandros con sus aves acuáticas, los pechos y los ojos, la boca y el pico, la hilandera, la trabajadora del metal, la hacedora de música, el carnero, el poder de la regla de tres, la vulva y la que da a luz, el ciervo y el oso, la serpiente», y así habría podido seguir sin detenerse.

A pesar de que Gimbutas despertaba cierta admiración, lo cierto es que todo eso contribuyó a que no se la tomara demasiado en serio. Un arqueólogo estadounidense me dijo un día que consideraba su obra una colección de libros ilustrados y diseñados para el gran público en lugar de un trabajo genuinamente académico. El guía turístico y novelista Resit Ergener admite que, a pesar de sentirse hechizado por los relatos de las diosas de Anatolia, él también cree que hay que poner un límite a las cosas. «Hubo muchísimas diosas», admite, pero «también hay quien ve a las diosas en todas partes. Y entonces resulta que en todo lo antiguo, todo lo histórico, debe de existir alguna referencia a la diosa».

Por lo que fuera, el rechazo a Gimbutas empezó a adoptar un tono más amargo. En un artículo de lo más cáustico publicado en 1999, el catedrático de clásicas Bruce Thornton, de la Universidad del estado de California, describió su obra como un compendio de «interpretaciones ilusorias y de lagunas que escapaban a toda evidencia [...] un constructo trémulo de preguntas pendientes, de falacias del alegato especial, de presupuestos sin examinar y de razonamientos circulares». Se refería a las adoradoras de la diosa, pero también a las feministas y a las especialistas en estudios de género de una manera más general por contribuir a alimentar unas historias que él creía que eran «religiosas como mucho, y antirracionalistas como poco». Thornton terminaba afirmando que la tradición ilustrada del liberalismo y el racionalismo había, en su opinión, mejorado la vida de las mujeres, y que volverse en contra de esta idea para ponerse del lado del mito de unas diosas prehistóricas, o bien afirmar que en un pasado mítico las mujeres habían estado mejor, demostraba «hipocresía e ingratitud».

En otras palabras, Marija Gimbutas no solo estaba equivocada, sino que además era una desagradecida.

Es fácil olvidar que Gimbutas no fue la primera académica en ponerse a especular sobre un pasado matriarcal. De hecho, fue James Mellaart quien deliberadamente insufló nueva vida al mito matriarcal durante la década de 1960. Mucho antes que él lo habían hecho ya Johann Jakob Bachofen, Lewis Henry Morgan y Friedrich Engels. Y a lo largo de la historia de la arqueología y la antropología también cabe decir que los hombres que trabajaron en estos ámbitos dieron por sentado incontables veces que la prehistoria fue un rígido patriarcado, supuesto que igualmente es carente de fundamento. Y, sin embargo, nadie ha sido un blanco para las burlas tan claro como lo fue Gimbutas.

Cuando le pregunté a Miriam Robbins Dexter cuáles debían de

haber sido las razones que habían motivado a la ingente cantidad de críticos que cosechó Gimbuta, ella me contestó que, para un reducido número de personas, debió de ser la angustia de vislumbrar las implicaciones que tenían sus escritos. «Fue el miedo, el miedo de lo divino femenino –concluye–. No pueden creerse la idea de que existiera una religión que no estuviera centrada en el varón». El desafío que planteaba Gimbutas iba mucho más allá de decidir si una muesca en forma de V hallada en una vasija de cerámica en realidad hacía referencia al triángulo púbico de la mujer. Obligó a los académicos a tomarse en serio la posibilidad de que las sociedades europeas pudieran haber venerado a las mujeres tanto como a los hombres, y que la dominación masculina quizá no fuera un hecho constatado desde los inicios de la existencia humana.

Los académicos llevaban mucho tiempo dando por sentado que los hombres siempre debieron de tener más poder que las mujeres, desde un buen principio, escribe Mara Lynn Keller, catedrática de Religión y de la Espiritualidad de las mujeres en el Instituto de Estudios Integrales de California. «Gimbutas desafió en lo más fundamental la opinión establecida de que la cultura europea siempre había sido dominada por el varón, y que la historia, que no la prehistoria, era civilizada». Según los patrones del arte, la estética y el equilibrio entre los géneros, argumenta, «la vieja Europa» podía considerarse de hecho «una auténtica civilización», como dijo Gimbutas, de un modo que las sociedades actuales quizá no podrían. Pero esta no fue precisamente la formación que recibieron los pensadores occidentales para describir el progreso y la modernidad. La opinión convencional que todo lo impregna es que las cosas ahora son mejor de lo que eran antes.

El legado de Gimbutas sigue siendo objeto de grandes controversias; pero los arqueólogos actuales ya aceptan el hecho de que intentó buscar pruebas desde la perspectiva de las mujeres en un ámbito en el que el género se había estado pasando por alto de manera rutinaria. Fuera cual fuese el significado de las figurillas femeninas que ella estudió (aunque estas no fueran diosas, sino personas normales y corrientes), los objetos sí exigen retomar la cuestión del género en la prehistoria. Las mujeres no podrán ser consideradas unos seres pasivos e indefensos mientras *La mujer sedente de Çatalhüyük* siga sentada con tanta autoridad en su propia urna de cristal, expuesta en el Museo de las Civilizaciones Anatolias de Ankara, sin avergonzarse de su edad y de su cuerpo, y con sus manos firmes posadas sobre las dos criaturas que la flanquean.

Nunca dejaremos de cuestionarnos por la identidad de esta persona.

***

Como les sucede a muchos de los que van a Çatalhüyük, me siento atraída por la idea de encontrarle un sentido a este lugar, de lograr que las ruinas me hablen a mí. ¡Menudo esfuerzo! Empiezo (como les sucede también a los demás) relacionando lo que veo con las culturas que ya conozco. ¿Los cuernos de toro que hay clavados en la pared son trofeos de caza? ¿Dejaban a sus muertos expuestos al aire libre para que con su carne se alimentaran las aves de presa tal y como se hace en las comunidades parsi de la India? ¿Adoraban a sus antepasados siguiendo unas tradiciones parecidas a las de México? No pasó mucho antes de darme cuenta de lo difícil que resulta descifrar los entresijos de una sociedad que es de una fecha muy anterior a la de todas las que conozco, y que las supera en varios miles de años de antigüedad. Es posible que encuentre algún paralelismo en todas ellas, pero también es muy posible que esos paralelismos no tengan nada que ver entre sí.

Contemplar la historia en este nivel, caminando entre los desechos de los hogares de la gente y viendo sus pertenencias rotas, diluye cualquier conato de narrativa grandilocuente. Lo único que sabemos es que estas personas eran normales y corrientes, y que intentaban encontrarle sentido al mundo en que vivían, exactamente igual que hacemos nosotros; y, solo en caso de necesidad, podía atreverme a imaginar lo que debía de poblar sus sueños.

La arqueología feminista, un enfoque surgido en la década de 1980, cuando los arqueólogos empezaron a reconocer la necesidad de pensar en el género con mayor sutileza, fue un punto de inflexión que marcó la carrera de la antropóloga Ruth Tringham. Hasta entonces, esta académica consideraba a los habitantes de la prehistoria «una masa amorfa de personas sin rostro dedicadas a sus empeños». Carecían de historia, de orígenes, de individualidad. La arqueología estaba dominada por unas narrativas históricas grandilocuentes. Pero cuando algunas feministas empezaron a preguntar quiénes habían sido en realidad esas personas, a hurgar en sus trayectorias vitales, otras formas distintas de considerar el pasado empezaron a emerger a la superficie. Tringham no está tan interesada en el retrato global de los hechos que quisieron plasmar Mellaart y Gimbutas, sino en la finura del grano de esos retratos.

«Fue el eje feminista el que en realidad legitimó que pudiéramos pensar en la arqueología y en la prehistoria desde una escala tan diminuta –explica Tringham–. Para mí representó ser capaz de pensar en las personas, en esos agentes de la prehistoria, en los moradores del edificio que yo estaba excavando en calidad de seres vivos, dotados de corazón y mente». Se trataba de ponerse en su piel. «Podían pertenecer a cualquiera de los géneros existentes, ser de cualquier edad: poco importaba, de hecho, porque todos debían de haber sido diferentes. Las casas estarían habitadas por personas reales, personas reales e imaginadas, que debían de ser muy distintas entre ellas».

Los objetos y las moradas más sencillos podían interpretarse por ello de muchas y muy distintas maneras. «La arqueología no te proporciona un retrato verídico; tan solo te ofrece un retrato que tú debes interpretar –me dice la arqueóloga–. Y el modo en que interpretas las cosas tiene mucho que ver con tu imaginación… Ahora bien, ¿de dónde viene la imaginación? ¿Cuáles son las fuentes a partir de las cuales construyes la escena?». Por ejemplo, ¿aquí qué ves?, ¿ves un bote para conservar alimentos o ves una urna muy valiosa? «Cuando entras en materia y te metes en asuntos como puedan ser las personas, el comportamiento social y las relaciones sociales, tienes que ser capaz de considerar diferentes escenarios posibles, de adoptar distintas interpretaciones, y hacer todo eso a la vez».

Cuanto más lejos viajamos en el tiempo, más obligados estamos a tener que abrir la mente. En el análisis de las figurillas que pertenecieron a las culturas de Halaf, en Anatolia y el norte de Mesopotamia, alrededor del quinto milenio a.C., la historiadora Ellen Belcher, de la Universidad Municipal de Nueva York, puso en duda que las figurillas femeninas se diseñaran como una representación de la feminidad. Las figurillas de Halaf son famosas por tener unas formas corporales muy exageradas, sobre todo la parte de las caderas, los pechos y los genitales. Belcher advierte que las glándulas mamarias y el vello púbico de estas figurillas, rasgos que en general comparten todos los seres humanos, no solo las mujeres, podrían haber sido representados sin pretender referirse específicamente al sexo. Quizá simplemente sirvieran para indicar cuáles representaban a los humanos en una sociedad que vivía en estrecha relación con los animales.

Belcher descubrió que más de la mitad de las figurillas que analizó no estaban bien diferenciadas sexualmente o no mostraban sexo alguno. «Las figurillas eran la prueba de que existía un enfoque mucho más matizado en lo que respectaba a las diferencias sexuales y, en ocasiones, podían ser andróginas, como las representaciones femeninas y masculinas dotadas de pechos, o estar muy diferenciadas, como cuando las representaban con unos generosos y adornados pechos o con sus partes pudendas», escribió Belcher. Lo que sí está claro es que «el género recorría un espectro que iba de lo ambiguo a lo más evidente».

La gran diversidad que existe entre las figurillas femeninas se despacha protocolariamente poniéndoles la etiqueta de «diosa» o «símbolo de la fertilidad», como si todos esos objetos hubieran estado hechos obedeciendo a una misma razón. De todos modos, es poco lo que sabemos del propósito que estas figurillas debieron de tener en el Neolítico, o de quién las esculpió. Pudieron haber sido cualquier cosa, desde un juguete a un adorno, o incluso un símbolo de una determinada posición social o procedencia. Quizá representaran varias cosas a la vez. Belcher se da cuenta de que las figurillas a veces se manipulaban sin ningún cuidado especial, y que luego las tiraban, posiblemente a la basura. No siempre debieron de ser objetos valiosos o sagrados.

«Las últimas investigaciones sugieren que las ideologías de género del pasado fueron mucho más diversas y complejas de lo que creemos, y que ofrecían múltiples variantes de lo que representa el poder femenino, no solo la variante cuidadora y maternal, sino también la destructiva o sencillamente ambigua», escribe la antropóloga Kelley Hays-Gilpin. Para esta erudita, se ha aceptado sin cuestionamiento el concepto binario para hablar del sexo y del género en lo que concierne al estudio del pasado. «El hecho de que la mayoría de figurillas procedentes de muchas y muy variadas épocas y lugares, incluida la Edad de Hielo europea, no muestren ningún rastro de rasgos sexuales (cuando algunas de ellas son, sin lugar a dudas, masculinas) da a entender que proyectar el ideal o la esencia de lo femenino actuales en el pasado basándonos en los datos que tenemos es erróneo».

Es posible ver cómo se proyectaron estas ideas contemporáneas en el pasado en los museos arqueológicos de las ciudades anatolias de Konya y Ankara. Hay en ellos unos objetos vagamente antropomórficos que se han etiquetado concluyentemente con los términos «masculino» o «femenino». Es difícil saber cómo se establecieron esos juicios personales, o por qué de entrada los conservadores del museo se sintieron obligados a hacer algo así. En una sala veo unos maniquíes a tamaño natural de unos hombres neolíticos fundiendo mena para extraer de ella metal. En otra, hay la figura de una mujer moliendo grano hasta convertirlo en harina. Sin embargo, no hay pruebas fehacientes que demuestren que esta clase de trabajos, ambos muy intensos físicamente, obedecieran a una división de género. Por supuesto, la bibliografía académica aparece claramente sesgada. Y más de un erudito en el tema ha descrito a *La mujer sedente de Çatalhüyük* con el término de «obesa». No solo los mitos matriarcales pesan sobre el conocimiento que tenemos de la prehistoria, también pesan nuestros estereotipos actuales.

Dejar de lado nuestros supuestos es tarea casi imposible. Todos estamos limitados por nuestros propios sesgos. La arqueología feminista puede ser un trabajo más lento, pero también resulta más íntimo que aquel enfoque de barrido que los expertos solían adoptar. Requiere del arqueólogo que se desprenda de las certidumbres y opte por la ambigüedad. Y que acepte, asimismo, que incluso en un poblado con una cultura propia de marcada raigambre, los individuos quizá llevaran vidas diferentes, como hace la gente en la actualidad. En resumen, todo eso nos obliga a preguntarnos si las normas sociales que aceptamos porque nos han venido dadas no debieron de ser distintas hace 10 000 años.

***

Curiosamente, y dada su corazonada de que esa era una comunidad centrada en la mujer y adoradora de las diosas, fue el arqueólogo James Mellaart quien se dio cuenta por primera vez de la falta de existencia de unos patrones de género en la dieta, la salud y los rituales funerarios de Çatalhüyük cuando empezó a realizar excavaciones en este emplazamiento en la década de 1960. Y eso es importante, porque las diferencias en el modo de vivir de los hombres y las mujeres, o en el modo en que los trataba la sociedad en general, normalmente se advierten con estos hallazgos. Si un grupo tiene una posición social más elevada, es de esperar que coma manjares más exquisitos, y en mayor cantidad, que sus miembros sean más fuertes y robustos y celebren unos entierros más sofisticados; pero eso no fue lo que los arqueólogos vieron en Çatalhüyük.

Una conclusión razonable es que el asentamiento no estuvo bajo la dominación de las mujeres o de los hombres. Incluso es muy posible que el género no preocupara demasiado a sus habitantes.

«Las escasas pruebas científicas de que disponemos nos indican que, si uno observa las dietas de los hombres y las mujeres a partir de los huesos hallados en sus tumbas, ve que son más o menos idénticas», dice el arqueólogo de la Universidad de Stanford Ian Hodder, que dirigió el Proyecto de Investigación de Çatalhüyük hasta 2018 y trabajó junto a otros investigadores, como Ruth Tringham. Hodder quizá sea el personaje vivo que conoce este asentamiento mejor que nadie. En un artículo que escribió para *Scientific American* en 2004, afirmó que «hay pocos indicios de que los individuos se dedicaran a unas tareas específicas en función de su sexo, o de que la vida cotidiana estuviera determinada por el género». Para él, todo eso apuntaba a una sociedad en la que el género no importaba demasiado en lo que respectaba a los papeles sociales. En otro artículo publicado aproximadamente una década después, Hodder estaba incluso más seguro de que esa comunidad debió de ser «agresivamente igualitaria», al menos durante parte de su existencia.

«La mayoría de los asentamientos que excavan los arqueólogos revelan que los hombres y las mujeres llevaban vidas distintas, y que por eso comían de manera distinta y terminaban haciendo dietas diferentes –afirma Hodder–. Sin embargo, en Çatalhüyük uno no ve nada de todo esto. Sus dietas son idénticas». Otras mediciones biológicas realizadas a partir de restos humanos muestran la misma ausencia de diferencias. Por ejemplo, el equipo de Hodder descubrió que tanto los hombres como las mujeres tenían hollín en las costillas, probablemente porque el horno estaba situado en el interior de las casas, y esas pequeñas moradas en forma de caja carecían de ventilación. Todo eso indicaba que los hombres no pasaban más tiempo al aire libre que las mujeres. Es más, a pesar de que los hombres de promedio eran más altos que las mujeres, la diferencia de altura entre ambos era muy poca. El desgaste de sus huesos, otra posible señal de que las personas realizaran trabajos diferentes en función del sexo, era prácticamente el mismo.

La única diferencia que los investigadores advirtieron fue el número de collares con que enterraban a la gente, afirma Hodder. «Las mujeres tendían a llevar más collares de cuentas que los hombres. Pero, aparte de eso, todo era igual».

Diane Bolger, arqueóloga de la Universidad de Edimburgo, afirma que tenemos que replantearnos la creencia de que los papeles masculino y femenino en las sociedades prehistóricas se definieran por separado. Como demuestra el caso de Çatalhüyük, «cuando los papeles desempeñados en función del género son investigados en lugar de darlos por sentado, el resultado es muy probable que contradiga los modelos simples y binarios». Ya no es tan obvio que sus sistemas sociales estuvieran organizados en función del género del modo en que lo están las sociedades contemporáneas.

De todas formas, los especialistas de este ámbito no suelen trabajar así. «Ante los hallazgos funerarios, con los análisis a que sometemos los esqueletos, la pregunta que siempre empezamos por plantearnos es: ¿Se trata de un hombre, de una mujer o de una osamenta indeterminada? –explica la arqueóloga Karina Croucher de la Universidad de Bradford, cuya obra está centrada en la muerte y los entierros–. Si das carpetazo a este asunto y te pones a considerar otras cuestiones, ¿arroja eso la posible existencia de algún patrón distinto? No lo sabemos, porque nadie se ha dedicado a contemplar esa opción. Siempre empezamos partiendo del varón y de la mujer». Y esa es una costumbre muy persistente. «En parte tiene que ver con las personas responsables de la excavación, que casi siempre forman parte de una búsqueda colonial», afirma. Y las creencias coloniales europeas estaban firmemente arraigadas en una jerarquía binaria que definía los géneros en función de si eran hombres o mujeres. «Todo esto obedece a la necesidad que tenemos de encasillar las cosas. Y cuando rompemos con esta necesidad de encasillar, todo empieza a cobrar mucho más sentido en los anales arqueológicos».

Entre las cosas inesperadas que los investigadores han llegado a saber partiendo del estudio de los restos humanos de Çatalhüyük, es que las personas que vivían juntas en la misma casa no siempre estaban emparentadas. «En realidad era raro que los padres criaran a sus propios hijos –me dijo Hodder–. Los niños y las niñas no crecían con sus padres biológicos. Los dejaban al cuidado de otras personas, o los dejaban en acogida. Es decir, la comunidad entera era como una gran familia en la que todos los niños biológicos estaban mezclados». Algunos expertos han propuesto que esa sociedad quizá tuviera una comprensión más fluida de las relaciones de parentesco y no se basara tanto en los lazos de sangre. Quizá las viviendas estaban agrupadas en función de las tareas que sus habitantes desempeñaban, fuera la cosecha o fuera el cuidado de los animales, o bien por razones religiosas o de índole cultural. «Te quedas de piedra viendo lo complicado que resulta todo esto –cuenta Hodder–. El modo en que te ubicabas como individuo en ese entorno era de una diversidad extrema».

Ruth Tringham añade que es posible que Çatalhüyük ni siquiera fuera una ciudad, como había propuesto originariamente James Mellaart. Los hallazgos demuestran más bien que la población consistía en millares de habitantes que convivían juntos y, a su vez, operaban independientemente como granjeros y cazadores-recolectores. «Mellaart era incapaz de imaginar que aquel fuera un pueblo normal y corriente. No podía imaginárselo –dice Tringham–. En la década de 1960 pocos esperaban que los cazadores-recolectores pudieran tener una práctica cognitiva y unas relaciones sociales tan sofisticadas como en realidad tenían, y por eso no tardaron en llegar a una conclusión que les resultara cómoda». Pero, por muy grande y sofisticado que fuera este asentamiento, en muchos sentidos seguía pareciendo un poblado. Y eso quizá sea la prueba de que no existe una sola manera de forjar una sociedad compleja. «Las personas harán de su hogar un lugar hermoso, aunque tan solo sean unos granjeros de poca monta».

Esto no significa que las personas vivieran en perfecta armonía. Quizá no tengamos pruebas de que existieran unas jerarquías en función del sexo, pero sí hemos encontrado rastros que nos indican que había una cierta tensión y violencia entre las personas que vivieron en esa localidad. La suya fue una sociedad que estaba en un diálogo constante consigo misma. «Creo que lo que vemos en Çatalhüyük es que lo que provoca el cambio es el conflicto interno, y las contradicciones y los problemas que surgen –explica Hodder–. Podemos ver a través de una secuenciación cómo las presiones van en aumento, cómo hay más tensiones, la densidad crece, los organismos se van deteriorando y pasan cosas terribles, hasta que todo eso les lleva a decidirse y emprenden una dirección algo distinta».

Mellaart llegó a pensar que esa comunidad podía permitirse adquirir viviendas con un gran margen de maniobra por el modo en que vivían. No había nada que fuera estático. Y añade que esta enorme diversidad social es algo que los arqueólogos solo empezaron a valorar durante los últimos veinte años.

Así como las excavaciones de Çatalhüyük y de otros enclaves antiguos de Anatolia permitieron desenterrar una gran cantidad de figurillas femeninas, no podemos decir lo mismo de otros asentamientos neolíticos que estaban relativamente cerca. Cuando me desplacé a Göbekli Tepe, al este de Çatalhüyük, junto a la frontera de Siria, vi unas gigantescas piedras monolíticas con unos animales tallados con gran finura (y una sola representación clara de una mujer). Algunos expertos propusieron, basándose en la forma fálica de las piedras del lugar, que ese debió de ser un lugar de reunión para los hombres y los muchachos. Göbekli Tepe tiene 2000 años más de antigüedad que Çatalhüyük. Y si verdaderamente eso demuestra algo es que no existe una norma estricta en lo que se refiere al modo de vida que llevaba la gente en la prehistoria.

En cuanto a Hodder, hay que decir que para él la famosa figurilla de *La mujer sentada de Çatalhüyük* no es una diosa. Lo que Hodder ve cuando la contempla, igual que yo, es «la imagen poderosa de una mujer que ha dado a luz. Tiene unos pechos enormes y caídos, y una barriga y un trasero también caídos. Lo que quiero decir es que se trata de una mujer muy orgullosa y madura». La figurilla tampoco guarda parecido con otros símbolos de la fertilidad. «No tiene que ver con la reproducción, el sexo ni nada que se le parezca. Aquí no se está hablando de la maternidad, y tampoco hablamos de diosas. Estas figurillas no son tratadas con la consideración que se daría a una diosa».

El hecho de que construyeran nuevas viviendas sobre las casas más viejas de Çatalhüyük les permite a los arqueólogos ver los cambios que se fueron produciendo a lo largo del tiempo. Y eso sí indica que el asentamiento quizá pasó de ser una sociedad sin distinción de géneros a convertirse en otra muy distinta en la que las mujeres mayores tenían un papel importante y eran consideradas el símbolo o las representantes de sus hogares, añade Hodder. Si eso es cierto, *La mujer sentada de Çatalhüyük* debió de ser un personaje muy respetado en su hogar; y puede que ese respeto también se extendiera a toda la comunidad.

Si era o no era una diosa depende mucho de lo que pensaran de las deidades los seres del Neolítico que vivieron en Çatalhüyük en primer lugar. Y la cuestión es compleja. «Hay un estilo occidental y cristiano de interpretar la función religiosa», dice Cynthia Eller. Una persona que se haya criado en una tradición estrictamente masculina y monoteísta quizá dé por sentado que la única alternativa posible a la religión sea una diosa monoteísta. «Pensarán que, si estás en posesión de una figurilla femenina, lo que tú tienes es una diosa, y que esta diosa lo controla todo, es asombrosa y está llena de gracia, y dio a luz al universo entero». Pero en realidad eso es «llevar mucho más allá lo que sabemos de las religiones que adoran a las diosas (que son la mayoría de las religiones)».

En el hinduismo, por ejemplo, hay múltiples dioses y diosas. Ahora bien, hay muchos hindúes que también veneran objetos y personas reales, incluidos algunos políticos y estrellas de cine. Son mudables en lo que respecta a la fe y, en general, no consideran que exista tanta separación entre lo sagrado y lo secular como sucede en otras tradiciones. Mi segundo nombre, Devi, significa «diosa», y normalmente es un nombre de mujer que a veces incluso termina substituyendo el apellido familiar como señal de respeto. Si *La mujer sentada de Çatalhüyük* no fue una diosa, bien podría haber sido una «devi» en este sentido de la palabra.

De todos modos, y llegados a este punto, me doy cuenta de que ya vuelvo a proyectar mis propias experiencias culturales en las cosas que veo.

Solo existen algunas pocas verdades incontestables sobre Çatalhüyük. Es difícil prescindir de la probabilidad de que el enclave no fuera rígidamente patriarcal, pero tampoco hay nada que nos indique que fuera profundamente matriarcal. En una tumba se halló una mujer que fue enterrada aferrada a un cráneo. Los arqueólogos dan por sentado que los cráneos que se extraían para darles un tratamiento especial de esta manera es probable que perteneciesen a personas que fueron relevantes para la comunidad. Los que han desenterrado hasta el momento pertenecen tanto a hombres como a mujeres. «Por tanto, no tiene sentido que las mujeres fueran excluidas de alguna manera de la vida política», me dijo Hodder. Tampoco los entierros son la prueba fidedigna de que el linaje ancestral siguiera una senda marcada por uno de los sexos; y eso significa que Çatalhüyük quizá no fuera de linaje matriarcal ni patriarcal.

«Mi opinión es que no daban consideración alguna al género, que era muy probable que el género fuera increíblemente fluido, transformador y no categórico», concluye Hodder (su elección del lenguaje puede que sea el reflejo de la política contemporánea). «Pasaban la mayor parte del tiempo trabajando juntos, cocinando juntos, labrando los campos juntos; incluso forjaban juntos sus herramientas. No encontramos en ningún lugar unas diferencias categóricas que sean relevantes».

***

La antropóloga Kathryn Rountree estaba observando el trabajo de los arqueólogos de Çatalhüyük en 2003 cuando reparó en algo muy divertido.

Los miembros de uno de los equipos acababan de desenterrar una pequeña figurilla femenina tallada con gran delicadeza de una piedra color verde pálido. En esa época, y al menos en público, los científicos de la materia en general decían que carecía de sentido la teoría de que las comunidades neolíticas fueran matriarcales, o que necesariamente adoraran a las diosas. Los académicos más serios se creían demasiado racionales para caer de pies juntillas en la aceptación de esos mitos. Sin embargo, Rountree se dio cuenta de que cuando los investigadores descubrieron esa preciosa figurilla, no tardaron ni un segundo en referirse a ella como la Diosa Madre. Un científico observó la pieza bajo un microscopio y «exclamó, sin el menor viso de ironía, "¡He tocado a la Diosa!"».

Quizá los mitos siempre tomarán precedencia sobre la verdad en lo que respecta a Çatalhüyük. Tanto si lo admiten como si no, quizá fuera la promesa de la diosa lo que, para empezar, atrajera a los arqueólogos a este asentamiento.

Mientras me dispongo a marcharme de las secas y bajas llanuras de Konya, mi mente vuela hacia Marija Gimbutas. Antes de fallecer, en 1994, Gimbutas hizo algo que pocas arqueólogas habían sido capaces de hacer, antes y después de ella. Esa mujer escribió una historia grandilocuente de factura propia, y lo hizo sin pedir disculpas. Basándose en su propia interpretación de las figurillas femeninas, del folklore y de la lingüística, construyó una historia atrevida y demoledora. Y hasta el final se aferró a la creencia de que Europa y determinadas partes de Asia albergaron en la Antigüedad unas culturas centradas en la mujer y adoradoras de las diosas antes de ser socavadas de raíz por la llegada de unas culturas violentas y guerreras procedentes de las estepas euroasiáticas, aproximadamente unos 5000 o 6000 años antes de nuestra era. Estos recién llegados, los kurganes, o gente de habla indoeuropea, fueron, para ella y para sus seguidores, los patriarcas originarios.

Las teorías de Gimbuta quizá fueran ridiculizadas por sus antiguos colegas y relegadas al margen de los estudios arqueológicos, pero cuando pregunté a Miriam Robbins Dexter por el modo en que

Gimbutas se había tomado las críticas, me contestó que Marija «no se tomaba las cosas a la tremenda, ni las llevaba al terreno personal [...] Decía que ya cambiarían de idea dentro de veinte años. Eso era lo único que decía».

De pie, en las zonas sin excavar de Çatalhüyük, sabiendo la cantidad de objetos que hay bajo mis pies que todavía no se han descubierto, siento irritación, pero también me siento ilusionada. Pocos lugares hay en el mundo que hayan demostrado ser capaces de desafiar tanto nuestras creencias sobre la naturaleza humana. La manera en que organizaron este asentamiento nos obliga a repensar el modo en que las sociedades más tempranas debieron de evolucionar. No existe un único patrón que parezca definir las relaciones sociales en el Neolítico. Ni la dominación masculina ni la dominación femenina parecen haber sido la norma.

Nos sigue faltando una pieza del rompecabezas que constituye el patriarcado. Fuera como fuese la vida en este lugar hace nueve milenios, sabemos que a medida que esta región fue penetrando en la Edad de Bronce, miles de años después, empezó a ser dominada por una élite de hombres muy poderosos. Las normas destinadas a las mujeres de todas las clases se volvieron más restrictivas. El trabajo empezó a dividirse de manera gradual en función del género. Las desigualdades sociales y las jerarquías de clase hicieron su aparición. El linaje patriarcal y la patrilocalidad terminaron siendo la norma. Pero, aun así, seguimos sin conocer las circunstancias que provocaron estos dramáticos cambios.

De todos modos, y eso es un hecho bastante reciente, han surgido nuevas pruebas que podrían resolver potencialmente este misterio. Y es aquí donde la historia da un giro sorprendente. Estos nuevos hallazgos concuerdan con ciertos fragmentos de la magnífica teoría que Gimbutas había propuesto originariamente. Unas dos décadas después de su fallecimiento, este fenómeno ha obligado a alguno de sus antiguos críticos a volver a repasar su obra. A pesar de que no existe ninguna prueba de que la prehistoria fuera matriarcal o adorara a las diosas, hay quien se ha visto obligado a admitir que, en lo que se refiere a la difusión de las prácticas patriarcales y las estructuras sociales, Gimbutas quizá habría dado en el clavo después de todo.

La mentalidad ha cambiado, tal y como ella predijo que pasaría.

4. La destrucción

«Para conseguir alcanzar la maestría, hay que desmontar todo lo que antes ya fue construido».

ELIF SHAFAK, *El arquitecto del universo* 2015

«Este asesinato fue cometido ante los ojos de toda la sociedad», me contó la activista turca Fidan Ataselim, una de las fundadoras del grupo en favor de los derechos de la mujer llamado Plataforma para la Detención del Femicidio.

Sucedió en el mes de agosto de 2019, aproximadamente a cincuenta kilómetros de la capital, Ankara. Emine Bulut, una mujer de treinta y ocho años, fue a una cafetería a reunirse con su exmarido. Se pelearon, y él la apuñaló en el cuello antes de salir huyendo en un taxi. Lo que sucedió a continuación fue captado por las cámaras y compartido por todas las redes sociales. Turquía quedó conmocionada. Por una vez, la gente ya no pudo apartar la vista ante todo lo que estaba sucediendo. La hija de la víctima, de diez años de edad, aparecía en la filmación deseando con gran ternura que su madre viviera. Mientras tanto, Bulut gritaba «¡No quiero morir!».

La Plataforma para la Detención del Femicidio calcula que, en el momento del fallecimiento de Bulut, 245 mujeres ya habían sido asesinadas en Turquía ese año, la mayoría a manos de sus parejas o de otros familiares. Ese número se incrementaría hasta alcanzar la cifra de 474 a finales de ese mismo año. Durante el juicio que se le hizo al exmarido, por el que lo condenaron a cadena perpetua, los manifestantes congregados en el exterior de los juzgados gritaban las mismas palabras que había pronunciado una Bulut ya moribunda: «¡No queremos morir!».

Como sucede en muchos países, Turquía se encuentra atrapada entre dos fuerzas, una liberal y otra conservadora. El siglo xx ya fue testigo de una gran cantidad de reformas cuando la república turca pretendió romper con las antiguas tradiciones del imperio otomano; y en ellas se incluían algunas cuyo objetivo era emancipar a las mujeres. La famosa novelista turca Halide Edib, que nació en 1884, fue una figura clave en el movimiento por la independencia del país, y luchó para elevar la condición de la mujer. En 1934, las mujeres se aseguraron el derecho al voto, antes incluso que en Francia, Italia o Suiza. Hay un aeropuerto en Estambul que lleva el nombre de la primera piloto de combate del mundo, Sabiha Gökçen, nacida en 1913. Sin embargo, siempre ha habido resistencias. En la actualidad, a medida que van siendo más numerosas las mujeres que trabajan, se divorcian del marido y se salen de los papeles tradicionales atribuidos a su género, explica Ataselim, los hombres «están viendo desaparecer todos sus privilegios y sus mecanismos de dominación».

En 2016, el presidente de Turquía Recep Tayyip Erdogan, anunció que una mujer que dé prioridad a su carrera profesional antes que a la maternidad y al cuidado del hogar es una mujer que carece de muchos atributos, que no llega a ser «una persona completa». Anteriormente ya había dicho las siguientes palabras: «No podemos poner a la misma altura a los hombres y a las mujeres. Va contra natura». El año después de que Emine Bulut fuera asesinada, su gobierno advirtió que podría retirarse de la Convención de Estambul, un acuerdo internacional dirigido a introducir medidas que ofrezcan una mayor protección ante la violencia doméstica y la discriminación de género.

«Turquía es una sociedad patriarcal parecida a muchos otros países del mundo. El patriarcado sigue siendo un sistema profundamente arraigado», sigue diciendo Ataselim. Su compañera de campaña, Melek Önder, me cuenta la misma historia. «Es posible que el camino sea largo –dice–, pero siempre ha sido así históricamente».

Cuando la violencia contra las mujeres se dispara, cuando los derechos que tanto ha costado conseguir parecen tan precarios, cuando la tenaza del poder masculino parece inextricable, es posible que tengamos la sensación de que las cosas siempre han sido así. Los líderes políticos siempre invocan la tradición y la naturaleza cuando restringen los derechos de las mujeres. Así han sido siempre las cosas, dicen ellos, y así deberían seguir siendo; pero la historia nos cuenta algo muy diferente. Después de todo, estamos hablando del país donde se encuentra el asentamiento de Çatalhüyük, ciudad en la que miles de años antes la gente vivía y trabajaba codo con codo, independientemente del género al que perteneciera cada uno. Las normas por las que se rige una sociedad se crean, son constructos.

Los derechos y las libertades de las mujeres no fueron alienados en tiempos inmemoriales. Como sucede en la actualidad, tuvieron que ser destruidos antes.

***

«La historia es proteica –escribió el historiador estadounidense David Lowenthal–. Lo que es, lo que la gente cree que debería ser y lo que se cuenta y se escucha de ella va variando en función del tiempo, el lugar y las personas».

Los relatos que explicarían el surgimiento de lo que en la actualidad llamamos patriarcado lo describen a grandes rasgos, y todos queremos una respuesta clara y concisa. «La historia, así como sucede con la memoria, fusiona, exagera y sintetiza», explica Lowenthal. Lo que es «crucial o único está obligado a ponerse de relieve». Algunos comentaristas creen, por ejemplo, que el único punto de inflexión a partir del cual se estableció la desigualdad de género fue la agricultura. Muchos piensan que eso sucedió cuando los humanos empezaron a defender la propiedad. Otros atribuyen la culpa directamente a la religión. Unos cuantos, incluso en nuestros tiempos, siguen aferrados a la noción de que los hombres fueron siempre los dominantes por naturaleza. Estas narrativas tan grandilocuentes y demoledoras recorren como las vetas de un mineral las obras de algunos de los más famosos historiadores, filósofos y científicos del mundo.

Marija Gimbutas no fue ninguna excepción. Sus seguidores quedaron cautivados por su metanarrativa de la existencia de unas sociedades pacíficas, centradas en la mujer y adoradoras de las diosas que poblaban «la vieja Europa» y que fueron substituidas por unas hordas violentas y patriarcales que llegaron procedentes de los vastos pastizales que había al norte del mar Caspio y del mar Negro, territorios que en la actualidad abarcan desde Ucrania hasta Mongolia.

Los críticos eran de otra opinión, o, al menos, lo fueron durante un tiempo. Si al principio se mostraron escépticos ante la teoría de Gimbutas, el influyente arqueólogo británico Colin Renfrew fue uno de los pocos que cambiaron de idea. «En estos últimos tiempos he llegado a pensar que muchas de sus ideas han evolucionado muy bien con el paso del tiempo», dice. Aunque eso no equivale a decir tampoco que su grandilocuente narrativa fuera correcta en todos y cada uno de sus aspectos. Sin embargo, algunas cosas sí han superado el escrutinio, en opinión de Renfrew. «En líneas generales, creo que lo que Gimbutas dijo parece muy convincente en la actualidad, y que gran parte de lo que defendió tiene mucho sentido en nuestros tiempos». Han salido a la luz unas pruebas que son lo suficientemente convincentes para confirmar parte de su teoría, y eso nos ha llevado a preguntarnos si Gimbutas no sería esa pensadora marginal que algunos le achacaron ser.

Este cambio de rumbo no surgió a raíz de que se hicieran nuevos y extraordinarios descubrimiento, sino debido a una serie de avances en el campo de la biología. En 1984, unos científicos de la Universidad de California, en Berkeley, lograron extraer y replicar unos trocitos de ADN sacados de una cuaga de 140 años de antigüedad que estaba expuesta en un museo, y que es una especie equina ya extinta de Sudáfrica que tiene unas rayas parecidas a las de las cebras en la parte anterior del cuerpo. Sus investigaciones demostraron que, destinando un considerable esfuerzo, logísticamente era posible estudiar la serie completa de genes de unos especímenes desaparecidos hacía mucho tiempo.

Los restos de otras criaturas extintas serían extraídas posteriormente del mismo modo. Y, al cabo de muy poco, los científicos pasarían a centrar su estudio en los seres humanos. Aplicaron todos sus esfuerzos ya a mediados de la década de 1990, con los neandertales, una modalidad humana de la que se dice que había desaparecido unos 40 000 años antes de nuestra era. En 2005, un equipo de investigadores, entre los que se encontraba Colin Renfrew, informó de que habían obtenido material genético de unos granjeros neolíticos que habían vivido hacía 7 500 años.

«Todo esto altera profundamente la prehistoria, tal y como la teníamos entendida», me dice el arqueólogo Kristian Kristiansen, de la Universidad de Goteburgo, en Suecia. Los mundos de la biología y la arqueología han colisionado entre sí, en su opinión. «Es toda una revolución». Y eso aporta una perspectiva a la historia nueva y radical. Kristiansen fue uno de los primeros en unirse a esta tendencia, e inmediatamente se puso manos a la obra y publicó varios artículos en colaboración con genetistas.

Aunque pueda parecer que los genes sean una fuente de pruebas blindada a prueba de errores, sigue existiendo mucho margen para equivocarnos. Los datos que nos proporciona la genética tienen que interpretarse con pericia y contrastarse con los datos que los investigadores ya conocen de la historia, la arqueología y de otras fuentes del conocimiento. De todos modos, Kristiansen cree que los científicos pueden recurrir al ADN de la Antigüedad y esbozar un retrato de la migración humana desde la prehistoria hasta la actualidad. Y así lo han hecho, comparando el ADN de unos esqueletos situados en distintos momentos del tiempo y comparando estas muestras con el ADN de personas vivas. De esta manera podrían descubrir, por ejemplo, que los granjeros neolíticos que vivían en Europa hace miles de años están emparentados con algunos pueblos actuales cuyo legado es europeo, del mismo modo que las pruebas de ADN son capaces de calibrar si los miembros de una familia son consanguíneos.

«Huelga decir que el ADN no se pronuncia sobre las lenguas que se hablaban, pero sí nos dice cosas sobre la población, la dinámica de esta y los movimientos migratorios –explica Renfrew–. Yo sigo siempre las pruebas que me aporta el ADN».

Es este enfoque biológico el que revivió el interés que había despertado Gimbutas y su teoría sobre el alzamiento del patriarcado. Siguiendo los pasos de la arqueóloga australiana de principios del siglo xx Vere Gordon Childe, Gimbutas argumentó que los primeros hablantes indoeuropeos que seguían la cultura kurgana quizá emigraron de los pastizales de la estepa euroasiática y penetraron en «la vieja Europa», y que eso definió la enorme transición cultural que se dio en favor de una dominación masculina. El problema era que nadie podía estar seguro de que esa migración se llevara a cabo en realidad; y durante varias décadas esta teoría pasó a convertirse en un tema de enfebrecido debate entre los arqueólogos.

En la actualidad, los restos antiguos del ADN nos indican que probablemente fue eso lo que sucedió. Las personas cuyas raíces geográficas se creían originarias de las estepas, y que hablaban una forma temprana de indoeuropeo, probablemente se trasladaron en gran número hacia distintas partes de Europa a finales del período Neolítico y principios de la Edad de Bronce, hace unos 4 500 años. Y es aproximadamente la misma época en que se llevó a cabo el último estadio de la construcción de Stonehenge en Gran Bretaña. Estas fechas no son tan tempranas como había predicho Gimbutas, pero sí reafirman su teoría general.

«Creo que las pruebas del ADN de que disponemos en la actualidad indican la existencia de un movimiento muy significativo procedente del este –dice Renfrew–. El punto exacto donde este movimiento se originó sigue siendo muy discutible, pero creo que está claro que hubo un movimiento procedente del este que trajo el discurso indoeuropeo a Europa y, por extensión, a Europa occidental».

Las pruebas genéticas también sugieren que los emigrantes del este se mezclaron con los granjeros y los cazadores-recolectores que fueron encontrándose a lo largo del camino, y que luego empezaron a sobrepasar en número a la población local. En un gran estudio publicado en *Nature*, en 2015, los investigadores afirmaron que muchas de las personas de la actualidad cuyo legado es europeo (sobre todo aquellos cuyas raíces familiares se encuentran en Alemania y Gran Bretaña) tienen antepasados comunes con estos primitivos emigrantes. Los genetistas han visto que existen unos vínculos muy similares entre las personas vivas cuyo legado familiar se sitúa en la India, aunque el movimiento hacia el sur de Asia quizá sobreviniera mucho más tarde, aproximadamente entre el 1500 y 1200 a.C., según algunos cálculos. «En general, todo esto nos conduce en gran medida a lo que ya había postulado Marija Gimbutas», dice Renfrew.

Los expertos han empezado a preguntarse si no habrá algo más, de lo que había postulado Gimbutas, que también fuera cierto. En el libro publicado en versión española en 2019, titulado *Quiénes somos y cómo llegamos hasta aquí: ADN antiguo y la nueva ciencia del pasado humano*, de David Reich, una figura prominente en el campo de los estudios del ADN antiguo, aparece la afirmación de que los emigrantes que partieron de la estepa euroasiática tenían «una cultura que estaba centradísima en el varón y celebraba la violencia», que es casi exactamente igual a lo que Marija Gimbutas había descrito. Sugirió que quizá fueran responsables de las ringleras que se segaron en los bosques del norte de Europa para crear unos pastizales en los que sus animales pudieran pacer y que, de esa manera, transformaran el paisaje hasta que este adoptó el mismo aspecto de las tierras que habían dejado atrás. En esencia, argumentó Reich, intentaron remodelar Europa a la imagen y semejanza de sus llanuras cubiertas de pastos. Otros genetistas han calificado este desplazamiento de la población de «migración masiva».

Sin embargo, Renfrew se lo toma con más cautela. «Probablemente sea mejor que lo consideremos un proceso en lugar de una migración que duró siglos, en mi humilde opinión. No es que, de repente, la población empezara a trasladarse masivamente, me parece a mí. Más bien creo que lo que pasó fue que hubo un cambio económico», advirtió. Sin embargo, la escala del movimiento que los datos reflejan le dejó muy sorprendido. «Aquello no fue una mezcla de poblaciones, sino más bien un desplazamiento». E incluso es plausible, dice Renfrew, que Gimbutas tuviera toda la razón en lo que respecta a las personas que vivieron en «la vieja Europa», y que estas poblaciones estuvieran más centradas en las mujeres y adoraran a las diosas antes de que sobreviniera este desplazamiento. «Es muy difícil saber lo que pensaba la gente, pero no hay duda de que el reertorio de dioses y diosas era de una gran riqueza, sobre todo el de las diosas, en las culturas del sudeste de Europa en tiempos de «la vieja Europa» antes del 3500 a.C. –me cuenta este arqueólogo–. «Eso era lo que Marija dejó bien claro cuando puso tanto énfasis en la naturaleza patriarcal, tal y como ella la consideraba, de la nueva sociedad de recién llegados».

Para Miriam Robbins Dexter, que se pasó varias décadas defendiendo a Gimbutas de todos sus críticos, esta es la reivindicación que había estado esperando. «Tengo que decir que me sentí muy satisfecha cuando las pruebas de ADN empezaron a saltar a la palestra hace varios años –me cuenta Dexter–. Es tremendo. Y para mí es tremendo, porque sabemos a ciencia cierta quiénes fueron los indoeuropeos, dónde vivieron antes de expandirse, quiénes fueron los que se expandieron, cuáles eran sus características y cuál fue la visión que tenían del mundo». En lo que respecta a Dexter, no hay duda de que estas personas fueron esos mismos invasores patriarcales que Gimbutas había descrito. «Los indoeuropeos fueron unos guerreros», afirma.

Sin embargo, yo no puedo evitar acordarme de la advertencia del historiador David Lowenthal sobre la tentación que existe de simplificar y exagerar cuando se trata de considerar el pasado. Cuanto más alejados nos encontramos de la época (y menos pruebas tenemos de ella), mayor es la tentación de escenificar las cosas y reducir a las personas a meras caricaturas. «Como ya está caduco, el pasado puede ser organizado y domesticado, y adquirir una coherencia que es ajena al tiempo presente, caótico y cambiante por naturaleza», escribió. El mito de una prehistoria matriarcal tuvo hechizados a los pensadores occidentales durante dos siglos, a pesar de que no hubiera demasiadas pruebas que pudieran corroborar algo así. ¿La ciencia del siglo XXI nos está aportando las pruebas que validan las palabras de Friedrich Engels cuando este dijo que el sexo femenino había sido históricamente derrotado en todo el mundo? ¿Estos invasores de las estepas en realidad fueron los primeros patriarcas del planeta?

¿O lo cierto (como suele suceder) es que las cosas son más complicadas?

***

Uno de los aspectos más oscuros de las investigaciones académicas sobre la historia indoeuropea es que este campo adquirió una gran popularidad en el siglo XIX a causa de los denodados esfuerzos que hicieron por probar la existencia de lo que algunos consideraban una raza originaria aria que venía respaldada por una doctrina de superioridad racial, y que posteriormente adoptaría la Alemania nazi. Los nazis creían que los alemanes eran genuinos descendientes de los arios, solo que mancillados por algunos grupos étnicos que convivieron con ellos y contaminaron su supuesta pureza racial. La atracción política que ejerció este pasado idílico y legendario (esta era obsoleta en la que todo era mejor, antes de que existieran los fenómenos de la emigración y la mezcla de culturas) residía en que ofrecía una versión de la historia reconfortante que contribuyó a impulsar el orgullo nacional de Alemania tras su derrota en la Primera Guerra Mundial. Esta narrativa catastrófica, una vez entretejida, sería la que justificaría tan retorcidamente la existencia del holocausto.

Setenta años después, los estudios indoeuropeos siguen llevando la pesada carga de despertar un interés malsano en los nacionalistas de extrema derecha y los blancos supremacistas que nunca llegaron a desprenderse de este mito. Para los populistas de todo el mundo, manipular la historia les sigue sirviendo para alcanzar sus objetivos de cariz político. La creencia de que la cultura de alguna manera se encuentra intricada en la raza, que todas las poblaciones son por naturaleza fundamentalmente distintas entre ellas, nunca ha desaparecido del todo. Son muchos los que siguen alimentando el viejo prejuicio de que los emigrantes tienen el poder de socavar la cultura de un país, su autenticidad.

Este es el telón de trasfondo político en el que se mueve la investigación genética de las migraciones antiguas.

El arqueólogo de la Universidad de Stanford Ian Hodder, que estuvo dirigiendo varias excavaciones en Çatalhüyük hasta 2018, acepta que debió de haberse producido un desplazamiento de la población desde las estepas euroasiáticas hace miles de años, como Marija Gimbutas siempre afirmó. «Las pruebas son inequívocas, francamente. Esta mujer tenía razón». Sin embargo, también es de la opinión de que no hay que dejarse llevar por la idea de que un solo esqueleto o los huesos de unos cuantos puedan ser capaces de representar a toda una población entera, o a su cultura, como algunos científicos llevan manifestando desde hace tiempo. Las sociedades auténticas, tal y como ya sabemos, son diversas.

«Si miras el mapa trazado, verás que solo han recogido un par de muestras de ADN antiguo en varios puntos distintos», me cuenta Hodder. Y que, a partir de eso, se han precipitado a sacar conclusiones rápidamente (en este caso en concreto, deduciendo que las poblaciones del Neolítico fueron por naturaleza pacíficas y estuvieron centradas en la mujer, mientras que los recién llegados eran unos violentos por naturaleza que se centraban fundamentalmente en el varón). Solo el hecho de haber llegado en gran número, según este relato, pudo transformar el modo en que estas sociedades estaban organizadas. «Lo que quiero decir con todo esto es que debió de ser terrible, francamente terrible», confiesa Hodder.

Esta clase de especulaciones que tienen un dejo racial resultan especialmente tensas en una era en que las imágenes de los emigrantes varones de Asia y África se han estado usando para avivar los miedos autóctonos que provocan los extranjeros en Europa. «Estos eruditos pintan un escenario con grupos de jóvenes errantes y depredadores que se creía que formaban parte de la organización social de todas las sociedades indoeuropeas –escribió la arqueóloga de la Universidad de Cambridge Susanne Hakenbeck haciendo una crítica fulminante en 2019–. Nos han contado una historia muy simple y atractiva de un pasado en el que unos jóvenes viriles iban a la conquista de un continente, y parece que todo eso ha quedado refrendado por el método científico». Esta historia recala en uno de los estereotipos raciales y de género más estrechos de miras que existen: los varones extranjeros eran pintados como unos depredadores, y las mujeres nativas, como sus presas.

Lo que Hakenbeck encontró especialmente perturbador fue que esta versión de la historia también se compartiera con espíritu entusiasta en unos foros en línea de la extrema derecha y de los supremacistas blancos, y que estuviera abanderada por unos hombres a quienes les encantaba la idea de descender de unas bandas hipermasculinas de guerreros.

Debería de ser obvio que la migración masiva nunca ha sido el catalizador único que desencadena todo cambio cultural. Sabemos que el desplazamiento de un número considerablemente menor de gente que viaje de un lado a otro puede acarrear consigo la transmisión de nuevas ideas, tecnologías, religiones y costumbres. Las colonizaciones europeas de los siglos XVIII y XIX son dos ejemplos del modo en que las normas de género pueden cambiar profundamente sin que se desplacen poblaciones enteras. Dados los enormes intervalos de tiempo implicados, sería dar alas a la imaginación creer en una repentina invasión militar de las comunidades neolíticas ya asentadas en Europa por parte de la estepa euroasiática. Es mucho más plausible que, a lo largo del tiempo, fueran difundiéndose lentamente sus usos y costumbres, y que la emigración solo desempeñara un pequeño papel.

«Me resulta muy sospechosa la afirmación de que solo porque tengas una determinada configuración genética vayas a tener una determinada configuración cultural. Creo que eso es del todo erróneo –me cuenta Hodder–. Lo que necesitamos es volver a considerar con suma atención todas esas culturas y reevaluar las pruebas también para comprender exactamente el modo en que se desarrolló la migración».

Martin Furholt, arqueólogo de la Universidad de Oslo y especialista en la organización social de las comunidades prehistóricas, nos advierte de que no hay que pasar por alto las realidades tan diversas y caóticas de la vida de las personas normales y corrientes cuando pensamos en un gran cambio social. Por ejemplo, las poblaciones prehistóricas que vivieron en lo que actualmente es Europa no abandonaron la caza y la recolección y rápidamente adoptaron la agricultura y la domesticación. Hacer eso les llevó centenares de años, y cuando finalmente sucedió, la elección que hizo cada uno dependería enormemente de sus propias circunstancias. De un modo parecido, cualquier «migración masiva», como algunos genetistas han expresado, debió de implicar que los individuos tomarían prestadas costumbres ajenas a ellos durante el transcurso de los siglos, sintetizarían sus culturas y harían sus propias elecciones estratégicas, aunque en ocasiones hubiera asesinatos y se tomaran cautivos. Las sociedades, como los individuos, son capaces de mostrar un amplio abanico de comportamientos en función de las presiones a las que se enfrenten. Eso, lo sabemos a ciencia cierta. Sin embargo, aunque no se disponga de pruebas claras, escribe Furholt, la historia siempre parece volver a ese «choque constante» de culturas en las que los hombres de un grupo explotan a las mujeres del otro.

Encontraríamos multitud de lagunas si ahondáramos en esta explicación. En primer lugar, aunque las sociedades que enterraban a sus muertos en unos montículos llamados *kurgan*, y que procedían de las estepas, estuvieran sedientas de sangre, eso no es óbice para afirmar que las mujeres no tomaban parte en la batalla. Como observa la historiadora militar de Estados Unidos Pamela Toler: «Las tribus nómadas de las estepas euroasiáticas que montaban a caballo podrían llevarse el premio a la cultura más temprana (y más coherente) en permitir que las mujeres lucharan abiertamente junto a sus homólogos masculinos». Algunos de los hallazgos arqueológicos más tempranos que evidencian que existieron guerreras procede de un montículo funerario próximo a Tbilisi, en Georgia, que data de unos 3 000 años de antigüedad y pertenece a tres mujeres armadas escribe Toler. Una de ellas murió con una flecha clavada en el cráneo.

Hay una vieja costumbre entre los académicos que consiste en dar por sentado que solo uno de los sexos es realmente capaz de ejercer la violencia. En 2018, los arqueólogos desenterraron un esqueleto humano en los Andes peruanos que se creía que había pertenecido a un cazador que vivió hace 9000 años. El cuerpo había sido enterrado con veinticuatro objetos de piedra, incluidos una punta lítica y un cuchillo, y era razonable pensar que debía de tratarse del instrumental que se destinaba a la caza mayor. Pero cuando este cazador resultó ser biológicamente una mujer, la sorpresa fue mayúscula. En una entrevista que le hicieron para *National Geographic*, el antropólogo de la Universidad Estatal de Arizona Kim Hill mostró sus prejuicios. «No hay quien se pare en plena cacería de un venado para amamantar a un bebé que está llorando», le contó al periodista, olvidándose, por supuesto, de que las mujeres no siempre están embarazadas, amamantando a sus bebés o cuidando de sus hijos.

Hill propuso que el instrumental de caza debió de tener algún significado simbólico o religioso y que no debía de formar parte de las pertenencias de la persona a la que se enterraba.

Hubo una cierta incredulidad, asimismo, cuando se descubrió la tumba de una guerrera de alto rango en la ciudad vikinga de Birka, en Suecia, datada a mediados del siglo x de nuestra era. Las pruebas genéticas que se realizaron en 2017 dieron al traste con las antiguas conjeturas que proponían que la tumba debió de haber pertenecido a un guerrero. A principios de la Edad Media, «había relatos escritos sobre unas feroces guerreras vikingas que luchaban junto a los hombres –afirmaron los investigadores–. De todos modos, como siempre ha sido recurrente en el arte y en la poesía, la idea de la existencia de unas mujeres guerreras se ha venido descartando por considerarla un fenómeno mitológico». Pero ahora, sin embargo, ya contamos con pruebas fehacientes que demuestran que esas historias quizá no fueran tan míticas como parecía.

De todos modos, a pesar de que ya había sido establecido el sexo de la guerrera, todavía había eruditos que expresaban sus dudas. Algunos se preguntaban si los objetos hallados en las tumbas no serían herencias familiares. Exasperada, la arqueóloga que había dirigido el estudio, Charlotte Hedenstierna-Jonson, de la Universidad de Uppsala, se vio a sí misma en la tesitura de tener que confirmar a los periodistas que el cuerpo hallado se trataba de «una líder militar auténtica que resultaba que era una mujer […] la persona encargada de elaborar las tácticas y las estrategias adecuadas y capaz de liderar a las tropas en la batalla». La explicación de que la guerrera desempeñara un papel de tan alto liderazgo podía remitirse al hecho de que formaría parte de la élite de su sociedad. Como las arqueólogas Diane Bolger y Rita Wright ya habían documentado, existen muchos otros ejemplos de sociedades en las que «la clase y el rango desbancan al género». Otra posibilidad es que la guerra y el liderazgo no obedecieran demasiado a cuestiones de género, a diferencia de lo que suele ocurrir en la actualidad.

El genetista sueco Pontus Skoglund, especializado en el estudio de los ADN antiguos y que trabaja en el Instituto Francis Crick de Londres, admite que los genetistas tienden a mostrarse muy poco críticos cuando se trata de cuestiones de género, sobre todo porque el campo está dominado por los hombres; pero también añade que algunos arqueólogos tienen el mismo problema. «A medida que el estudio de los ADN antiguos empezó a convertirse en un asunto serio, los primeros arqueólogos que se subieron al barco eran muy positivistas en cuanto a la biología, y por eso fueron los que dieron forma quizá a esta interpretación», me cuenta Skoglund. Es posible que algunos vieran la oportunidad de poder revolucionar las cosas con esta nueva tecnología. «No estoy diciendo que los genetistas sean inocentes e ingenuos, pero algo de eso hay».

No hay duda de que ha habido interpretaciones muy atrevidas por parte de todos los bandos. En 2017, unos investigadores de la Universidad de Stanford y de la Universidad de Uppsala publicaron un artículo en el que describían el ADN de los seres prehistóricos que vivieron en Europa. Propusieron que había algo inusual en los patrones migratorios de los que penetraron en la región procedentes de las estepas y se fueron extendiendo durante el último período del Neolítico y principios de la Edad de Bronce. «Calculamos que debió de existir una proporción muchísimo mayor de varones», escribieron sus autores. Creían que debió de haber entre cinco y catorce emigrantes varones por cada mujer que viajaba con ellos. En otras palabras, la mayoría de las personas que emprendieron ese viaje parece que fueron hombres jóvenes y maduros. «Fueron muchos varones, muchos, y eran jóvenes», me contestó el arqueólogo Kristian Kristiansen con toda rotundidad.

Si es cierto que existió este desequilibrio, Kristiansen sugiere que quizá eso fuera lo que debió de obligarlos a comportarse de una manera muy distinta a la habitual. «Estas diferencias en los patrones migratorios específicamente centrados en el sexo sugieren que debió de existir un tipo de interacciones fundamentalmente distinto entre los invasores y las poblaciones locales», arguyeron los autores de ese estudio de 2017. Todo eso implicaba que los emigrantes no contaban con un número suficiente de mujeres propias para casarse o tener hijos con ellas, y que por eso se vieron obligados a buscarlas fuera de sus propias comunidades. En opinión de Kristiansen, todo eso contribuyó a la práctica brutal de tomar a las mujeres del Neolítico y convertirlas en sus esposas (en algunos casos recurriendo a la violencia) a medida que se iban asentando en los nuevos territorios. Esta interpretación fue la que provocó que un artículo sobre su trabajo llevara el provocador título, muy parecido al que leeríamos en un periódico, de «Los matones que emigraron de las estepas fueron pacificados por las granjeras de la Edad de Piedra».

En un artículo que Kristiansen y sus colegas publicaron en la revista científica *Antiquity* ese mismo año, retrataron a los recién llegados procedentes de la estepa euroasiática nada más y nada menos que como «una fuerza social y demográfica». Lo que quizá llevara a estos hombres a abandonar sus hogares en busca de nuevos pastos, explicaron, fue el hecho de ser los hermanos menores de las familias, condición por la que no podían heredar de sus padres como sí podían hacerlo sus hermanos mayores. No tenían nada que perder. «Eligieron el hacha de guerra como símbolo específico de lo varonil», sigue diciendo el artículo. Y, haciendo gala de una mayor especulación todavía, se preguntaron si «estas bandas guerreras de jóvenes no estarían dirigidas por algún varón de mayor edad» y recibirían nombres como Juventud Negra o apodos relativos a los perros y a los lobos como parte de sus rituales de iniciación.

Según el antropólogo estadounidense David Anthony, que estudia la vida social de los hablantes indoeuropeos de las estepas y de otros territorios más lejanos, estos chicos, y estos hombres también, lucían unos colmillos de perro a modo de colgantes. Rehicieron no solo la composición genética de la Europa de la Edad de Bronce, sino que, a su entender, posiblemente también «las estructuras lingüística, social y económica de las sociedades europeas». Anthony me contó que eran nómadas, pero no unos nómadas cualesquiera. Fueron uno de los primeros pueblos del mundo en comprometerse en llevar una vida ambulante llevando sus carretas y sus caballos a cuestas. El hecho de ser físicamente más superiores, me siguió contando Anthony, les daría la sensación de que podían ejercer más fuerza sobre los demás en la práctica.

Vivían de lo que les aportaba su ganado. Además de ser una fuente de provisiones cárnicas y lácticas, el ganado «potenciaba una nueva división de la sociedad que distinguía entre las personas de posición elevada y las pertenecientes a una posición inferior, jerarquía social que no existía cuando el sustento diario se basaba en la pesca y la caza», escribe Anthony. Los que poseían más ganado y caballos debieron de situarse en los peldaños más altos de la jerarquía social. Basándose en lo que Anthony es capaz de deducir de los léxicos indoeuropeos, cree que también reconocían la autoridad de los jefes y tenían un dios varón, un Padre Celestial. También parece ser que estaban fascinados por la duplicación binaria, como ilustra una historia sobre los orígenes del ser humano que empieza con unos hermanos gemelos. Su manera de concebir el mundo, concluye Anthony, estaba centrada en el ganado y en los hijos varones.

«Se ha demostrado que la teoría general de Gimbutas era cierta», me cuenta Kristiansen. Y, en lo fundamental, coincide con ella en el hecho de que las sociedades neolíticas más tempranas estaban organizadas de una manera muy diferente a las sociedades esteparias. «Gimbutas lo pintaba todo muy en blanco y negro, no matizaba demasiado, no comprendía demasiado el proceso –arguye–, pero, en cierto modo, fue una pionera. Y cuando eres pionero en algo, siempre empiezas por pintarlo todo en blanco y negro».

Entre los dos, y me estoy refiriendo a Kristiansen y a Anthony, cogieron el retrato de los invasores patriarcales que había planteado Gimbutas y nos lo transmitieron en tecnicolor. Nos brindaron un retrato aterrador de una sociedad extranjera que funcionaba en torno al poder del varón. La imaginería que preside la obra de estos invasores gira en torno a la violencia, el colonialismo, la militarización y los estereotipos de género. Es como si esas personas prácticamente se hubieran coordinado para llevar a cabo sus conquistas. Efectivamente, Kristiansen me cuenta que sospecha que esos grupos de hombres y de muchachos que blandían hachas de guerra se cuentan entre las sociedades guerreras más tempranas del mundo. Y afirma que convirtieron la guerra en toda una institución. No es de sorprender entonces que en un artículo sobre sus investigaciones que apareció en la revista especializada *New Scientist* en 2019 se planteara si no habrían sido «el pueblo más sanguinario de toda la historia».

Cuando le pregunto a Kristiansen si cree que el patriarcado actual es producto de este período de la historia antigua, me contesta con un «sí» rotundo. «Estoy plenamente convencido», afirma. Para él existe una línea muy clara que separa el pasado de la Antigüedad del presente. «Creo que aquí estamos en ese nivel de tiempo que es propio de la larga duración».

***

Una vez más, debo evitar no verme arrastrada por las teatrales interpretaciones de la historia que me han ido brindando todos aquellos con quienes he hablado. Las vidas de las personas normales y corrientes del pasado no es probable que fueran tan unidimensionales como las magníficas narrativas proponen que fueron. Estamos hablando de la vida real, ni más ni menos.

El problema que existe en buena parte de la bibliografía académica sobre el Neolítico y la Edad de Bronce temprana es que sabemos, a partir de nuestra experiencia del presente, que el cambio social en raras ocasiones sobreviene repentinamente o sin hallar resistencia alguna. Y aunque los desencuentros entre la gente fueran en determinadas ocasiones coercitivos o violentos, ¿no habría habido enfrentamientos o negociaciones? ¿No habría intentado la gente, como mínimo, aferrarse a sus tradiciones y luchar para conservar los lazos familiares? ¿Habrían elegido algunas mujeres irse a vivir con los recién llegados porque les prometieron una vida mejor, o una posición social superior, que la que tenían en el seno de sus propias comunidades? ¿Y qué podría decirse de las mujeres que emigraron de las estepas con sus hijos, sus padres, sus hermanos y sus parejas? ¿Qué papel desempeñaron? ¿Blandieron también ellas sus hachas de guerra?

Cuando lo presiono, Kristian Kristiansen admite que los acontecimientos quizá no fueran tan simples o lineales como algunos de sus relatos incluso proponen. «La desigualdad puede manifestarse de muy diversas maneras –me cuenta–. Hay fuerzas que se oponen a la desigualdad, y también hay fuerzas que conducen a la desigualdad. La línea no es recta. No seguimos una línea evolutiva recta. Hay altos y bajos». También debió de haber el que anhelaba más poder para sí mismo, el que habría preferido que la sociedad se estructurara de una manera determinada para salir favorecido, o para que saliera favorecida su ideología. «De todos modos, también existen mecanismos niveladores».

Por ejemplo, y siguiendo los estudios de Kristiansen, si contemplamos las sepulturas de los cementerios de Alemania, que datan aproximadamente de mediados del tercer milenio a.C., vemos que «las mujeres reciben el mismo e idéntico trato que los hombres».

Y eso implica que no debían de tener necesariamente una posición social más baja que los hombres junto a los que estaban enterradas. Kristiansen y Anthony añaden que, a pesar de que las mujeres procedían de lugares muy lejanos y pasaban a convertirse en sus esposas, algunos de sus hijos (sobre todo los menores) eran enviados de vuelta con las familias que habían dejado atrás. Esta especie de acogimiento familiar, como ambos especialistas denominan, solo podría haber sido plausible si se hubieran conservado unos lazos familiares muy fuertes entre las familias. «Las relaciones con la familia de la esposa seguían siendo importantes, porque eran una fuente desde la que poder encontrar aliados, hacer amistades, pedir préstamos y todas esas cosas que vienen dadas en esta clase de situaciones», refiere Kristiansen. Y eso plantearía la cuestión de si realmente debieron de ser tan brutales o catastróficos los desencuentros entre las distintas comunidades.

Lo que se olvida fácilmente en estas narrativas de la historia tan grandilocuentes y esencialistas son las fuerzas contrapuestas que ofrecía la resistencia. Los cambios en la organización de las sociedades debieron de encontrar cierta resistencia, del mismo modo que todavía la encuentran en la actualidad. Pero los tira y afloja, o esta clase de negociaciones pausadas, son difíciles de encontrarlos reflejados en los anales arqueológicos. Solo al margen de ellos podemos ver las formas que debieron de adoptar, lo que revelaría la posibilidad de que el desplazamiento hacia los sistemas patriarcales fuera algo más gradual, e incluso vacilante y precario.

«Había matices», coincide con él la arqueóloga británica Karina Croucher. La historia revela que los humanos siempre estaban probando distintos estilos de vida, y cambiaban de prioridades en función de las presiones del entorno o de la sociedad bajo la que estaban sometidos. A veces, el género parece ser un rasgo prominente. En otras ocasiones, según Croucher, «no tenemos pruebas de que el género, tal y como lo entendemos, fuera un gran problema para ellos». Es posible que las personas se comportaran de manera distinta si estaban en guerra, por ejemplo, o si había escasez de recursos.

Es innegable que los cambios sociales ya se estaban dando en ciertas regiones de Europa y Asia mucho antes de que los primeros hablantes indoeuropeos originarios de las estepas se desplazaran en gran número a estas otras latitudes del planeta. Las comunidades neolíticas quizá ya debían de estar menguando antes de que hubiera una migración a gran escala, hace unos 4 500 años. Se enfrentaban a presiones medioambientales como el cambio climático y las enfermedades, por ejemplo. También sabemos que las sociedades neolíticas de Europa no siempre fueron tan pacíficas como Marija Gimbutas creyó. Hubo masacres. Dos fosas comunitarias de los tiempos neolíticos con más de un centenar de cadáveres fueron halladas en Alemania y en Austria en la década de 1980. Y en 2015 se descubrió otra fosa común en Alemania, fechada aproximadamente hace unos 7 000 años, con unos esqueletos con el cráneo y las tibias fracturados; casi la mitad de las víctimas eran niños.

Algunas de las pruebas más convincentes son las que nos proporcionan los datos genéticos. El cromosoma Y, que se encuentra en el ADN biológico del varón, es una manera muy fiable de rastrear el legado siguiendo el linaje masculino. Con este análisis del cromosoma Y, el genetista David Reich observó que «entre un 20% y un 40% de los indios, y aproximadamente entre el 30% y el 50% de los varones europeos orientales», podrían ser descendientes todos ellos de un solo hombre que vivió aproximadamente hace unos 4 800 o unos 6 800 años. Es un legado ancestral tan disparejo que al menos un 10% de los hombres que viven en la actualidad, cuyo legado familiar se sitúa en la vasta región que se extiende desde el sur de Asia hasta Escandinavia, tienen este antepasado en común.

Como demuestran los datos, este patrón tan sesgado del legado que seguiría la línea paterna no pudo haberse iniciado con los descendientes de los emigrantes de las estepas euroasiáticas hace 4 500 años, sino que empezaría mucho antes. Los análisis de los genetistas demuestran que la diversidad de cromosomas Y masculinos ya pasó por una especie de ley del embudo muy severa muchos siglos antes (y no solo en Europa, sino también en diversas partes de Asia y África). Los cálculos científicos sitúan que esta drástica disminución de la variedad se dio hace unos 5 000 o 7 000 años.

Estudiando el ADN mitocondrial, que pasa a través de la línea materna, los genetistas son capaces de ver que los seres humanos que vivimos en la actualidad compartimos una diversidad mucho mayor de antepasadas que de antepasados. Una explicación potencial, que aportaron unos investigadores de la Universidad de Stanford en 2018, es que la razón podría encontrarse en unos cambios muy generalizados de la estructura social. La competitividad entre los clanes guerreros debió de diezmar una gran cantidad de varones, por ejemplo, y fueron pocos los que quedaron para tener hijos. Las mujeres de los clanes derrotados no morían a manos del enemigo, tal y como apuntan los investigadores, sino que a ellas se les perdonaba la vida y se convertían en sus mujeres, sus concubinas o sus esclavas. Otra explicación plausible es que una reducida élite de hombres tuviera muchas mujeres que cumplieran la función de compañeras sexuales, y que el resto tuviera muy pocas, o no tuviera ninguna. Quizá por eso no veamos esta correspondiente falta de diversidad genética en la línea materna. Fue mayor el número de mujeres en esas sociedades que seguían teniendo hijos y pasando sus genes a lo largo de las distintas generaciones hasta llegar al presente.

Si hay algo cierto en esta historia, eso significaría que los patrones de poder pudieron haber cambiado mucho antes de que se diera un desplazamiento a gran escala de los pueblos naturales de la estepa euroasiática. Las sociedades neolíticas, por alguna razón, ya debían de mostrar síntomas de estar padeciendo muchas tensiones y desigualdades sociales. Un número relativamente reducido de hombres tenían más hijos que la mayoría, o al menos tenían más hijos que sobrevivían y seguían con sus propias vidas teniendo hijos propios, y eso sucedió durante muchas generaciones. Este escalón en el que estaban situados los hombres se fue estrechando cada vez más cuando los supuestos invasores llegaron de las estepas hace 4500 años. Repetimos que hay muchas razones que podrían dar una explicación de estos hechos. Según Kristiansen, una de ellas sería que las poblaciones del Neolítico quizá fueran más débiles físicamente en aquella época. «Los pueblos neolíticos comían muchos cereales, frutos secos y pan», afirma. En cambio, los recién llegados, que eran gentes que criaban sus propios ganados, «eran más altos y estaban más sanos porque seguían una dieta basada en productos cárnicos y lácticos».

Nadie puede precisar lo que sucedió partiendo de la escasez de pruebas disponibles en la actualidad, pero lo que sí está claro es que solo unos pocos varones fueron los que siguieron teniendo hijos, y no la mayoría. Como consecuencia, explica Kristensen, «las líneas paternas del Neolítico se extinguieron al cabo de unos centenares de años». Ahora bien, el patrón subyacente se alarga durante milenios, comprendidos estos entre el antes y el después. La cuestión que para nosotros puede ser relevante es saber si eso nos aporta información sobre el auge de la dominación masculina.

***

«Arrasaron con las yurtas en permuta, y forzaron a las mujeres tocadas con esos cónicos y altos sombreros» de sus enemigos, según puede leerse en un párrafo traducido de *The Secret History of the Mongols*, la obra más temprana perteneciente a la bibliografía sobre los mongoles y escrita poco después de la muerte de Chinguis Jaan en el año 122, popularmente conocido por nosotros como Gengis Kan.

Sabemos tan pocas cosas de los pormenores de la vida de los seres prehistóricos, de los cambios sociales de que fueron testigos, o de la manera en que interpretaban el mundo... Sabemos muy poco de sus familias, sus luchas, sus éxitos o sus fracasos. Una de las pocas maneras en que cabe esperar llenar ese abismo es buscando algo que nos resuene de las culturas antiguas en los últimos documentos escritos disponibles. *The Secret History of the Mongols* es un documento de estas caracterísitcas. En su ponderada mitología y en su adoración a los héroes vemos el retrato de un imperio despiadado y poderoso en el que los mongoles, que eran unos invasores, trataban a los hombres, las mujeres y los niños usándolos de peones para la batalla y para realizar sus alianzas estratégicas. A lo largo de la historia, si realizamos un seguimiento de la vida de Gengis Kan desde su nacimiento hasta su muerte, veremos que millares de personas murieron asesinadas, fueron capturadas, tomadas como esclavas y cedidas como ofrendas a los demás.

Los mongoles (que se parecían mucho a los primeros hablantes indoeuropeos que emigraron de la estepa euroasiática) fueron unos nómadas que se expandieron abandonando sus pastizales del este. Tenían yaks y camellos, y posiblemente fueron los primeros en ir a la guerra montados a caballo, según el historiador británico Frank

McLynn, que escribió una biografía de Gengis Kan en 2015. A diferencia de los que vivían en la Edad de Piedra, de todos modos, aquí sí contamos con detalles pormenorizados procedentes de numerosas fuentes sobre la sociedad mongola, sus familias y sus líderes. Bajo el gobierno de Gengis Kan, el imperio mongol se convirtió en el mayor que el mundo haya visto jamás en términos de territorialidad. Los ejércitos mongoles podían cabalgar casi mil kilómetros en nueve días, afirma McLynn, y eso les daba una gran ventaja por encima de los demás. Sus tierras se extendían a lo largo de toda Asia hasta llegar al mar Adriático.

Según algunos científicos, los descendientes de este imperio se encuentran diseminados por todo el planeta. En 2003, un equipo internacional de biólogos de China, Mongolia y de diversos países europeos descubrieron la existencia de un linaje del cromosoma Y que era muy común en gran parte de Asia y que compartían aproximadamente un 8% de todos los hombres de la región. Esta zona es tan inmensa que este 8% comprende aproximadamente uno de cada doscientos hombres que viven en el planeta. Siguiendo esta señal genética y remontándonos a su fuente, los científicos llegaron a la conclusión de que todos ellos descendían de un único antepasado varón que quizá viviera en Mongolia hace 1 000 años. Y, parece ser, casi con toda probabilidad, que ese varón fue Gengis Kan. No hay que obviar el hecho de que, según calcula McLynn, Gengis Kan tuvo veintitrés esposas oficiales, dieciséis concubinas reconocidas y centenares de concubinas sin reconocer.

Sus hijos probablemente también tuvieran más hijos que la media. Tras aplastar a una tribu enemiga, por ejemplo, Gengis Kan tenía fama de tomar como esposa a una de las sobrinas del jefe vencido, y de tomar para su hijo a otra de sus sobrinas. Lo habitual era hacer prisioneros para convertirlos en esclavos, trabajadores o concubinas. Sus hijos, y los hijos de sus hijos, así como los descendientes de estos, heredaban su prestigio social, así como sus genes, y se convertían en unos líderes poderosos que requerían que fuera aumentando el número de sus esposas de generación en generación.

Los hombres poderosos no siempre se dedicaban a tener más hijos (los líderes religiosos célibes son un buen ejemplo de ello). Pero si el hecho de tener muchos hijos es el reflejo de la autoridad que ejerce una élite masculina, quizá el análisis genético sea al menos capaz de ofrecernos el medio de seguir el rastro de esa gente que a lo largo de la historia ejerció un poder desproporcionado sobre los demás (de los hombres que podrían considerarse patriarcas de su tiempo). En 2006, unos investigadores del Trinity College de Dublín, por ejemplo, descubrieron que existía una conexión del cromosoma Y entre varios millones de hombres vinculados a una única persona que debió de haber vivido en Irlanda aproximadamente en el año 500 de nuestra era. En la Irlanda medieval, «ser el progenitor de tu propia descendencia guardaba relación con el poder y el prestigio», escribieron estos académicos en su estudio. El hombre que quizá se encontrara en la raíz de esta particular línea familiar tan extensa, según proponen estos investigadores, quizá fuera lord Turlough O'Donnell, que falleció en 1423. Este aristócrata tuvo algo más de dieciocho hijos con diez mujeres distintas, y llegó a tener cincuenta y nueve nietos.

El poder y la riqueza se transmiten de unos hijos varones a otros cuando la sociedad tiende a ser de linaje patriarcal. Y eso significa que también podemos recurrir a los datos genéticos para calibrar el alcance del linaje patriarcal. Según Kristian Kristiansen, tenemos pruebas de todo eso no solo en los anales genéticos europeos, sino también en las pruebas documentales arqueológicas que abarcan al menos hasta finales del período Neolítico. Un estudio que escribió en colaboración con otro especialista en 2019, y que describía las relaciones genéticas entre las personas que estaban enterradas en dos cementerios situados aproximadamente a unos diecisiete kilómetros en el sur de Alemania, fechados a mediados del tercer milenio a.C., Kristiansen proponía que las mujeres enterradas en esos enclaves no estaban emparentadas con los demás miembros de la comunidad, sino que eran los hombres los que estaban estrechamente emparentados entre sí. «Podemos demostrar que entre los varones de una misma familia había un parentesco de linaje patriarcal, y que además la familia era patrilocal, constituía unos hogares en que los varones se quedaban a vivir, al menos los de mayor edad, o los líderes», explica Kristiansen.

El antropólogo David Anthony añade que los lingüistas que reconstruyeron los léxicos indoeuropeos descubrieron todo un caleidoscopio de vocablos para describir las relaciones familiares del lado paterno, del lado del marido, pero muy pocos para describir el lado materno, el de la esposa. La familia de origen de la madre no parece que tuviera demasiada importancia. «Es una estructura social muy dominada por los hombres –me cuenta Kristiansen–. En primer lugar, es de linaje patriarcal, por eso las responsabilidades, los derechos y los deberes se heredan por la vertiente paterna». Las hijas, por otro lado, suelen abandonar el hogar cuando se casan para unirse al grupo social de su esposo.

Uno de los documentos escritos de mayor importancia que perviven en lengua indoeuropea y que ha sobrevivido hasta nuestros tiempos es el *Rig-Veda*, el texto hindú sagrado que se cree que fue recopilado entre el 1500 y 1000 a.C., alrededor de la misma época en que parece ser que los hablantes indoeuropeos penetraron en la

India desde el norte. Es francamente muy difícil descodificar, a partir de las antiguas escrituras, el modo en que vivían las familias su cotidianidad, sobre todo porque estos textos a menudo describían los ideales en lugar de centrarse más en la realidad. Sin embargo, para Anthony, en el *Rig-Veda* sí se observa una preocupación por los hombres. «Es un documento de gran valor que está orientadísimo a los hombres», afirma. Hay una oración en él, por ejemplo, destinada a rogar por tener un buen ganado y caballos e hijos varones.

Dicho todo lo cual, sería incorrecto dar por sentado que solo porque una sociedad valore a sus hijos varones haya de asumir todas las características del patriarcado tal y como lo reconocemos en la actualidad. Los mongoles, por ejemplo, eran de linaje patriarcal y daban mucho valor a sus hijos varones, pero se mostraban muy laxos en lo que respectaba al género. «Las mongolas constituían una fuente de fascinación muy especial para los observadores extranjeros», escribe Frank McLynn. Eran descritas como gordas y feas, afirma, no muy distintas de los hombres, e incluso como personas unisex o andróginas. Sin embargo, el respeto que inspiraban era en parte reticente, por ejemplo, ante «la admiración que despertaban porque eran capaces de dar a luz de pie y luego seguir cumpliendo con sus tareas como si nada hubiera pasado». Tanto los hombres como las mujeres habían de ser capaces de hacer bien cualquier clase de trabajo, y todos ellos trabajaban con gran empeño físico. «Los hombres, las mujeres y los niños debían ser expertos en el conocimiento de los caballos», McLynn sigue explicando. Los extranjeros se fijaron en que las mujeres «cabalgaban tan bien como los hombres, conducían los carromatos con gran pericia y eran unas arqueras de gran talento».

En el imperio mongol, las normas sobre el género y el poder no se adecuaban a las de otras sociedades de linaje patriarcal, ni anteriores ni posteriores. No existía una división rígida en lo que respectaba a las tareas laborales, no se confinaba a las mujeres a unos ámbitos domésticos exclusivos y no eran necesariamente consideradas inferiores o débiles. Incluso la patrilocalidad no era un concepto que estuviera labrado en piedra. Como observa McLynn, en las estepas, los yernos a veces se iban a vivir con la familia de la novia cuando esta era muy pobre. Los hijos, y también las hijas, podían ser usadas como moneda de cambio por los padres para concertar matrimonios aconsejables con familias más pudientes. «Incluso se dice que los cínicos decían –según McLynn– que el código de Gengis fue más liberal que el de Napoleón, porque el emperador francés abolió el divorcio para las mujeres». Bajo Gengis Kan, tanto los hombres como las mujeres podían divorciarse de mutuo acuerdo.

Es decir, nunca existió una sola forma de sociedad patriarcal, y eso se introdujo en Europa y en Asia a finales del Neolítico, antes de barrer el resto del mundo a su paso. En lugar de afirmar que existió un momento a partir del cual todo cambió, o de que se planteara «la derrota histórica universal del sexo femenino», como había afirmado Engels, el escenario resultante nos dice que, incluso en los lugares donde el equilibrio de poder empezaba a considerar importante la cuestión del género, el modo en que esta se tratara pudo haber adoptado distintas formas. Las sociedades de linaje patriarcal fueron escribiendo sus reglas con el paso del tiempo y, a veces, tardarían varios miles de años.

El historiador de la cultura Bruno De Nicola observa que, además de a los hijos varones, el imperio mongol también valoraba a las mujeres de alto rango que habían traído al mundo a esos hijos. El derecho a la propiedad de la mujer y su posición económica ascendían cuando esta se casaba, y volvía a ascender de nuevo si daba a luz a un hijo varón, al heredero. Si *The Secret History of the*

Mongols nos da alguna indicación es la de que la madre de Gengis Kan ejerció una influencia enorme en su hijo. Acumuló un poder y un respeto considerables. Las esposas de los gobernantes o de los miembros varones de la familia real eran quienes administraban las propiedades, el ganado, los caballos y los habitantes. En su esfera de influencia, las mujeres de mayor edad podían estar a cargo de miles de personas. Solían conducir sus propias carretas para trasladarse de un lugar a otro. De hecho, la posición social podía ser más importante para la vida de un individuo que el género al que perteneciera.

El matrimonio como un medio para forjar alianzas políticas también concedía una mayor importancia a las mujeres, porque estas encarnaban literalmente los vínculos que se estrechaban entre los reinos mongoles. A medida que el imperio fue creciendo bajo la influencia de Gengis Kan, algunas mujeres de alto rango empezaron a involucrarse en la política y, de vez en cuando, tomaban las riendas del poder si las circunstancias lo permitían (por ejemplo, si moría su marido y los hijos varones eran demasiado jóvenes para asumir el control). «Este modelo de mujeres políticamente activas que se expresaban sin ambages y pertenecía a la familia real mongola se exportaría hasta trascender el contexto de la Mongolia preimperial e incorporarse al imperio mongol», escribe De Nicola. «Marco Polo vio que las mujeres siempre se involucraban en las actividades comerciales, vendían y compraban todo lo que ellas, y los que dependían de ellas, necesitaban», sigue diciendo.

También encontramos referencias al hecho de que hubo mujeres que tomaban parte en las acciones militares. Entre ellas hubo una tataranieta de Gengis Kan que, según cuenta un relato legendario, «derrotó a todos los hombres que demostraron tener la suficiente valentía para enfrentarse a ella».

***

Desde el siglo XIX, a más tardar, los eruditos occidentales han seguido considerando que la historia es un conjunto de polaridades implacables. Los hombres son violentos y crueles, y las mujeres son cuidadoras y pacíficas. Las poblaciones adoran a una diosa o adoran a un dios. Las sociedades se centran en la mujer y, si no es así, deben de centrarse en el hombre. O son totalmente matriarcales, o son totalmente patriarcales. Los grupos étnicos son creativos por naturaleza, o bien son intrínsecamente destructivos.

Esta manera de pensar las cosas ha desempeñado un papel muy importante en el relato de los que han intentado explicar los orígenes del patriarcado. Esta teoría sigue impregnando la imaginación de los científicos y de los historiadores actuales. Pero cuantas más pruebas tenemos, y más detalladas, del modo en que vivieron las gentes del pasado, más truncadas aparecen estas polaridades. Un ejemplo de ello lo tenemos en la descripción que Marija Gimbutas hizo de las civilizaciones minoica y micénica, inmediatamente anteriores a la Grecia clásica. Para la arqueóloga, estas dos culturas representaban la cúspide del gran cambio que se daría hacia la dominación masculina en Europa.

Los minoicos que vivieron en la isla de Creta desde aproximadamente el 3000 a.C. hasta el 1100 d.C. tuvieron una cultura artística que se expresó bellamente en la alfarería y la orfebrería, en palacios y ciudades de una magnífica arquitectura, y en uno de los más tempranos sistemas de escritura del continente. Las formas femeninas tienen un peso considerable en algunas de las más famosas muestras de arte minoico que hayan sido excavadas jamás, entre las que podemos citar una figurilla de la denominada Diosa de las Serpientes, una llamativa figura femenina con los pechos descubiertos, aunque vestida con unos sofisticados ropajes, que sostiene dos serpientes con los brazos extendidos. Sus vecinos micénicos, que habitaban en la Grecia continental, por otro lado, fueron un poco más patriarcales y aficionados a la guerra que ellos. Los micénicos a veces eran sepultados junto con sus espadas y sus lanzas, y hablaban una forma temprana de griego, que guardaba relación con la familia de las lenguas indoeuropeas. Su cultura también florecería algo más tarde, del 1600 al 1100 a.C. aproximadamente, y durante un tiempo se solaparía con la minoica.

Basándose en el análisis de estas dos culturas adyacentes, Gimbutas expuso que los minoicos debieron de ser una de las sociedades de la región centradas en la figura de la mujer y adoradoras de las diosas. «La diosa o diosas minoicas siguieron las tradiciones de la vieja Europa», escribió en su último libro *Las diosas vivientes*. Entre los micénicos, en cambio, Gimbutas vio una mezcla de cultura, entre la de la vieja Europa y la indoeuropea, que era una cultura que glorificaba la guerra, pero, al mismo tiempo, se dedicaba a elaborar millares de figurillas de diosas. A su entender, por consiguiente, los micénicos debieron de ser una sociedad en transición que se estaba volviendo patriarcal, que estaba pasando de uno de los polos del estado social al otro. Gimbutas arguyó que finalmente «el elemento masculino llegaría a dominarlo todo por completo». Sus diferencias culturales, según Gimbutas, no eran fortuitas; a su entender había dos poblaciones fundamentalmente distintas. Afirmaba que los micénicos quizá descendían de unas tribus seguidoras de las culturas de las gentes de la estepa euroasiática que marchaban hacia el este.

A este respecto, la arqueóloga resultó estar equivocada. Cuando un equipo internacional de investigadores, que incluía a genetistas de la Universidad de Harvard, hizo un análisis de ADN de unos antiguos restos humanos de la zona y publicó sus resultados en 2017, se descubrió que «los minoicos y los micénicos eran genéticamente similares». Hablaban idiomas distintos y tenían culturas distintas en apariencia, pero ambas estaban íntimamente relacionadas porque tenían los mismos antepasados; y sus habitantes estaban tan íntimamente relacionados, de hecho, que debieron de ser muy parecidos en cuanto al físico. Debieron de tener el pelo oscuro, y los ojos, también oscuros.

Lo que sí descubrieron los investigadores de este estudio publicado en 2017, de todos modos, fue la prueba de la existencia de un cierto y leve deje ancestral en los micénicos propio de los cazadores-recolectores de la Europa oriental y de Siberia. Aunque les resultó difícil precisar cuándo o cómo debió de haber surgido, es posible que los pobladores que vinieron del este hubieran expuesto a los micénicos a su propio idioma, o que aquellos hubieran conocido esa lengua durante sus viajes, o relacionándose con ellos, antes de adoptarlo masivamente. Por eso decimos que las diferencias culturales que existieron entre los minoicos y los micénicos no se transportaron completamente por la genética. Las nuevas ideas sociales y políticas quizá se incorporaron como suelen incorporarse normalmente; es decir, conociendo a otras personas y aprendiendo otros estilos de vida diferentes.

En lo que sí acertó el análisis de Marija Gimbutas fue en que supo identificar que, entre el período Neolítico y la Edad de Bronce de esa zona, las relaciones de género cambiaron profundamente. La sociedad de la Grecia antigua fue sesgándose de una manera significativa a favor de los hombres. Su literatura, su filosofía, su ciencia y su arte reflejaban una civilización más jerárquica de lo que jamás se hubiera visto en otros tiempos. Y, fuera lo que fuese lo que provocara este cambio social (tanto si fue debido a la interacción cultural, al proselitismo, a una obligada coerción, al cambio ambiental, a la ruptura social sembrada por un pequeño número de personas, o a alguna otra combinación de factores), una determinada forma de opresión determinada por el género fue estableciéndose gradualmente en Europa y en determinadas partes de Asia.

Los ya poderosos de por sí consolidarían aún más su poder. Los hombres libres y mayores, así como los que tenían más riquezas, terminarían haciéndose con las riendas de los hogares; los pertenecientes a una élite serían los que gobernarían los estados, y unos dioses poderosos gobernarían sobre ellos, del mismo modo que argüía Robert Filmer en *Patriarca o el poder natural de los reyes* en el siglo XVII. Tras el inicio de la Antigüedad clásica, alrededor del 800 a.C., la dominación masculina pasaría a ser la norma en sociedad. Se iría abriendo camino en las mentes de la gente pervirtiendo lo que estas pensaban de sí mismas y de la naturaleza humana como tal.

5. La restricción

«Vivimos no como deseamos, sino como podemos».

MENANDRO DE ATENAS,
dramaturgo del siglo IV a.C.

«¿Cuándo el género se convierte en realidad en un asunto de tamaña importancia?».

Esta fue una de las últimas preguntas que tuve la oportunidad de hacerle a Ian Hodder, el que fuera responsable de las más recientes excavaciones que se han practicado en el asentamiento neolítico de Çatalhüyük. Mi intención era saber si había existido algún momento único en la historia, un, digamos, punto de inflexión, en el que todo hubiera cambiado para las mujeres; sin embargo, como no tardaría en descubrir, la respuesta no era sencilla.

Estaba pensando en esta cuestión cuando llegué a las soleadas ruinas de Pompeya, situadas al sur de Nápoles. Esta antigua ciudad romana está tan espantosamente bien conservada bajo las cenizas volcánicas y la piedra pómez que la cubrieron, tras la erupción del monte Vesubio en el 79 d.C., que casi llegué a imaginarme que vivía en ella. Las voces del pasado parece que puedan oírse a través de las paredes excavadas. Unas antiguas pintadas que aparecen en un rincón son la prueba fehaciente de que alguien quedó en este lugar con su novia. Otro incluso se tomó la molestia de anotar que había defecado allí mismo. Las ruinas de Anatolia para mí eran como la madriguera de un conejo, y sencillamente no fui capaz de encontrarles sentido; pero las calles de Pompeya, con sus calzadas uniformes, sus tiendas y sus casas, me transmiten una reconfortante intimidad. Tengo la sensación de estar en mi propia época.

Las observaciones de Hodder sobre los hallazgos de Çatalhüyük le han llevado a creer que las personas que vivieron en este asentamiento, hace ya más de 9 000 años, fueron bastante inmunes al tema del género: no había grandes diferencias en el modo de vivir de los hombres y las mujeres, ni en la manera en que eran enterrados. No parecía haber pruebas de que hubiera existido una jerarquía estricta, al menos a partir de los hallazgos que han sido excavados hasta la actualidad. Ahora bien, como los dos sabemos, aunque el género no fuera tan importante en esa época, sí lo sería posteriormente. Al cabo de unos 6 000 años, más o menos a comienzos de la Antigüedad clásica, algunas sociedades de la región de la cuenca del Mediterráneo empezarían a adoptar otro aspecto muy distinto.

Más tarde, en los tiempos en que Pompeya estaba en su cénit, las profundas desigualdades sociales de todo tipo ya estarían firmemente arraigadas en la sociedad. Las antiguas ciudades de Roma y Atenas, los centros de poder y de la vida intelectual de esta región del mundo, se sustentaban en la existencia de la esclavitud. Y la vida de un individuo era definida en función de si este era libre o no, del lugar donde había nacido, de la familia a la que pertenecía, de su clase social y de sus riquezas. El género también definía al individuo en cuestión, porque los que ostentaban el poder tenían unas miras muy estrechas en lo que respectaba a las creencias culturales sobre la naturaleza del hombre y de la mujer.

Me pasa por la cabeza, por desgracia, que una de las diversas cosas que me resultan familiares de Pompeya es su desigualdad. El igualitarismo cuantitativamente impermeable al género que demostró un asentamiento como Çatalhüyük está mucho más alejado de nuestra realidad actual que el de las sociedades de la Antigüedad, profundamente sexistas y divididas en función del género.

Esta inquietante similitud no es accidental. No es solo porque Pompeya tan solo tuviera 2000 años de antigüedad en lugar de 9000. Son más bien las estatuas de tamaño natural, la poesía y las obras de teatro, las cartas privadas en las que se hurgaba en las vidas de los demás, las sentencias judiciales y la legislación las que consiguen que me resulte más fácil la comparación con los antiguos griegos y romanos. Y también porque los europeos contemporáneos han ido forjando sus creencias a partir de las raíces sobre las que se sustentó la civilización occidental de esos lugares y de esa época en concreto. Durante siglos se situó a la Antigüedad en un pedestal, se adoró a sus dramaturgos y filósofos, se extrajeron lecciones de vida de sus escritos y se erigieron columnas neoclásicas a imitación de las de los antiguos.

A diferencia del enclave de Çatalhüyük, en el que prácticamente no había turistas cuando yo fui a visitarlo, Pompeya rebosaba de viajeros. Ambos lugares forman parte del patrimonio cultural de la UNESCO, pero la gente parecía obsesionada con Pompeya. Y eso en gran parte es debido a que a la mayoría nos han hecho creer que ahí se encuentra el origen de la moderna y evolucionada sociedad occidental. Vivimos a la sombra de estos seres de la Antigüedad; y su mundo sigue perviviendo en el nuestro.

«En Gran Bretaña, el estudio de los clásicos sirvió para definir la clase dirigente colonialista», escribe Nancy Sorkin Rabinowitz, de la Escuela Universitaria Hamilton, de Nueva York, cuya obra abarca la literatura griega y el feminismo intersectorial. Yo fui una de sus alumnas. Todos los que en la década de 1990 estudiamos secundaria en mi escuela pública londinense, decididamente a favor de la promoción social, aprendimos latín. Marilyn Katz, una catedrática emérita de Estudios clásicos que trabajó en la Universidad Wesleyana de Connecticut, escribe que «el estudio del griego y el latín clásicos fue desde sus inicios incluido en la educación moral y social del joven alumnado masculino blanco de Estados Unidos por el papel que este desempeñaría al integrarse posteriormente en la élite económica y política del país». Sin embargo, el estudio de los clásicos no consistía tan solo en saber historia. «Los clásicos se convirtieron en una disciplina dedicada no solo a estudiar el pasado, sino también a conservarlo», escribe Katz.

Cuando los que ejercían el poder admiraban la Grecia y la Roma antiguas, también buscaban corroborar esas sociedades tan desiguales que elegirían construir. Tomaron prestadas de la Antigüedad las artes y la arquitectura, pero también tomaron prestados deliberadamente los prejuicios de esa era. Rabinowitz explica que, a finales de los siglos XVIII y XIX, los europeos occidentales buscaron reflejarse en la Antigüedad para reafirmar sus creencias raciales y de género. «Estos hombres no solo se limitaron a descubrir una Grecia preexistente […] sino que se la inventaron para que encajara mejor con sus necesidades», dejó escrito Katz.

El historiador David Lowenthal comentó que los estadounidenses van a Europa «para sentirse en casa en un momento dado». Los europeos, en cambio, puede decirse que lo que hacen es ir a Pompeya, a Roma y a Atenas. Lo curioso del caso es que también sabemos que estas ciudades fueron unas defensoras tremendas de la desigualdad y que trataban a las personas en función de la categoría que ostentaran.

La antigua Atenas, ciudad en la que vivieron grandes filósofos como Platón, Aristóteles y Sócrates, incluso puede considerarse el peor lugar de la historia de la humanidad para ser mujer.

***

«Atenas fue en muchos sentidos una ciudad inusual», apunta la especialista en clásicas Sue Blundell en su libro *Women in Ancient Greece*.

Si aceptamos lo que aparece escrito en los documentos de la época, la antigua Atenas fue una ciudad-Estado atormentada por la tensión de verse obligada a conservar un orden social retorcido que velara por el sistema del legado patriarcal y por los mitos que afirmaban la superioridad masculina. Uno tenía ciertas ventajas si era ciudadano ateniense, pero el precio de pertenecer a Atenas ejercía una presión añadida, porque debían seguirse ciertas normas. Una ateniense no podía tener propiedades, y solo gozaba de protección legal si estaba supeditada a su padre, su marido u algún otro familiar varón. La idea de la separación entre las esferas pública y privada procede de esta era, porque el término griego *polis* significa «ciudad-Estado», y *oikos* significa «familia y hogar». El límite entre ambas sería el que iba a definir el lugar que ocuparía la mujer.

Sabemos, a partir de la bibliografía sobre la Grecia antigua, que la mujer ideal y respetable era una persona que se mantenía apartada de la vida pública, permanecía en silencio y era sumisa. El filósofo Aristóteles, que escribió en el siglo IV a.C., consideraba natural que ciertas personas estuvieran destinadas a ser esclavas y que otras fueran libres, y además añadió que, en lo referente al género, «la relación entre un hombre y una mujer es por naturaleza la misma relación que existe entre un ser superior y otro inferior, y la que existe entre un gobernante y un gobernado». Para el estado, el valor primordial de la mujer era el de dar a luz a nuevos ciudadanos que engrosaran y defendieran la población. De todos modos, los hombres también debían seguir unas convenciones en lo que respectaba a mezclarse con otras mujeres que no formaran parte de su propio hogar. Existían ciertos valores que apelaban al coraje y a la contención, y uno debía aspirar a estar a la altura de ellos.

Aristóteles se situó en un relativamente moderado fin del sexismo. Otros textos griegos rebosan maledicencia y muestran ser tan misóginos respecto a la mujer que casi podemos advertir cómo les sale espuma por la boca. Cuando describe el mito de Pandora, la primera humana creada por los dioses griegos, el poeta Hesíodo, que vivió aproximadamente en el 700 a.C., escribió en su *Teogonía* que «de ella ha surgido la raza del sexo femenino. La raza y las tribus mortíferas de sexo femenino […] en cuya naturaleza está hacer el mal». Hesíodo recurrió varias veces a este tema del odio hacia las mujeres.

Y así es cómo asumimos que debieron de pensar los antiguos.

De todos modos, lo que hacemos es aplanar el pasado, tomar de él lo que queremos. Y los que ostentan el poder tan solo han tomado de él un minúsculo trozo. En realidad, las culturas de las antiguas Grecia y Roma abarcaron un intervalo de tiempo tan inmenso que, como le sucede al nuestro, nunca pudieron haber sido estáticas. La condición social de la mujer siempre debió de ser cambiante.

Estudiando los hogares del período arcaico de Grecia, entre el 800 a.C. y el 480 d.C., el arqueólogo Ian Morris, de la Universidad de Stanford, argumentó que las ideologías de género no empezaron siendo tan inamovibles como lo fueron posteriormente. Al principio, las casas solían tener una sola habitación y estaban situadas en enclaves abiertos, y eso no debió de favorecer la segregación entre hombres y mujeres, y aún menos brindar la posibilidad de ocultar a las mujeres. Las casas empezaron a subdividirse en habitaciones aproximadamente poco después del 750 a.C., explica Morris, y presumiblemente solo debieron de hacer esas reformas los más ricos, los que podían permitirse tener casas más grandes y unos esclavos que hicieran las tareas que las mujeres debían hacer al aire libre para que estas pudieran quedarse en casa. La mujer doméstica de la antigua Atenas, como sucedió en Estados Unidos durante el siglo XIX, era un ideal al que solo podían aspirar los más ricos.

Solo porque le atribuyamos ciertos supuestos al ama de casa doméstica de nuestra época, eso no quiere decir que el hecho de quedarse en casa significara lo que significa para muchos en la actualidad. Durante determinadas épocas de la historia griega, la esposa de un ciudadano ateniense de la aristocracia ejerció un poder considerable llevando la casa, su *oikos*. «La mujer se ocupaba de todo lo que acaecía en su interior», me cuenta Sarah Pomeroy, una catedrática de Clásicas de la Universidad Municipal de Nueva York y autora de un libro pionero que se publicó en 1975 sobre las mujeres en la Antigüedad titulado *Diosas, rameras, esposas y esclavas*. Y eso tenía una importancia relevante en una sociedad en la que el *oikos* podía llegar a convertirse en un ajetreado centro de producción, incluso casi industrial. Estas mujeres eran las que dirigían a los esclavos; y las encargadas de golpearlos. En el interior de sus hogares, las personas que estaban a su cargo fabricaban tejidos y eran unas productoras de alimentos, cuya cadena de producción podía ir del campo a la mesa si era preciso. Los *oikos* y las *polis* no eran dos mundos separados; se sostenían unos a otros.

Con el paso del tiempo, el equilibrio del poder político se fue desplazando y pasó de los *oikos* a la *polis*. En la antigua Atenas, uno de los grandes factores impulsores, irónicamente, fue la introducción de la democracia alrededor del siglo v a.C. (el modelo de lo que serían nuestras propias democracias muchos siglos después). «Cuando la democracia floreció en Atenas, ese fue el momento en que las mujeres llegaron a estar más oprimidas», dice Pomeroy. La participación política estaba restringida a los ciudadanos varones en edad adulta (otro rasgo que adoptaron las democracias modernas), y eso benefició a los ciudadanos varones de clase baja, pero socavó el prestigio de la mujer de clase alta que dirigía su *oikos*. «Fue la democracia lo que oprimió no solo a las mujeres, sino también a los esclavos y a los que no eran considerados ciudadanos –añade Pomeroy–. Se limitó a elevar la condición del ciudadano varón y a situarla por encima de cualquier otra persona que habitara en Atenas».

Sin embargo, y por muy asfixiante que fuera durante un tiempo la antigua Atenas, la ciudad no se quedó anclada en esa fase. Posteriormente, en otro momento distinto de su historia, el mundo griego se expandió y entró en contacto con otras culturas con valores distintos. «Los griegos se relacionaron con los asirios, los persas y los egipcios, y muchos de ellos llegaron a adoptar una actitud más liberal con sus mujeres», me cuenta Stephanie Budin, especialista en las mujeres de la Antigüedad. Tras establecer este contacto, la presión ejercida sobre algunas mujeres fue de menor consideración. «Y fue entonces cuando las mujeres pasaron a tener una posición más elevada y una mayor libertad en la sociedad».

Cuando nos damos cuenta de cómo debió de ser la vida de las personas normales y corrientes a lo largo de los tiempos, es cuando podemos empezar a ver lo precarias que son las normas de género. Podemos darnos cuenta de lo mucho que cambiaban estas normas en función de las clases sociales, entre los esclavos y los seres libres, entre los extranjeros y los nativos, entre los viejos y los jóvenes. Emergían gradualmente, a veces con intermitencias, y podían tomar cualquier dirección.

Por muy misóginos que pudieran ser los escritores de la antigua Grecia, por ejemplo, estos se mostraban inflexibles en lo que respectaba al maltrato físico de las mujeres por parte de sus maridos, al menos a juzgar por lo que queda recogido en la bibliografía. La historiadora Leslie Dossey, de la Universidad Loyola de Chicago, ha descubierto que incluso a finales de la Antigüedad, «los autores griegos siguieron considerando vergonzoso que un marido golpeara a su mujer». El filósofo Plutarco consideraba esta clase de comportamientos una traición a lo que debe de ser un genuino autocontrol masculino, porque humilla al varón en lugar de a la mujer. «Cuando un griego pierde el control de sí mismo hasta este punto, cabe esperar que la comunidad en la que vive intervenga en nombre de su esposa», escribe Dossey. La esposa podía llevar a juicio a su marido por esta causa.

En la antigua Roma, por otro lado, en una sociedad en que las mujeres tenían relativamente más derechos y libertades, y sin duda tendían a tener más visibilidad y a ser más escuchadas, dar palizas a la esposa se consideraba socialmente aceptable. Las esposas romanas debían soportar los castigos físicos a que las sometían en aras de enderezar su comportamiento de la misma manera que los esclavos y los niños. La mujer recibía la advertencia de que tenía que «calmar la rabia de su esposo con la debida sumisión» para evitar ser humillada, según dice Dossey. A diferencia de lo que sucedía en la antigua Atenas, la vergüenza recaía en ella en lugar de en él. En los primeros tiempos de la República romana, el marido incluso tenía el derecho de asesinar a su esposa si esta cometía adulterio.

Si la Antigüedad fue constreñida y estos matices ignorados, en parte se debe al sesgo que le fuimos imprimiendo. La especialista en clásicas Marilyn Katz observó que, durante mucho tiempo, los académicos de su mismo campo de trabajo traicionaron la historia mostrando una tolerancia rayana en la compasión en lo que respectaba al sexismo griego. Incluso ya entrados en la década de 1970, los académicos varones todavía hablaban de la existencia de «una saludable corriente de misoginia» y de «la presencia de los celos maritales, que cabía calificar de normal». La subordinación de la mujer y el dominio por parte del hombre fueron adquiriendo el rango de normas biológicas, y eso implicaba que el sexismo de la Antigüedad terminó aceptándose como un universal. Incluso en la actualidad es difícil saber si estamos contemplando el pasado tal y como en realidad fue o como estos especialistas fueron filtrándolo durante décadas debido a sus propios prejuicios. Los historiadores han empezado a cuestionarse durante estos últimos tiempos, por citar un caso, si las categorías de género significarían lo mismo para las personas de la Antigüedad que lo que significan para la gente actual. Y tan solo ahora empiezan a desprenderse de ese racismo que les permitió hablar de las griegas como de esas mujeres que vivían recluidas de una manera que podríamos calificar de oriental.

Cabe decir, no obstante, que las lecturas del pasado siempre han sido políticas. Rastreando los clásicos, por si en ellos podía encontrarse algo que pudiera ser de utilidad en el presente, los que ostentaban el poder no encontraron en ello el incentivo suficiente para detectar si existía algo que pudiera representar un desafío a sus jerarquías. La historia es una herramienta poderosa para los que desean definir la naturaleza humana. En 1762, el filósofo Jean-

Jacques Rousseau describió a las antiguas griegas, apartadas de la vida pública y dedicadas a su hogar, diciendo de ellas que eran las mujeres más sabias, hermosas y encantadoras de la historia. «Este es el modo de vida propiamente destinado a las mujeres, justificable tanto por su naturaleza como por la razón», escribió.

Como demostró Rousseau, la gran trampa de mirar la Antigüedad para entender las relaciones de género es que puede proporcionarnos la ilusión de que estamos contemplando la humanidad en su forma más básica (sencillamente porque de todo eso hace ya mucho tiempo). Si las mujeres de hace 2000 años estaban dominadas por los hombres y en la actualidad siguen estándolo, quizá sea debido a que ese debe de ser el orden normal de las cosas.

Ahora bien, no existía nada biológico en las desigualdades sociales de la antigua Atenas. El poder que ejercía una élite formada tan solo por hombres no se consiguió de la noche a la mañana. No es que un grupo pasara a dominar automáticamente al otro, y este otro se limitara a someterse a él. Todo fue cimentándose poco a poco, por efecto de la erosión, con un esfuerzo constante y bien calculado. A veces se recurría a la violencia, o a la amenaza de ejercerla, pero la mayoría de las veces la situación se iba forjando a partir de la creación paulatina de unas normas sociales, unas leyes y unos edictos. La rabia desaforada que Hesíodo sentía por las mujeres solo demuestra el esfuerzo que conllevaba convencer a los demás de que posiblemente estas fueran inferiores a los hombres.

El honor y el descrédito, las expectativas y la culpa, el patriotismo y la lealtad…, todo debía aliarse en torno a las expectativas que tenía el estado sobre cuál debería ser el comportamiento de las personas. Los límites de género debían definirse y custodiarse. Y nada de todo eso pudo haber pasado sin derramar antes sudor y lágrimas.

***

La historia de la humanidad es una historia que está en constante movimiento: lo advertimos en los patrones migratorios, reflejo de que la humanidad viaja de un lado a otro llevando consigo nuevas ideas, culturas y tecnologías; pero también es una historia de presión y coerción, de poblaciones que intentan que los demás hagan lo que estas desean.

Los primeros estados, esas entidades que actualmente nos parecen estables y sólidas, pero que en el pasado tuvieron que construirse partiendo de cero, se enfrentaron a un problema básico. Necesitaban convencer a la gente de que se quedara en sus límites geográficos y no fuera a errar por los mundos porque no les gustaban las condiciones ofrecidas, me cuenta el antropólogo estadounidense James Scott, que ha dedicado su carrera profesional a entender el modo en que los primeros estados surgieron, así como los factores que contribuyeron a su crecimiento. Si carecen de una población, los estados no tienen ningún poder; y eso convertía a los pueblos en el bien más preciado de todos.

Gran parte de las investigaciones que llevó a cabo Scott se centraron en la antigua Mesopotamia, una zona situada en los valles que hay a caballo entre los ríos Tigris y Éufrates, y que comprende una parte del antiguo Creciente Fértil, que los historiadores describen frecuentemente como la cuna de la civilización humana. Esta zona incluye áreas de los actuales países de Turquía, Siria, Irak y Kuwait. Unos tres mil años antes de la Edad de Oro de Atenas, los sumerios construyeron lo que se considera una de las primeras ciudades como tales del mundo. Desarrollaron uno de los idiomas escritos más tempranos conocidos (unas marcas en forma de rayitas que se conocen como escritura cuneiforme). Los sumerios dieron paso al imperio acadio, a los babilonios, los hititas y los asirios y, finalmente, se solaparon durante un tiempo con la civilización de los antiguos griegos.

Como explica Scott, la vida podía ser más segura y predecible para las personas que vivían en estos estados que la que podían aspirar a tener los que vivían exentos; pero, en otros sentidos, también podía ser más desoladora. Comparadas con las dietas relativamente más indefinidas de las comunidades cazadoras, recolectoras y cosechadoras, las de los que habitaban en un estado podían ser más limitadas y estar basadas en cereales que pudieran ser almacenados en grandes cantidades y divididos entre la gente en unidades predeterminadas. De los jóvenes se esperaba que tuvieran que ir a la guerra dado el momento y enfrentarse al riesgo de tener que morir. Las mujeres debieron de acusar la presión de tener el mayor número de hijos posible. «El problema de estos primeros estados fue la población –cuenta Scott–. Y, en concreto, la manera de reunir a una población que se contentara con vivir en una situación de falta de libertad y, aun así, retenerla para conseguir que produjera el superávit que se precisa para mantener a las élites que dirigen el gobierno, la casta sacerdotal, los artesanos, además de la aristocracia y la realeza».

La población (si se conserva su número y se controla) es determinante para comprender el auge de la desigualdad y del poder patriarcal.

En general, de todos modos, el punto de mira siempre fue la propiedad. Friedrich Engels y otros filósofos del siglo XIX pensaron que los hombres establecieron su poder sobre las mujeres aproximadamente en la misma época en que los seres humanos empezaron a adoptar la agricultura. Fue el período en que la gente empezó a acumular tierras, cabezas de ganado y bienes propios. Las élites y las castas superiores empezaron a asumir el control de esta mayor cantidad de riquezas. Y fue eso, explica Engels, lo que condujo a los hombres a buscar la manera de poder pasar sus bienes a sus propios hijos, a sus herederos legítimos. Este fenómeno, a su vez, llevaría a los hombres a controlar la libertad sexual de las mujeres. Según esta versión de la historia, cuando los hombres empezaron a dedicarse al trabajo agrícola, el trabajo de la mujer se confinó más al hogar. Así fue como surgieron las esferas divididas por género de lo público y lo privado.

En la actualidad, de todos modos, los arqueólogos y los antropólogos no consideran que la agricultura constituyera un punto de inflexión crucial en las relaciones de género, como creyeron Engels y otros pensadores. «Creo que esa vieja idea que dice que en el momento en que te ocupas de la labranza y en que empiezas a tener propiedades asumes por consiguiente el control de las mujeres en tanto propiedad tuya [...] Yo creo que esa idea no es cierta, que es francamente falsa –dice el arqueólogo Ian Hodder–. Creo que tenemos que aceptar que estas sociedades fueron igualitarias y no prestaron demasiada atención al género durante el largo período que sucedió a las primeras formas de agricultura».

El cambio a la labranza, explica Hodder, fue un proceso largo y gradual por el que la gente se fue dedicando al cultivo y empezó a tener una relación más íntima con las plantas silvestres y los animales salvajes; se dedicó a cuidar de ellos, pero no necesariamente plantando, arando o domesticando el ganado. Algunas comunidades siguieron cazando y recolectando en función de las estaciones, el entorno o el clima. Otras quizá intentaron ponerse a domesticar animales durante un tiempo, pero terminaron cambiando de idea cuando vieron que no les funcionaba. Considerada desde este punto de vista, la famosa figurilla de *La mujer sedente de Çatalhüyük*, flanqueada por dos animales que parece que descansen cómodamente bajo sus manos extendidas, podría interpretarse como una señal de que la relación entre los seres humanos y el mundo natural estaba evolucionando (una relación por la que algunos empezaron a asumir un control más firme de su entorno).

No hay duda de que las mujeres desempeñaron su propio papel en lo que concierne al cultivo de las plantas y a la domesticación de los animales: no tendría sentido empezar asumiendo lo contrario. Walter Scheidel, de la Universidad de Stanford, cuyas investigaciones se centran en la historia económica y social de la Antigüedad, observa que contamos con diversos dibujos de mujeres trabajando en los campos, pelando mazorcas de maíz en Egipto en la época de los faraones, y que también es sabido que las mujeres de otras culturas, incluidas la hitita y la de los antiguos persas e indios, se ocupaban de los animales. Rebecca Futo Kennedy, catedrática asociada de estudios clásicos de la Universidad Denison, en Ohio, me cuenta que en la bibliografía que existe sobre las antiguas Grecia y Roma se relatan muchas historias que afirman que las mujeres trabajaron como pastoras de ovejas y cabras.

Las mujeres más pobres y las esclavas, así como los niños, debían trabajar al aire libre, y eso ha quedado demostrado a lo largo de la historia, tradición que sigue vigente en la actualidad. En los viajes como reportera que he hecho esta última década, he entrevistado a granjeras y a trabajadoras manuales de la India y Kenia que, en ocasiones, llevaban cargados a la espalda a sus hijos, metidos en unos cabestrillos. Los datos recogidos por las Naciones Unidas muestran que, en la actualidad, las mujeres constituyen casi la mitad de la mano de obra agrícola, y son casi la mitad de las que dirigen las pequeñas ganaderías del planeta. La idea de que las mujeres son físicamente incapaces de ocuparse de las tareas agrícolas sencillamente ha quedado corroborada por los hechos. La activista y académica estadounidense Angela Davis ha escrito las siguientes palabras sobre la esclavitud de su país: «Desde que las mujeres, igual que los hombres, fueron consideradas unas unidades de trabajo que generaban ganancias, debieron quedar también despojadas de su propio género en lo que respectaba a sus amos». Las embarazadas y las que tenían hijos pequeños también estaban obligadas a trabajar. Bajo el signo de la esclavitud, las mujeres se equipararon socialmente a los hombres. Scheidel añade que las esclavas se ocupaban incluso de tareas agrícolas muy duras, como son las de cargar con leños y arar con equipos formados por bueyes y mulas.

Como reacción a todo ello, algunos investigadores argumentaron que quizá no fuera la agricultura en general la que cambió la posición de las mujeres, sino un determinado tipo de agricultura, concretamente el que recurre al uso del arado. El cultivo con azada, hecho a mano, tienden a emplearlo las comunidades más igualitarias, según defienden determinados estudios. Arar con el ganado, que consiste en utilizar a animales domesticados y requiere ejercer una mayor fuerza con la parte superior del cuerpo, a menudo es más utilizado en las culturas que están dominadas por los hombres. Pero, insisto, no estamos hablando de algo que pueda aplicarse sistemáticamente. Y dado que no todos los hombres son más fuertes físicamente que todo el conjunto de las mujeres, y que la fuerza física de un individuo va variando a lo largo de su vida, tampoco cabe esperar que las cosas sean así. Lo cierto es que las mujeres han trabajado al aire libre en algunas sociedades dedicadas a arar la tierra. Scheidel cita a un viajero del siglo XIX que, recorriendo el País Vasco, se fijó en que las mujeres «mostraron ser tan buenas como los hombres trabajando en el campo. Ponían el yugo a los bueyes y los guiaban [...] Llevaban ellas mismas los carros al mercado, o incluso hacían surcos en la tierra». Las vidas de las personas normales y corrientes de las zonas rurales, opina Scheidel, raramente podían encajar con los ideales o supuestos culturales de las personas más prósperas de las ciudades.

Es difícil, por consiguiente, atribuir la desigualdad de género propiamente al surgimiento de la agricultura o a la posesión de propiedades. Si hubo algún cambio en el equilibrio de poder entre las distintas poblaciones de la prehistoria a causa de estos factores, debió de ser muy sutil, porque no ha quedado ningún rastro de todo ello que sea digno de mención en los anales arqueológicos. Donde sí podemos empezar a ver realmente un cambio en las relaciones de género, los primeros brotes de una autoridad masculina global, es en la ascensión al poder de los primeros estados. En el momento en que el género empieza a ser un rasgo prominente es cuando este se convierte en un principio organizativo, cuando se categoriza a una cantidad ingente de la población ignorando deliberadamente su realidad cotidiana y obligándola a vivir de una manera que no habría elegido si hubiera tenido opción.

***

Unas tablillas administrativas de la ciudad sumeria de Uruk, de hace aproximadamente 5000 años de antigüedad, son «listas, listas y más listas», según el antropólogo James Scott.

Lo que destaca de todos estos restos arqueológicos de la antigua Mesopotamia es lo meticulosos que fueron los que se encargaban de anotar el número de humanos, bienes y propiedades. Uruk y el interior de la región, donde se enclava la legendaria *Épica de Gilga-mesh*, escrita aproximadamente en el 2100 a.C., quizá dieran cobijo en un momento dado a unas 90000 personas. En un estado complejo y jerárquico como este, gobernado por un reducido número de élites y de administradores que necesitaban mantener a buen recaudo la población, llevar un registro de ella era fundamental. Y las listas fueron una de sus herramientas de control. «El poder sobre el individuo es la clave para acceder al poder en general –dice Scott–. Se necesitaban departamentos para los agrupamientos, departamentos para las sanciones, departamentos para los impuestos».

Mantener el crecimiento de la población se conseguía generando unas condiciones por las cuales el mayor número posible de mujeres tuvieran tantos bebés como pudieran, y que luego los criaran para ser útiles al estado en calidad de futuros cultivadores, obreros y guerreros. Las antiguas ciudades mesopotámicas se preocuparon de crear censos (en los que se incluyó el género como una categoría, junto con la edad y el domicilio) para poder medir sus recursos humanos y recaudar impuestos con mayor eficacia. Era necesario que existieran diversas categorías para que las jerarquías funcionaran, para que los líderes supieran con cuántas personas contaban y cómo distribuir el trabajo y las raciones entre ellas. Las personas debían cumplir con unos determinados códigos sociales para que el estado siguiera avanzando con eficacia sin desmoronarse. En muchos sentidos, aquellas ciudades eran como una máquina: cada una de sus partes estaba diseñada para una función en particular.

Las reglas no surgieron de una manera automática. El sentido y el significado del género fueron evolucionando a lo largo del tiempo, y no siempre con coherencia. Los mitos acadios sugieren que ni los niños ni las niñas eran considerados mejores unos que otros.

Los textos sumerios tenían términos distintos para referirse a las diferentes etapas de la vida, y la mayoría de ellos carecían de género. Pero también hay señales que indican que existía una cierta masculinidad juvenil que empezaba a querer vincularse con los asuntos bélicos y las batallas. De todos modos, el tema no estaba limitado a los hombres; también estaba vinculado a una diosa.

Los escritos más tempranos de que disponemos de las lenguas indoeuropeas, que pertenecen a una rama que se habló en la antigua Anatolia y que incluía el hitita, no parece que tuvieran un género femenino gramaticalmente separado del masculino, explica el lingüista Alwin Kloekhorst, de la Universidad de Leiden. El género femenino debió de incorporarse al resto de las lenguas indoeuropeas en un momento dado. Se encuentra presente, sin lugar a dudas, en las lenguas que datan del 3300 a.C., como dice Kloekhorst, pero no así en las que se hablaron antes del 4000 a.C.

Eso no significa que el sexo o el género fueran irrelevantes hace más de 6000 años, solo que la gramática llegaría a reflejar posteriormente una distinción entre hombres y mujeres que debió de ser importante en esos tiempos de cambio. Los reinos hititas de varios siglos después fueron gobernados principalmente por hombres. «La reina siempre se encuentra en una posición inferior a la que ocupa el rey. Es una sociedad que se rige claramente por el género», dice Kloekhorst. Los nombres obedecían a la diferencia de géneros, añade, pero seguían teniendo un solo pronombre para referirse tanto a él como a ella, y era el pronombre «ellos», que es no binario.

Cuando se crearon los códigos y se dio sentido a las categorías, se vieron en la obligación de custodiarlos por miedo a que fueran transgredidos. Y eso es exactamente lo que se ha ido viendo a lo largo de los tiempos según los datos que nos aporta la historia. Las leyes que trataban del matrimonio, el divorcio y el adulterio en Mesopotamia se fueron volviendo más duras para las mujeres a medida que fue pasando el tiempo. Sus libertades y sus privilegios fueron esfumándose lentamente. Al mismo tiempo, y tras varios siglos, las mujeres trabajadoras fueron desapareciendo gradualmente de los anales históricos. Si se prestaba atención a las mujeres, era, sobre todo, por la lealtad que mostraban como esposas, madres y ciudadanas.

La desaparecida historiadora y feminista Gerda Lerner, autora del libro publicado en 1986, y traducido del inglés en 2017, *La creación del patriarcado*, pasó seis años investigando el modo en que la condición de la mujer se fue deteriorando durante la historia de Mesopotamia. La conclusión a la que llegó fue que ese había sido precisamente el lugar y el momento en que «la subordinación femenina al seno familiar se institucionalizó y se codificó por vía legal». Según Lerner, en primer lugar, los individuos que estaban a cargo de la administración y del mantenimiento de los registros estaban en los templos. Estas élites de los templos se unieron a otras élites de los ejércitos, que pasaron a convertirse en caciques y, finalmente, terminaron por relegar a los sacerdotes a un segundo plano de la vida política. Los caciques se convirtieron en reyes, y el más fuerte de entre todos ellos consolidó sus dominios y los convirtió en reinos y en estados nacionales. Cada fase por la que pasaban, escribe Lerner, «estaba encaminada al refuerzo del dominio del varón sobre la vida pública».

Sin embargo, esta versión de los acontecimientos adolece de una cuestión que todavía no ha sido resuelta. Si se estaba generando un poder cada vez mayor con el correr de los tiempos, ¿por qué fueron los hombres los únicos en reclamarlo? ¿Fueron únicamente los hombres quienes desde el principio inventaron las élites de los templos, las élites de los ejércitos, los monarcas y los caciques? ¿Por qué las mujeres no se aferraron al poder en alguna de estas fases?

La explicación más sencilla podría ser que hubo un dominio masculino y un sometimiento femenino incipientes por naturaleza en estas sociedades que se fueron afirmando con mayor vehemencia en el transcurso de distintas generaciones. Lerner cayó presa de este razonamiento hasta un cierto punto, porque recurrió a los estereotipos que definían a los hombres como unos seres sedientos de poder, físicamente más fuertes y dominantes, y a las mujeres como unos seres más débiles por naturaleza, que necesitaban protección. Su tesis era que las mujeres aceptaron la subordinación como el precio que había que pagar para mantener a salvo su integridad y la de sus hijos. Recurriendo a una frase especialmente inquietante, Lerner escribe que los hombres terminaron aprendiendo que «las mujeres soportarían la esclavitud». Como pensaron muchos otros antes que ella, en el relato histórico de Lerner se encuentra oculta la sospecha de que la opresión de las mujeres debía de hallarse inserida en nuestra propia naturaleza, que ya existía mucho antes de que los estados llegaran a institucionalizarla.

Sin embargo, sabemos efectivamente que en esa época hubo mujeres muy poderosas. Lerner fue quien destacó que las mujeres de clase alta de la antigua Mesopotamia habían disfrutado de «una posición de poder económico, legal y judicial muy relevante». Los documentos pertenecientes a la realeza de una ciudad norteña de Sumeria revelaron que las mujeres tenían propiedades, llevaban negocios y trabajaban como escribas. Los reyes fueron muy habituales en la antigua Sumeria, pero se sabe que al menos hubo un rey mujer que fue muy notable e independiente. Hay documentos que prueban que la tercera dinastía Kish fue fundada alrededor del 2500 a.C. por

Kubaba, una mujer que había trabajado de tabernera. La posición que alcanzó, por lo que sabemos, no fue el resultado de haber entrado en relación con un hombre poderoso en calidad de hermana, esposa o hija. Kubaba gobernó por derecho propio; y cosechó tantos éxitos que la leyenda dice que su reinado duró todo un siglo.

Está claro que las mujeres no carecían de poder y no se mostraban ajenas a él. Y que tampoco vacilaron en recurrir a la violencia para defender las causas en las que creían.

Cuando investigaba para su libro *Women Warriors*, la historiadora Pamela Toler se enfrascó en la tarea de recopilar historias de mujeres que hubieran participado en batallas. Toler rememora el hecho de que «lo que más me sorprendió cuando estudiaba a las mujeres guerreras de diversas culturas comparándolas entre sí en lugar de hacerlo por casos aislados es la cantidad de ejemplos que hay y lo poco que han sido percibidas por nuestra conciencia colectiva». Estas mujeres no constituían la excepción. Hubo líderes militares muy famosas en casi todos los continentes a lo largo de los distintos milenios, desde la reina británica del siglo I Boudica hasta la princesa china Pingyang, del siglo VII. Según la leyenda, la reina hausa del siglo XVI Amina de Zazzau (que en la actualidad se encuentra en Nigeria) se ganó la merecida reputación de haber dirigido sus ejércitos en tiempos de guerra durante más de treinta años. Algunos de los muros que hizo construir para proteger sus ciudades siguen en pie y llevan su nombre.

Otra cuestión de gran importancia es que las guerreras no solo procedían de las élites sociales de alto rango. Cuando las mujeres normales y corrientes tuvieron la oportunidad de salir a luchar en la batalla, muchas de ellas la aprovecharon. Toler observa que, en el siglo XX, miles de mujeres se unieron a los ejércitos de las guerrillas revolucionarias de África, Asia y Latinoamérica, «y que constituían prácticamente el 30% de estas fuerzas». A partir de 2014, añade Toler, entre 7000 y 10000 kurdas se unieron a la batalla librada contra el grupo radical islamista ISIS, de Oriente Medio. Las mujeres incluso han llegado a disfrazarse de hombre para poder luchar codo a codo con ellos. Entre las más famosas se cuenta Deborah Sampson, que luchó en la Guerra de Independencia de Estados Unidos con el nombre de Robert Shurtleff. Fue considerada una heroína de tal calibre, aun cuando su identidad quedó al descubierto tras ser herida, que terminó recibiendo la pensión militar.

***

Sabemos, a juzgar por nuestras sociedades, que los seres humanos son muy diversos: las personas son tan diversas como parecen, los individuos tienen toda clase de rasgos e intereses y el género se manifiesta de muy variadas maneras. Sin embargo, buscamos en los anales históricos y arqueológicos para hacer algo mágico: esperamos que nos muestren unos mundos en los que los individuos seguían unos patrones sociales definidos y nunca se desviaban de ellos.

En este mundo imaginado, se puede clasificar a cualquiera. Las mujeres son incapaces de luchar en la batalla o de gobernar, y los hombres han nacido para ser guerreros. Las personas de la Antigüedad se extruyen a partir de la misma caricatura, que resulta muy estrecha de miras. Y nosotros mismos somos culpables de aceptar a ciegas los códigos y las jerarquías de género que los que ostentaron el poder en los estados más tempranos de la humanidad intentaron, con grandes esfuerzos, naturalizar.

En 1998, la asirióloga Julia Assante demostró lo fácil que les resulta a los investigadores contemporáneos caer en estas caricaturas cuando cuestionó la traducción de la palabra mesopotámica *harimtu*, cuyo plurar es *harimatu*. A partir del siglo xix, los eruditos habían dado por sentado que *harimtu* significaba «mujer prostituta vinculada a los sagrados templos». Y afirmaron que las mujeres de la Antigüedad se encontraban incluidas en dos categorías, cada una de las cuales venía definida por la disposición sexual que mostraran hacia los hombres. La mujer podía ser hija o esposa, leal y fiel, o bien una prostituta que no estaba unida a ningún hombre en particular. Estas *harimatu* recayeron automáticamente en la segunda categoría. Pero Assante se dio cuenta de que no había ninguna prueba en los textos mesopotámicos que confirmara que las *harimtu* se dedicaban a vender sus favores sexuales.

Quizá no fueran prostitutas, pensó Assante.

El razonamiento y las pruebas que presentó tienen todo el sentido del mundo, dice Stephanie Budin, que reunió una especie de catálogo de la historia de las ideas equivocadas, como esta misma, en su libro *The Myth of Sacred Prostitution in Antiquity*. Sin embargo, también afirma haberse encontrado con una enconada resistencia por parte de sus colegas historiadores cuando propuso reescribir de nuevo el significado de la palabra *harimtu*. «Lo que se ve en ello con toda claridad es un sexismo bestial».

Si leemos la bibliografía con mayor objetividad, sin dar nada por sentado a priori, las *harimatu* parecen más bien mujeres solteras e independientes, explica Budin. «No tienen padre; y tampoco marido. Básicamente son libres de hacer lo que quieran». Son mujeres liberadas de los vínculos patriarcales de la sociedad. Assante observa que las mujeres de esa época también trabajaban dirigiendo sus propias tabernas o siendo médicos, cocineras y comediantes. Entre las cartas que unas tejedoras enviaban a sus hombres, que habían viajado hasta una colonia comerciante asiria situada al este de Turquía alrededor del 1900 a.c., hay una en que una mujer reprende a su esposo por no haberle conseguido un buen precio a cambio de las telas que le había enviado.

No debió tener nada de vergonzoso trabajar en el comercio del sexo. Por la misma razón, cabe la posibilidad de que las mujeres que abandonaran su hogar para mantenerse, o para mantener a su familia, en la antigua Mesopotamia o en cualquier otra época, fueran trabajadoras del sexo. Es como «si no hubiera ningún otro espacio posible que pudieran ocupar las mujeres, salvo el de la esposa de un ciudadano respetable, o el de la mujer que se vende sexualmente para ganarse la vida», escribe la especialista en clásicas Rebecca Futo Kennedy, que se ha esforzado mucho para que, desde su ámbito de trabajo, se dé más valor a las vidas que en realidad debieron de llevar las trabajadoras de la Antigüedad. La obra de esta académica acusa la influencia que tuvieron en ella las experiencias de su propia familia. La abuela de Kennedy fue una emigrante de clase trabajadora que pasó a trabajar de camarera cuando su esposo murió y la dejó con tres hijos a los que tuvo que mantener.

El trabajo de mesonera, que solían ejercer las mujeres de Mesopotamia (aunque a veces este término se haya traducido como «cervecera»), es poco probable que significara por aquel entonces lo que significa en la actualidad para nosotros. Tanto los hombres como las mujeres consumían bebidas fermentadas, como, por ejemplo, la cerveza. Los listados de las raciones demuestran que mujeres y hombres percibían una cierta cantidad cerveza a diario, según Julia Assante, y también que la ingesta estimada era de aproximadamente cuatro o cinco litros al día. Las esposas iban a las tabernas solas o con sus maridos, dice la erudita. Por eso sostiene que las tabernas no pudieron haber sido locales destinados al entretenimiento o a la práctica del libertinaje. Debieron de haber sido parada obligatoria para toda clase de gente.

«En general, lo que estamos descubriendo es que las mujeres tenían más derechos y prerrogativas de lo que se creía popularmente –dice Stephanie Budin–. El hecho de que las mujeres fueran capaces de tener su propio dinero, llevar su propio negocio, o formar parte del negocio familiar, está mucho más refrendado hoy en día de lo que jamás había estado anteriormente». Tuvieron que pasar cientos de años para que sus vidas se vieran más limitadas, ahogadas por el goteo constante de los códigos y las leyes de género. Fue entonces cuando se separarían los caminos de los hombres y las mujeres en función de su clase social, y esos caminos se irían apartando firmemente uno del otro en el transcurso de los siglos.

Hay señales que indican que las normas no siempre encajaron bien cuando se introdujeron. El estado puede imponer sus leyes, pero eso no significa que las personas vayan a estar encantadas de cumplirlas. En algunas zonas de Mesopotamia se reconocía que las categorías debían obviarse en alguna ocasión porque no conseguían captar fielmente las necesidades de los individuos. Budin me cuenta que, en algunas ciudades, hubo casos en que los hombres se dirigían a sus hijas o esposas en calidad de hombres para poder traspasarles sus derechos de herencia. «Un padre moribundo podía poner literalmente en su testamento y en sus últimas voluntades: "Yo hago de tu madre el padre de este hogar"; o bien "Yo convierto a mis hijas en mis propios hijos, y digo que hereden como heredarían mis hijos propios"», dice Assante. El género por ley de la mujer se cambiaba para que esta adquiriera una condición distinta en el seno de la familia. Y eso no solo demuestra las limitaciones prácticas que tuvieron las categorías de género, sino también la voluntad del pueblo de soslayarlas.

Lo raro es lo mucho que les cuesta aceptar a algunos especialistas contemporáneos en esta materia que hubo mujeres trabajadoras e independientes, o mujeres poderosas que actuaron de gobernantes y fueron guerreras, tal como reflejan los anales antiguos. Es casi como si la historia no tuviera sentido a menos que las mujeres aparezcan representadas en ella como unos seres indefensos e invisibles.

En 2008, Kathleen McCaffrey, licenciada en estudios sobre la Antigüedad del Oriente Próximo por la Universidad de California, en Berkeley, se dio cuenta de que los especialistas se estaban haciendo un lío intentando explicar la razón de que los cuerpos de las mujeres descubiertos en la antigua ciudad sumeria de Ur hubieran sido enterrados con objetos o armas pertenecientes a la realeza. En ciertas ocasiones, nos cuenta McCaffrey, la integridad de la pureza de los datos arqueológicos se cuestionaba porque no se ajustaba a las expectativas de género. Los investigadores parecían más dispuestos a creer que sus datos eran erróneos antes que a barajar la posibilidad de que lo fueran sus supuestos. Cuando encontraban unos patrones claros que refrendaban sus expectativas en lo que se refería al género, los aceptaban sin cuestionarse nada. Y si no exigieron las mismas pruebas de los objetos reales que descubrieron en las tumbas de los varones fue porque «el sentido común», en palabras de McCaffrey, no lo requería.

La conclusión de McCaffrey fue que el sentido común no era precisamente lo que mejor podía orientarnos para interpretar el género en la Antigüedad. «El sentido común dictamina que un sello real hallado en la tumba de una mujer nos indica que se trata de la pertenencia de un hombre situada fuera de contexto; y, por consiguiente, la intuición inclinará el peso de la prueba hacia el lado que demuestre que el sello es una pertenencia femenina», escribió. Si las sumerias eran enterradas como si fueran reyes, la explicación más parca sería que, en realidad, hubo mujeres reyes, afirmó McCaffrey. Quizá el problema no radicara en el hecho que fuera una mujer la que estaba allí enterrada, sino en el modo en que la palabra «rey» se ha estado interpretando por parte de los arqueólogos y los historiadores modernos. La consecuencia de darle este sesgo, concluyó Assante, fue la marginalización masiva a que fueron sometidos «las mujeres que no eran esposas y los hombres que no eran guerreros».

Si la vieja noción de que todos los varones dominaban por naturaleza a las mujeres se deja apartada a un lado, ¿qué otra cosa podría explicar el patrón cambiante de las relaciones de género en una región como la antigua Mesopotamia? Una respuesta podría ser que el poder estaba siendo retirado progresivamente de las manos de las mujeres, y que la categorización por parte del estado era la herramienta con la que las mujeres fueron clasificadas y sistemáticamente privadas de sus derechos. Introduciendo gradualmente unas normas y unas leyes que fueran más amplias, todo un grupo de personas, caracterizadas por su gran complejidad individual, podía, en efecto, ser marginado y eliminado finalmente. Contamos con una gran cantidad de paralelismos históricos que demostrarían esta teoría; por ejemplo, tenemos la práctica de la segregación racial que se dio en América del Sur, el sistema de las castas en la India y las aristocracias en Europa. La normativa de género no solo obligaba a las personas que desempeñaban un papel social más limitado a servir mejor al estado, sino que además permitían a los hombres situados en la élite asirse al poder, así como detentar los derechos y las propiedades de las mujeres con quienes anteriormente habían compartido todas estas cosas.

El género es lo que fundó el patriarcado, según la psicóloga Carol Gilligan y la psicoanalista Naomi Snider. Categorizar es el ejercicio de crear unos estereotipos. Allana las diferencias y define a las personas por una serie de cualidades que comparten, o por el modo en que estas podrían ser útiles. Dividiendo a las personas por grupos de esta manera, aunque sea arbitraria, nos impele más a buscar en qué se diferencian. Y eso es lo que convierte a la capacidad de dividir en un instrumento psicológico tan poderoso. A las divisiones podemos atribuirles, sin más tardanza, un significado social. Lo binario y jerárquico ordena, según Gilligan y Snider, que «un hombre, para ser un hombre de verdad, no debe ser una mujer ni actuar como una mujer, y viceversa».

James Scott se expresó de una manera parecida cuando dijo que los grupos dominantes aprenden a actuar con autoridad y asertivamente una vez que su postura dominante ha quedado clara. «Para los grupos gobernantes hereditarios, la formación empieza por lo general ya desde el mismo nacimiento del individuo; el aristócrata aprende a actuar como un aristócrata; el bramán como un bramán, y el hombre como un hombre».

Los estados militares, por ejemplo, debieron de agrupar a todos los hombres jóvenes debido a la clara capacidad colectiva que estos tienen de luchar, con independencia de la capacidad real que tuviera cada uno de ellos. En la *Ilíada*, atribuida al poeta de la Grecia antigua Homero, el príncipe Héctor le dice a su esposa Andrómaca: «La guerra nos concierne a todos los hombres». Y no nos está hablando de algunos hombres, sino de todos los hombres. Para las jóvenes, en cambio, su función debió de ser considerada reproductiva: la función de tener hijos y criar a unos ciudadanos leales que pudieran trabajar y luchar en combate. O, en función de la cultura o de la clase a la que pertenecieran, quizá desempeñaran algún trabajo en particular. Scott nos cuenta que una de las primeras instituciones esclavistas documentadas de Mesopotamia fue un taller textil que funcionaba gracias al trabajo de miles de mujeres. En la antigua Grecia, también fue muy importante la labor de tejer, que en general fue atribuida a las mujeres.

En la vida real, no todas las mujeres quieren tejer ni quedarse en casa para tener hijos; y no todos los hombres desean ir a la guerra y poner en riesgo sus propias vidas. Ahora bien, las élites no se preocupaban de los individuos. Fue en interés de estos estados más tempranos por lo que las personas se acomodaron a vivir dentro de los límites de lo que cabía esperar de ellas. La maquinaria dependía de eso.

La inevitable tensión que todo eso generaba quedó al descubierto en un discurso que pronunció en el 17 a.C. el hombre que se convertiría en el primer emperador romano, Augusto. Contemplando lo que él consideraba la decadencia moral de Roma, Augusto temió que la ciudad-Estado llegara a desintegrarse. «Si pudiéramos sobrevivir sin tener esposa, ciudadanos de Roma, todos nos libraríamos de esa molestia –declaró al Senado–. Pero ya que la naturaleza ha decretado de esta manera que no podemos arreglárnoslas sin ellas, ni vivir de ninguna otra manera que no sea con ellas, debemos hacer planes para preservarnos en lugar de hacerlos para aliviar nuestros placeres pasajeros». Augusto introdujo leyes que animaran a la gente a casarse, permanecer fieles y tener muchos hijos. De sus palabras se desprende que todo lo hacía actuando en servicio de la naturaleza. Pero, si eso es así, ¿cuál sería la necesidad de legislar si todo viene dado en función de la naturaleza?

Las leyes solo tuvieron razón de ser para ponerse al servicio del estado.

***

En sus fundamentos, el antiguo hogar griego, el *oikos*, puede considerarse que fue el sistema que mantuvo unidas a las personas en un
sistema de libertad muy precaria.

Antes de la Antigüedad clásica, los que ostentaban el poder fueron transformando las normas y las leyes hasta el punto de que todos
sabían instintivamente cuál era su lugar. Desde los esclavos, situados
en el escalafón más bajo de la jerarquía social, hasta los hijos y las
esposas, subordinados todos ellos a sus padres y a sus maridos, todos fueron reclutados para obedecer las órdenes impuestas por los
códigos sociales del estado. El objetivo de una ciudadana cualquiera
era dar a luz y criar el mayor número posible de ciudadanos, y el
objetivo de cualquier ciudadano era defender el estado. Uno de los
modos en que la antigua Atenas alcanzó esta docilidad fue instilando
a la ciudadanía la noción de lealtad a su ciudad. Lo personal debía
aglutinarse hasta formar parte de un grupo más amplio; debía sacri-
ficarse a la búsqueda de un ideal mayor.

Todo eso queda reflejado en la historia posterior, que, por supuesto, llega hasta el presente. Según el historiador Frank McLynn,
a partir de 1206, Gengis Kan introdujo el servicio militar obligatorio para los muchachos y los hombres que tuvieran entre quince y
setenta años. Organizó a la población, incluidos niños y mujeres,
distribuyéndola en unas unidades políticas y militares desde las
cuales todos debían mostrar su lealtad al imperio mongol. Los hijos
podían ser reclutados y movilizados cuando cumplían quince años
para ser iniciados en el seguimiento de estas normas sociales, eliminando deliberadamente cualquier traza de valores que pudieran haber
adquirido, o cualquier otra clase de costumbre local que estuvieran

siguiendo. Muchos países actuales siguen conservando la obligación de hacer el servicio militar o de alistarse en tiempos de guerra. En 2015, Corea del Norte, que ostenta la posición de ser el país con el período más largo de servicio militar para los hombres, amplió este servicio obligatorio a las mujeres.

En la antigua Atenas, los valores familiares ejercían una especie de control psicológico en toda regla. Se hacía creer a la población que la libertad de la mujer era una amenaza para la integridad del estado. Las chicas terminaron controladas hasta tal punto que «las casaban a la edad de trece o catorce años para asegurarse de que no pudieran experimentar ninguna clase libertad ni tener malos comportamientos –dice Stephanie Budin–. Y si una entre varios centenares de mujeres por lo que fuera abandonaba a su marido por un amante, o era descubierta teniendo una aventura, se desataban la paranoia y el pánico. Todo el *oikos* caía en desgracia».

La consecuencia de que las chicas se casaran a una edad tan temprana con hombres mayores que ellas fue que los maridos y las mujeres debieron de ser profundamente distintos en cuanto a su conducta y su temperamento se refiere. Lo que se esperaba de una muchacha era que gobernara el ajetreado hogar de un adulto, que además le llevaba diez o quince años de edad. Estas relaciones paternalistas alimentaron la impresión de que las mujeres eran unas alocadas e inmaduras y los hombres, unos seres racionales y sabios, cuando en realidad solo la diferencia de edad fue lo que imprimió esa apariencia a las cosas.

El género también terminó asociado a virtudes como las del honor, el valor y la lealtad. Generaban muchísima intranquilidad las personas que no seguían las reglas o no estaban a la altura de cumplir con esos valores. Los escritores de la antigua Grecia a menudo advertían a los demás para que se guardaran de las mujeres que no se dejaban gobernar, sobre todo las que más azuzaban para conseguir cosas en provecho propio; esas mujeres que se negaban a adoptar un papel secundario y a someterse a una vida de autosacrificio y lealtad al estado. El poeta Hesíodo escribió una historia sobre una mujer muy atractiva que pretendía apoderarse de las propiedades de un hombre. «Esa va detrás de tu granero», advirtió. El poeta del siglo VI Teognis de Mégara escribió que una mujer nunca rechazaría casarse con un hombre malvado si este disfrutaba de una buena posición, «porque la mujer preferiría ser rica antes que buena».

Las metecas, habitantes de procedencia extranjera que pagaban impuestos a la ciudad, aunque carecieran de la ciudadanía, se convirtieron en objetivo frecuente de pleitos y difamaciones, afirma Rebeca Futo Kennedy. Estas mujeres en general eran más independientes, y era más probable que tuvieran que trabajar para ganarse la vida. «Uno de los estereotipos más dañinos que se usaron para desacreditar a las metecas de Atenas fue su amor por el dinero y por adquirir propiedades en la ciudad», escribe. Se las representaba como unas pervertidas sexuales, como un riesgo para el estado. El interés propio por el que demostraban guiarse se consideraba que socavaba la armonía social.

El retrato que emerge entre líneas de estos antiguos anales griegos es el de una sociedad que desesperadamente intenta mantener la casa en orden por miedo a que todo vaya a desintegrarse. En *Diosas, rameras, esposas y esclavas*, Sarah Pomeroy explica que incluso el más misógino de los escritores de la antigua Atenas se traicionó a sí mismo al mostrarse angustiado ante la posibilidad de que el equilibrio irregular de poderes entre el hombre y la mujer perdiera su estabilidad. Según la leyenda griega, Clitemnestra, la esposa del rey

Agamenón, tiene primero un amante, luego asesina a su esposo y, al final, termina muriendo apuñalada por su hijo, sediento de venganza. Según el mito de las amazonas, existió una tribu de poderosas guerreras que luchaban contra los hombres en igualdad de condiciones, pero al final terminaron siendo derrotadas. La especialista en literatura griega Froma Zeitlin usa el término «complejo de amazona» para describir el pánico social que desata el hecho de que las mujeres puedan rechazar la subordinación para intentar convertirse en el sexo dominante.

Esta paranoia compleja y palpable se ve reflejada en la literatura continuamente. Las obras griegas cuentan con una gran abundancia de personajes femeninos ficticios que intentan audazmente subvertir el orden patriarcal. En *La asamblea de las mujeres*, una obra satírica de Aristófanes, las mujeres se apoderan del gobierno de Atenas. Este terminaría siendo un tema recurrente para los dramaturgos. «Tres de las once comedias existentes de Aristófanes muestran a unas mujeres que se oponen a los hombres y logran vencer. Una mujer recluida como Fedra podría anhelar cometer adulterio; una esposa como Creúsa podría haber dado a luz a un hijo ilegítimo antes de contraer nupcias; una buena esposa como Deyanira podría ser capaz de asesinar a su marido», escribe Pomeroy.

«Esas eran las pesadillas que tenían los victoriosos: que, un día, las vencidas pudieran alzarse y tratar a sus antiguos amos como ellas habían sido tratadas».

Estas pesadillas están presentes en muchas culturas cuyo orden social es el de la desigualdad. Los rituales en torno a las castas y las jerarquías sociales pueden ser de una sofisticación increíble. No hay nada que demuestre más la inseguridad de las monarquías europeas que la necesidad que tienen de recurrir a la pompa y las ceremonias. En la India hay cuantiosas reglas para determinar cómo deben comportarse entre ellas las personas que forman parte de distintas castas. Los etnólogos y especialistas de género Dev Nathan, Govind Kelkar y Yu Xiaogang han puesto de relieve que, en algunas de las comunidades más patriarcales de Asia, existe la creencia de que las mujeres son brujas y constituyen la fuente de todo mal. «La idea de que las mujeres tenían alguna clase de poder que luego los hombres les robaron, y conservaron celosamente, es muy recurrente», escriben estos académicos. En una zona del noreste de Tailandia, el arma que la gente usaba para vencer a los espíritus del mal era un pene de madera.

Luchando contra sus propias inseguridades, la ciudad antigua de Atenas siempre se encontraba en una situación comprometida. Por mucho que los antiguos poetas y dramaturgos griegos representaran la inferioridad y la subordinación de la mujer como algo natural, por mucho que insistieran en que el orden social de Atenas era absolutamente normal, nada socavaba tanto su ideario como el hecho de que las sociedades ajenas a Atenas no siempre siguieran las mismas reglas.

El antiguo Egipto, por ejemplo, tenía una manera muy diferente de pensar en lo concerniente al género y el poder. «Tenemos un gran alijo de papiros, y muchos de ellos son cartas escritas por mujeres, o contratos firmados por mujeres. Hay contratos de propiedad, hay testamentos... –nos cuenta Rebecca Futo Kennedy refiriéndose a unos documentos hallados en Egipto que datan de los tiempos helenísticos, tras las conquistas de Alejandro Magno, en el siglo IV a.C.–. En realidad, las mujeres tienen acceso a lo que llamaríamos una determinada forma de poder financiero y legítimo». Kennedy explica que, por tradición, las mujeres representaban la autoridad en su propio hogar, y que por eso quizá fueran ascendiendo lentamente hasta lo más alto logrando que a la gente le resultara posible imaginar y aceptar que las mujeres podían ejercer el poder. Así como era habitual que hubiera faraones, también existieron mujeres gobernantes de gran renombre, como, por ejemplo, Cleopatra y Nefertiti.

«La posición que las mujeres ocuparon en el antiguo Egipto probablemente fuera la más elevada del mundo mediterráneo», según me cuenta la egiptóloga Fayza Haikal, de la Universidad Americana de El Cairo, que fue la primera mujer en ser presidenta de la Asociación Internacional de Egiptólogos. «Sin duda fue más elevada que la de las griegas o las romanas, porque la mujer egipcia era muy independiente. Podía trabajar, podía adoptar, podía heredar y podía dirigir su propio negocio… Prácticamente tenía los mismos derechos que los hombres». Estas mujeres fueron cultas; fueron mujeres que trabajaron como doctoras y comadronas, y fueron músicas y sacerdotisas.

«Había muchas maneras de ser mujer en el mundo antiguo», coincide Bethany Hucks, una doctoranda en egiptología y arqueología de la Universidad de Heidelberg. La diosa egipcia Isis fue una de las deidades más célebres del mundo antiguo y distaba mucho de ser unidimensional. Los cultos religiosos de la Antigüedad a menudo ofrecían a las mujeres, incluso a las de extracción social baja, la oportunidad de tener presencia pública, de disfrutar de una genuina autoridad y adoptar actitudes que fueran más allá de lo que requerían las normas sociales. Visto este panorama desde el siglo XXI, puede parecernos que hemos seguido una trayectoria lineal desde los tiempos arcaicos hasta el patriarcado actual, pero, como explica Hucks, «existe la posibilidad de que en algún recodo del Mediterráneo antiguo las cosas hubieran sido mucho más equitativas».

***

«Hacen ejercicio. Hacen lo que, técnicamente, son actividades masculinas. Corren, saltan y lanzan», me cuenta Andrew Bayliss, un historiador de la Universidad de Birmingham que es especialista en Esparta (una ciudad-Estado que tuvo muy mala fama en la antigua Grecia por la visibilidad que daba a sus mujeres, comparada con la vida relativamente enclaustrada que llevaban las que pertenecían a la clase alta y vivían en la vecina Atenas).

Esparta nos obliga a plantearnos dónde se sitúan los límites naturales del comportamiento de género. Los atenienses no pudieron evitar fijarse en las diferencias físicas que existían entre las mujeres espartanas y las suyas propias. Aquellas eran más robustas y bronceadas, porque hacían ejercicio al aire libre. Y debían de comer mucho más que las griegas, indica Bayliss. En *Lisístrata*, una comedia ateniense del dramaturgo Aristófanes, las mujeres organizan una huelga de sexo para detener la guerra del Peloponeso entre Atenas y Esparta. Hay una escena en la que sale una espartana llamada Lampito. «Los atenienses empiezan a criticar su aspecto –dice Bayliss–, comentando lo morena que es y lo musculosa que se ve, y ella les contesta diciendo que es capaz de estrangular un toro de lo fuerte que es». El filósofo griego Aristóteles mostró abiertamente su contrariedad y se lamentó de que los espartanos estuvieran tan comprometidos con sus mujeres. Sugirió incluso que Esparta era una especie de gineocracia, y con ello quería decir que la ciudad debía de estar gobernada por las mujeres. La literatura ateniense solía describir Esparta como un lugar poblado de gente extraña y nada habitual.

Lo raro es que, incluso recientemente, haya académicos que todavía se refieran a Esparta calificándola como si fuera oriental, y a

Atenas como si fuera occidental, comenta Bayliss. Y prácticamente se hacen eco de las palabras de Aristóteles cuando sugieren que Esparta resultaba más extranjera. De todos modos, hay que decir, sin lugar a dudas, que solo resultaba extranjera desde el punto de vista de los atenienses. Para el resto del mundo, Atenas también debió de parecer un fenómeno inusual. «Es como si pensáramos que la manera en que los atenienses resolvían las cosas era lo normal, y como situaban a los espartanos en el polo opuesto, eso creó la impresión de que las espartanas eran unos seres que escapaban completamente de la normalidad», explica Bayliss. En realidad, afirma: «Lo más probable es que Atenas estuviera situada en uno de los extremos y Esparta, en el otro».

La sociedad espartana era más bélica que las demás, y eso significaba que las mujeres eran las que se veían obligadas a gestionar las propiedades cuando los hombres partían a la guerra. En esta situación social en concreto, quizá todo eso contribuyera a generar expectativas distintas para los hombres y las mujeres. En un momento determinado de la historia espartana, las mujeres fueron las propietarias de dos quintas partes de las tierras. Las viudas de más edad podían llegar a amasar una fortuna personal tan considerable que quizá no se veían en la obligación de tener que volver a casarse si sus maridos fallecían. «Las espartanas bien situadas también debían de encontrarse en la situación de poder ofrecer ayuda financiera a sus parientes más pobres, y eso podría haberles otorgado una mayor influencia sobre los hombres de su familia», escribe Bayliss.

No estamos diciendo que Esparta no tuviera unas ideas propias que impusieran unos límites a lo que resultaba socialmente inapropiado, solo que lo que para ellos era apropiado, quizá, no lo fuera tanto para los atenienses.

Las vidas cotidianas de los jóvenes espartanos, a pesar de seguir vinculadas a los valores griegos inspirados en el linaje patriarcal, estaban bajo el influjo de la dirección un poco más militarista que seguía su propia sociedad. Esta sociedad no tenía miedo de seguir su propio camino, explica Bayliss. Los espartanos creían que era importante que las mujeres estuvieran fuertes y sanas para traer hijos al mundo, unos hijos que luego serían ciudadanos útiles, del mismo modo que se esperaba de los hombres que fueran fuertes y estuvieran sanos para poder luchar en la guerra. «Las espartanas se casaban comparativamente más tarde que las atenienses. Las muchachas que vivían en Atenas se casaban a los catorce, por ejemplo, y las espartanas solo cuando cumplían dieciocho o diecinueve años», añade. Las que no estaban casadas llevaban el pelo descubierto y unos vestidos más cortos, que, a la par de ser más reveladores, estaban diseñados para permitirles moverse con mayor facilidad y hacer ejercicio.

Otra diferencia notable entre Atenas y Esparta, según los anales históricos, es que las espartanas no solo tenían visibilidad, sino que además eran escuchadas. Entre los fragmentos literarios griegos más conocidos que describían la vida espartana, podemos leer expresiones lacónicas, que son afirmaciones sucintas que tienen la capacidad de ser tan ingeniosas, o profundas, como frugales. La palabra «lacónico» viene de Laconia, que era la región de Grecia en la que se ubicaba Esparta. Se dice que cuando le comentaron a un espartano que las flechas de un poderoso ejército contrincante oscurecerían el cielo que los cubría, este contestó: «Bien. Lucharemos en penumbra». Y no solo eran los hombres los que tenían fama de pronunciar estas frases tan escuetas. Contamos aproximadamente con unas cuarenta expresiones de este talante atribuidas a las mujeres.

«Algunas de ellas son muy buenas», confiesa Bayliss. Un tema recurrente es el de las mujeres que criticaban a sus congéneres por no ser lo suficientemente bravos en la lucha. El hecho de que las mujeres esperaran que sus esposos y sus hijos salieran a combatir, aun a riesgo de perder la vida, demuestra lo implicadas que estaban en los objetivos militares del estado. «La historia más gráfica es la de una madre que se levantó las faldas y le dijo a su hijo: "¿Tenías pensado volver a meterte aquí, en el lugar de donde saliste?"» cuando vio que este hijo había mostrado signos de cobardía en el campo de batalla. También hay relatos en los que se dice que las chicas se burlaban de los chicos que consideraban débiles, y relatos de hijas y esposas que les decían a sus padres y a sus maridos lo que tenían que hacer.

Walter Penrose, un historiador especializado en género y sexualidad en el mundo antiguo que trabaja en la Universidad Estatal de San Diego, me cuenta que (si estos relatos no son apócrifos y reflejan exactamente las palabras que refirieron los habitantes de la época) las espartanas debieron de pensar de sí mismas que eran unas mujeres valerosas. Y eso es relevante, porque sus vecinos, los atenienses, consideraban el valor una cualidad decididamente masculina, que solo era digna de mención si se refería a los hombres. «Los actos de las mujeres atrevidas se atribuían a su *tolma*, a su audacia, más que a su *andreia*, su propio valor».

Un ateniense cobarde recibía el calificativo de afeminado. En Esparta, el valor no obedecía al género. «Los espartanos cobardes no eran comparados con las mujeres, y tampoco se les atribuía ese nombre, porque las espartanas eran consideradas unas ciudadanas a las que no les faltaba el coraje», explica Penrose. Tanto en Esparta como en la ciudad peloponesa de Argos, las mujeres, de hecho, eran aclamadas por su valor. «Los actos valerosos de las mujeres, que los atenienses calificaban de masculinos, audaces y, por consiguiente, un atentado contra la naturaleza, eran alabados por el resto de los griegos», escribe Penrose.

La razón no debía atribuirse a que las mujeres valientes fueran caras de ver, sino a que todas las culturas del mundo tenían una manera muy propia de lidiar con el género. En la antigua Eurasia, explica Penrose, los hallazgos arqueológicos demuestran que «las mujeres eran enterradas con armas en las culturas de los escitas, los sármatas y los tracios». Estas guerreras de carne y hueso, si eso es lo que fueron en realidad, debieron de ser las que inspirarían las leyendas griegas que hablaban de unas amazonas guerreras. «Está claro que las mujeres combatían en esas sociedades. De la mano del comercio y la colonización, los griegos tuvieron contacto con diversas guerreras pertenecientes a distintas etnias, pero, por lo que parece, las etiquetaron todas, o, al menos, a la mayoría de ellas, bajo el nombre de amazonas –añadió–. Quizá eso se debiera a que los griegos no entendían que pudiera existir una sociedad en la que las mujeres lucharan o ejercieran alguna clase de poder».

Lo que cabía atribuir a unas creencias atenienses de profunda raigambre sobre el género «nunca llegó a encajar completamente con los hechos, tal y como existieron en realidad».

Las contradicciones y paradojas que refleja la bibliografía preocuparon mucho a Penrose desde el mismo momento en que este empezó a investigar sobre la diversidad de género en la Antigüedad. Algunos filósofos griegos de la Antigüedad consideraron la inteligencia un rasgo masculino, por ejemplo, pero, tanto en la historia como en los mitos, vemos que hubo mujeres que demostraron ser claramente inteligentes. Toda regla tiene sus excepciones, pero siempre se insiste de una manera constante, casi desesperada, en que las reglas obedecen a la naturaleza. Penrose concluye diciendo que el concepto binario de lo masculino y lo femenino (que, basándonos en los documentos que han llegado hasta nuestros días, parecen haber constituido una parte inmutable de la sociedad griega) se ha sobrevalorado. «Ahí veo mucha tensión latente, y por esa razón desconfiaba yo tanto de lo binario, porque las cosas son mucho más complicadas de lo que parece», dice Penrose.

La especialista en clásicas por la Universidad de Princeton Brooke Holmes ha escrito en unos términos parecidos afirmando que «no deberíamos perder de vista el hecho de que el género parece haber obrado haciendo alarde de un gran reduccionismo tanto en los textos antiguos como en la vida de la gente, reforzado la polarización de las ideas y establecido limitaciones en la manera que tenían los individuos de expresar sus intereses, talentos, deseos, miedos y esperanzas, así como en el modo de considerarse los unos a los otros». Entre líneas, en la angustia y la paranoia es donde podemos empezar a ver lo difícil que debió de ser para las personas vivir con las limitaciones impuestas por las rígidas clasificaciones del estado.

***

Hay un antiguo texto médico griego, *Del régimen de las enfermedades agudas*, atribuido al físico Hipócrates, del siglo v a.C. (del que todos los médicos se acuerdan en la actualidad cuando hacen el juramento hipocrático), que dice que la naturaleza de un bebé se decide en la matriz, cuando la simiente de la madre entra en conflicto con la simiente del padre. Cada unas de estas simientes, nos dice Penrose, presenta una inclinación hacia lo femenino o lo masculino, independientemente del progenitor del que provengan, y eso significa que las madres pueden tener simientes inclinadas a lo masculino y los padres pueden generar otras simientes inclinadas a lo femenino.

Es decir, por ejemplo, que una recién nacida masculina podría ser el resultado de una simiente paterna inclinada hacia lo femenino que hubiera vencido a la simiente inclinada a lo masculino de la madre, aun combinándose con ella. Y, por supuesto, también existirían otras combinaciones que serían causantes de unas complejidades distintas.

Lo que todo esto demuestra es que los antiguos griegos no tuvieron otra elección más que reconocer que no todos se alineaban automáticamente con las expectativas que la sociedad tenía sobre el género desde el mismo momento de nacer. El hecho de que hubiera hombres femeninos y mujeres masculinas, personas cuyas características no encajaban con sus estereotipos, debía de tener una explicación. Y eso fue lo que Hipócrates se propuso hacer en *Del régimen de las enfermedades agudas*. El autor no solo intentaba explicar la realidad, sino que escribía para un público que tenía que regirse por unas normas sociales muy rígidas en cuanto al género.

«Me llevó un tiempo llegar a la conclusión de que este texto es político. En este texto, se hace política –me cuenta Penrose–. La razón de que Hipócrates hable tan alto y claro es para que los padres puedan trabajar en el régimen, la dieta y el ejercicio que hacen para que no tengan que terminar con un hijo así», con alguien que desafía las expectativas de género. Los atenienses eran famosos por ser de una intolerancia malévola con las personas que no se ajustaban a ellas. Hay relatos sobre personas intersexuales en la Grecia y la Roma de la Antigüedad que eran asesinadas, a veces ya de pequeñas, por miedo de que crearan un desequilibrio cósmico o por ser de mal augurio. *Del régimen de las enfermedades agudas* fue una obra que reflejaba el deseo que tenían las personas de encajar en unos protocolos de género muy estrictos ante la incomodidad manifiesta de que no todos encajaban.

«Es la tensión existente entre ideología y realidad», dice Penrose. Esta observación se integra en un corpus de estudio más amplio que, durante varias décadas, se estuvo cuestionando la manera que tenemos de considerar a las mujeres y los hombres de la Antigüedad clásica. En su antología *Sex and Difference in Ancient Greece and Rome*, los especialistas en clásicas Mark Golden y Peter Toohey describen lo compleja que en realidad es esta cuestión. Inspirados por los escritos sobre la sexualidad que el filósofo francés Michel Foucault escribió en la década de 1970, algunos expertos se han preguntado si el acto sexual de la penetración, por ejemplo, no podría considerarse «el medio principal con el que definir el género. Los hombres penetraban, y las mujeres eran penetradas. Como consecuencia, no todos los varones eran hombres», escribieron Golden y Toohey. Los varones supeditados que eran penetrados, incluidos los esclavos y los muchachos, pudieron ver alterada su condición de varones.

«La palabra "mujeres", por otro lado, apenas genera problemas», escribe Nancy Sorkin Rabinowitz. Tal y como ella explica, «los pueblos de la Antigüedad no solo empleaban palabras distintas, sino que usaban las palabras que, en realidad, ya tenían para describir a los seres humanos de sexo femenino de muy diversas maneras». Los romanos consideraban que las mujeres que eran más activas (en lugar de ser más pasivas) sexualmente eran más hombrunas, por ejemplo.

Estas incertidumbres nunca se han llegado a resolver por completo. Sigue habiendo diferencias culturales en la manera en que las sociedades etiquetan a las personas como hombres o mujeres. Un buen ejemplo de ello sería el modo en que la intervención quirúrgica de cambio de sexo a que se someten los transexuales es considerada por parte de la Iglesia católica y romana y de la República Islámica de Irán de la actualidad. Ambas instituciones son patriarcales, muy rígidas en sus fundamentos, y consideran que los hombres y las mujeres tienen unos papeles sociales claramente definidos. Sin embargo, así como la Iglesia católica considera que el transgénero es una especie de desequilibrio mental que requiere de un tratamiento psicológico, la República Islámica lo considera un problema físico que debería corregirse por medio de la cirugía. El Estado iraní incluso subvenciona las operaciones de cambio de sexo en la creencia de que eso logrará que el cuerpo y la mente de la persona se encuentren correctamente alineados entre sí. Los hombres y las mujeres transgénero que viven en Irán, tras haberse sometido a una operación de cambio de sexo, deben cumplir con las obligaciones morales y sociales que comporta su nuevo género. Para las personas transgénero que se han convertido en mujer, eso incluirá que lleven velo en público. Para la Iglesia católica, en cambio, una persona transgénero que se haya sometido a una intervención quirúrgica para ser un hombre seguirá siendo una mujer.

«La idea de que la biología marca el destino, o, mejor aún, de que el destino es marcado por la biología, ha constituido la esencia del pensamiento occidental desde hace siglos», escribe la catedrática de Sociología Oyeronke Oyewumi, que trabaja en la Universidad Stony Brook, en Nueva York, y con ello hace referencia sobre todo al filósofo griego Aristóteles. Esta idea ha proyectado una sombra muy alargada en todo el mundo, sobre todo en los países que fueron colonizados por los europeos. Oyewumi explica que, en el idioma yoruba, que se habla en Nigeria, tradicionalmente no existían unos pronombres personales separados para designar a los hombres y a las mujeres. Y eso era porque «el género no era un principio organizativo». Hasta la expansión del imperio británico por Nigeria, la edad y la veteranía eran consideradas más relevantes para la condición de la persona. Eso es lo que hace que resulte tan difícil saber quiénes, de entre los gobernantes, fueron hombres y quiénes mujeres, partiendo de los documentos históricos, escribe Oyewumi. En la sociedad yoruba, «las relaciones sociales derivan su legitimidad de cuestiones sociales y no biológicas».

Ahora bien, en la historia del pensamiento occidental, incluida la antigua Grecia, siempre ha habido equívocos cuando se plantea cuál es la base legítima de la que se parte para establecer las relaciones sociales entre las mujeres y los hombres. Aproximadamente en el 380 a.C., Platón escribió en *La república* que una sociedad ideal se caracterizaría por tener unas mujeres capaces que ejercieran de gobernantes y dirigentes junto con unos hombres también capaces. Decía que todos deberían tener la misma educación y la misma formación, aunque la visión de «unas viejas desnudas y arrugadas demostrando su agilidad en el gimnasio» incomodara a los hombres. «Todo es cuestión de hábito», comentaba Platón. Somos capaces de acostumbrarnos a todo.

Antes de Platón, los mitos griegos de los dioses y las diosas ya abrieron una brecha en las normas que se referían a la masculinidad y la feminidad, a veces incluso planteando la idea de la existencia de lo andrógino, lo transgenérico y lo intersexual. Contamos con la historia de Hermafrodito, el hermoso hijo de las deidades Hermes y Afrodita, que se unió a una ninfa y terminó convertido en una sola persona dotada de ambos sexos. La diosa Atenea tenía unas características que los atenienses asociaban, sin atisbo de duda, a los hombres, como el heroísmo y la inteligencia. Atenea era la diosa de la guerra, adorada por su fuerza militar y su sabiduría. El dios Dionisos, a veces, era representado como un anciano con barba, pero, en otras ocasiones, aparecía como un joven, con el pelo largo y piel clara, rasgos que en general se asociaban a las mujeres de clase alta que se quedaban en casa. Vemos este mismo cutis retratado asimismo en las descripciones de los dioses y las diosas hindúes. Ardhanarishvara, la forma compuesta resultante de la unión del dios Shiva con su consorte Parvati, aparece partida exactamente por el centro (una mitad es mujer, y la otra, hombre).

«Atenea y Dionisos no simbolizan meramente el modo en que quizá los que no encajaban tan bien en las estructuras sociales podían ser reconocidos –escriben la especialista en clásicas Alison Surtees y la especialista de género Jennifer Dyer–, sino que más bien representan la fluidez que subyace bajo la pretensión de estabilidad que se sigue celebrando y que debe reafirmarse continuamente como divina, natural, ideal y normal».

Así como los griegos de la Antigüedad se sentían claramente fascinados por la vida que escapaba a su normativa de género, también existía el sentir de que la estabilidad social, económica y política del estado dependía de la eliminación de esta problemática. Judith Fletcher, historiadora de la Universidad Wilfrid Laurier, en Ontario, cuya obra se centra en la cultura de la Atenas clásica, escribe sobre la indomable y poderosa cualidad salvaje que se consideraba que las jóvenes que habían alcanzado la cúspide de su edad adulta, entre la virginidad y el matrimonio, poseían («una potencia que debía incorporarse en el seno mismo del estado si este estado quería sobrevivir».) El estado no podía funcionar sin una normativa social, estrechísima de miras, que le permitiera asegurarse de que los ciudadanos se comportaran de tal manera que su población, su productividad y el dominio de las élites quedaran garantizados.

Solo en el cielo podía uno vivir más allá de los muros que levantaban las expectativas sociales. Solo los inmortales tenían la libertad de comportarse tal como eran en realidad.

6. El aislamiento

«Yo, en tierra extranjera,
ya soy llamada esclava
tras dejar Asia,
recibiendo a cambio la morada de Europa,
aposento de Hades».

EURÍPIDES, *Hécuba*, alrededor del 424 a.C.

Hay ciertas experiencias infantiles que nos acechan de por vida. A mí me sucedió de adolescente, el día en que sorprendí a mi madre llamando entre cuchicheos a la hija de una vieja amiga suya que vivía en la India.

Trisha (he cambiado su nombre y algunos detalles personales para proteger su identidad) había sido dada en matrimonio a un británico de raíces indias que vivía con sus ancianos padres en Londres. Su casa era pequeña, de esas que colindan con las vecinas, nada especial, la verdad... Pero, para Trisha, una chica confiada y hermosa, procedente de una familia bastante humilde que nunca había salido de la India, la perspectiva de vivir en Gran Bretaña le pareció la oportunidad perfecta para vivir en un mundo de oropel. Como les había sucedió a mis padres hacía ya bastante tiempo.

Por lo que pude oír sin ser descubierta, la vida de casada no se ajustaba a lo que Trisha tenía pensado para ella. Su esposo era un tanto estricto, pero, cuando se iba a trabajar, eran sus suegros los que le hacían la vida imposible. La trataban como a una sirvienta y le decían dónde podía ir y dónde no. Su situación era francamente penosa. Trisha tenía prohibido llamar por teléfono para hablar como hablaba con mi madre, pero lo hacía a hurtadillas, en los momentos en que nadie la vigilaba, o bien lo planificaba por adelantado, cuando sabía que la familia estaría fuera de casa. Mi madre la tranquilizaba, le decía que aguantara con calma, por el momento, y que la volviera a llamar si las cosas se ponían feas.

Pasaron varios meses. Trisha tuvo un bebé. Los padres de su esposo terminaron por fallecer y las llamadas telefónicas que había recibido mi madre fueron espaciándose cada vez más. Su mundo se fue ajustando paulatinamente a una especie de historia con la que era feliz.

Varias décadas después, todavía sigo preguntándome por qué mi madre nunca le dijo que se marchara.

A lo mejor sí lo hizo. De todos modos, incluso a la edad que yo tenía entonces, ya sabía que las cosas no habrían cambiado demasiado para Trisha. Había algo demasiado vergonzoso en la idea de una esposa que abandonaba a su marido. Los vecinos hacían la vista gorda; y las autoridades, también. No fue hasta 2015 cuando el Reino Unido penó la conducta coercitiva o controladora, una forma de maltrato que salió a la luz gracias al caso de Sally Challen, una británica que mató a su marido a golpes de martillo tras haber soportado cuarenta años de humillaciones. Fue encarcelada de por vida en 2011, pero, tras una revisión del juicio nueve años después, consiguió la libertad.

La de Trisha no fue la única historia de esta clase que escuché de pequeña. Escuché muchísimas más, en el entorno familiar y de mis amistades, en los periódicos y en la televisión. El mensaje que dejó más huella en mí de toda esa situación era del género fatalista: cuando una mujer se casaba, pasaba a pertenecer a su esposo y a su familia. Hay un dicho en ciertas zonas de la India por el que se considera a las muchachas *paraya dhan*, que viene a significar algo así como que cuidar de una hija es como regarle la planta al vecino.

Todavía me encuentro en fase de aprendizaje de todas estas reglas. Recuerdo que los miembros más ancianos de mi familia se burlaron de mí el día de mi boda porque sonreía demasiado, y no era adecuado aparentar tanta felicidad como aparentaba yo, en teoría. Simbólicamente, las novias indias abandonan la estabilidad y seguridad de su estirpe familiar por la precariedad de una vida que pasará junto a unas personas que, al menos en lo que concierne a los matrimonios concertados, puede que sean poco más que unos extraños para ella. En mi caso, yo me casaba con un hombre al que llevaba amando desde hacía años y que tenía una familia cálida y acogedora; pero mi conducta en público debía de ajustarse a un guión predeterminado, tanto si tenía sentido para mí como si no.

Aun en el seno de una familia tan progresista como la mía, los códigos sociales eran como una niebla. La suegra dominante es el pilar sobre el que se sostienen todos los culebrones de Bollywood. La esposa y nuera que todo lo aguanta es un tropo universal. Y, en la actualidad, todavía le puede costar mucho a una mujer escapar del estereotipo de la buena esposa, la que obedece con educación a su esposo y a la familia de este. En el peor de los casos, se la relega al último escalafón de la jerarquía doméstica, hasta que queda embarazada, siempre y cuando, claro está, tenga luego un varón. Quizá por eso no me cuestioné demasiado lo que le estaba sucediendo a Trisha. Y estoy segura de que esa también fue la razón de que mi madre reaccionara como lo hizo, dirigiéndole unas palabras que la aplacaran, palabras amables, en lugar de decirle que hiciera las maletas y se marchara.

Soy consciente de que yo también fui educada en un mundo en el que todos habíamos aprendido ya a aceptar el sufrimiento.

***

«Pasa en todas las clases sociales», me dijo Fairuz Choudhury, que trabaja en el Centro para la Mujer Hopscotch en Camden, al norte de Londres, ayudando a las mujeres que se enfrentan al maltrato familiar, o que quieren escapar de la dependencia económica a que las someten sus cónyuges. La mayor parte del personal ha vivido cosas muy parecidas a las experiencias por las que están pasando estas mujeres que acuden a nosotros en demanda de ayuda.

«Normalmente las llamadas que recibimos son de mujeres para las cuales el idioma es una barrera. No tienen estudios superiores, son dependientes económicamente y viven en un matrimonio concertado», explica Choudhury. La mayoría son inmigrantes de primera generación, normalmente procedentes del sur de Asia, pero hay quien también ha venido a la ciudad desde África u Oriente Medio, o bien procede de Sudamérica o Centroamérica. Algunas vienen tan solo a aprender inglés. Pero son pocas las que proceden de familias acomodadas y con estudios, o que están casadas sin que nadie haya acordado su matrimonio o las hayan obligado. Lo que vincula todas estas historias no es su trasfondo social o étnico, sino su aislamiento. Es el aislamiento lo que constituye su desamparo.

«Lo que vemos en todos estos casos es que la mayoría de las mujeres quieren hacer algo con sus vidas. Vienen a este país y ven un mar de oportunidades. Quieren aprender el idioma, quieren poder entrar y salir de casa, quieren ganar dinero... Pero a todas ellas se les niega este derecho», sigue explicando Choudhury.

«Las mujeres que se enfrentan a maltrato tienen un acceso muy limitado al mundo exterior. Con suerte, quizá puedan ir hasta la verja de la escuela y, luego, volver a casa», añade la directora del centro, Benaifer Bhandari.

En casa, las tareas domésticas pueden ser interminables. «Se espera muchísimo de ellas y de las tareas que recaen bajo su competencia, que llegan a ser muy numerosas y están personalizadas para cada uno de los miembros de la familia. Es decir, que estas mujeres tendrán que lavar la ropa de una manera determinada para cada individuo, porque es así como a este le gusta, o cocinar de una manera muy concreta para cada uno de ellos –explica Bhandari–. La mujer será la única que tenga responsabilidad sobre los niños y todo lo que tenga que ver con ellos. Es decir, que ninguna de sus responsabilidades será compartida por nadie más, y además va a tener que cuidar de todos los demás. Su jornada será larguísima y, por si eso no bastara, es posible que reciba maltrato emocional y físico».

El maltrato doméstico a menudo se etiqueta como un problema que tienen los cónyuges por el cual uno abusa del otro, y frecuentemente suele ser el hombre el que la emprende contra la mujer. Pero, como me explicó el personal de Hopscotch, el entramado responsable de atribuir las culpas puede ser muy extenso.

«En la mayoría de los casos con que tratamos no todo es solo culpa del hombre –me cuenta Choudhury–. Hay como una especie de maltrato colectivo del que participan todos los miembros de la familia».

El marido puede ser cruel o controlador, pero también lo pueden ser sus padres, sus hermanas y sus hermanos. Los niños incluso pueden entrar a formar parte de estas jerarquías de poder. Casi todos los miembros de la familia pueden descargar todo el peso de sus vidas en las recién casadas que pasan a incorporarse a la familia.

Un estudio realizado en el estado indio de Uttar Pradesh, publicado en 2020, reveló que vivir con la suegra tiende a restringir la movilidad de las jóvenes en las zonas rurales, hasta el punto que, a veces, estas ni siquiera pueden ir solas a visitar a sus amigos o a su familia. Socialmente viven más aisladas cuando están casadas. El ciclo se va repitiendo generación tras generación, y esas mismas nueras a las que se ha sermoneado o maltratado son las que terminan convirtiéndose en unas suegras dominantes. Las mujeres se convierten en instrumento de esas mismas fuerzas patriarcales que previamente las habían estado oprimiendo.

En el peor de los casos, la mujer no tiene a donde ir. Es posible que su familia de origen se haya lavado las manos en lo que concierne a su vida. «Te dicen que te las arregles, que no puedes regresar a casa, porque eso sería un deshonor, una vergüenza», explica Choudhury.

La reputación de la familia se resentirá si la hija se separa de su marido o se divorcia. Los hermanos y las hermanas de ella, en consecuencia, van a tenerlo más difícil para casarse. «Las familias no tienen demasiadas opciones que digamos, porque saben muy bien que las cosas empeorarán, y no solo para su hija, sino también para los hermanos de esta», concluye Choudhury.

En la novela publicada en español en 2009 *Tigre blanco,* Aravind Adiga describe la trampa aplastante en la que cae un chico procedente de un pueblo indio muy pobre cuando se marcha a trabajar para una familia acomodada en calidad de chófer. El joven no tiene elección, salvo la de soportar la explotación y el maltrato a que es sometido porque su propia familia pagó para que se marchara del hogar. Por lo que a él concierne, bien podrían darle caza y matarlo. Se imagina a sí mismo como el pollo en el corral que espera a que lo degüellen.

La metáfora a la que recurre Adiga para describir las consecuencias asfixiantes que tiene la pobreza en lo que, en esencia, es una sociedad feudal podría aplicarse con toda la tranquilidad del mundo a la más prohibitiva de entre las familias patriarcales. Existe en ellas un entramado de obligaciones que los jóvenes deben cumplir con los viejos, así como las mujeres con los hombres, para que el sistema siga funcionando. Los transgresores no están rompiendo sus papeles en lo que a ellos concierne, los rompen para toda la comunidad.

En la actualidad, en Pakistán tenemos los índices más elevados de violencia conyugal de todo el mundo. Uno de los mayores factores de riesgo que han identificado los investigadores es haber presenciado la violencia en el seno familiar o en el vecindario, porque eso normaliza luego esta clase de conductas en casa. Los efectos pueden ser tan pérfidos que, según un informe realizado por el Instituto de Desarrollo en Ultramar, las madres que han tenido que enfrentarse a la violencia nunca dejarán de prestar su apoyo a sus propios hijos, aun cuando estos ejerzan la violencia con sus esposas. La idea del maltrato doméstico se vuelve así soportable; incluso podría decirse que eso es lo que cabe esperar.

El personal del Centro para la Mujer Hopscotch me cuenta que les han llegado algunos casos al centro a los que las autoridades ya han empezado a darles la categoría de forma de vínculo humano. En estos últimos años han empezado a reconocer que lo que les sucede a estas mujeres guarda una sorprendente similitud con la esclavitud actual; tiene las mismas características.

«La mujer suele tener que cocinar y servir la comida, y suele exigírsele que coma más tarde. En el caso de que sí se una a los demás para compartir con ellos los alimentos, no se siente con ánimo suficiente para servirse una segunda vez. Viven aterrorizadas por las posibles represalias de sus cuñados –dice Choudhury–. No perciben ningún salario. No tienen acceso a las necesidades básicas. Ni siquiera tienen móvil. He visto casos en los que, si ellas se traían el móvil de casa, o se lo compraban con su propio dinero, que era el que les había dado su padre, les quitaban el teléfono sus cuñados, o bien su propio marido, para guardarlo bajo llave. No se les permitía llamar a sus casas; y tampoco salir sin ir acompañadas de otros miembros de la familia. En algunos casos, incluso, las dejaban encerradas en casa, o en el piso, cuando los demás miembros de la familia salían».

***

En su libro de referencia *La creación del patriarcado*, la ya desaparecida historiadora Gerda Lerner escribió que las mujeres debieron de ser las primeras esclavas de la humanidad, personas que los hombres habrían hecho cautivas para su propia satisfacción sexual y para que les dieran descendencia. La opresión de la mujer, dicen, es previa a todas las demás formas de opresión.

En realidad, es difícil encontrar pruebas sustanciosas que respalden esta teoría. Como demuestran las sociedades de linaje matriarcal y más igualitarias, las mujeres no siempre han sido tratadas de la misma manera. Sin embargo, los filósofos y los teóricos dedicaron mucho tiempo a establecer diversas comparativas entre la condición legal y social de las esposas en los matrimonios patriarcales y la práctica de la esclavitud. Friedrich Engels describió la subyugación de las mujeres como una forma degradante de servidumbre o cautiverio. En el matrimonio, dijo, la esposa se convierte en «esclava» de la lujuria de su esposo. En *El segundo sexo*, la filósofa francesa Simone de Beauvoir escribió que «la mujer, como figura, siempre ha sido dependiente del hombre, cuando no su esclava». Ram Mohan Roy, el reformista social indio que hizo campaña contra el sacrificio de las viudas y el matrimonio infantil a inicios del siglo XIX, argumentó que la esposa «era la empleada que hacía el trabajo de los esclavos en el hogar».

Por supuesto, no todos los matrimonios son un cautiverio. La realidad de la esclavitud es absoluta. Sin embargo, en 2017, una estadística publicada por la Organización Internacional del Trabajo, perteneciente a las Naciones Unidas, reconoció por primera vez que el matrimonio por obligación era una forma de esclavitud. Las cifras más recientes nos dicen que aproximadamente entre los más de 40 millones de personas que viven en estado de esclavitud, al menos 15 millones de ellas se encuentran viviendo en matrimonios forzados. Eso significa que, en todo el planeta, cada dos segundos alguien se casa contra su propia voluntad.

Las novias de menor edad son las que corren más riesgo. Las estadísticas que reflejan el número de personas que viven en el seno de unas familias maltratadoras o explotadoras son prácticamente inexistentes, pero, según UNICEF, 650 millones de las niñas y las mujeres que viven hoy en día fueron obligadas a casarse de pequeñas. El problema está empezando a menguar en el sur de Asia, pero sigue siendo predominante en varias regiones de África y en Oriente Medio. En Nigeria, tres cuartas partes de las muchachas se casan antes de cumplir los dieciocho.

Ser arrancadas de sus hogares al casarse es lo que condena a muchas de estas mujeres y niñas a llevar una vida de maltratos constantes. Y, sin embargo, esto es precisamente lo que exige el matrimonio en muchas sociedades patriarcales. Si hay algo históricamente que los sistemas patrilocales y de linaje patriarcal tengan en común es que las recién casadas en general son entregadas por su familia, concretamente, por el padre. Tuvimos que esperar hasta 2021 para que las madres de Inglaterra y Gales vieran su propio nombre incluido en los certificados de matrimonio de sus hijos, situación con la que el gobierno corrigió lo que denominó «una anomalía histórica». Esa anomalía empezó cuando se abogó por el principio de que, por medio de la boda, la mujer pasaba a todos los efectos del padre al marido. Por tradición, el apellido de la novia cambia tras el matrimonio y se identifica con el de su esposo. Su identidad queda incorporada a la de él.

Quizá tan solo sea simbólico para las mujeres actuales, pero este acto de intercambio lleva implícito una voluntad de propiedad.

Creado en la Edad Media, el principio de couverture que vemos recogido en el Derecho inglés afirmaba que las mujeres dejaban de existir legalmente como individuos cuando se casaban. La pareja era considerada una sola persona ante la ley, y esa persona, de hecho, era el marido. La esposa no podía tener propiedades; no tenía ningún derecho sobre su propio cuerpo; sus hijos no le pertenecían. Los que todavía no habían alcanzado la edad de veintiún años, según William Blackstone, el gran especialista del siglo XVII en Derecho inglés, se encontraban firmemente sometidos al imperio del padre. Solo cuando el Acta de Custodia de los Hijos se aprobó, en 1839, las madres de Inglaterra adquirieron el derecho a solicitar la custodia del niño o de la niña a tenor de la campaña de la reformista social Caroline Norton, una mujer a quien le negaron mantener el contacto con sus propios hijos cuando abandonó a su esposo por ser un hombre violento.

Este principio de *couverture* fue el que exportaron los británicos a sus colonias, y se convirtió en la base para la constitución de las leyes matrimoniales en diversos países, desde la India a Estados Unidos. En 2022, como parte de los intentos por derrocar el acceso al aborto que está incluido en los derechos de la mujer estadounidense, el juez conservador del Tribunal Supremo Samuel Alito llegó incluso a referirse a un tratado que redactó el influyente jurista del siglo XVII sir Matthew Hale, un personaje muy comprometido con la redacción del Derecho inglés. En sus tiempos, Hale había sido un defensor de la violación conyugal.

Esta clase de paralelismos, quizá, nos indiquen cómo llegaron a evolucionar con el tiempo las leyes y las normas que guardaban relación con el matrimonio en determinadas sociedades de linaje patriarcal y patrilocales. Quizá no fuera la subordinación de las mujeres lo que proporcionó en su origen el modelo de la esclavitud y de otras formas de opresión. ¿No debió de ser, quizá, la práctica misma de la esclavitud la que lentamente terminaría dando forma a las instituciones del matrimonio?

***

Hay un pasaje en el libro del Deuteronomio, en el Antiguo Testamento, que sirve como una especie de guía de instrucciones para los hombres que capturaban mujeres durante las batallas:

> […] si ves entre los cautivos una mujer hermosa, te enamoras de ella y quieres tomarla por mujer, la llevarás a tu casa, y ella se rapará la cabeza, se arreglará las uñas y se quitará el vestido de cautiva; permanecerá en tu casa y, durante un mes, llorará a su padre y a su

madre. Después de esto podrás cohabitar con ella, serás su marido y ella será tu mujer.

La historia de la guerra, me cuenta el antropólogo James Scott, a menudo suele ser la historia de una guerra de captura. Hay muchas motivaciones para ir a la batalla, pero una de las más comunes es la de apropiarse de los bienes ajenos; y a menudo esos bienes son personas. «En cierto sentido, las guerras de captura se declaraban sobre todo con el fin de capturar mujeres y niños –dice Scott–. Capturar mujeres no solo porque estas podían convertirse en esclavas, sino también por los servicios reproductivos que eran susceptibles de ofrecer. Las mujeres contribuían a aumentar la población, que en cualquier caso era el objetivo de toda guerra [...] La guerra consistía en apoderarse de personas, no en apoderarse de tierras».

Si nos remontamos a la prehistoria, veremos que los más poderosos y ricos siempre han capturado hombres, mujeres y niños para usarlos como esclavos y para que trabajen, sea como sirvientes, como soldados, como objeto de sacrificios, bienes de intercambio, o, sencillamente, para trabajar de cualquier manera imaginable. Los niños eran los más fáciles de capturar e integrar. Castraban a los hombres para ponerlos a trabajar de eunucos en los aposentos reales en la Antigüedad; y las jóvenes eran tomadas como esposas y concubinas.

En algunos casos, los capturados se integraban con muchísima rapidez, y contamos con algunos casos documentados de personas (sobre todo capturadas por algunas tribus nativas americanas) que elegían voluntariamente llevar su nueva vida y abandonar la anterior, quizá porque preferían esas sociedades, o bien porque se habían implicado tanto en ellas que no alcanzaban a imaginarse remotamente la posibilidad de vivir en cualquier otro lugar que no fuera aquel.

Otros descubrieron que siempre vivirían marginados y degradados; y algunos morían asesinados. Pero, adoptaran la forma que adoptaran, contamos con muchas pruebas a lo largo de toda la historia que demuestran que todo el mundo estaba dedicado a la captura de cautivos, desde las pequeñas sociedades cazadoras-recolectoras hasta los grandes imperios, y eso sucedía en toda Europa, África, Asia y América.

«Creo que eso es lo que más me sorprendió –dice la arqueóloga Catherine Cameron, de la Universidad de Colorado Boulder–, lo mundial que parece ser este fenómeno». Como especialista en captura de cautivos durante la prehistoria, Cameron me explica que los esclavos y los cautivos de guerra eran algo muy común en la vida cotidiana. La misma supervivencia económica de algunos estados antiguos dependía de ello. Los trabajos forzados constituían la columna vertebral que se precisaba para la conservación de las grandes ciudades y para llevar a cabo las guerras, así como para contribuir al crecimiento de las instituciones culturales y religiosas.

Cameron calcula que, en un momento dado, los cautivos quizá alcanzaran el 30% de la población de la antigua Grecia, fueran el 10% o el 20% de la Italia romana, el 15% o el el 20% de gran parte de los estados islámicos más tempranos y el 50% y el 70% de Corea antes del siglo XVII. En Escandinavia, en una granja del siglo XII, debían de vivir unos tres esclavos, dice esta arqueóloga. Según *El libro de Winchester,* que era el registro de la población donde documentaron algunos de los asentamientos ingleses en 1086, la proporción de esclavos en el país debió de ser de un 10%. El primer censo de Estados Unidos, que data de 1790, mostraba que, por cada 100 personas blancas y libres que vivían en el sur del país, había 53 esclavos.

El historiador Adam Hochschild propone que, a final del siglo XVIII, más de tres cuartas partes de la población mundial debieron de vivir bajo alguna forma de cautiverio humano, incluidos los trabajos forzados, la servidumbre y la esclavitud. Es decir, que hasta hace poco, la mayoría de las personas no eran libres en el sentido más estricto de la palabra: se daba por sentado que su existencia dependía de los demás, de otras personas que ejercían un control directo sobre ellas, tanto si se trataba de un señor feudal como si era un amo, un emperador o un monarca.

«Pensamos que el poder consiste en la posesión de los objetos», me cuenta Cameron. Ahora bien, en las reducidas sociedades que ella ha estudiado, no fueron ni la tierra ni las propiedades lo que ansiaban los que iban en busca del poder. Eran seres humanos, sobre todo mujeres jóvenes y niños, más fáciles de ser absorbidos por la sociedad mediante el matrimonio patrilocal o la coerción. «Si eres el amo de varias personas, la gente te respeta. Vas paseando con tu retahíla de esclavos, y eso demuestra, día a día, lo poderoso que eres».

Era un recurso muy común en los ejércitos de los estados de la Antigüedad matar a los enemigos y capturar a sus mujeres y niños, en función de cuáles fueran sus necesidades sociales o económicas. Los guerreros vikingos que asaltaban por sorpresa se llevaban así a la gente. Un artículo publicado en 2000 por unos investigadores de Oxford, Reikiavik, Dublín y Oslo en el *American Journal of Human Genetics* confirmó lo que los historiadores ya sospechaban: que era que un gran número de los esclavos que habían sido capturados en las islas británicas, sobre todo en Irlanda, y posteriormente trasladados a Islandia hace más de mil años, eran mujeres y niñas. Los datos biológicos demuestran que las familias formadas entre los vikingos y sus cautivas sirvieron para contribuir a repoblar el país.

El brutal acto de capturar grupos enteros por medio de ataques por sorpresa y luego casarse con las mujeres y las muchachas por la fuerza sigue perviviendo en la actualidad. Desde 2014, el grupo islamista militante Boko Haram ha estado secuestrando a miles de escolares en Nigeria. Muchas de estas chicas fueron violadas y, luego, asesinadas o desposadas. En 2014, asimismo, los militantes del Estado Islámico tomaron cautivos a miles de mujeres, hombres y niños yazidíes procedentes del norte de Irak y los obligaron a convertirse a su religión y a desposarse con ellos. Muchos fueron vendidos y comprados como esclavos durante varios años.

El legado de tomar cautivas y convertir a estas luego en sus esposas también sobrevive culturalmente en el ritual contemporáneo de secuestrar a la novia, tal como puede verse en países de Asia central como Kirguistán y Kazajistán, en Armenia y en Rusia, y en determinadas zonas de Etiopía, Somalia e Indonesia. En primavera de 2021, hubo manifestaciones frente al Ministerio del Interior de Kirguistán cuando Aizada Kanatbekova, una mujer de veintisiete años, fue hallada sin vida supuestamente por haber sido la víctima de un caso de secuestro de novias; dejaron su cadáver en un coche abandonado. El hombre que presuntamente la secuestró también fue hallado muerto; mostraba señales de haberse apuñalado. El presidente de Kirguistán prometió, después de aquel suceso, que ese sería «el último secuestro de novias de la historia».

Pocos fueron los que lo creyeron. El secuestro de novias es ilegal en Kirguistán desde 1994, pero apenas se hace un seguimiento policial de la situación. Una de cada cinco mujeres y muchachas del país es secuestrada antes de ser tomada como esposa. Lo que complica la aplicación de la ley es que no todos los secuestros demuestran no estar consensuados: a veces recurren a esta tradición parejas que quieren fugarse cuando sus familias no aprueban la unión. Pero, aun cuando solo se trate una estratagema, en esta costumbre raramente se implican tan solo la mujer y su secuestrador. En Kirguistán, a menudo también se involucran los amigos y los parientes del hombre; y puede que sean las mujeres de mayor edad las que presionen a la secuestrada para que se quede y la convenzan de ponerse un pañuelo blanco, a modo de símbolo para demostrar que acepta al novio.

Las mujeres que son secuestradas contra su voluntad en Kirguistán a veces consiguen escapar, pero el riesgo de huir puede ser casi tan alto como el de quedarse. Cuando la virginidad se cuestiona, como suele hacerse en estos casos, a la mujer le cuesta mucho más casarse de nuevo. Los límites existentes entre la elección y la coerción se disuelven. Un estudio publicado por la Universidad de Asia Central en 2016 demuestra que los bebés nacidos de novias secuestradas en Kirguistán tendían a pesar mucho menos que la media, y eso hacía sospechar que esas mujeres habían sufrido traumas físicos y psicológicos durante el embarazo. A pesar de que Kirguistán tiene unas tasas más elevadas de empleo femenino que la media global, otro estudio publicado en 2021 por el Instituto de Economía del Trabajo de Alemania dictamina que las kirguises secuestradas para el matrimonio tenían un 10% menos de probabilidades de trabajar.

La captura de la novia difumina la línea existente entre la esclavitud y el matrimonio. Podría considerarse que existe variante extrema y violenta de patrilocalidad: las mujeres no solo se trasladan a vivir con sus esposos, sino que se las obliga a ello. Cuesta mucho imaginar que eso no haya tenido consecuencias en la dinámica de género de las sociedades que a lo largo de la historia se han ido nutriendo de esposas de esta manera.

En la prehistoria, y en la Antigüedad misma, según James Scott, una enorme proporción de las mujeres que formaban estas sociedades tempranas no procedían de la cultura dominante. En la *Odisea*, la magnífica obra épica atribuida al poeta griego Homero, las referencias a la esclavitud cabe atribuirlas a las mujeres en su mayor parte, probablemente porque los hombres de sus propias comunidades ya habían sido asesinados en la guerra o habían caído víctimas de un ataque sorpresa. Scott me cuenta que, en la antigua Roma, el nombre «Bárbara» se usaba para referirse a las esposas de los ciudadanos romanos cuyos orígenes se remontaban a la esclavitud, en referencia a la palabra «bárbaros». Las raíces de este término, a su vez, se encuentran en un vocablo racista de la antigua Grecia usado para referirse a los extranjeros que no sabían hablar griego.

En cuanto a estas esposas, es posible que sus padres, hermanos, y quizá incluso sus madres e hijos, hubieran sido asesinados por las mismas personas con las que ahora estaban casadas. No solo habrían sido consideradas unas extranjeras en su propio hogar, sino que además también habrían albergado el sufrimiento y la rabia de este trauma. Quizá todo eso guarde alguna relación con la misógina sospechosa que despiertan las mujeres y que recorre toda la literatura ateniense. La ansiedad masculina a que las mujeres no fueran leales a sus familias o al estado, a que algún día pudieran rebelarse, quizá se fundamentara en el miedo auténtico que los hombres sentían porque la mayoría de ellas eran extranjeras cautivas. «Si tienes una gran cantidad de población que, de alguna manera, es extranjera, y esta población en su mayoría son mujeres, supongo que eso podría afectar a la percepción que se tiene de todas las mujeres», propone Catherine Cameron.

Todo eso plantea la posibilidad de que la esclavitud y la patrilocalidad pudieran haberse conformado mutuamente a medida que las sociedades empezaron a elaborar sus leyes propias en torno al matrimonio. La patrilocalidad era un sistema social por el que las mujeres solían abandonar a sus familias para irse a vivir con sus esposos y convertirse en extranjeras en su nuevo hogar. Asimismo, la captura de cautivos y la esclavitud ofrecían un modelo que seguir para tratar a los extranjeros.

Cuando leemos la bibliografía publicada sobre la historia de la Europa medieval, dice Scott, hay muchos pasajes que tratan de «cómo domar a tu esposa, y que usan las mismas palabras que uno usaría para hablar de la domesticación de un animal salvaje y de cómo, en cierto modo, puedes encorralar su conducta en los mismos límites que se aplicarían a un aminal domesticado al que se pudiera controlar fácilmente». El hecho de que una esposa necesitara «ser domada» nos dice mucho sobre cuáles debían de ser sus circunstancias. La feminista socialista Sheila Rowbotham ha escrito que, entre las familias campesinas de Rusia anteriores a la revolución bolchevique de 1917, «era costumbre que el padre de la novia regalara al novio un látigo por estrenar para que este pudiera ejercer su autoridad si así lo deseaba».

Las campesinas, añade Rowbotham, a menudo eran vendidas al mayor postor.

***

«No existe ninguna sociedad esclavista en la que el látigo no fuera considerado un instrumento indispensable», escribe el sociólogo de Harvard Orlando Patterson. Nacido y criado en Jamaica, país en el que el trabajo de los esclavos en las plantaciones fue el que sustentó la industria del azúcar, Patterson ha centrado los estudios realizados a lo largo de toda su vida en el concepto de la libertad y en la historia de la esclavitud, sobre todo en el devastador impacto que tuvo el esclavismo en la noción del yo de un individuo. El cuerpo sobrevive, dice Patterson, pero el resto pasa a formar parte de la nada más absoluta. La esclavitud representa poco más que una muerte social.

Entre los factores esenciales para el bienestar emocional (la necesidad de pertenencia, de tener el control de la vida propia, de ser capaz de confiar en los demás y de considerar que las personas son esencialmente buenas), la esclavitud es un ataque frontal a todos ellos, según Patterson. Se lleva consigo los elementos sociales básicos que todos necesitamos para sentirnos a salvo, y adaptados, y los substituye por la degradación más absoluta. Queda poco espacio para establecer cualquier conexión humana que no sea la que existe entre el amo y el esclavo.

«Una de las primeras cosas que les hacían de inmediato a los cautivos era cambiarles la identidad, raparles la cabeza y quitarles la ropa», explica Catherine Cameron, porque se los podría reconocer físicamente. Su identidad tenía que ser eliminada y luego reconstruida; y los cautivos debieron de ser dolorosamente conscientes de este hecho. La mejor opción para sobrevivir debió de ser acomodarse a la situación para tratar de encajar en ella, porque los que se resistían a tal efecto eran los primeros en morir asesinados. «Si mostrabas el deseo de escapar, una falta de voluntad de querer aprender el idioma, de aprender las tradiciones, o bien te mostrabas reticente ante la religión, si hacías cualquiera de estas cosas, creo que debían de considerarte una persona muy problemática».

Sin embargo, como hemos visto a lo largo de la historia, el origen de los cautivos raramente era olvidado. Siempre se consideraban foráneos. Patterson describe a los cautivos y a los esclavos como «el enemigo interno», la amenaza interna que se consideraba necesaria, aunque jamás fuera aceptada porque no era fiable del todo. Esa distancia emocional también fue crucial porque les permitió a los captores deshumanizar a las personas que habían capturado. Y una vez que las personas eran consideradas socialmente diferentes, podían ser vistas como, en lo esencial, distintas. La brutalidad que se ejercía contra ellas casi podía racionalizarse. En la antigua Roma, los esclavos eran catalogados como personas legalmente fallecidas (en otras palabras, que no eran humanas). En Estados Unidos, en las postrimerías del siglo XVIII, las ideologías raciales vinculadas a la esclavitud degradaron de una forma tan generalizada a los afroamericanos que los científicos y los médicos blancos llegaron a dar por sentado que los que tenían la piel negra sentían menos dolor que los individuos de piel blanca.

La sola presencia de los cautivos en las sociedades de los captores debió de transformar el modo en que la gente normal y corriente consideraba la violencia y la desigualdad, dice Cameron; y lo que logró fue que el más cruel de los maltratos ejercido contra el ser humano pareciera aceptable. El esclavismo bajó el listón dando entrada a la depravación. Enseñó a personas normales y corrientes a separar y someter a los demás, a normalizar la violencia en su propio hogar y en su comunidad, a negar a los individuos su dignidad y su capacidad de actuación, y a beneficiarse de su propio trabajo gratuitamente.

Las mujeres que forman parte del tráfico de la prostitución actual, escribe Orlando Patterson, son las que «más relación guardan con las experiencias de los esclavos tradicionales porque se consideran bienes susceptibles de ser vendidos y agredidos física y sexualmente, y de una manera regular, y además pueden ser aislados». El comercio global de mujeres también posee un elemento racial, como lo poseía la captura de cautivos en el pasado. Las nepalíes son vendidas a la

India, y las mujeres de Europa del Este y de África son pasto del tráfico comercial en Europa occidental. Probablemente les dan una nueva identidad, les quitan el pasaporte y las aíslan de su familia y sus amigos. Sus identidades se van transformando pieza por pieza.

«Una vez ya rotas y experimentadas –sigue contando Patterson–, se vuelven totalmente dependientes de sus amos y trabajan para ellos con buena predisposición (o para ella, porque el número de mujeres proxenetas y de dueñas de burdeles es increíblemente alto), además de por una paga casi inexistente». Contamos con relatos de primera mano de proxenetas en los que estos nos revelan la intensa emoción y sensación de poder que les da degradar a las mujeres que protegen, destruyéndolas hasta el punto de anularlas, de hacer todo lo posible para convertirlas en unos seres dependientes. Un proxeneta les contó una vez a unos antropólogos que el intenso odio que le inspiraban sus víctimas era lo que motivaba el maltrato que les dispensaba. Patterson describe este comercio de tráfico de mujeres como el más brutal que jamás haya visto la historia, ni siquiera en los tiempos de la esclavitud. Usan a las mujeres, dice, pero no solo se limitan a usar su cuerpo, sino toda su entidad como ser humano.

La esclavitud contemporánea, que es a la vez una relación íntima y explotadora, guarda ciertos paralelismos con algunas de las sociedades más antiguas que defendían la existencia de la esclavitud. En el antiguo Egipto, la esclavitud «instauró una forma extrema de intimidad personal que pasaba por una sumisión total. El buen esclavo era el que se desprendía por completo de su identidad en favor de su amo, el que se fusionaba con él», explica Patterson. El honor y la obediencia salían muy reforzados con este vínculo: el amo tenía el honor de contar con la obediencia de su esclavo.

Todo esto no solo constituía una forma muy violenta de degradación, también consolidaba la existencia de un lazo muy fuerte entre dos personas.

***

En 1974, la socióloga Christine Delphy publicó un estudio en el que examinaba las culturas basadas en el consumo doméstico de los hogares más empobrecidos y rurales de Francia, lugares en que las familias no siempre tenían para comer. Y recordó la historia de un joven agricultor que invitó a dos mujeres de la ciudad a tomar el té a su casa, y, cuando estas llegaron, el hombre abrió una simple lata de paté para compartir entre todos.

«Su tía, una anciana que le llevaba la casa porque la madre estaba enferma, también estaba allí», escribió Delphy posteriormente. La tía, tomando la iniciativa, se reservó la parte menos agradecida del manjar, ese trozo que el resto de los comensales rechazaban. «Sobre una rebanada de pan, se untó la grasa».

Cuando le preguntaron por qué había elegido aquella grasa que nadie más quería, la mujer razonó su elección explicando que lo había hecho porque le gustaba mucho.

Delphy no se dejó convencer. Lo que había causado que la mujer actuara de esa manera, en su opinión, era la convicción profundamente arraigada de que una está allí para servir a la familia, que la contribución que una hace a la familia es menor que la que hacen los demás. Había interiorizado del todo la noción de que no merecía nada más que no fuera la grasa pura. Esta ideología del sacrificio femenino, aun a costa de la salud y el bienestar de la persona, era una actitud que Delphy llevaba observando en toda Francia, tanto en las ciudades como en el campo. «El ama de casa se reserva el filete más pequeño sin pensarlo siquiera», narra. Incluso en el París metropolitano, cuando hubo escasez de patatas, era la mujer quien hacía cola para comprarle patatas a su esposo porque él trabajaba. Los niños y ella ya comerían algo menos caro, como pasta o arroz.

Sin embargo, nada resumía con tamaña obviedad el estado subordinado de las esposas que el hecho de que su trabajo doméstico no fuera remunerado. «Las esposas están excluidas del mundo del intercambio de valores y, consecuentemente, no tienen valor alguno», escribió Delphy. Incluso fuera de casa, las mujeres eran más proclives a dedicarse a tareas de voluntariado que los hombres. Y eso no lo explicaba la naturaleza misma del trabajo que realizaban. En realidad, los servicios de limpieza y cocina, así como el cuidado de los demás, o incluso los trabajos agrícolas, no siempre carecían de remuneración. Uno podía contratar a otro para que llevara a cabo estas tareas, y entonces el trabajador percibía un salario. Y tampoco es cierto que las esposas no percibieran nada a cambio; lo que sucedía era que lo percibido era muy poco. El trabajo de la esposa era trabajar, honrar y obedecer, concluyó Delphy.

Lo que conseguía ella a cambio eran unos cuidados determinados.

Esta situación era francamente tan explotadora que «cuando un granjero no podía permitirse contratar a una trabajadora doméstica, se buscaba una esposa». El argumento de Delphy fue que no era que se considerara que el trabajo de una esposa no tuviera ningún valor en términos monetarios, sino que la relación que esta mantenía con los modos de producción era lo que confería a su trabajo tan poco valor. Y todo eso sucedía porque era la esposa quien hacía estas tareas, del mismo modo que, si hubiera sido una esclava quien hubiera realizado esas mismas tareas, probablemente tampoco percibiría ninguna paga. En la familia, y, por extensión, en toda la sociedad, se consideraba que el producto de su trabajo pertenecía al marido.

Eso quedó reflejado en las leyes. En el Reino Unido, el Acta de la Propiedad de las Mujeres Casadas fue aprobada en 1870, y esa acta fue la que finalmente permitió a las mujeres quedarse con el dinero que ganaban, o con las propiedades que heredaban después de haberse casado. Pero en Francia, no fue hasta 1907 cuando la mujer casada logró que su salario, fuera el que este fuese, no fuera directo a engrosar las arcas de su marido. Y hasta 1965, un marido francés tenía la capacidad legal de impedirle a su esposa que trabajara. «Mi hipótesis es que el matrimonio es la institución por la cual se extorsiona a un segmento muy concreto de la población ofreciéndole un trabajo sin retribuir, y ese trabajo es el del ama de casa», afirmó Delphy. El matrimonio, en los casos que ella se dedicó a estudiar en Francia, tan solo era un contrato legal por el que la esposa permanecía en una relación de sometimiento humano.

El valor que otorgan las sociedades a las tareas domésticas realizadas sin coste alguno es enorme. Según la economista estadounidense Nancy Folbre, el coste de reemplazar todo el trabajo que se realiza fuera del mercado en Estados Unidos, incluido el tiempo que uno dedica a vigilar a los niños, alcanzaría al menos el 44% del producto nacional bruto del país. Y, sin embargo, esta condición no solo se da por sentado, sino que, hasta hace relativamente muy poco en la historia de este país, también era legal. Hasta mediados del siglo XIX, escribe Folbre, las leyes que regían el matrimonio en Estados Unidos concedían al marido autoridad sobre su esposa a cambio de que este le concediera tan solo un apoyo básico. Ese apoyo quedaba «estipulado en forma de garantizarle un nivel mínimo de subsistencia, sin otorgarle una parte específica de los ingresos familiares».

Todos los intentos que se hicieron para formar grupos de apoyo en favor de la defensa de los derechos legales de las mujeres y para exigir que estas poseyeran la mitad de los ingresos de sus esposos fracasaron estrepitosamente.

Sin embargo, las leyes no dictan la historia. Lo que dejó atónita a Delphy no fue tan solo la injusticia con que las mujeres eran tratadas, sino también la conducta de esa anciana tía cuando se reservó para sí la grasa que nadie quería del paté. Una cosa es aceptar a regañadientes la vida injusta que te ha caído en desgracia, pero otra muy distinta es convencerte de que eso es lo que te mereces.

La sumisión ya viene intricada en el concepto mismo de feminidad, explica la filósofa de la Universidad de Yale Manon García. Si nos remontamos al siglo XVIII, escribe García, el filósofo Jean-Jacques Rousseau ya describía a las mujeres como «seres de opinión carentes de razón, seres sumisos carentes de libertad». Explicaba que existían en función de los demás, no para realizarse a sí mismas.

Folbre añade que muchos estados de América aprobaron diversas leyes a principios del siglo XIX «que estipularan la subordinación de la esposa, y que muchas de estas leyes fueron viables legalmente hasta la década de 1970». La ideología de la sumisión femenina sigue vivita y coleando. En una época tan actual como la que marcó el año 1998, «en la Convención Bautista del Sur, que es la confesión protestante más numerosa de Estados Unidos, se declaró que la esposa debería "someterse por su propia gracia" al liderazgo de su esposo», declaración que va muy en línea con la afirmación que recoge el Nuevo Testamento y que dice que «las esposas deberían someterse a sus maridos en todo», escribe.

El principio de que la esposa debería entregarse plenamente a la autoridad de su marido sigue perviviendo también en la actitud pública respecto a la violencia y a la violación domésticas. La mayoría de los países ha empezado a aceptar que la violación marital es un delito solo desde hace algunas décadas. Hay otros, sin embargo, como la India, Afganistán, Nigeria y Arabia Saudí, que todavía siguen sin aceptarlo. Las leyes de Arabia Saudí y Catar exigen que las mujeres cuenten primero con el permiso de un guardián antes de poder contraer matrimonio. Según un reportaje realizado por la organización Human Rights Watch, el derecho de familia dice que una esposa «puede ser tildada de desobediente en el caso de que, sin el permiso previo de su esposo, vaya a trabajar, emprenda un viaje, abandone el hogar, o se niegue a tener relaciones íntimas con él sin una razón legítima que lo justifique».

En esas culturas en que las familias extensas tienden a vivir cerca o bajo el mismo techo, la deferencia de la esposa se extiende a los padres de su marido. La ya desaparecida socióloga Fatema Mernissi descubrió que, en algunas de las familias marroquíes que entrevistó para la investigación que estaba realizando en la década de 1970, el marido recibía presiones de todo tipo para que no amara a su esposa. En sus propias palabras, «la madre del marido es la única mujer que el hombre tiene permitido amar». Mernissi se dio cuenta del papel decisivo que desempeñaban las madres en la elección de las novias de sus hijos; y vio que aquellas seguían desempeñando un papel determinante tras su matrimonio. La sumisión por parte de las nueras era de recibo.

En algunos de los hogares más tradicionales, el deber de la esposa era besar la mano de su suegra cada día y llamarla *lalla*, que significa «ama».

***

Mientras escribía sobre la piedad filial en la antigua China, el sinólogo nacido en Estados Unidos Donald Holzman se quedó conmocionado de ver lo lejos que eran capaces de llegar los hijos para mostrar su devoción a los mayores.

Holzman explicó una leyenda en la que se narraba que una esposa regresó un día tarde a su casa tras haber ido a recoger agua. Su suegra la castigó por esta leve infracción y le prohibió temporalmente poder acceder al hogar. Sin embargo, en lugar de sentirse resentida, como habría sido de esperar, la nuera usó el poco dinero que ganaba para enviarle de vez en cuando y de manera anónima a su suegra regalitos comestibles. Holzman se quedó perplejo y consideró que este gesto de devoción tan desprendido era grotesco. Le costaba entender que una historia de esta naturaleza hubiera pasado de generación en generación por constituir una lección de conducta ejemplar.

A mí no me cuesta tanto entender algo así. El tirón de los deberes filiales y maritales de una esposa puede ser fortísimo en algunas sociedades asiáticas, africanas y de Oriente Medio, sobre todo comparado con el individualismo que tanto se valora en Occidente. Huir de todo eso es casi impensable. Significaría desprenderte de todas las conexiones humanas que te mantienen anclado a este mundo, tanto física como psicológicamente. Pero es que aún hay más: significaría darle la espalda al orden social.

«El honor y el poder guardan una estrecha vinculación», escribe Orlando Patterson. El entramado de las obligaciones patriarcales, por muy intricado que sea, obra de extrañas maneras. Es capaz de soportar el peso de la religión y la tradición, o el deber para con uno de nuestros mayores, e ir preñado de culpa y de vergüenza. Pero también podría aparecer formulado como la preocupación genuina por el lugar que ocupe un niño en una sociedad que le exige adaptarse por el bien de todos. Seguir las normas conlleva unas determinadas ventajas, aunque las normas en sí sean, en último término, injustas.

Unas dinámicas tan complejas como estas son las que mantienen viva la costumbre de la mutilación genital femenina. En extensas áreas de África y Oriente Medio, esta práctica se cree que procede, como mínimo, de la época del comercio de esclavos que se hizo por el mar Rojo, unos tiempos en que las mujeres eran vendidas como esclavas para ejercer de concubinas. En esa época, como también en la actualidad, su propósito era conseguir que las relaciones sexuales para las mujeres y las muchachas resultaran tarea imposible, o bien se convirtieran en algo extremadamente doloroso. El único propósito que tiene es el de asegurar la virginidad de una chica antes del matrimonio y su fidelidad sexual después. En cierto modo, podría considerarse una forma violenta de sometimiento sexual por el que la mujer queda ligada a su futuro marido. Según la Organización Mundial de la Salud, al menos 200 millones de mujeres y de muchachas en todo el mundo han sido víctimas de una mutilación genital, y 3 millones de chicas más corren el riesgo de sufrirla cada año. Y, aun así, esta práctica a menudo es instigada por las madres y las tías.

A pesar de haber experimentado en sus propias carnes la agonía física y psicológica que todo eso comporta, las mujeres mayores siguen tolerando este maltrato y, a veces, incluso llegan a quebrantar la ley para que mutilen igualmente a sus hijas, porque creen que así las preparan para lo que el mundo espera de ellas. Temen que sus hijas no encuentren marido en el seno de su misma comunidad a menos que cumplan con este rito de iniciación. Rendirse a él quizá sea moralmente reprensible, pero, cuando son pocas las opciones que les quedan, también puede terminar siendo una solución pragmática.

Como me cuenta la arqueóloga Catherine Cameron, para las niñas y las muchachas que fueron tomadas cautivas en las sociedades históricas que ella se ha dedicado a estudiar, la supervivencia y la estabilidad a menudo eran cuestión de compromiso. La seguridad podía adoptar a veces la fórmula de un matrimonio concertado con su captor. Si no había posibilidad de escapar, al menos como esposas podrían tener la oportunidad de cambiar su posición. «Cuanto mayor te haces, más influencia tienes, o más poder llegas a tener», explica Cameron.

«Una jovencita de catorce años que es arrancada de otro grupo no tiene ningún poder. De hecho, no tiene nada. Pueden maltratarla las mujeres del grupo, pueden violarla los hombres y pueden pasarle cosas terribles. Pero, si sobrevive a todo eso, y si un hombre la toma, es entonces cuando alcanza una especie de estabilidad». Al final, saca el máximo partido de su situación. Cuantos más vínculos se forjen, más asegurada tendrá la vida. «En cuanto a los hijos, eso ya es acceder a otro nivel. Esa mujer será capaz de ascender de posición social cuando tenga hijos con ese hombre».

En la década de 1980, Deniz Kandiyoti, una catedrática especializada en políticas de desarrollo de la Escuela de Estudios Orientales y Africanos perteneciente a la Universidad de Londres, acuñó el término «oferta patriarcal» para describir los modos en que las mujeres plantean sus propias estrategias dentro de los límites que les imponen los sistemas dominados por unos hombres que son más poderosos, y en general mayores, que ellas; y me refiero a esos hombres a los que podríamos denominar patriarcas. Kandiyoti mostró lo importante que era reconocer que, incluso cuando las personas viven enjauladas, hay jaulas y jaulas. Las diferentes formas en que se presenta el patriarcado ofrecen muy distintas y variadas compensaciones, pero todas ellas van dirigidas a maximizar los beneficios que perciba la persona y a reducir los costes que tenga que asumir.

Para una joven casadera que se despose y viva en una familia de linaje patriarcal y patrilocal, esta oferta está vigente durante toda la vida. Las adversidades que ahora vive terminarán siendo substituidas por la autoridad que ella misma ejercerá sobre sus propias nueras cuando se convierta en suegra. Su «subordinación a los hombres queda compensada por el control que las mujeres de mayor edad ejercen sobre las mujeres más jóvenes», escribe Kandiyoti.

Eso podría explicar por qué algunas ancianas terminan ejerciendo presión no solo sobre las jóvenes, para que estén a la altura de sus obligaciones de género, sino también sobre los jóvenes, para que estos vivan conforme a lo que todos esperan de ellos. Los hombres y las mujeres en su conjunto pueden acusar la presión de tener que vivir en matrimonios heterosexuales y, luego, ser empujados a tener hijos. Pero las madres de los hijos varones de las familias patrilocales necesitan asegurarse, además, de que nadie rompa filas casándose con una persona que no sea adecuada y termine consiguiendo que él divida su lealtad entre ella y sus mayores. Los matrimonios de conveniencia o forzados son una manera de asegurar que esta oferta funcione para los miembros de la familia de más edad; y este es el papel que viene atribuido a las mujeres para defender el control patriarcal.

En las memorias que publicó en 2020 Nazir Afzal, que fue jefe de la Fiscalía de la Corona en el noroeste de Inglaterra e hizo campaña, durante muchos años, contra los denominados crímenes de honor en Gran Bretaña, describe el caso de Surjit Kaur Athwal, una funcionaria joven de aduanas que trabajaba en el aeropuerto de Heathrow, en Londres. Casada desde los dieciséis y condenada a malvivir en un matrimonio desgraciado, Athwal empezó teniendo una aventura con otro hombre hasta que, al final, terminó por pedirle el divorcio a su marido. Indignadísima ante la idea de un posible divorcio, su suegra encargó que la asesinaran. La familia la tentó ofreciéndole viajar a la India, donde la funcionaria fue estrangulada y lanzada a un río por el tío de su esposo.

El marido de Athwal y la madre de este intentaron encubrir el crimen, pero los dos fueron condenados a cadena perpetua tras la campaña en demanda de justicia que inició el hermano de Athwal, Jagdeesh. Lo que resultó más perturbador para Afzal de este caso fue el poco remordimiento que mostró la suegra por el asesinato cometido. Cuando el magistrado fue a verla a la cárcel, la mujer empezó a insultarlo en punyabí. «No le importaba que fuera a pasarse veinticinco años encerrada en la cárcel», escribe Afzal. Por lo que a ella respectaba, se consideraba a sí misma una heroína, porque había salvado el honor familiar.

Se había mantenido fiel a su compromiso.

La complejidad de la oferta patriarcal se multiplica cuando las mujeres ven que deben negociar entre sistemas patriarcales distintos. En 2014, la llamada de #BringBackOurGirls se convirtió en un movimiento viral en las redes sociales que se implicó a fondo en el rescate de centenares de alumnas que habían sido secuestradas por Boko Haram, en Nigeria. Esta campaña unió a personas de todo el planeta, desde Michelle Obama, que entonces vivía en la Casa Blanca, hasta el papa Francisco, que reside en el Vaticano. Saltó la noticia de que era probable que algunas muchachas hubieran muerto en cautividad; y también hubo algún que otro reportaje sobre un par de muchachas que lograron escapar con éxito. Sin embargo, de todo ello terminó desprendiéndose una narrativa que nadie se esperaba, y es la de que, entre todas las muchachas a las que se les ofreció la libertad, un pequeño número de las que habían sido secuestradas eligieron quedarse a vivir con los hombres que habían tomado posesión de ellas.

El secuestro y la radicalización dejan cicatrices psicológicas. Confunden las emociones y vinculan a las cautivas con sus captores de un modo parecido a las mujeres que pasan a engrosar el tráfico de esclavas sexuales y terminan apaleadas hasta que ceden. Algunas de las chicas que habían dado a luz a hijos de esos hombres no querían abandonar a sus familias. No en todos los casos fueron recibidas con los brazos abiertos por sus propios padres. Ahora bien, en este punto fue cuando entró en juego un factor muy distinto para otras. En un artículo publicado por la BBC, una joven le contó a la periodista Adaobi Tricia Nwaubani que le encantaba sentir el respeto que inspiraba a los que formaban parte del grupo por ser la esposa de un miembro de los Boko Haram. Esa chica tenía varias esclavas a su entera disposición.

Un psicólogo que estuvo trabajando con varios miembros de Boko Haram para sacarlos del radicalismo explicó que estas muchachas procedían de unas comunidades patriarcales en las que prácticamente nunca habían trabajado, no tenían poder de ninguna clase y carecían de voz propia. De repente, aun como cautivas, se encontraron al mando de entre treinta y cien mujeres que estaban al servicio de lo que pidieran. La libertad empezó a parecerles un concepto relativo. Ante la perspectiva de regresar a casa, según explicó el psicólogo, se dieron cuenta de que «regresarían a unas sociedades en las que no iba a serles posible ejercer esa clase de poder».

***

La libertad es un concepto que ha sido determinante para las democracias modernas; y su defensa es incondicional.

Sin embargo, como ha expuesto Orlando Patterson, en realidad la mayoría de las relaciones humanas reflejan que existe un cierto grado de propiedad entre sus miembros. Reconocemos la libertad como algo diferenciado, propone él, solo porque muchas personas a lo largo de la historia han tenido que vivir sin poder disfrutar de ella. Incluso en la actualidad, no hay quien no se encuentre bajo la autoridad de una determinada persona hasta cierto punto, tanto si estamos hablando de nuestros padres, de nuestros cónyuges, de nuestros jefes o del estado mismo. Es el modo en que se ejerce esta autoridad, a través del derecho y los ojos de la sociedad, de la capacidad de actuación de que disponemos en esas relaciones y de la capacidad que tenemos de negociar en ellas, lo que determina que seamos libres.

Hace unos mil años aproximadamente, los restos de sesenta y seis mujeres fueron arrojados al valle de La Plata, en el sudoeste de Estados Unidos, en lo que en la actualidad se denomina la zona norte de Nuevo México. En 2010, en un empeño por descubrir lo que sucedió en ese lugar, unos investigadores de la Universidad de Nevada publicaron un estudio titulado «Beaten Down and Worked to the Bone» («Apaleadas y machacadas»). Basándose en los patrones de los traumatismos visibles de los esqueletos, concluyeron que esas mujeres probablemente debieron de ser unas cautivas que fueron subyugadas por la violencia y golpeadas con toda clase de objetos. Algunas incluso fueron aporreadas hasta la muerte.

Pero no todas las mujeres de la comunidad fueron tratadas de ese modo. Así como los cuerpos de las cautivas aparecían postrados y despatarrados de cualquier manera, se veía que otros habían sido enterrados con mayor esmero y respeto. La hipótesis de los investigadores fue que las cautivas conformaban una minoría que, o no gozaba de ninguna posición social, o bien esta era irrisoria. Nunca llegaron a integrarse en la sociedad, y eso las convertía en las víctimas perfectas de cualquier tipo de maltrato. Las cautivas trabajaban hasta la extenuación, mientras que las mujeres de mayor rango social que convivían con ellas comparativamente trabajaban mucho menos; de hecho, incluso debieron de sacar rendimientos de su trabajo.

Lo que demuestra el caso del valle de La Plata es que hay un margen entre la esclava y la esposa, entre la cautiva auténtica y la mujer libre, y en ese margen la posición social siempre se ha negociado. Lo que inclina la balanza hacia un lado o hacia el otro son los recursos independientes que podemos controlar, el cuidado y el apoyo que podemos esperar de los demás. Nuestra supervivencia y nuestro bienestar dependen, en último término, de las relaciones humanas. La seguridad surge de saber que tenemos un lugar a donde ir si las cosas salen mal, y de comprender que eso nos salvaguardará de los peligros de este mundo.

Las comunidades de linaje matriarcal de las montañas Khasi de Meghalaya, en la India, muestran lo distintas que pueden ser las vidas de las mujeres cuando no tienen que abandonar a sus familias tras desposarse y, en cambio, pueden quedarse a vivir cerca de los que les dan prioridad. Un estudio publicado en 2007 recalcaba que las madres de las familias de los khasi ayudaban a sus hijas a elegir bien a la persona con quien debían casarse. Las hijas recibían todo el apoyo para hacer frente a cualquier clase de explotación potencial (y eso podía mesurarse físicamente). Las mujeres que vivían con sus madres eran mucho más altas que las que tenían a su madre residiendo en otra localidad, y eso era la señal indicativa de que las alimentaban y las cuidaban mejor. Las mujeres de los khasi que vivían de manera independiente, que no tenían esposo y no vivían con sus madres, eran las más altas.

La ya desaparecida antropóloga Ruby Rohrlich describió en una ocasión que el auge de la familia de linaje patriarcal comportaba «la subversión de las relaciones de parentesco», porque las mujeres eran arrancadas del sistema solidario socioeconómico y religioso de sus propios clanes. Aislar a las recién casadas en el seno mismo de las familias patrilocales socava la posibilidad de crear amistades femeninas en todo el sentido de la palabra. Así como los hermanos permanecen juntos en la misma comunidad, las hermanas son separadas y enviadas lejos para casarse, lanzadas a un futuro incierto. Si las instituciones dominadas por los hombres han crecido en la medida en que lo han hecho en un gran número de sociedades patriarcales, en parte la razón debe de ser que es más fácil para los hombres que están emparentados entre sí confiar los unos en los otros y trabajar juntos, consolidar su poder en una solidaridad fraternal. Para las esposas que terminan aisladas de todas las personas que conocieron durante la infancia, esa clase de solidaridad resulta casi imposible de conseguir.

Cuando no tenemos nadie a quien acudir es cuando nos volvemos más vulnerables. Orlando Patterson describió la experiencia de la esclavitud como una alienación natal, una existencia en la que los lazos familiares de todo tipo se vuelven inestables deliberadamente y se substituyen por los lazos que unirían al amo y al esclavo, al opresor y al oprimido. «La esclava, siendo como era un ser humano, quería desesperadamente pertenecer a sus padres, a su parentela y, a través de esta, a sus antepasados; quería que sus hijos le pertenecieran, y quería que esos lazos fueran seguros y fuertes –escribe Patterson–. Pero todos los lazos son precarios».

Esos lazos son los que buscamos; sin ellos, estamos perdidos. La psicóloga Carol Gilligan y la psicoanalista Naomi Snider han defendido que el efecto que han logrado los sistemas patriarcales ha sido el de llevar a los hombres a creer que son los únicos que tienen un ego propio. A las mujeres se les hace creer que no lo tienen. En su expresión más extrema, los hombres y las mujeres terminarían distanciándose emocionalmente. El patriarcado pervive, dicen estas especialistas, «porque convierte la pérdida de la relación en algo irreparable».

Eso es lo que conforma el concepto de «libertad», y también el de la liberación de la mujer, con todos los matices que eso implica. Ser libre, verdaderamente libre, y no tener ataduras con nadie puede comportar muchos riesgos. Puede dejar a la persona a merced del maltrato o la explotación. Patterson explica que «la auténtica antítesis de la esclavitud en las sociedades en que el lenguaje personalista del poder fue el dominante sería lo que llamaríamos el poder compensatorio». Lo que necesitamos es disponer de otras redes potentes hacia las que podamos huir, de unas redes que sean capaces de absorbernos y protegernos.

Más que una libertad abstracta, las personas necesitan unos sistemas que sean capaces de auparlas.

7. La revolución

«Si estableciéramos de esta manera una nación de trabajadores en la que todos trabajáramos para todos, para el bien y para el beneficio comunes, el trabajo en sí mismo debería organizarse de una manera muy distinta».

ROSA LUXEMBURGO, revolucionaria socialista,
diciembre de 1918

La tradición dictaba que el político electo de mayor antigüedad en la Alemania del Reichstag debía ser quien presidiera la sesión inaugural del Parlamento. En 1932, esa persona tenía setenta y cinco años y se llamaba Clara Zetkin.

Cuando llegó el día previsto, hubo ciertas dudas sobre si lograría ser capaz de llegar a la misma sede. Tuvieron que transportarla en una camilla y ayudarla luego a ponerse en pie, según la revista TIME. La abuela Zetkin, que era el sobrenombre por el que se la conocía, sudaba por el dolor y la fatiga. Dos mujeres de anchas caderas y aire de amazonas la sostenían en pie mientras ella iba subiendo, apoyada en su bastón, por las escalinatas. Se la veía tan débil que no parecía que fuera a tener fuerzas ni siquiera para coger la campanilla del orador, y aún menos para hacerla sonar, sigue diciendo el reportaje. Todo su cuerpo era de una inestabilidad de lo más preocupante. Zetkin se secó el sudor de la frente y bebió un poco de agua.

Dio un discurso que duró más de cuarenta minutos.

Zetkin era miembro del Partido Comunista de Alemania, que había sido una de las mayores fuerzas políticas de la nación durante casi quince años. Pero el país había llegado a una encrucijada en su historia. Adolf Hitler asistió ese día a la sesión del Reichstag. En el exterior empezaban a congregarse los fascistas, de semblante matón. Los nazis tardarían tan un solo año en llegar al poder. Y cuando lo hicieran, el Partido Comunista sería prohibido, y miles de militantes serían asesinados o enviados a campos de concentración, añadiéndose a los que ya llevaban décadas siendo perseguidos y aniquilados.

El día que Zetkin pronunció su discurso todavía quedaba alguna esperanza de que las cosas pudieran tomar un sesgo diferente, de que los ciudadanos pudieran ser persuadidos de que existía otra manera de contemplar el futuro de Alemania. Parecer ser que el revolucionario ruso y líder soviético Vladimir Lenin dijo en una ocasión que los comunistas alemanes solo tuvieron un hombre realmente bueno, y que ese hombre había sido una mujer: Clara Zetkin.

Zetkin aprovechó la ocasión prestada para cargar contra los que pretendían hacerse con el control de su país alegando unas promesas vacuas de regresar a un pasado glorioso imaginario. Su alegato, en cambio, defendía la posibilidad de un futuro renovado, de una alternativa radical a lo que había sucedido hasta entonces: «La lucha de las masas trabajadoras contra el sufrimiento catastrófico del presente es, al mismo tiempo, una lucha por su plena liberación», declaró. Zetkin apeló a los trabajadores llanos para que se alzaran contra generaciones de explotación, sufridas a manos de los capitalistas e imperialistas. Haciéndose eco de Marx y de Engels, habló de los millones de mujeres que necesitaban ser liberadas de «las cadenas de la esclavitud sexual». Para ella, la emancipación de las mujeres se lograría a través de la independencia económica, y no solo siendo independientes de sus esposos y padres, sino también de todo aquel que las oprimiera.

Como muchos otros comunistas de la época, Zetkin no se consideraba feminista como tal. Nada más lejos de la realidad: Clara Zetkin se reía de la idea de que existiera una hermandad universal que «engalanara con un mismo lazo unificador a las señoras burguesas y las proletarias». Las mujeres tenían problemas distintos en función de cuáles fueran sus diferencias. Era imposible que las ricas y privilegiadas comprendieran las vidas de las obreras, y aun menos cuando las mujeres que ocupaban el escalafón más alto de la sociedad se beneficiaban directamente del trabajo barato de criadas y obreras. Por eso Zetkin se distanció de lo que ella consideraba un feminismo burgués de las élites capitalistas y se centró más bien en las personas que se situaban en lo más bajo de la escala social.

Años después, sus palabras encontrarían eco en las de otras mujeres, entre las cuales podemos citar a la influyente activista y académica Angela Davis, que fue miembro tanto del Partido Comunista de Estados Unidos como del grupo de los Panteras Negras. En su libro de 1981 *Mujeres, raza y clase*, publicado en España en 2004, Davis explicó que «las mujeres de clase trabajadora, así como las mujeres negras, estaban básicamente ligadas a sus hombres por el vínculo de la explotación de clases y la opresión racista, que no discriminaban entre ambos sexos». Las mujeres llevaban mucho tiempo alineándose con hombres poderosos para eliminar los derechos de otras mujeres. El racismo del movimiento sufragista de Estados Unidos fue un buen ejemplo de ello. La liberación tenía que ser posible para todos, explicó Davis, porque, en caso contrario, no podía considerarse una liberación.

Esa era la promesa del socialismo.

Este mensaje pervive en el activismo feminista del siglo XXI. En su libro *Manifiesto de un feminismo para el 99%,* escrito en 2019 y traducido al castellano en 2023, las académicas y organizadoras que fueron las responsables de la Huelga Internacional de las Mujeres Internacionales en Estados Unidos, Cinzia Azzurra, Tithi Bhatta-charya y Nancy Fraser, tienen muy claro que la igualdad de género no puede lograrse en una sociedad racista e imperialista. «Pero también entendemos –escriben ellas– que la raíz del problema es el capita-lismo». ¿Qué tiene de bondadoso un feminismo tan diluido en este vasto paisanaje político que lo que mejor que cabe esperar es que unas cuantas mujeres rompan los techos de cristal y asuman tanto poder como el que ahora tienen los hombres más ricos del planeta si no dejan de contemplar cómo limpian estos mismos cristales rotos y esparcidos por el suelo otras mujeres inmigrantes, trabajadoras y pertenecientes a una clase social más baja?

El problema para Zetkin y para otras socialistas de principios del siglo XX fue que los líderes del Partido Comunista solían ser hom-bres y que, además, tendían a hablar pensando solo en los hombres. Incluso entre los mismos revolucionarios, las mujeres ocupaban un lugar secundario. Hasta 1908, en la mayor parte de las regiones de Alemania estuvo prohibido que las mujeres se afiliaran a los partidos políticos. El Partido Comunista tampoco dejó de cultivar la imagen del culto a la masculinidad que aparecía en los estereotipos del ma-cho y el obrero musculoso. Como personaje de peso en la batalla, Zetkin intentó ayudar a sus camaradas a recordar la responsabilidad que habían contraído con la liberación de las mujeres. En un impor-tante congreso que se celebró en Copenhague en 1910, esta mujer aportó su propio grano de arena proponiendo que se declarara un

Día Internacional de la Mujer, que es el que sigue festejándose en la actualidad. Sin embargo, la solidaridad masculina y la misoginia que se observaba en los escalafones superiores del liderazgo del partido nunca llegaron a desparecer del todo

Por todas esas luchas, ese día de 1932 fue Clara Zetkin quien logró captar la atención mundial. Es muy probable que la mayoría de los que estuvieron presentes en el Reichstag y oyeron su discurso no compartieran sus mismas ideas políticas, pero no por ello dejaron de mostrarle sus respetos. Un periodista del *New York Evening Post* escribió que, cuando Zetkin terminó de hablar, «las gradas rompieron en unos aplausos atronadores que no respondían a razones políticas, sino que eran un tributo al valor estrictamente físico que había demostrado tener esa vieja revolucionaria».

Clara Zetkin no sobreviviría para ver gobernar el socialismo que tanto deseaba para Alemania. Cuando los nazis se hicieron con el poder, Zetkin huyó a Rusia, lugar donde fallecería poco después.

***

La historia no se sostiene en pie. Más de una década después del fallecimiento de Clara Zetkin, Alemania viviría otra reforma política; y esta sería la que haría que sus sueños se convirtieran en realidad.

En 1949, tras la derrota de la Segunda Guerra Mundial, el país se dividió en dos facciones: la mayor de ellas se ubicaría en la zona occidental del país (bajo la autoridad de los aliados americanos, británicos y franceses, que le darían el nombre de República Federal de Alemania) y se regiría según el sistema económico capitalista; la menor, situada en la zona oriental, se convertiría en un estado satélite de la Unión Soviética y se llamaría República Democrática Alemana (RDA).

En este nuevo estado socialista, Zetkin fue reverenciada hasta el punto de convertirse en un personaje icónico. Su rostro aparecía en los billetes de diez marcos y en las monedas de veinte marcos. Sacaron partidas de sellos con su imagen y bautizaron varias calles con su nombre. La activista estadounidense Angela Davis también fue aclamada en calidad de heroína antiimperialista, y su imagen fue plasmada en carteles. Una gran multitud se congregó para ir a recibirla el día que llegó a Berlín este, en 1972.

La división entre la Alemania del Este y la Alemania Occidental duraría cuarenta años, hasta poco después de la caída del muro de Berlín, en 1989, año de la reunificación del país. Lo que sucedió en el ínterin, en la Unión Soviética de 1917, y luego en otros estados socialistas, quizá fue el mayor experimento humano del que haya sido testigo jamás la época contemporánea. En teoría, al menos, el objetivo de la revolución era cambiar de manera fundamental lo que la gente pensaba del prójimo, de librarla no solo de las cadenas económicas de la opresión, sino también de las cadenas mentales.

Durante este proceso, todas las vertientes de la vida fueron puestas en tela de juicio, desde las tradiciones culturales hasta las antiguas creencias religiosas. Los líderes soviéticos animaron a la gente a abrazar el ateísmo, muy acorde con su convicción de que la religión era burguesa y explotadora. En la República Democrática Alemana, el número de personas que se identificaron como protestantes o católicas cayó desde un 90% aproximadamente, en 1950, a un 30%, en 1989. La literatura, incluidos los libros infantiles, fueron el reflejo de las políticas anticapitalistas y antiimperialistas de la Unión Soviética. Y los que pasaron a denominarse «rojos occidentales» le dieron la vuelta a las películas en Hollywood y pasaron a representar a los indios americanos como los héroes y a los vaqueros como los malos.

El desvalido era el que se había convertido en el protagonista. Todos tenían trabajo. Los precios de los bienes de consumo eran fijados por el estado, en lugar de marcarlos el mercado, y, por consiguiente, la vida era asequible. Sin embargo, como las importaciones de productos occidentales eran escasas, eso implicaba que la gente no tenía todo lo que deseaba, al menos en cantidad suficiente. Los suministros de provisiones no eran fiables. De vez en cuando, si había sobreproducción, se encontraban con una repentina sobreabundancia de determinados productos. La periodista croata Slavenka Drakulic, al escribir sobre sus propias vivencias bajo el régimen comunista, recuerda «la escasez, los olores claramente distintivos y la ropa andrajosa». Recuerda haber visto a un hombre adulto comerse un plátano por primera vez en su vida con piel y todo, porque no sabía que debía pelarlo. Esa carencia de plátanos se convirtió en una metáfora muy famosa para describir la vida cotidiana en la Unión Soviética, una existencia en la que los bienes normales y corrientes tenían el potencial de convertirse en productos de lujo.

Sin embargo, lo peor del comunismo, tal y como ya sabemos, no fue la escasez. Bajo el liderazgo del ruso Joseph Stalin, la vida en la Unión Soviética fue sanguinaria y bestial. Hubo un reguero en apariencia inacabable de purgas, ejecuciones, violaciones y restricciones. Millones de personas fueron enviadas a campos de trabajos forzados. Para conseguir mantener intacto el sistema, la vigilancia se extendió como un reguero de pólvora, dejando apenas espacio para la libertad de movimientos, para la disensión política. Fue tal el horror que, hoy en día, se habla del fascismo y del comunismo metiéndolos a ambos en el mismo saco. A pesar de que las ideologías en que se fundamentaron no podían ser más dispares, como la periodista e historiadora Anne Applebaum ha escrito: «Si no sentimos la misma repugnancia por los crímenes del comunismo que por los del nazismo, estaremos condenados a malinterpretar nuestro propio pasado tanto como el de los demás».

El peso de esos crímenes sigue estando muy vigente en la actualidad, como soy capaz de comprobar por mí misma cada vez que viajo a Alemania. Una vieja calle adoquinada de Berlín que en sus tiempos se dedicó a la memoria de Clara Zetkin ha recuperado su nombre antiguo, Dorotheenstrasse, en recuerdo de una princesa prusiana. En el Museo de la RDA, que se encuentra a orillas del río Spree, en Berlín, me dan una charla sobre el deprimente estado policial en que llegó a convertirse la República Democrática Alemana (y lo agradecidos que todos deberíamos estar porque todo eso haya sido superado). En sus instalaciones han recreado una sala de interrogatorios y la celda de una cárcel para que los visitantes puedan entrar en ellas por su propio pie. Un desvencijado automóvil Trabant está expuesto en la entrada principal del museo con el jocoso título de *Cacharra con ruedas*. Desde los bestiales bloques de pisos hasta las prendas de vestir de poliamida, todo apunta a esbozar un retrato de una distopia autoritaria en la que nadie querría vivir.

Sin embargo, por muy lejano que percibamos el socialismo de estado, todavía hay quien recuerda esa era con una sensación de melancolía. Quizá no podamos evitar buscar siempre la luz entre las sombras, porque esa es la luz que nuestros corazones quieren recordar. Oigo a una mujer quejarse de que su ciudad entrara en decadencia tras la caída del muro de Berlín y no les dejara a sus dos hijos adultos ninguna otra opción más que la de marcharse de la región en busca de trabajo. En la tienda del Museo de la RDA, los visitantes prácticamente les sacan de las manos al personal los recuerdos que allí venden.

Hay otros, asimismo, que recuerdan la esperanza radical en la que se sustentó el modelo socialista. Durante un tiempo vivieron en un universo paralelo en el que la población seguía momentáneamente unas normas muy distintas de las de sus vecinos. La Unión Soviética fue un lugar en el que, por un breve período de tiempo, los revolucionarios creyeron que podrían convertir en realidad su visión igualitaria del mundo. Y por muy mal que salieran las cosas al final, sí es cierto que consiguieron lograr algunos de esos objetivos. La nostalgia por lo que no fue tan terrible en esos tiempos ha llevado incluso a algunos a reconsiderar las raíces socialistas que tienen muchas de las luchas actuales que persiguen la igualdad. Se advierten en los primeros ideales que Clara Zetkin defendió hace más de un siglo: el derecho a voto para las mujeres, el derecho a participar de la vida política, de ir a la universidad, de disfrutar de igualdad en el matrimonio, de liberarse de la doble moral que impera en la práctica de la sexualidad y, por encima de todo, el derecho a no ser explotados por nadie en absoluto. En cierto modo, Zetkin fue intersectorial en su lucha por el cambio antes incluso de que la palabra misma llegara a existir.

El día que voy a ver la antigua casa de Zetkin, situada al norte de Berlín, en Birkenwerder, Brandenburgo (que en la actualidad conservan como monumento a los caídos), tengo muy claro que soy una de las pocas personas que hacen esta peregrinación. Hay una escultura de bronce que la representa a ella en el jardín que da a la calle vacía. Zetkin sigue orillada en los márgenes de la historia de las mujeres. Ahora bien, los que hayáis hecho el esfuerzo de estudiar el socialismo de estado del siglo xx, una época brutal como pocas, veréis que los documentos históricos revelan en realidad algo que es digno de mención. Lo cierto es que las relaciones de género en la

Unión Soviética sí cambiaron. Entre los escombros de los antiguos regímenes, esos ideales acabaron dando sus réditos a las mujeres, aunque no siempre el fenómeno se haya reconocido debidamente.

Se hizo un franco y genuino intento, durante el siglo xx, de aplastar el patriarcado.

***

En otoño de 2018, mi marido y yo estábamos sentados en un moderno y soleado restaurante en el centro de Praga con las anfitrionas de ese almuerzo, que eran dos académicas checas especializadas en estudios de género. Como padres que éramos de un niño de corta edad, al que habíamos dejado al cuidado de sus abuelos en Londres para poder hacer este viaje, solo teníamos una cosa en la cabeza: una atención infantil que resultara asequible. Nos quejábamos de la desgracia que representaba ver menguar tanto nuestros sueldos a causa de los gastos de guardería que debíamos asumir si queríamos poder disponer de tiempo para trabajar. Algunos amigos nuestros, en su mayoría mujeres, aunque también había algún que otro hombre, habían decidido hacer una pausa en su vida profesional para quedarse en casa. Pensé que la cuestión debía de ser bastante similar en la República Checa. ¿Acaso no era esta la batalla universal que todos librábamos? ¿No era la desigualdad que provocaban el cuidado de los hijos y de la casa la eterna espina que estaba clavada en el concepto mismo de la liberación de las mujeres?

Sentada al otro lado de la mesa, una de estas mujeres nos dedicó una amplia sonrisa. «Recuerdo cuando teníamos todos los recursos que quisiéramos para poder cuidar de nuestros hijos –dijo–. Pues bien, el problema que tenemos ahora es que las mujeres quieren quedarse en casa y convertirse en unas amas de casa tradicionales. ¿Qué os parece la cosa?».

La historia del feminismo en esta región de Europa no fue la misma que la que se vivió en Gran Bretaña, el país donde yo crecí. En los otrora estados socialistas, esa lucha había tomado una trayectoria completamente distinta. En Estados Unidos y en Europa occidental, los países llevaban mucho tiempo decantándose en favor de la democracia, el individualismo y el capitalismo, y aceptando que un cierto grado de desigualdad social fuera el precio que pagar por estas libertades. No todos podrían tener todo lo que desearan, pero sí tendrían la oportunidad de intentar trabajar para conseguirlo. El estado intervendría de vez en cuando para garantizar las necesidades básicas de las personas (por ejemplo, en lo concerniente a los estudios de los niños o al subsidio por desempleo), ayudándolas a asegurarse por estos medios de que el terreno en el que jugaban fuera bastante justo. Sin embargo, y por lo general, las mujeres que deseaban la plena igualdad con los hombres fueron relegadas a luchar durante décadas en favor de unas reformas que iban siendo graduales.

Los comunistas, por otro lado, ansiaban ver la desaparición total del estado. Las propiedades serían comunitarias; no habría jerarquías ni existirían las desigualdades; se trabajaría por un bien común, y cada cual lo haría acorde a sus talentos. Al final, y según lo esperado, la familia terminaría por consumirse. En lugar de haber esposos y esposas, habría unos individuos que serían iguales y autónomos, libres de amar como así eligieran basándose en el respeto mutuo. La sociedad en toda su extensión sería la que contribuiría a la crianza de esos niños.

Hasta que no alcanzaran su utopía radical, los revolucionarios comunistas adoptarían el socialismo como forma de estado, una especie de hogar situado a medio camino en el que los que se encontraban en la cima del Partido Comunista establecerían las políticas que seguir y las leyes destinadas a eliminar la desigualdad de la manera más rápida posible. De hecho, y como ya sabemos, estos líderes terminaron guiando a la sociedad con una mano de hierro tan devastadora y férrea que terminaría siendo despiadada hasta unos límites inimaginables; por no hablar de lo mucho que terminarían alejándose de los ideales originarios. Sin embargo, al menos al principio, lo cierto es que sí actuaron con gran rapidez para conseguir algunos de sus objetivos (sobre todo en lo que respectaba a las libertades de las mujeres).

«En todos los países civilizados, incluso en los más avanzados, las mujeres en realidad no son más que esclavas domésticas. Las mujeres no disfrutan de una igualdad plena en ningún estado capitalista, ni siquiera en la más libre de todas las repúblicas», declaró Lenin en el Primer Congreso Ruso de las Mujeres Trabajadoras que se celebró en 1918, una vez convertido en el jefe del estado soviético, tras la revolución que había tenido lugar el año anterior. Un tiempo después, Lenin escribiría que para las mujeres casadas «las insignificantes tareas domésticas las aplastan, las asfixian, las atrofian y las degradan; las tienen encadenadas a la cocina y a la crianza de los hijos». Como también considerara previamente Engels, Lenin se dio cuenta de que la lucha contra la opresión se hallaba presente tanto en el seno del hogar como fuera de él. «Una de las tareas primordiales de la República Soviética –anunció– es abolir cualquier limitación en los derechos de las mujeres».

Eso fue precisamente a lo que el gobierno se dedicó. Uno de los primeros cambios políticos que introdujo la directiva cuando se hizo con el poder en Rusia fue disponer que la mujer disfrutara de las mismas condiciones que el hombre, observa el historiador y politólogo Archie Brown. En 1917, todas las mujeres adquirieron el derecho al voto: un año antes que las británicas, y tres años antes que las estadounidenses. El matrimonio civil substituyó al matrimonio religioso; y el divorcio se vio más libre de trabas y resultó menos costoso. En 1920, la Rusia soviética se convirtió en el primer país del mundo en legalizar el aborto.

De todos modos, los beneficios que obtuvo la igualdad de las mujeres fueron precarios, como ya lo eran en diversas partes del mundo. La Unión Soviética liderada por Stalin ilegalizó el aborto en 1936 para que aumentara su decreciente tasa de natalidad y, luego, volvió a legalizarlo en 1955, tras la muerte de Stalin. Rusia y sus vecinos habían sido extremadamente patriarcales durante siglos, y la gente no renunciaría a sus antiguas creencias sin presentar batalla. Los estereotipos no se desvanecerían como por arte de magia. Las desigualdades y los maltratos de género en el seno de los hogares fueron descartados ampliamente por parte de los que diseñaban las políticas soviéticas. Y esta clase de tensiones y contradicciones serían las que, en último término, socavarían el sistema; pero, de momento, el cambio de las normas de género en esa época más temprana fue algo muy innovador.

A pesar de todos esos esfuerzos, la lucha de clases siguió ocupando un lugar central en la Rusia soviética; y las demás desigualdades se consideraron vinculadas en último término a la división de clases; por ello dieron por sentado que terminarían derrumbándose igualmente. Partiendo de esta premisa fundamental, la creencia dominante fue que la liberación de toda opresión pasaba por el trabajo. Si las mujeres contaban con sus propios ingresos, no se verían atrapadas en matrimonios o en familias que no les sirvieran de algún provecho, como era lógico. El empleo era el camino destinado hacia su libertad. Por eso, en la primera época de la historia soviética, la oportunidad de cursar estudios fue extendida a las mujeres, así como a los hombres. Cualquiera, con independencia de cuál fuera su género, tenía derecho a un empleo remunerado. Y se esperaba, por consiguiente, que el individuo se responsabilizara de él. En 1936, el Politburó soviético, el organismo superior ejecutivo del Partido Comunista, consideró un delito negar un puesto de trabajo a una embarazada, o rebajarle el sueldo.

La Segunda Guerra Mundial fue el detonante para que mujeres de todo el mundo fueran reclutadas con el objeto de realizar los trabajos de los que hasta entonces se habían ocupado los hombres, pero en la Unión Soviética, además, las mujeres se alistaron al ejército en una proporción como no se había visto jamás en ningún otro lugar. La historiadora Pamela Toler ha escrito que la Unión Soviética fue la que recurrió en mayor cuantía a las mujeres soldados: 800 000 sirvieron como combatientes en el Ejército Rojo durante la guerra (y unos millares de entre ellas fueron destinadas al frente en calidad de francotiradoras, artilleras y tripulantes de tanques, entre otras funciones). Más de 100 000 mujeres fueron condecoradas con la medalla al valor.

En el centro de Europa, y en su vertiente oriental, mientras el socialismo de estado se iba expandiendo y rebasaba los límites de Rusia, se animaba a las mujeres a matricularse en universidades politécnicas para que se licenciaran como científicas e ingenieras. Las familias tenían derecho a disfrutar de servicios de guardería y de jardín de infancia. En la República Democrática Alemana, el número de plazas de guardería por cada mil niños se incrementó de forma considerable y pasó a ser de 13 plazas, en 1950, a 811, en 1986. Las lavanderías y las cantinas públicas a precios reducidos asumieron al menos una parte de la carga que representaba tener que atender las tareas del hogar y cocinar.

Cada uno de los estados enfocó estos temas en función de cuáles fueran sus circunstancias propias. Eslovaquia, por ejemplo, era eminentemente rural a principios de la década de 1950. «Su objetivo era industrializar el país, y para ello necesitaba que las mujeres dejaran las granjas familiares por las fábricas y se mudaran a los núcleos urbanos», me contó la especialista en estudios de género Blanka Nyklová, del Instituto de Sociología de Praga. Para vender esta idea a las jóvenes, el estado vinculó la vida urbana con «la idea de que así podrían emanciparse de sus familias y tener la capacidad de decidir por sí mismas cuál sería su futuro. No tenían por qué quedarse a vivir en el mismo pueblo toda la vida con alguien con quien no tuvieran ninguna obligación de casarse».

Los hombres se acostumbraron a trabajar codo a codo con las mujeres. En todas las profesiones e industrias prácticamente, el concepto de la mujer trabajadora se normalizó. Y en la actualidad las cosas siguen igual. «Como mujer, esperarán de ti que tengas un empleo», dice Nyklová.

Sin embargo, en la actualidad esta parte de la historia socialista ha quedado archivadísima y fuera del alcance del escrutinio público, si no contamos los recuerdos de las personas que la vivieron. Quizá todo eso sea debido al temor de que, hablando de las cosas positivas que existieron en esos tiempos, uno se delate y parezca solidarizarse con los antiguos regímenes autoritarios. Sin embargo, también existe otra barrera por franquear. Si sabía pocas cosas de la vida de las mujeres en Europa central y oriental antes de viajar a Alemania, a la República Checa y a Hungría, y de conocerlas personalmente, en parte fue debido a la división ideológica surgida entre Oriente y Occidente tras la Segunda Guerra Mundial. El que fue primer ministro de Gran Bretaña, Winston Churchill, habló de este fenómeno en un discurso que dio en 1946 diciendo que habían bajado «un telón de acero» en esas regiones, y la frase terminó acuñándose.

Durante los primeros años de la Guerra Fría, prácticamente fue imposible saber desde fuera lo que estaba sucediendo dentro de la Unión Soviética. Las comunicaciones eran muy limitadas. Ese mundo terminó situándose al otro lado del espejo. A día de hoy, los archivos de esa época todavía no son del todo accesibles. Hasta que no cayó el telón, las únicas personas que pudieron dar alguna pista sobre lo que estaba sucediendo al otro lado (al margen de los propagandistas soviéticos) fueron las que lograron huir.

***

Entre 1950 y 1953, unos académicos de la Universidad de Harvard, patrocinados por las Fuerzas Aéreas de Estados Unidos, entrevistaron a centenares de refugiados y emigrantes que habían abandonado la Unión Soviética. En palabras de los estadounidenses, esperaban comprender de ese modo cuáles eran «la fuerza y la debilidad psicológicas del sistema soviético». Su objetivo era explicarse el funcionamiento del socialismo de estado, saber cuál era el apoyo real que recibía por parte de sus ciudadanos y si tendría la suficiente solidez para propagarse.

En innumerables resmas de notas mecanografiadas pueden leerse los sentimientos que despertó en la gente el sísmico cambio político que vivió la población. Estas entrevistas, a las que algunos académicos se refieren denominándolas Proyecto Harvard, terminarían siendo una de las fuentes más reveladoras de información que se tenía sobre la Unión Soviética.

«¿Cree usted que las mujeres soviéticas en general quieren trabajar fuera, o piensa usted que más bien prefieren quedarse en casa?», esta fue una de las preguntas que los entrevistadores de Harvard hicieron para llevar a cabo sus indagaciones.

«Las mujeres en general prefieren quedarse en casa, pero, en las condiciones en que viven en la Unión Soviética, las mujeres empiezan a trabajar desde muy temprana edad –fue la respuesta de una de las personas entrevistadas–. En realidad, eso les da una cierta independencia. Si se divorcian, por ejemplo, tienen que trabajar; y el trabajo da libertad a las mujeres. La mujer se siente libre cuando tiene un trabajo». Decían incluso que «ser únicamente ama de casa se considera vergonzoso, porque ese es un rasgo pequeñoburgués».

En otra entrevista distinta, le preguntaron a un médico cuál era la proporción de género que existía cuando hacía sus estudios en la Facultad de Medicina en la Rusia soviética.

«Había más hombres que mujeres cuando yo estudiaba, pero, al cabo de un tiempo, hubo más mujeres que hombres, e incluso instauraron una cuota especial por ley a este respecto –respondió este médico, sugiriendo con ello que habían establecido cuotas para favorecer el equilibrio de géneros–. Algunas mujeres llegaron a ser unas insignes catedráticas en la Unión Soviética, e incluso había cirujanas».

Una estenógrafa de cincuenta y seis años mencionó que las mujeres eran tratadas en las mismas condiciones de igualdad por el sistema educativo. «Tenemos unas químicas fabulosas –precisó–. En la Unión Soviética no existía ninguna discriminación contra las mujeres, y estas trabajaban realizando los trabajos más duros que pueda concebirse, igual que los hombres. Por poner un ejemplo, las mujeres también trabajaban en las minas, bajo tierra».

Las mujeres empezaron a fumar en la calle tras la revolución, según se desprende de uno de los testimonios. De otras transcripciones puede inferirse que las mujeres se sintieron capaces de pedir el divorcio por iniciativa propia, como harían los hombres, sin ser estigmatizadas socialmente por esa razón.

Los historiadores tienen que ser muy cuidadosos en el manejo de esta clase de pruebas. Estas entrevistas no pueden considerarse del todo fiables, porque las concedieron personas que deseaban abandonar la Unión Soviética a toda costa. De todos modos, quizá eso les diera fuerzas para reconocer abiertamente que la igualdad de género sí existió para ellos en la Unión Soviética (aun cuando la vida fuera muy dura en otros sentidos). «No hay nada bueno ahí, salvo la igualdad que existía entre hombres y mujeres», dijo una mujer madura que trabajaba como economista y se sentía muy molesta al no poder avanzar más intelectualmente.

Las entrevistas del Proyecto Harvard apenas dejaron dudas de que el experimento socialista de Rusia había convulsionado las normas sociales del país. Sin embargo, lo que resulta francamente revelador para los académicos de nuestros días es la lúbrica fascinación que sintieron los entrevistadores estadounidenses por la privacidad de las vidas cotidianas de las soviéticas, por sus empleos y por la calidad de sus relaciones. Leyendo entre líneas, es imposible no darse cuenta de que albergaban cierta preocupación por que los comunistas no fueran a ir a por Estados Unidos a continuación, y que el sistema político soviético en realidad ejerciera un gran atractivo sobre las mujeres.

Al otro lado del telón de acero, en los barrios residenciales de

Estados Unidos, la vida era completamente distinta. En la década de 1950, la misma en que se realizaron las entrevistas del Proyecto Harvard, la americana de clase media era animada a dejar su trabajo tras contraer matrimonio. El matrimonio heterosexual era considerado el único camino legítimo que seguir por parte de los adultos. El divorcio era censurado moralmente. La historiadora Elaine Tyler May escribe que, por muy paradójico que pueda resultar, los tradicionales papeles divididos en función del género parecía que apuntalaran el hogar moderno de la posguerra en Estados Unidos. El país premiaba el individualismo, advierte, aunque la mayoría de las personas de esa época eligieron vivir de acuerdo con las expectativas sociales. De todas las personas que alcanzaron la mayoría de edad durante o después de la Segunda Guerra Mundial, aproximadamente el 95% estaban casadas.

Ahora bien, no siempre había sido así. En 1909, miles de obreros textiles de Nueva York, la mayoría de los cuales eran mujeres emigrantes y judías, lideraron una huelga para exigir unas mejores condiciones salariales y laborales. En 1910 hubo otra huelga, en esta ocasión de las trabajadoras de la confección de Chicago. En 1920, según la historiadora de género y sexualidad Lillian Faderman, las mujeres constituían casi una tercera parte de la mano de obra de Estados Unidos. En los años que precedieron a la Segunda Guerra Mundial, el número de mujeres que estudiaba una carrera universitaria y trabajaba fuera de casa fue en aumento. Durante la guerra, la imagen de la dura y musculosa Rosie la Remachadora fue la más utilizada para reclutar a mujeres que quisieran contribuir a la causa bélica.

Sin embargo, el final de la guerra propinó un buen culatazo a las trabajadoras. El estado necesitaba que las familias tuvieran más hijos, además de dar trabajo a los hombres que habían regresado del combate. El varón que se ganaba el pan con la suficiente holgura como para permitirse una esposa que se ocupara de la casa y viviera en una zona residencial fue el ideal que se promovió y al que aspiraron todos, y eso varios siglos después de que los Padres Fundadores hubieran cultivado ese mismo ideal convirtiéndolo en la piedra angular de la democracia americana. Se casó mucha más gente en la década de 1950 que en los años inmediatamente anteriores o posteriores a la guerra. Una encuesta de opinión realizada por la empresa Gallup en 1957, escribe Faderman, reveló que el 80% de los estadounidenses coincidían en el hecho de que «una mujer que elegía no optar por el matrimonio era una mujer enferma, neurótica o inmoral». Los diseñadores de moda, añade Faderman, empezaron a resaltar la estrechez de la cintura y la generosidad en las caderas y en el busto. Las revistas y los libros daban consejos a las mujeres para que se convirtieran en buenas esposas en un futuro y, además, les advertían de las desventajas que implicaba para los hijos tener madres trabajadoras.

El mundo del trabajo en Estados Unidos estaba tan sesgado que incluso había a quien le costaba imaginarse a las mujeres y a los hombres haciendo el mismo trabajo. Los científicos y los ingenieros habían fomentado unas culturas que pretendían asociar el ingenio, la racionalidad y la habilidad con la masculinidad para, de ese modo, marginalizar más a las mujeres que intentaban penetrar en sus filas. Se puede afirmar que los estereotipos de género eran más fuertes que nunca.

No estamos diciendo que los estereotipos no existieran en la Unión Soviética, porque lo cierto es que existían; sobre todo en lo concerniente a las mujeres que ocupaban puestos de gestión y liderazgo. Los hombres fueron los que encabezaron el Partido Comunista de la Unión Soviética hasta que esta llegó al final de sus días, con el Gobierno de Boris Yeltsin. A pesar de todo, las mujeres constituían el 64% de la totalidad de los operadores de maquinaria, y el 42% de los conductores de vehículos motorizados. En cuanto a la medicina, la proporción de médicas pasó de ser de un 10%, en 1913, a constituir el 79%, en 1959. Y, antes incluso de que comenzara ese mismo año, prácticamente todo el sector farmacéutico estaba encabezado por mujeres.

***

«Recuerdo que, cuando fui a Estados Unidos, en la década de 1990, me di cuenta de que la gente cocinaba en casa y se preparaba la cena —me contó un día Éva Fodor, profesora adjunta de estudios de género de la Universidad Central Europea, con sede en Budapest y Viena–. ¡A mí no se me habría ocurrido eso ni en un millón de años!».

Fodor creció en Hungría bajo un régimen socialista estatal, y sus padres fueron dos intelectuales de ciudad. «Yo almorzaba en la cantina de la escuela y, luego, al regresar a casa, comía un bocadillo para cenar. Es decir, que mi madre nunca nos preparó la cena –dice Fodor–. La gente se llevaba la comida de la cantina a casa». Sus padres solían llevar a lavar la ropa blanca a la lavandería pública y, luego, la recogían «por cuatro duros». La mayoría de los niños a los que esta mujer conocía iban al jardín de infancia en cuanto cumplían la edad necesaria. Así era como vivían las familias de clase media como la de ella. Para las familias que vivían en ciudades más pequeñas, o en zonas rurales, estas opciones todavía eran más caras de ver. Sin embargo, a las personas que formaban parte de su mismo círculo social, el estado les garantizaba parte de la ayuda que era necesaria en casa, derivando esa carga a unos servicios subvencionados que eran comunitarios y externos.

La revolucionaria idea de socializar plenamente las tareas domésticas fue la que la activista Angela Davis quiso retomar en su texto de 1981. Davis se preguntaba por qué el trabajo en casa no podía ser absorbido por la economía industrial, de la misma manera que la producción de alimentos había pasado de ser un arduo trabajo centrado en el núcleo hogareño de unas pequeñas granjas familiares a convertirse en una tarea que hacían a gran escala las corporaciones agrícolas y los fabricantes de alimentos. «Unos equipos de obreros formados y bien remunerados que fueran desplazándose de vivienda en vivienda, y manejando una maquinaria de limpieza tecnológicamente avanzada, podrían conseguir con gran rapidez y eficacia lo que el ama de casa actual hace de una manera tan ardua y primitiva». Optimizado e industrializado de esta manera, el trabajo del hogar podría ofrecerse a unas tarifas que cualquiera podría permitirse.

Davis describió esta situación como uno de los secretos más celosamente guardados de las sociedades capitalistas: «la posibilidad (la posibilidad real) de transformar radicalmente la naturaleza del trabajo doméstico».

No cabe decir que este sueño ni en broma se ha hecho jamás realidad en algún lugar. Sin embargo, en los estados socialistas de Europa, al menos se hizo el esfuerzo de intentar conseguir algo que se le pareciera para permitirles a las mujeres trabajar percibiendo los honorarios que tuvieran estipulados. Éva Fodor comparó la desigualdad de género en los puestos de trabajo de Hungría, país en el que ella creció, con los de la vecina Austria, que no fue un estado socialista, pero tenía una historia cultural muy parecida a la de Hungría antes de que sus sistemas políticos divergieran tras la

Segunda Guerra Mundial. En 1949, aproximadamente una quinta parte de los estudiantes universitarios de ambos países eran mujeres. Al inicio de la década de 1970, Hungría había alcanzado la paridad entre los sexos. Austria no lo lograría hasta finales del siglo xx. En 1982, solo el 5% de las húngaras se clasificaban en la categoría de ama de casa; en Austria, la tasa era del 40%. La legislación durante la década de 1970 exigía que las austríacas casadas obtuvieran el permiso del marido para ir a trabajar.

El modo en que Hungría llegó a progresar tanto en el tema de la igualdad de géneros, dice Fodor, fue gracias a una combinación de factores, como el de la legislación, la propaganda, las cuotas, unas bajas por maternidad muy generosas, unos jardines de infancia y guarderías que a menudo se localizaban en las mismas fábricas y despachos donde trabajaban sus progenitores, y unos incentivos sociales y sanitarios ligados al trabajo, como, por ejemplo, el permiso por enfermedad de un hijo y las comidas subvencionadas. Las instituciones del estado socialista húngaro desempeñaron un papel importante «remodelando, reduciendo y redefiniendo las desigualdades de género no solo a corto plazo, sino también a largo plazo –escribe Fodor–. Ni las fuerzas del mercado, ni el mayor nivel de desarrollo económico, ni la existencia de un movimiento feminista más autónomo lograrían una igualdad de género tan significativa en Austria».

Si los dos países fueran considerados unos laboratorios culturales, estaría muy claro cuál de los dos había demostrado ser capaz de conseguir el cambio con mayor rapidez: el estado socialista, que se llevó la palma introduciendo reformas muy atrevidas.

Dados los amplios cambios en los patrones de trabajo que se hicieron en los antiguos estados socialistas, la gente sigue pensando hoy en día de manera distinta respecto a las mujeres trabajadoras cuando ya hace más de treinta años que cayó el telón de acero. El Instituto para la Investigación del Empleo de Alemania descubrió que, varias décadas después de la reunificación, la brecha salarial en función del género en la Alemania Oriental de 2016 era poco más del 6%, mientras que en la Alemania Occidental pasaba del 23%. En la ciudad universitaria alemana de Cottbus, en Brandenburgo, la brecha salarial incluso se inclinaba a favor de las mujeres.

«Los estados socialistas han cambiado las normativas en función del género. La norma de que las mujeres trabajaran percibiendo un salario cambió en un intervalo de quince años –me cuenta Fodor–. Generó un cambio de actitud que ha perdurado a lo largo del tiempo. La noción de que las mujeres trabajan a cambio de un salario es absolutamente normal, como también lo es el hecho de que tengan una trayectoria profesional o encuentren un sentido a su trabajo».

La colega de Fodor, Jasmina Lukic, que es catedrática de Literatura comparada y de Estudios de género en la Universidad Central Europea, escribió que, al haber crecido bajo el régimen socialista de Belgrado, «me resultaba inimaginable pensar que mi salario tuviera que ser más bajo por el hecho de ser mujer». Lukic recuerda que cuando se mudó a Canadá en la década de 1970 como alumna, la diferencia era tan considerable que no consiguió identificarse con la lucha feminista del país. Su experiencia cultural hasta entonces se situaba a años luz de todo aquello. «Me ofendía ver que Daisy siempre estuviera insistiendo en que quería casarse con el Pato Donald, que era un merluzo, y que Minnie chocara continuamente con la pared del garaje con su automóvil». En su caso, escribe, «mi madre era la única de la familia que sabía conducir, y mi padre no tenía ninguna formación ni habilidades técnicas».

En la actualidad, mientras Europa occidental y Estados Unidos siguen batallando con una de las tasas más bajas del mundo de presencia femenina en el mundo de la ciencia, la ingeniería y la tecnología, este problema no existe en determinadas partes de Europa central y oriental. La revista científica internacional *Nature* informó en 2019 que, a juzgar por la proporción de ensayos publicados y firmados por mujeres, las universidades centrales y orientales de Europa se contaban entre las mejores del mundo en lo que se refería al equilibrio entre géneros; la Universidad de Medicina de Lublin, en Polonia, y la Universidad de Gdansk ocupaban, respectivamente, el primer y el cuarto lugar; la Universidad de Belgrado, el tercero. En cambio, la Universidad de Harvard ocupaba el lugar número 286, y la Universidad de Cambridge, el 537.

El legado cultural de haber normalizado el papel de las mujeres como científicas e ingenieras sigue vivo en todos los antiguos estados socialistas. «Si una niña dice que quiere ser ingeniero, a mí no me parece nada raro. Y tampoco creo que a la gente le parezca raro», dice Fodor, cuya madre estudió para ingeniera en la década de 1950, una época en la que se animaba a las húngaras a que se matricularan en las facultades técnicas.

La ingeniera informática Hasmik Gharibyan, de la Universidad Estatal Politécnica de California, escribió que, en la Facultad de Informática de la Universidad Estatal de Yerevan, en la antigua república soviética de Armenia, la proporción de mujeres nunca descendió del 75% durante las décadas de 1980 y 1990. Tanto ella como su colaboradora consideraron necesario señalar que «esto no es una errata».

El Instituto de Economía del Trabajo de Bonn publicó un ensayo en 2018 en el que se demostraba que la brecha por géneros en cuanto a logros en el campo de la matemática era menor en Alemania oriental que en Alemania Occidental. A partir de 1991, los antiguos estados socialistas fueron los países que enviaron un mayor número de niñas a competir en la Olimpiada Matemática Internacional, un concurso anual que se celebra entre los estudiantes de instituto. Los investigadores explicaron que, antes de la reunificación, las niñas llevaban generaciones viendo funcionar distintos estereotipos de género, en función del país en que vivieran. En Alemania Occidental, los niños y las niñas no habían seguido el mismo programa de enseñanza en la escuela. En Alemania Oriental, entre 1949 y 1989, una de las revistas más famosas, la *Neue Berliner Illustrierte*, mostraba a «mujeres profesionalmente activas y emancipadas que trabajaban como periodistas, catedráticas, brigadieres u obreras de fábrica».

De un modo parecido, los estudios que se han hecho sobre los miles de inmigrantes judíos que se mudaron a Israel desde la antigua Unión Soviética a principios de la década de 1990 demuestran que las alumnas de instituto de esta población base tendían más a elegir estudiar ciencias, tecnología, ingeniería y matemáticas. Las mujeres que habían pertenecido a la antigua Unión Soviética también mostraban una mayor predisposición a trabajar a jornada completa que las nacidas en Israel, o las que engrosaban el resto de la inmigración, y a dedicarse a la ciencia y la ingeniería. Las investigadoras se dieron cuenta de que, como estas inmigrantes estaban acostumbradas a recurrir a los servicios que procuraba el estado para el cuidado infantil, forjaron una red propia de jardines de infancia privados que abría durante muchas más horas que los que tenían a su disposición.

Las mujeres, básicamente, intentaron recrear en Israel las mismas condiciones que tenían los servicios de guardería a los que habían recurrido bajo el régimen del socialismo estatal.

***

«Lo que queremos es hacer más fácil la vida de las amas de casa», le dijo Richard Nixon, cuando era presidente de Estados Unidos, al líder soviético Nikita Khrushchev, en 1959, durante la inauguración de una exposición de cultura americana que se hizo en Moscú. Nixon, señalando con orgullo la cocina de una casa piloto, le mostró lo que en ese momento representaba la suma del lujo doméstico: una lavadora integrada y de carga frontal que, además, era automática.

Este encuentro entre Nixon y Khruschev, en el que hablaron de lo que creían que en realidad necesitaban las mujeres, fue denominado «el debate de la cocina». Nixon afirmaba que la superioridad de Estados Unidos en la Guerra Fría no subyacía en las armas, sino en la vida familiar, segura y plena, que se llevaba en las viviendas modernas de las zonas residenciales», escribe Elaine Tyler May. Más de un siglo después del fallecimiento del último de los Padres Fundadores, Nixon seguía creyendo que era en el hogar donde las estadounidenses encontrarían la felicidad, la libertad y la buena vida.

Khrushchev le dijo, a modo de respuesta, que la Unión Soviética no mostraba esta especie de «actitud capitalista hacia las mujeres» por la que se trataba a las personas como si fueran propiedades transaccionales que pudieran tenerse metidas en casa por una especie de vinculación doméstica. Las soviéticas eran libres de ir a trabajar, le contó, de llevar una vida independiente y de abandonar a sus maridos si así lo deseaban. Las sociedades llevaban funcionando bajo el mito de la inferioridad femenina y la subordinación natural desde hacía miles de años. Y ese fue el momento en que quedó perfectamente clara la vacuidad real de esos mitos. La Unión Soviética había demostrado que no existían limitaciones naturales a lo que las mujeres pudieran conseguir si se les presentaba la ocasión. Aunque solo fuera de cara a la galería, la igualdad de género se enarboló como un símbolo de la modernidad del socialismo si se comparaba con el capitalismo.

De hecho, ni Nixon ni Khrushchev contaron bien toda la historia.

Había muchas mujeres que tenían un empleo en Estados Unidos, entre otras razones, porque no les quedaba otra opción. Como siempre, el sueño de la vida hogareña femenina solo era asequible para las que se lo pudieran permitir; sin embargo, ese sueño ya empezaba a mostrar grietas. En el libro que la feminista Betty Friedan escribió en 1963, *La mística de la feminidad*, la autora captó la creciente insatisfacción de las amas de casa, que, atrapadas en una burbuja de vida doméstica idealizada, intentaban estar a la altura de lo que se esperaba de ellas, aun sin sentirse realizadas. «El problema subsistió enterrado y acallado, durante muchos años, en las mentes de las americanas —escribió Friedan—. Cada una de esas esposas tan hogareñas que vivían en las zonas residenciales lo combatía como podía, y en soledad. Mientras el ama de casa hacía las camas, iba a la compra para abastecer a la familia, procuraba que las telas de la casa combinaran bien, comía bocadillos de manteca de cacahuete con sus hijos, acompañaba en coche a los Cub Scouts y a las Brownies a sus reuniones y yacía junto a su esposo todas las noches, tenía miedo de preguntarse a sí misma y en silencio: «Pero ¿esto es todo? ¿No hay nada más?». Algunas de las mujeres a las que Friedan entrevistó se habían dado al alcohol o a los tranquilizantes para anestesiar su infelicidad. Surgía de esa manera una desconexión entre la imagen que Estados Unidos estaba dando al mundo y el estado de ánimo que en realidad tenían sus propios ciudadanos.

Cada vez un número mayor de mujeres estadounidenses sacrificaba sus sueños profesionales para quedarse en casa. Como observó Friedan, todo eso pudo calcularse a partir de la espectacular caída que sufrió la proporción de mujeres que cursaban estudios superiores. En 1920, el 47% de las universitarias estadounidenses eran mujeres, dijo esta autora, pero, al llegar el año 1958, la cifra había pasado a ser de un 35%. Por el hecho de constituirse en una especie de catálogo de los problemas derivados del ideal americano del ama de casa domada, el libro de Friedan contribuyó al despegue del movimiento por la liberación de la mujer que se dio en Estados Unidos.

Lo irónico era que la mayoría de lo que las feministas estadounidenses pedían, en realidad era lo que las mujeres de algunas zonas de la Unión Soviética ya tenían. Hay que decir que, en 1896, casi siete décadas antes que Friedan, Clara Zetkin ya había escrito sobre las amas de casa burguesas diciendo de ellas que «estaban cansadas de vivir como las muñecas que viven dentro de las casas de juguete».

Sin embargo, la victoria de los americanos en la batalla de géneros ideológica que Estados Unidos libró con la Unión Soviética dependía mucho de que las mujeres fueran felices como amas de casa. Los dirigentes de la nación, desde Jefferson hasta Nixon, defendieron que el hogar era su lugar natural, un lugar en el que se realizaban plenamente. «Las élites política y económica en realidad defendían el modelo de la esposa que se queda en casa y el marido que sale a ganarse el pan con que alimentarla como si fuera una especie de símbolo exclusivo del éxito americano, contrario al modelo soviético de la emancipación de las mujeres y la igualdad de género, que consideraban francamente amenazante», me contó un día la catedrática de la Universidad de Pensilvania Kristen Ghodsee, que se ha dedicado a estudiar los papeles que desempeñaron las mujeres bajo el socialismo estatal en Rusia y en Europa del este. «Se ejerció una presión enorme durante el final de la década de 1940, y durante toda la década de 1950, para defender la conservación de la familia nuclear patriarcal».

Esa situación les dejaba poco espacio de maniobra a las personas que deseaban cosas distintas. En una época en que era peligroso admitir que uno simpatizaba con el comunismo, Betty Friedan debió de pensar que era más oportuno restarle importancia al hecho de ser una periodista sindicada de izquierdas en la década de 1940, observa Ghodsee, y destacar que su vida personal era lo que más le inspiraba en su trabajo. En Estados Unidos, la idea de la emancipación femenina estaba tan intricada a la ideología comunista que sus líderes se mostraron muy reticentes a hacer concesiones a las activistas por los derechos de las mujeres por miedo a que eso tuviera alguna connotación política. El pensamiento generalizado era que: «como los soviéticos son los que lo hacen, nosotros no podemos hacer eso en Estados Unidos», explica Ghodsee.

A pesar de la larga y dinámica tradición de activismo por los derechos de las mujeres en Estados Unidos, una legislación antidiscriminatoria como la que existió en la Rusia soviética a partir de la Revolución bolchevique no vería la luz hasta las décadas de 1960 y 1970. A partir de 1973 el aborto fue despenalizado en toda la nación.

Según Ghodsee, la política estadounidense sigue muy influida por la política de género de la Guerra Fría. Ghodsee lo aprendió por las malas en 2017, después de escribir un artículo para el *New York Times* que tituló «Why Women Had Better Sex Under Socialism» («¿Por qué las mujeres disfrutaban más del sexo con el socialismo?»). Ghodsee explicaba que, como las mujeres no eran tan económicamente dependientes de los hombres, los estados socialistas les habían otorgado un margen de actuación y una libertad sexual que los países capitalistas no tenían. Las mujeres no se sentían obligadas a casarse por dinero o a permanecer en relaciones nefastas porque tenían un trabajo retribuido y contaban con el apoyo del estado.

Ghodsee esperaba que tendría algún que otro encontronazo con los críticos estadounidenses, pero no se imaginaba lo que le iba a ocurrir. El artículo desencadenó «un vendaval horrible de odio, maledicencia y malignidad que fue atizado por el ala derecha de este país –me cuenta–. Fue terrible, espantoso... Incluso recibí amenazas de muerte y de violación». La mayoría de las críticas, dice Ghodsee, procedían de los conservadores y de los evangelistas cristianos, que creían que las mujeres eran más felices en el hogar, que los derechos de las mujeres habían minado la familia y hecho daño a los hijos; pero no solo los hombres se mostraron en desacuerdo, también las mujeres. «Existe toda una corriente en Estados Unidos de conservadores a ultranza que cree que los años cincuenta representan la cúspide de la superioridad americana y, de alguna manera, creen que todo eso está enraizado en la familia nuclear». En su opinión, el lugar de la mujer siempre ha sido, es y será, la casa.

***

Khrushchev quizá les tocó la fibra sensible a los estadounidenses que se sintieron angustiados por lo que el socialismo de estado era capaz de ofrecer a las mujeres. En privado, de todos modos, incluso los mismos soviéticos dudaban de su propia retórica. Los hombres que estaban situados en los puestos más altos del Partido Comunista albergaban dudas sobre la perspectiva de que se instaurara una auténtica igualdad de género.

En 1963, la ingeniera rusa Valentina Tereshkova se convirtió en la primera mujer que viajó al espacio. A su regreso, Khrushchev no fue capaz de resistir la tentación de restregarle a Occidente la anécdota: «La burguesía siempre tuvo a las mujeres por el sexo débil».

Y, en cambio, ha tenido que ser una cosmonauta la que sobreviviera probablemente al viaje más extremo, en cuanto a condiciones físicas, que un ser humano pudiera soportar. Sin embargo, como reveló Tereshkova en las entrevistas que fue concediendo a partir de entonces, al régimen soviético, en realidad, le preocupaba tanto tener que enviar a otras mujeres al espacio que tardó diecinueve años en permitirles volver a viajar.

Así como había grietas en el ideal que Estados Unidos proponía de la mujer, también las había en el régimen soviético. No todos se alegraban de tener los empleos que tenían. En palabras de Slavenka Drakulic, las mujeres «tenían que trabajar como los hombres [...] Trabajaban en las obras, en las autopistas, en las minas, en los campos y en las fábricas; el ideal comunista era el de una mujer robusta que no fuera demasiado distinta al hombre». Las revistas del partido oficial, remarca, les decían a las mujeres que fueran buenas trabajadoras y se consideraran miembros del partido antes que nada. Y eso no siempre encajó bien con las pretensiones de las personas que nunca pidieron algo así, o que anhelaban encarnar una imagen de la feminidad más tradicional. En una revista disidente, clandestina y feminista aparecen las declaraciones de una escritora rusa: «QUEREMOS SER MADRES, ESPOSAS, AMAS DE CASA... ¡QUEREMOS PODER SER MUJERES POR FIN!».

El problema, tanto para el Este como para Occidente, era que las mujeres de ambos bandos estaban obligadas a circunscribirse a una determinada rama de la feminidad, y ninguno de los dos regímenes se tomó la molestia de averiguar qué era lo que en realidad deseaban las mujeres individualmente para sí mismas. Así como los estereotipos de la masculinidad seguían intactos en ambos lados del telón de acero (y en gran parte seguían siendo los mismos), la feminidad se convirtió en un campo de batalla. Cada uno de los bandos alardeaba de su propia versión convirtiéndola en el símbolo de su superioridad política. En la Unión Soviética, las mujeres eran retratadas por la propaganda oficial como unas rollizas heroínas de piel sonrosada que iban conduciendo sus tractores mientras caía la tarde, escribió la historiadora Sheila Rowbotham. En la cultura popular de Occidente, mientras tanto, caricaturizaban a las soviéticas retratándolas como unos seres desprovistos de toda feminidad, e incluso a veces algo siniestros. Las describían como personas «sentadas tras su escritorio, vestidas de uniforme y juzgando a los hombres sin piedad».

Éva Fodor, como la mayoría de los académicos de la Unión Soviética, se muestra muy cauta para no sobrevalorar los documentos históricos del comunismo en relación con el género. A pesar del estereotipo de la mujer soviética, que era fuerte y dominante, la misoginia siguió presente a lo ancho y a lo largo de todo el país. Las actitudes conservadoras sostenían que las mujeres seguían siendo responsables del cuidado de los hijos y de las tareas domésticas. Eran raras las ocasiones en que las mujeres accedían a puestos de autoridad. Los líderes varones temían que las mujeres se agruparan entre ellas para exigir sus derechos, con independencia de los que defendía la lucha socialista. Las mujeres trabajaban, pero frecuentemente se advertía una división del trabajo en función del género que terminó conduciendo a unas brechas salariales reales. Una gran proporción del cuerpo de médicos eran mujeres, por ejemplo, pero los cirujanos solían ser hombres y, además, cobraban un salario mayor.

Lo que nunca fueron capaces de tener en cuenta es que los seres humanos no empiezan de cero: todos empezamos a partir de lo que ya sabemos, de los legados de la tradición, el honor, las expectativas, la culpa, de las creencias y los sesgos. Es muy poco el cambio que somos capaces de aceptar dado un breve período de tiempo. Por eso, en la Unión Soviética seguía existiendo una noción muy firme de lo que hacía que una mujer fuera mujer y lo que hacía de un hombre un varón. La homosexualidad no se despenalizó en Alemania Oriental hasta 1968, un año después de que fuera legal en Gran Bretaña. Incluso bajo un sistema ideológicamente comprometido con la igualdad, resultó que existían unos límites muy bien trazados sobre cuál era el alcance de las normas de género.

Todos esos errores pudieron haberse predicho. La vieja revolucionaria Clara Zetkin no se cuestionaba si debía existir una división sexual del trabajo en el seno mismo de las familias. No consideraba que eso formara parte de una postura ideológica, sino que más bien tenía un cariz pragmático. Un estado necesita ciudadanos y precisa que la gente dé a luz y críe a esos ciudadanos. Este asunto creaba una tensión permanente entre la retórica de la emancipación de las mujeres y la exigencia del estado por mantener el crecimiento de la población. La única creencia que jamás llegó a desaparecer a lo largo de toda la historia del comunismo ruso, e incluso posteriormente, fue que las mujeres eran madres y cuidadoras en primer lugar, aunque trabajaran fuera del hogar.

Eso significaba que las mujeres a duras penas se libraban de las arduas tareas domésticas. El trabajo en casa a menudo era un trabajo adicional que debía hacerse al margen del trabajo realizado fuera de casa, y eso generaba una doble carga realmente agotadora que ni siquiera los supuestamente ilustrados varones socialistas se ofrecían a compartir. Sin apenas apelar a otra cosa que no fuera el alivio que ofrecía una lavadora integrada y automática de carga frontal, Richard Nixon terminó teniendo razón cuando dijo que la vida podía resultar más dura para las soviéticas en cierto sentido.

Un artículo aparecido en la revista académica *New German Critique* en 1978 planteó muy acertadamente el problema. El número de mujeres que no estaban casadas en la Alemania Oriental de esa época iba en aumento. La tasa de natalidad descendía. Dos terceras partes de las solicitudes de divorcio eran cursadas por las mujeres. Y una de las razones más comunes de estas rupturas era la supuesta incompatibilidad de caracteres y de visiones entre marido y mujer. El artículo especulaba diciendo que «sin lugar a dudas, muchos de los desacuerdos sobre la división del trabajo doméstico debieron de formar parte de esa incompatibilidad».

De todos modos, el estado se mostró muy negligente en lo que respecta a la división del trabajo en el seno del hogar por miedo a enemistarse con su base social, que eran los hombres trabajadores. En *The Revenge of the Domestic* («La venganza de lo doméstico»), un libro sobre las mujeres que habían vivido bajo un socialismo de estado, la historiadora Donna Harsch escribe: «Las alemanas orientales llegaron a manifestar que el empleo formaba una parte integral de su misma razón de ser». Sin embargo, casi todos los líderes del Partido Comunista eran hombres, y estos «se beneficiaban de la división convencional que existía en función del género del trabajo doméstico». Cuando se comprometían a que el trabajo doméstico fuera más equitativo, a veces lo hacían más de boquilla que otra cosa. En *El libro del Derecho de Familia* de Alemania Oriental de 1965 se animaba a las parejas a asumir la responsabilidad mutua del hogar, pero eso raramente sucedía. «El típico marido no alteraba sus costumbres particulares para ajustarse a su mujer si esta trabajaba fuera de casa», escribe Harsch. Se insistía mucho en que mujeres y hombres fueran tratados de la misma manera en los trabajos que realizaban fuera de casa, pero, en cuanto al hogar, los líderes socialistas fueron sustentándose gradualmente en la creencia de que los papeles domésticos en función del género estaban determinados por la biología. El sueño socialista se había cumplido, aunque se hubiera quedado a mitad de camino.

El patriarcado pudo haber sido aniquilado. Pero, en lugar de eso, tan solo salió un tanto maltrecho. Las mujeres de la Unión Soviética, atrapadas en un mundo en que tenían un empleo remunerado y contaban con más derechos, aunque tuvieran muy pocas de las libertades, bienes o productos de esos que logran quitarte el trabajo de encima y pueden adquirirse en Occidente, se preguntaron, con toda la razón del mundo, si la hierba no sería más verde al otro lado del valle. Al final, su insatisfacción fue una de las múltiples razones por las que fue creciendo la impaciencia por ver caer el telón de acero.

***

La década posterior al derrumbe del socialismo de estado en Europa Central y en Europa del Este fue muy instructiva.

Por un lado, la gente vivía su vida sin restricciones por primera vez desde hacía décadas. Podían ir a visitar a los amigos y familiares que se encontraran fuera de la Unión Soviética. Podían viajar, disfrutar de otras culturas, comprar bienes procedentes de cualquier parte del mundo, y leer y publicar lo que quisieran. Tenían plátanos. En su precipitación por vivir de una manera que se ajustara a las nuevas reglas, algunas mujeres eligieron dejar de trabajar, ya que no tenían la obligación de hacerlo. Hubo un repunte entre las mujeres que eligieron convertirse en amas de casa a jornada completa y quedarse en el hogar al cuidado de los hijos. Los estudios publicados por el Instituto Leibniz de Ciencias Sociales demuestran que los índices de la participación laboral de las mujeres cayeron entre un 20% y un 25% en 13 países europeos orientales después de 1989, período en que esta participación empezaba a ir al alza en Europa occidental.

Sin embargo, a medida que la realidad de lo que era la vida en una sociedad capitalista de nuevo marchamo empezó a imponerse, la hierba que había al otro lado del valle de esa división ideológica resultó no ser tan exuberante y verde como la gente se había imaginado.

«Habíamos pensado que tras la revolución los melocotones serían distintos. Pensamos que serían más grandes, más dulces y más dorados», escribió Slavenka Drakulic, en su libro *How We Survived Communism and Even Laughed* («Cómo sobrevivimos al comunismo e incluso nos reímos»), refiriéndose al momento en que cayó el telón de acero. La gente se imaginaba que entraría en el glamuroso mundo que había atisbado furtivamente en las películas y las revistas de moda occidentales. Con la llegada del capitalismo, pensaron que finalmente pasarían a vivir en un glorioso tecnicolor. «Pero mientras un día hacía cola en un puesto del mercadillo, me di cuenta de que los melocotones eran verdes, pequeños y duros como una piedra; parecían de antes de la revolución. Vi también que los tomates seguían siendo demasiado caros, que las fresas seguían siendo ácidas y, en cuanto a las naranjas, estaban secas y mustias».

Al término del socialismo de estado europeo, tal y como Éva Fodor y sus colegas documentaron, la mayoría de las mujeres no tardaron en darse cuenta de que su nivel de vida se había deteriorado. El desempleo iba en aumento, y también la pobreza y la prostitución. Para los occidentales, los antiguos estados de la Europa oriental se convirtieron en los lugares de destino para conseguir vientres de alquiler con los que tener hijos o niñeras y gobernantas a bajo coste. En algunas zonas, los locales de atención a la infancia empezaron a escasear, y eso les complicó mucho la vida a las mujeres que debían ir a trabajar. Quizá podría ser una de las explicaciones de las descendentes tasas de empleo. Al cabo de un par de décadas, las ventajas de la igualdad de género de que disfrutaron los estados socialistas en los primeros años de su andadura terminarían equiparándose a las de Europa occidental y Estados Unidos. En cuanto al resto de estados europeos, la mayoría ya había adoptado una versión más suavizada de algunas políticas sociales que existieron bajo el régimen de la Unión Soviética. Millones de personas se beneficiaron de las bajas por maternidad remuneradas, las ayudas económicas para los hijos, una sanidad pública para todos y una enseñanza superior subvencionada.

En 2017, la historiadora y académica especializada en estudios de género Susanne Kranz recurrió a la documentación de archivo y a algunas entrevistas personales para reconstruir un retrato de las vidas de las mujeres de a pie que trabajaron en una gran fábrica de material de oficina en la ciudad de Sömmerda, en Alemania Oriental, antes y después del término del socialismo de estado. El gran esfuerzo que se hizo para que la igualdad entre hombres y mujeres se trasluciera en el lenguaje había tenido tanto éxito que incluso ciertas formas gramaticales que denotaban un género específico y eran (y siguen siendo) muy habituales en el idioma alemán dejaron de usarse de manera generalizada, explica Kranz. El empleo se había convertido en «una parte de la percepción interiorizada que cada uno tenía de sí mismo». Prácticamente todas las mujeres tenían trabajo. A mediados de 1990, de todos modos, las personas que trabajaban en las fábricas temieron por sus empleos. Una joven madre se vio obligada a tener que defender su puesto de trabajo en la empresa si quería conservarlo. «En los últimos meses, muchos de los ideales y sueños que teníamos de lograr una sociedad más justa se fueron al garete –dijo, y luego añadió–: pero la honestidad y la dignidad de los seres humanos (el respeto por las mujeres y las madres trabajadoras) no pueden quedar en entredicho».

Al final se perdieron cuatro de los cinco puestos de trabajo industriales que estaban en juego en Sömmerda; y las mujeres fueron las peor paradas por esos recortes.

Blanka Nyklová, del Instituto de Sociología de Praga, me cuenta que, en su país, las mujeres mayores a las que había entrevistado y que trabajaron en la industria química en calidad de investigadoras o técnicas de laboratorio ven ahora cómo se esfuerzan sus propios hijos por tener un empleo. «Las hijas son las que peor lo tienen. Son mujeres muy listas, con títulos universitarios, que están hasta la coronilla porque ya no hay jardines de infancia».

No queremos decir con ello que la gente tenga ganas de volver a vivir bajo unos regímenes comunistas y autoritarios. Pero, si existe alguna nostalgia por los viejos tiempos de la unión Soviética, dice Fodor, «esa nostalgia se centra sobre todo en lo que había sido el estado protector. Las personas esperan que el estado cuide de ellas». Esperan recibir una pensión, bienestar y atención sanitaria. Y además quieren algunos de los antiguos servicios que les servía para reunirse, como, por ejemplo, pistas donde practicar deporte y cantinas. El socialismo de estado nunca prometió comodidades; y, por supuesto, no tenía nada de lujoso. Pero sí intentó ofrecer un sentido de comunidad, una red de bienestar y un trabajo garantizado que impidieran la presencia de ciertas enajenaciones que favorecieran el maltrato o la explotación, y eso se aplicaba en especial a las mujeres.

«El socialismo nunca llegó a derrotar plenamente a los patriarcados locales», escribe Kristen Ghodsee. Pero «sí recorrió un largo camino en el intento de crear unas condiciones que posibilitaran la plena emancipación de las mujeres». Como Fodor vio en los húngaros, Ghodsee también fue testigo de la presencia de una cierta nostalgia entre los búlgaros. A principios de 2000 podía verse a gente comprando objetos, entonces ya de colección, que habían pertenecido a la era soviética. «Así como sucedió con los jardines de infancia, los hospitales y las escuelas fueron cerrándose sistemáticamente a lo largo de la década de 1990, y las búlgaras fueron las únicas que quedaron para encargarse de cuidar de los niños, los mayores y los enfermos». Esa situación despertó en algunos el recuerdo nostálgico del «antiguo régimen», dice la académica.

La nostalgia puede obrar de muy curiosas maneras. Este «antiguo régimen», de hecho, había sido radicalmente nuevo en su momento. En Europa oriental y en Europa central, el socialismo de estado duró menos de dos generaciones; pero ese breve período de tiempo representó lo que representa el botón de reiniciar, que se aprieta para que luego todo vuelva a empezar pero con distintas reglas. El socialismo demostró que el modo en que se organizaba el estado podía tener un profundo efecto en la manera en que las personas pensaban de sí mismas y de los demás, e instituyó ese cambio quizá con mayor rapidez que cualquier otra sociedad de la historia. Lo que falló en el tema de la igualdad de género fue olvidar que los seres humanos somos criaturas culturales, no autónomas. Nos aferramos a nuestras costumbres, y a nuestras creencias, aun cuando no comprendamos las razones. La institución de la igualdad no era solo una lucha contra el capitalismo, también era una lucha contra el pasado.

Y, por muy querido y reconfortante que pueda parecerles el socialismo a algunos de los que lo vivieron, las tradiciones patriarcales son mucho más antiguas.

***

Los patriarcados locales no solo no vivieron la derrota con los socialismos de estado. Tras haber sobrevivido en un segundo plano durante décadas, en el siglo XXI empezaron a reafirmarse plenamente y con mayor fuerza que en el pasado.

En otoño de 2021, en un discurso que el presidente ruso Vladimir Putin hizo frente a las élites intelectual y económica de su país, anunció que la lucha por la igualdad en el mundo «se había convertido en un dogmatismo agresivo que rayaba en lo absurdo». Y añadió que «incluso es peor que lo que fue el departamento de propaganda política del Comité Central del Partido Comunista de la Unión Soviética». Desde que asumió el poder, Putin tiene fama de defender los valores supuestamente tradicionales; es decir, estar a favor de las familias heterosexuales y contra el feminismo y los derechos de las minorías sexuales, sobre todo las no binarias, *queer* o transgénero. El comunismo ha sido reemplazado por una nueva ideología que, en esta ocasión, no contempla la posibilidad de la existencia de un futuro radical, sino que reclama un pasado figurado.

El cristianismo vuelve a tener visibilidad y a ser poderoso en Rusia; y lo mismo sucede en países que anteriormente fueron socialistas, como Polonia y Hungría. Las tres décadas de paulatinas restricciones al aborto que vivieron en Polonia una vez que el comunismo hubo terminado, y que terminaron prohibiéndolo casi en su totalidad, se nos han vendido como un retorno a los valores tradicionales, contando con el entusiasta apoyo de la Iglesia católica. De la misma manera que Putin, otros políticos también apelan al fantasma del comunismo cuando la emprenden contra la igualdad de género. El presidente polaco Andrzej Duda describe la promoción de los derechos de las minorías sexuales como algo que forma parte de una ideología todavía más destructiva que el comunismo.

Hungría se ha negado a ratificar la Convención de Estambul, cuyo objetivo es prevenir y combatir la violencia contra las mujeres. Estuve en Budapest en 2018, poco después de que el primer ministro, Viktor Orbán, retirara los fondos públicos a los cursos universitarios que se impartían sobre estudios de género, ocho años después de acabar asimismo con la exigencia de tener que borrar cualquier clase de estereotipo de género en la enseñanza que se impartía a los alumnos en los jardines de infancia. Vi mucho miedo entre los académicos que conocí en ese país ante la incertidumbre de no saber a por quién iría primero el gobierno. Los ataques del estado a los gais, las lesbianas y los transgéneros empezaban a ser más frecuentes y agresivos. «Los persiguen sin parar desde todos los medios de comunicación que simpatizan con el gobierno, y eso sucede a diario. No exagero. Cada día de la semana sale un artículo sobre este tema», me cuenta Fodor. Esta especialista me dice, asimismo, que existe un desprecio generalizado en la actualidad por el feminismo y las organizaciones civiles independientes que luchan por la igualdad de derechos.

¿Cómo es posible que los antiguos estados socialistas pasaran a convertirse en los bastiones de un conservadurismo religioso de derechas? Quizá en parte fue porque las naciones necesitan que su población crezca. Siempre se han basado en la idea de que las familias tengan cuantos más hijos mejor, y la aplicación de unas normas de género estrictas y la promoción del matrimonio heterosexual siempre han sido dos factores importantes para tal fin. Y eso es tan cierto hoy en día como lo fue en la antigua Mesopotamia, porque el tema genera muchas tensiones entre los que ocupan el poder, incluso en la Unión Soviética.

«Durante los últimos años, el Gobierno húngaro introdujo toda una larga serie de políticas pronatalistas que adjudicaban una buena suma de dinero a las familias que tenían muchos hijos. Cuantos más hijos se tenían, más dinero te daban», explica Fodor. Una de las políticas establecía que una madre trabajadora que tuviera cuatro hijos, como mínimo, quedaba exonerada de tener que pagar el impuesto de la renta. Otra declaraba que los préstamos del estado concedidos a las parejas casadas desgravarían cuando esta tuviera tres o más hijos.

Pero es que hay más cosas que decir sobre el auge de la derecha, aparte de la preocupación manifiesta que tiene por la población. Tras la caída del telón de acero, la gente desconfiaba de todo lo que oliera a comunismo. Forjar una nueva identidad nacional significaba distanciarse de la Unión Soviética y de sus ideologías. Fue durante este proceso cuando la lucha por la igualdad de sexos entró en crisis y su reputación se resintió; estaba demasiado vinculada al antiguo régimen. Fodor me cuenta que, durante la primera década de 1990, costaba mucho hablar de los derechos de las mujeres. «Incluso las palabras que utilizábamos, como, por ejemplo "emancipación", eran unos términos que habían sido usurpados por los legisladores comunistas, y por los legisladores socialistas también, y por eso habían caído en el mayor de los desprestigios».

Fue en este ambiente donde los populistas autoritarios encontraron un buen caldo de cultivo en el que prosperar. Hablaban la lengua de la religión y la que defendía lo oriundo del país, y todo eso resultó muy atractivo para los que vieron marginadas sus culturas bajo el régimen de la Unión Soviética. Incluso hubo quien quiso reclamar lo que ya había dado por perdido. Además, el patriarcado se encontraba vinculado a todas esas cosas perdidas. Las políticas del Partido

Comunista de Asia Central, por ejemplo, procuraron dar por terminadas las antiguas prácticas de la poligamia y del matrimonio infantil. En 1927, los soviets también prohibieron a las musulmanas de esos estados que llevaran velo; y la respuesta con que se encontraron fue muy negativa. Miles de mujeres en Uzbekistán fueron asesinadas por quitarse el velo o por cooperar con el Partido Comunista, escribe la historiadora de Asia Central Adrienne Edgar. En Turkmenistán, los hombres se alzaron en protesta contra las nuevas leyes sobre el divorcio. «En respuesta a todo ello, el estado soviético adoptó una serie de leyes a finales de la década de 1920 por las que consideraba un crimen capital asesinar o intentar asesinar a una mujer siempre y cuando esta estuviera luchando por su emancipación».

Cuando se derrumbó la Unión Soviética, una cierta nostalgia del pasado condujo al regreso de algunas de las más antiguas tradiciones patriarcales. En Kirguistán, por ejemplo, hubo quien defendió la práctica del secuestro de la novia diciendo que se trataba de una tradición local, un símbolo de la auténtica manera de ser de los kirguís.

Una paradoja de esta vuelta a la tradición de los estados postsocialistas es que, a pesar de animar a las mujeres a seguir desempeñando los anticuados papeles de esposa y madre que se queda en casa, en general ellas no abandonaron el trabajo en una proporción tan alta como habría cabido esperar. En 1999, el economista Constantin Oglobin, que estudió los patrones laborales de estos países durante décadas, descubrió que entre 1994 y 1996 las mujeres rusas trabajaban aproximadamente en la misma proporción que los hombres y, en general, habían cursado estudios superiores. Las mujeres sumaban un total de más de las tres cuartas partes de los economistas del país y representaban más del 90% de los contables y tenedores de libros. En 2002, la participación laboral de las mujeres ya había caído ligeramente, aunque no necesariamente por elección. Más del 90% de hombres y mujeres seguían queriendo trabajar.

En Hungría sucedió algo parecido. El apoyo que el estado daba a las familias con hijos no aconsejaba a las mujeres que abandonaran sus trabajos para quedarse a trabajar en casa. «No estamos volviendo a la ideología de la mujer en la cocina, sino que se trata de una política que básicamente refuerza la idea de que las mujeres trabajen más», explica Fodor. No se alienta a las mujeres a convertirse en amas de casa a jornada completa, sobre todo porque los estados son conscientes de que la economía doméstica y la economía nacional se resentirán si eso sucede. Lo que esperan es que las mujeres trabajen y además tengan muchos hijos; salvo en esta época, en que vivimos bajo un régimen capitalista.

La tradición que les vendieron sus nuevos líderes no es la de un regreso a los buenos tiempos del pasado. Al contrario, es una tradición que se ha instaurado deliberadamente para satisfacer las necesidades de los que ejercen el poder. Y no pretenden retornarnos el pasado tal como en realidad fue, sino usar este pasado para reforzar su presencia en la actualidad. Esta forma de control (que tiene un deje de conveniencia e hipocresía) es uno de los temas recurrentes del poder patriarcal.

8. La transformación

«En esa búsqueda de una identidad nacional propia [...] la nueva mujer no podía representar la negación total de la cultura tradicional».

KUMARI JAYAWARDENA,
Feminism and Nationalism in the Third World, 1986

Rayando el alba, el 8 de mayo de 1980, la primera mujer que pasó a formar parte de un gabinete ministerial del Gobierno iraní fue asesinada a manos de un pelotón de fusilamiento.

El año anterior, Irán se había visto sumido en una revolución para derrocar a su autocrático gobernante, el sah Mohamed Reza Pahlevi, y substituir su monarquía por una república. Fue un movimiento que contó con el apoyo de todos los sectores de la población, desde los clérigos musulmanes conservadores, que ya llevaban ejerciendo una influencia decisiva sobre los iraníes de a pie, hasta los estudiantes izquierdistas y los activistas en pro de los derechos de la mujer, que presionaban en favor de la igualdad socioeconómica y de género. Cansados de vivir bajo el puño de hierro del sah, y viendo la represión ejercida sobre la oposición política y el derecho a un debate, millones de personas sintieron que había llegado el momento de exigir un cambio.

«Para mí, en esa época, la revolución implicaba el fin de la tiranía. Y yo estaba dispuesta a dar mi vida por ello –me confesó la socióloga iraní Chahla Chafiq, que fue una de las figuras más destacadas dentro del movimiento estudiantil–. Me sentía como si hubiera alcanzado la cima de una montaña muy alta. El aire que se respiraba parecía ser de una rara pureza, y las nítidas vistas que se extendían ante mí albergaban la promesa de la llegada de la estación más hermosa que se hubiera conocido jamás. Veía las filas de manifestantes engrosarse día a día por las calles de Teherán. La libertad estaba a la vuelta de la esquina. Íbamos a conseguirlo».

La revolución dejó al descubierto la poca mano izquierda que el sah había tenido con sus conciudadanos. Vestido ávidamente con trajes de corte europeo, y con una larga serie de glamurosas amantes y esposas, había usado los ingresos procedentes del petróleo y los estrechos lazos que mantenía con Estados Unidos y Europa para industrializar Irán. El pueblo fue exhortado a abandonar sus tradiciones y abrazar la modernidad occidental. Pero todo aquello estaba yendo con demasiada rapidez para unos cuantos, que temían que Irán llegara a perderse mientras el sah iba despilfarrando el dinero en coches de lujo y comida francesa de importación. La oposición se unió en torno a un clérigo exiliado musulmán, el ayatolá Ruhollah Jomeini, que prometió un futuro para el estado basado en la religiosidad y su cultura genuina, un estado que no se dejara explotar por las potencias extranjeras.

Sin embargo, como les sucedió a muchas de las revoluciones de ese siglo, solo algunas terminaron consiguiendo el cambio deseado. «Pasamos del sueño a la pesadilla con muchísima rapidez», dice Chafiq.

Jomeini regresó del exilio y estableció una teocracia. En la nueva República Islámica, las leyes que parecían contradecir las enseñanzas musulmanas, o al menos ciertas interpretaciones muy concretas de ellas, se revocaron de inmediato. Los derechos de las mujeres fueron una de las primeras bajas que causó la revolución. Los clérigos religiosos presionaron mucho para que regresara la anticuada división de papeles en función del género, y tardarían muy poco en decirles a las mujeres que necesitaban permiso de sus hombres, sus guardianes, para viajar fuera del país. Las escuelas fueron segregadas por géneros. El aborto fue prohibido. La edad legal del matrimonio para las chicas bajó de los dieciocho años a los nueve, para subir finalmente a los trece, reabriendo con ello la puerta que daba al hecho de que fuera aceptable que las niñas se casaran. Los hombres que mostraban su homosexualidad abiertamente se enfrentaron a castigos muy severos, incluso a la ejecución.

En 1936, el padre del sah tomó la controvertida decisión de prohibir que las mujeres llevaran velo en público. Tras la revolución, el velo fue declarado obligatorio. Algunos iraníes, seducidos por la idea de retomar las viejas costumbres, recibieron con alegría este cambio de tercios. El monumento a la legendaria activista iraní Sediqeh Dowlatabadi (que había inaugurado la primera escuela femenina en la dialogante ciudad de Isfahán en 1918, y que era notoria por haberse quitado el velo en público cuando regresó de un congreso por los derechos de la mujer que se había celebrado en París en 1926), fue presa del vandalismo.

Sin embargo, todos los que habían deseado que la revolución les proporcionara más, que no menos, libertades fueron apartados de la vida pública rápidamente. Después de que promulgaran las leyes sobre la obligatoriedad del velo, millares de personas se reunieron para manifestarse por las calles de la capital, Teherán. «La manifestación fue multitudinaria. Había mujeres, y también hombres, de todas las profesiones: estudiantes, médicos, abogados… Luchábamos por la libertad, política y religiosa, pero también individual», recordó el fotógrafo Hengameh Golestan en una entrevista que concedió varios años después. No protestaban contra la obligatoriedad del uso del velo en público. Cuando el sah lo prohibió, las musulmanas que quisieron llevarlo se sintieron muy avergonzadas y heridas, y algunas de ellas incluso llegaron a encerrarse en casa por miedo a salir de casa descubiertas. De lo que se trataba era de permitir que las mujeres decidieran por sí mismas lo que querían llevar. Era una cuestión relacionada con la autonomía personal. «Ningún hombre (ni el sah ni Jomeini ni nadie en particular) me dirá jamás cómo tengo que vestirme», espetó la abogada Farzaneh Nouri al gentío, en palabras del *New York Times*.

Las protestas demostraron ser inútiles. A partir de ese momento, las mujeres quedarían sometidas a la vigilancia de la policía de la moral. La conmoción fue mayúscula para Chahla Chafiq. «Entendí lo que estaba pasando el día en que un joven que iba por la calle me apuntó con una pistola y me preguntó por qué no llevaba velo». Retomando sus viejas fotografías, Golestan se dio cuenta de que esa manifestación fue la última vez que las mujeres de Teherán pudieron pasear libremente por las calles con la cabeza descubierta. El periodista británico James Buchan, que vivió en Irán e hizo reportajes sobre este período de la historia, escribe que, durante los siguientes años, centenares de miles de iraníes terminaron abandonando el país para refugiarse en Turquía, Europa y Estados Unidos; la mayoría eran académicos y profesionales, y, para algunos de ellos, la huida fue cuestión de vida o muerte.

Chafiq se encontraba entre estos últimos. «Yo era uno de los personajes más visibles dentro del movimiento estudiantil de izquierdas. Y tras el arresto de una serie de colegas míos, me vi obligada a vivir de tapadillo, cambiarme de nombre y de domicilio, no fuera a ser que tuviera que lidiar con una posible intrusión por parte de la policía política islamista –me explicó–. Como la caza del adversario seguía en aumento, me vi obligada, como muchas otras personas, a exiliarme». Chafiq pasó tres días viajando a pie y a caballo hasta llegar a Turquía y, de ahí, siguió el camino que la conduciría a Francia, donde todavía reside.

En cuanto a Irán, los activistas de izquierdas que fueron arrestados antes de poder huir fueron encarcelados y metidos en una especie de zulos, escribe Buchan. «A finales de 1982, después de que 5000 jóvenes hubieran fallecido en el patíbulo revolucionario, la columna vertebral de la revolución se quebró». Quedó muy claro que el antiguo estado opresor había sido substituido por un nuevo estado opresor.

La información de que se dispone sobre la primera mujer que formó parte de un gabinete ministerial en Irán es bastante escasa. Hablamos de Farrokhroo Parsa, que fue ejecutada el 8 de mayo de 1980. Lo que sí sabemos con seguridad es que de formación fue doctora en Medicina, y trabajó de profesora de Biología antes de entrar en el mundo de la política. Fue una persona que siempre se había situado al frente del activismo por los derechos de las mujeres. Se dice que cuando Parsa nació, su madre se encontraba en arresto domiciliario por haber enojado a unos conservadores religiosos publicando una serie de artículos sobre la igualdad de género. Parsa formaba parte de los que contribuyeron a luchar por que las mujeres iraníes tuvieran derecho al voto. Este derecho se les concedió en 1963, el mismo año en que fue elegida al Parlamento y antes de ser nombrada ministra de Educación.

Tras la revolución, Parsa se convirtió en el objetivo más inmediato de la República Islámica. Durante su juicio, celebrado en 1980, entre los cargos que se le imputaban se incluía la rocambolesca acusación de «fomentar la corrupción y difundir la prostitución». Al cabo de unos meses de haber sido arrestada, Parsa fue declarada culpable y ejecutada.

***

La cuestión que pende sobre nosotros en el siglo XXI es si el patriarcado conseguirá sobrevivir frente a la resistencia que genera. ¿Cómo es posible que las mujeres se esfuercen tanto por lograr un cambio, por formar parte de la lucha revolucionaria por la igualdad, y, aun así, no lo consigan? ¿Qué le confiere tanto poder a esta forma de opresión?

Gran parte de las feministas de Irán que hablan con toda franqueza siguen sin sentirse seguras viviendo en su país. Entre ellas podemos mencionar a Masih Alinejad, una periodista de familia trabajadora, nieta de aparceros, que fue interrogada y pasó una breve temporada en la cárcel durante su adolescencia por haber participado en la producción de panfletos. Unos años después, siendo ya reportera en Teherán, se ganó la reputación de haber logrado desafiar a los líderes políticos de Irán, y, en alguna ocasión, haberlo hecho presencialmente. Actualmente vive en Nueva York y, desde esa ciudad, dirige una campaña internacional contra la obligatoriedad del velo.

«En realidad, en un principio no tenía planeado impulsar un movimiento contra la obligación del *hiyab*», me cuenta Alinejad.

Todo empezó el día que colgó una fotografía suya en las redes sociales que había tomado en Londres, en 2014, y en la que aparecía sin velo. Alinejad estaba encantada con la sensación de notar el cabello al viento. Ese instante fue el que marcó la apertura de todas las compuertas, e hizo que mujeres procedentes de todas las regiones de Irán colgaran un mar de fotografías parecidas brindándole su apoyo. En 2018 fueron detenidas oficialmente veintinueve mujeres por haber protestado contra el *hiyab* obligatorio. En 2019, la judicatura iraní mencionó especialmente a Alinejad cuando anunció que cualquier mujer que fuera descubierta compartiendo un vídeo en línea en el que se viera a mujeres quitándose el velo podría enfrentarse a una pena de diez años de prisión. En 2020, tres activistas, Mojgan Keshavarz, Yasaman Aryani y su madre, Monireh Arabshahi, fueron encarceladas por regalar flores a las pasajeras del metro de Teherán sin llevar el velo puesto. Y todavía quedaba por venir el mayor alzamiento jamás visto contra el régimen. En septiembre de 2022, Irán estalló en violentas manifestaciones cuando Mahsa Amini, una joven de veintidós años, murió tras haber sido detenida por la policía de la moral por llevar «una indumentaria poco adecuada». Al cabo de unas semanas, centenares de mujeres resultaron heridas, o bien fueron asesinadas, incluida una adolescente, Nika Shahkarami. Las alumnas de los institutos y las universitarias rasgaron sus velos y organizaron sentadas de protesta.

«¿Por qué actúan así? –me dice Alinejad planteándome una pregunta retórica–. Te diré por qué. Porque, sin haber protestado siquiera, ya han sido castigadas previamente por el gobierno». Tanto si lo dicen en voz alta como si se lo callan, afirma Alinejad, las mujeres y las muchachas sufren la indignidad diaria de ser juzgadas por llevar el velo de una manera inapropiada o por no vestirse «con humildad». En agosto de 2021, un informe oficial refleja que un hombre atropelló a dos mujeres con el coche porque consideró que no iban tapadas como es debido, y resultaron heridas de gravedad. «Las mujeres terminan apaleadas en las calles por la policía de la moral. No se puede vivir sin llevar esa telita encima. Esa es la razón por la que las mujeres dicen "ya basta". En realidad, están hartas. Están hartísimas de la dictadura religiosa: una dictadura que impone que la religión tome decisiones sobre los cuerpos de las mujeres». Al ver la adaptación para la pequeña pantalla de *El cuento de la criada*, la novela distópica que Margaret Atwood escribió sobre un estado religioso y patriarcal, Alinejad supo reconocer de inmediato la gran cantidad de paralelismos que guardaba con Irán. «En Occidente será una obra de ficción, pero, en el país en el que yo vivo, las cosas son así. Así es nuestra vida cotidiana».

La obligatoriedad del velo va perdiendo popularidad entre las iraníes normales y corrientes, pero hay un tema que sigue dividiendo a la población. Como explica Alinejad en su relato autobiográfico *The Wind in My Hair* («El cabello al viento»), la revolución de 1979 causó tensiones en el seno de su propia familia. Su padre se enroló en una unidad de voluntarios de la Guardia Revolucionaria Islámica y se dedicaba a montar barricadas para comprobar que los coches que transitaran no llevaran alcohol ni casetes de música, productos que el régimen consideraba antislámicos. Alinejad escribe que uno de los insultos preferidos de su padre era decirle que su manera pecaminosa de andar por la vida «le sacaría los colores al mismísimo diablo en persona». Alinejad, desde muy pequeña ya, interiorizó el mensaje de que le propinarían un buen castigo si se quitaba el velo, y, en el caso de que nadie la castigara en la tierra, sería Dios mismo quien la castigaría. La decisión de quitarse el velo le resultó muy difícil de asumir.

«No quería cortar lazos. No quería romper el vínculo que me une a mi comunidad. No quería romperle el corazón a mi madre, y tampoco quería rompérselo a mi padre. Yo no quería perder a mi familia», me cuenta con una voz trémula.

Como consecuencia del activismo que llevaba a cabo esta periodista, su familia recibió muchas presiones para denunciarla. Incluso hicieron campañas para dañar su imagen, en las que se incluía la acusación de que era una espía al servicio de Occidente. En 2020 fue el objetivo de un supuesto intento de asesinato por parte del Gobierno iraní. Cuando arrestaron a su hermano en Irán, mientras ella residía en Estados Unidos, se sintió tan atenazada por un sentimiento de culpa que llegó a considerar quitarse la vida, según afirma. Su hermano fue sentenciado a ocho años de prisión.

«¿Por qué debería sentirme culpable de nada? –se pregunta Alinejad–. Son los que meten a gente inocente en la cárcel acusándolos de desobediencia civil, una desobediencia civil que es la más pacífica que pueda imaginarse, los que deberían sentirse culpables. Los que apalean a las mujeres en la calle porque no llevan puesto el *hiyab* como es debido son los que deberían sentirse culpables».

Hace cincuenta años, pocos eran los que habrían imaginado que Irán terminaría siendo un estado tan represivo como lo es en la actualidad. Cuando el artista Andy Warhol visitó Teherán en 1976 para hacer un retrato de la esposa del sah, la emperatriz Farah Pahlevi, vio una ciudad en la que las mujeres parecían liberadas y eran libres de vivir la vida como ellas quisieran. Entre las clases altas urbanas, por lo menos, las muchachas llevaban maquillaje y vestían minifalda. Las mujeres y los hombres podían ir al restaurante y al cine juntos. Durante esa década fue legalizado el aborto. Las mujeres podían servir en el ejército, y centenares de ellas formaban parte de las consejerías locales del gobierno.

Anteriormente, y a lo largo del siglo xx, en Irán se fueron haciendo paulatinos esfuerzos por impulsar mejoras en lo concerniente a los derechos de las mujeres. En 1910 ya había inauguradas unas

cincuenta escuelas femeninas en Teherán, escribe Janet Afary, catedrática de Estudios Religiosos de la Universidad de California, en
Santa Barbara, y especialista en historia contemporánea de Irán. Dos
décadas después, los periódicos radicales y las revistas femeninas
mostraban un rechazo abierto por la poligamia, el velo y los divor-
cios exprés para los hombres. Las mujeres se unieron para buscar
fondos con los que poder subvencionar la educación de las niñas. En
1933, más de 50 000 alumnas asistían a las 870 escuelas femeninas
del país, añade Afary. En 1978, una tercera parte de las universitarias
eran mujeres. Y, en esa misma época, aproximadamente la mitad de
los maestros de Irán y de los estudiantes de medicina también eran
mujeres.

***

La cuestión que debían dilucidar los eruditos y las feministas tras la
revolución de 1979 en Irán era por qué un país que llevaba décadas
progresando cuantitativamente en el tema de los derechos de las
mujeres podía haberse retrotraído hasta el punto de olvidar todos
sus logros en tan solo unos cuantos años.

Esta pregunta podría plantearse asimismo en diversas partes del
mundo en la actualidad. Desde el giro conservador que han dado los
antiguos estados socialistas hasta el reciente retorno de los talibanes
en Afganistán, las sociedades que en el pasado pretendieron socavar
los sistemas patriarcales de los gobiernos se muestran vacilantes, y
poco les falta para lograr justamente lo contrario. Por cada paso que
se da en dirección a lo que sería lograr la igualdad de género, parece
que existe el riesgo de provocar una reacción negativa.

En China, entre las décadas de 1950 y 1970, el Partido Comunista se comprometió a lograr la igualdad de género. El país contaba con la mano de obra femenina más numerosa del mundo. En la actualidad, sin embargo, la supervivencia del partido parece depender de un autoritarismo patriarcal, según la periodista Leta Hong Fincher. «El Gobierno chino perpetúa de manera agresiva las normas tradicionales de género y limita a las mujeres a representar el papel de esposa y madre abnegadas, y a dedicarse a la crianza de los más pequeños», escribe en el libro que publicó en 2018 sobre el despertar del feminismo de China y que lleva por título *Betraying Big Brother* («Traicionar al Gran Hermano»). Entre 1990 y 2010, la brecha salarial promedio entre los hombres y las mujeres de las zonas urbanas de China aumentó en un 10% más. Las universidades exigían sacar una nota más alta en los exámenes a las mujeres que a los hombres en determinados cursos, mientras que, a su vez, «reforzaban sus controles ideológicos sobre los programas de estudios de género y de la mujer», añade Fincher. Las feministas que proclamaron ser activistas fueron acosadas, interrogadas e incluso encarceladas.

En Estados Unidos, sede de lo que puede considerarse los movimientos sociales más progresistas del mundo, hace años que los legisladores de algunos estados procuran restringir el acceso al aborto y minar todo lo que extralimite su propia definición del género y la familia, por cierto muy sucinta. Incluso antes de que la Corte Suprema derogara el derecho constitucional al aborto en 2022, varios estados, entre los que se cuentan Texas y Oklahoma, aprobaron algunos de los proyectos de ley sobre el aborto más estrictos que se hayan visto jamás en cualquier lugar o momento de la historia. Los políticos republicanos se han respaldado en los valores familiares tradicionales y han cargado contra el hecho de que se impartan asignaturas sobre orientación sexual e identidad de género en el sistema educativo. En un mitin celebrado en Carolina del Sur a principios de 2022, mientras la gente blandía a su espalda pancartas con el lema «Salvemos América», el expresidente Donald Trump exhortaba a las multitudes diciendo que su partido «adoptaría con orgullo los valores y los principios judeocristianos de la fundación de nuestra nación».

Las raíces de esta retórica perviven en algunos de los estados y los imperios más tempranos, amparándose en la necesidad de aumentar sus poblaciones, asegurarse la lealtad de sus pueblos para con las élites gobernantes y criar a unos guerreros que expandan o defiendan sus territorios. Las leyes y las religiones terminaron escribiéndose en torno al principio de género que dice que solo hay dos clases útiles de personas: las mujeres que pueden traer hijos al mundo, y cuidar de ellos, y los hombres que pueden salir a luchar. La pluralidad de realidades que conforman la vida humana tenía que limitarse, y las necesidades de los individuos, eliminarse. Trump explicó la situación personalmente durante el discurso que hizo en Carolina del Sur: «El destino de toda nación en último término depende de la voluntad que tengan sus ciudadanos de entregarse, y eso es lo que deben hacer: entregar sus propias vidas para defender a su país –afirmó Trump–. Queremos que los generales tengan en la cabeza que tienen que ganar guerras, no enseñar pronombres».

Sin embargo, el control sobre las poblaciones siempre ha sido un fenómeno inestable. No existe ni una sola ocasión en que los valores patriarcales hayan ganado por goleada. Al contrario, lo que vemos que ha sucedido a lo largo de la historia es que siempre se ha encontrado con resistencias. Como expuso el escritor residente en Brooklyn Gal Beckerman: «El cambio, ese cambio que acaba con las convenciones sociales y arranca de cuajo toda ortodoxia, se va dando muy lentamente. La gente no va y, un buen día, le corta la cabeza al rey. Durante años, e incluso décadas, se dedica a hablar mal de él, se lo imagina desnudo, se le ridiculiza y termina destituyéndolo como deidad y convirtiéndolo en un ser falible que, finalmente, resulta ser mortal».

Esta especie de insatisfacción latente fue la que al final condujo a la abolición de la monarquía en Irán. Millones de personas de toda condición se enzarzaron en conseguir que finalizara el régimen opresor del sah (y entre ellas había mujeres de todas las clases sociales y económicas). En los primeros días de la revolución, al menos, y solo durante un breve período de tiempo, todo parecía posible de alcanzar. El espíritu de esos tiempos no solo debe arrogarse a los clérigos religiosos de raíz conservadora.

«Para muchos jóvenes iraníes, ese fue un momento inolvidable», dice la investigadora iraní Masserat Amir-Ebrahimi. Fue entonces, «entre la desaparición de la antigua autoridad y el nacimiento de otra totalmente nueva cuando los espacios públicos se convirtieron en espacios libres». La música pop estaba al alcance del gran público, así como los himnos religiosos, y los libros prohibidos se vendían en las calles. Las mujeres abandonaron los hogares familiares para reunirse con sus camaradas durante varios meses. Reinaba la sensación de que estaban recuperando su país tanto de las manos de la monarquía como de las fuerzas extranjeras. Para las estudiantes radicales como Chahla Chafiq, el futuro estaba plagado de promesas. De hecho, Chafiq me dijo que incluso el ayatolá Jomeini «fue muy bien recibido por todos los grupos políticos seglares, desde los izquierdistas hasta los liberales, debido a su posicionamiento radical contra el sah y sus aliados occidentales, entre los que destacaba Estados Unidos».

Ese momento no duró demasiado.

«Poco después de la victoria de la revolución, la atmósfera política cambió –explica Amir-Ebrahimi–. Las mujeres y la juventud se convirtieron en los primeros objetivos de la Guardia Revolucionaria». La tragedia de Irán es que, a pesar de que intentó partir de cero socialmente con una maniobra muy atrevida, en realidad lo que hizo fue reafirmar los sistemas patriarcales de control. A pesar de todo el optimismo del momento, los derechos de la mujer, sopesados en una balanza, terminaron por verse más perdedores que ganadores. Muchas de las personas que respaldaron la República Islámica terminaron viéndose traicionadas por el sistema.

«Espero que nos perdonéis por el error que cometimos», escribió la activista de derechos humanos, abogada y ganadora del Premio Nobel de la Paz Shirin Ebadi en un artículo para el *Washington Post* cuatro décadas después. En 1970 Ebadi era juez, pero, bajo la República Islámica, fue destituida y relegada a un puesto administrativo. Sin embargo, durante el período en que se iba fraguando la revolución, su generación creyó que todo eso conduciría a una nueva era de democracia y libertad. Su generación esperaba que la vida mejoraría para todos después de este triunfo, incluso para las mujeres. Como la misma Ebadi admite, debió de darse una combinación de idealismo e ingenuidad lo que llevó a su generación a dejarse engañar por las promesas de un líder que resultó ser de un conservadurismo a ultranza, como así lo demostró el ayatolá Jomeini. «El mismo día en que empezó a aplicar la nueva legislación sobre las mujeres me di cuenta de que incluso un líder religioso es capaz de engañar a la gente –escribe Ebadi–. Ese hombre que debía ser y comportarse como un sabio se convirtió en un dictador más».

***

Entre las muy variadas razones por las que el ayatolá Jomeini se coló en el poder con la firmeza y constancia que lo caracterizaron y no tardó en dar forma al estado religioso y conservador que deseaba para el país, estaba el tema de que habían existido otras formas de oposición política que prácticamente fueron aplastadas ante sus mismos ojos, escribe Janet Afary. Siguiendo el impulso rector de modernizar el país, el sah otorgó a las mujeres el derecho al voto, permitió que algunas de ellas ejercieran de ministras y juezas y legalizó el aborto; pero no lo hizo meramente por estar comprometido con la emancipación de las mujeres. Sus actos estaban planificados para que los vientos ideológicos no soplaran a favor de la izquierda y «brindaran la posibilidad de que se realizara una reforma social que fuera propiciada por un gobierno secular y autoritario».

El sah no toleraría ningún tipo de actividad fundamental, explica Afary, que tuviera que ver con los derechos laborales o con los derechos de la mujer. Los grupos socialistas estaban prohibidos en el país bastante antes del surgimiento de la revolución. Las que defendían su campaña, como Farrokhroo Parsa, fueron incluidas en el gobierno en lugar de ser excluidas para que no pudieran campar por libre e incitar a otra causa diferente. Incorporando a Irán el programa de los derechos de la mujer en determinados puntos, el sah ahogó la posibilidad de tener que satisfacer sus exigencias más radicales. Asfixió a la oposición, aunque eso solo lo consiguió durante un tiempo. En caso de que se hubiera dado una revolución, esta estrategia habría tenido consecuencias devastadoras para los derechos de la mujer. Quitando presión a los movimientos feministas de base del intenso siglo xx que vivió Irán, el sah no solo acabó con toda resistencia al ejercicio de su propia autoridad a corto plazo, sino que además logro que en el futuro resultara mucho más difícil desafiar al patriarcado en Irán.

Frances Hasso, una erudita especializada en género y sexualidad en el mundo árabe que trabaja en la universidad Duke, en Carolina del Norte, describe los compromisos que las feministas lograron en el seno de los estados patriarcales diciendo que se hicieron «pactos con el mismísimo diablo». Quizá en su momento se creyera necesario y útil realizar una reforma desde el mismo seno del régimen, pero la otra cara de la moneda nos dice que «el pensamiento crítico sobre la vida sexual y familiar quedó sesgado de raíz» durante el proceso. Es más difícil impulsar un nuevo y más atrevido diseño de la sociedad cuando las personas ya están satisfechas con unos cuantos cambios.

Como bien saben los que impulsan las reformas desde dentro del estado, los cambios más nimios pueden resultar de una lentitud dolorosa. En la actualidad, el derecho de la mujer al voto es un asunto que la mayoría de los países ni siquiera se lo plantea. No es un tema controvertido. Pero no hace ni siquiera cien años, la expectativa misma de actuar en favor del sufragio universal era considerada radical, incluso en Europa y Estados Unidos. Lo mismo puede decirse de muchos de los derechos que en la actualidad damos por sentado. En 1889, los activistas estadounidenses se enfrentaron a una resistencia considerable por parte de los gobernantes locales cuando intentaron elevar una petición al estado de Delaware por la que la edad de consentimiento por parte de las niñas al matrimonio pasara de ser de siete años a dieciocho. La edad de consentimiento de este estado había sido rebajada en 1871, y la edad de consentimiento había pasado de los siete años a los diez. En Georgia, la edad de consentimiento al matrimonio quedó establecida en los diez años hasta 1918. Existen ciertas causas, entre las que podemos citar la criminalización de la violación marital, que siguen siendo controvertidas en determinados países en la actualidad. Se van dando cambios graduales en las leyes y en las actitudes públicas que quizá parezcan progresivos; incluso pueden parecer inevitables contemplados a posteriori. Pero si en realidad son inevitables, ¿por qué no conseguimos resultados antes? ¿Y por qué a veces incluso damos un paso atrás?

Ese fue el problema que hubo con las reformas iraníes del siglo XX. Como sabemos todos, bajo la monarquía reinante, los derechos de las mujeres siempre serían precarios porque, en último término, eran una especie de regalo que les hacía el sah a las mujeres en lugar de ser el producto de una sociedad que estaba organizada con justicia y equidad desde su mismo seno. El sah quizá notara la presión que ejercían sobre él las personas de su entorno para que cambiara el sistema, incluida la de las mujeres de su propia familia, pero, en última instancia, todo el poder radicaba en él. La emancipación de las mujeres solo se lograría al ritmo que él dictara. Farrokhroo Parsa pudo haber trabajado en colaboración con el régimen del sah para conseguir que se diera un cambio en la práctica, pero ese cambio siempre se vio limitado por lo que el sah estuviera dispuesto a tolerar, porque él seguía siendo el patriarca de la nación.

Mientras tanto, según Afary, la «falta de una democracia política y de unos sindicatos independientes que tuvieran presencia en las fábricas y los lugares de trabajo fue lo que empujó a los trabajadores a ampararse más en las mezquitas y en los seminarios teológicos, los únicos lugares en los que todavía podían airearse los agravios sufridos, por decirlo de algún modo». Los clérigos religiosos, que ya eran muy respetados de por sí, cobraron mayor importancia. El feminismo empezó a demonizarse cada vez más, y en parte fue a causa de los clérigos, pero también porque se vinculaba a unas élites urbanas, con quienes la población había perdido el contacto, y a unos regímenes imperialistas occidentales que eran despreciados.

«En la segunda mitad del siglo xx, los intelectuales radicales comprometidos con las ideologías modernas, que defendían la inclusión de unos derechos sociales, económicos y políticos más amplios para las mujeres, terminaron desilusionándose de la democracia y el feminismo occidentales», explica Afary. Y, al final, para gran parte de la población, el ayatolá Jomeini representó la única alternativa viable al sah. En lugar de ver entretejidos los derechos y las libertades de las mujeres en el corpus mismo de la revolución y conseguir de ese modo que la lucha contra el patriarcado formara parte de la misión del país, la hostilidad hacia el feminismo se convirtió en «uno de los pilares fundamentales de la nueva alianza».

***

«Los hombres revolucionarios con ciertos principios en realidad no eran demasiado distintos de los demás», observa la protagonista de *Mujer en punto cero*, la novela de la feminista y psiquiatra egipcia Nawal El Saadawi. «Echaron mano de su astucia y, a cambio de sus principios, consiguieron lo que el resto de los hombres compraba con dinero».

Los iraníes, ocupados por potencias extranjeras desde hacía décadas, viendo su soberanía y su riqueza arrebatadas por obra y gracia de la avaricia de los invasores, y viéndose obligados también a oír que su cultura y sus creencias eran inferiores, buscaron (como muchos otros países de Oriente Medio, Asia y África durante el siglo xx) un modo de alcanzar la modernidad sin tener que sacrificar su propia identidad, sin tener que renunciar a lo que consideraban que era su propia historia y sus tradiciones. Antes de que el ayatolá Jomeini se hiciera con el poder, las masas ya se habían congregado en torno a un teólogo influyente y carismático, educado en París, que les ofreció exactamente lo que pedían.

Ali Shariati, en cierto modo, representaba la fuerza intelectual que subyacía en la revolución, según relata Zohreh Sullivan, catedrática de Lengua y Literatura e investigadora del colonialismo y la diáspora iraní. La llamada de Shariati, explica Sullivan, no iba dirigida a recuperar «la identidad de un pasado lejano, sino la identidad de un pasado que todavía estaba presente en la vida cotidiana de la gente». Shariati predicaba contra la cultura occidental capitalista, pero también estaba a favor de la ciencia y la industrialización. Adoptó el lenguaje de la izquierda europea, y por eso puso un gran énfasis en la lucha contra el imperialismo y en la necesidad de redistribuir la riqueza con mayor equidad (aunque dentro de un marco islámico). Apoyó la igualdad entre las mujeres y los hombres hasta un cierto punto, aunque sí denunció lo que él consideraba una explotación sexual de las mujeres en países como Estados Unidos.

Esta rama del islam recién creada y politizada les resultó muy atractiva a los que creían que el capitalismo occidental «usaba el cuerpo de la mujer para vender un mayor número de productos –escribe la historiadora Janet Afary–. Las estudiantes empezaron a ponerse el pañuelo tradicional islámico en la cabeza y a asistir con fervor a los sermones que Shariati daba». Encontraron en todo eso lo que les pareció una manera culturalmente auténtica y socialmente aceptable de tener capacidad de actuación y de ser visibles sin tener que renunciar a su fe. Nada más y nada menos que 3 500 jóvenes universitarias se matricularon en el curso de clases magistrales que Shariati dio en 1971, según relata el periodista James Buchan. «Shariati propugnaba una visión de la feminidad (enérgica, leal, casta y sociable) que dejo embelesadas a muchas iraníes».

Sullivan afirma que lo que hizo Shariati fue presentar el modelo que debía seguir la mujer islámica revolucionaria.

Shariati murió de un ataque al corazón antes de que diera comienzo la Revolución Iraní. Las convicciones políticas del ayatolá Jomeini no eran exactamente las mismas, pero este último eligió con toda la intención adornar sus discursos con el mismo lenguaje que había empleado Shariati. Por eso hablaba del colonialismo, de la explotación y de la revolución social, explica Afary. Jomeini incluso hizo referencia al valor y la independencia que tenían las mujeres. Hasta llegó a contarle a un periodista durante la revolución que las mujeres serían «libres en la República Islámica de seleccionar sus propias actividades, de elegir su futuro y de vestir como quisieran», añade Buchan.

Palabras vacuas, como ya se vio. Jomeini ya debía de saberlo cuando las pronunció. Llevaba mucho tiempo apegado a la visión de lo que debería ser una mujer musulmana devota y respetable; y se había opuesto con contundencia a las reformas realizadas bajo el régimen del sah que propiciaban la igualdad de género, incluidas las leyes de las décadas de 1960 y 1970, en las que se favorecía a las mujeres en cuestiones referidas al divorcio y a la custodia de los hijos. Sin embargo, y a su manera, la República Islámica sí que hizo un intento de reconciliar la religión con el radicalismo, y la tradición con la modernidad. A pesar de todas las restricciones a que se enfrentarían tanto las mujeres como las muchachas, el régimen apoyaba la educación y la alfabetización de las niñas. El hecho de separar a los niños en función del sexo les dio una mayor tranquilidad a las familias conservadoras, preocupadas por tener que enviar a sus hijas a estudiar. Y estaba pensado que, en último término, terminara por desaparecer toda brecha de género entre el estudiantado universitario.

Ahora bien, las tensiones seguían existiendo. «Nuestros problemas y desgracias provienen del hecho de que nos estamos perdiendo», pronunció, parece ser, Jomeini en una ocasión. El objetivo era lograr que Irán volviera a ser lo que antaño había sido; e inevitablemente eso significaba centrarse en los temas de la tradición y la religión. En cuanto a las mujeres concernía, ese giro implicaba que sus papeles de esposa y madre se verían más potenciados.

«La maternidad se politizó y se le dio mucho valor», escribe Zohreh Sullivan. Las tasas de nacimiento se dispararon. Las tasas de empleo femenino cayeron drásticamente bajo el régimen de la República Islámica, sobre todo en todas las cuestiones referidas al empleo público. Las tasas de empleo masculino, por el contrario, aumentaron. Las consecuencias de los cambios legales que realizó el estado sobre los derechos de las mujeres y los niños se fueron notando durante las décadas posteriores. A inicios de 2021, el Centro de Estadística de Irán hizo público que se habían registrado más de 9000 matrimonios infantiles en el país durante el verano del año anterior, y prácticamente la mayoría correspondían a niñas de edades comprendidas entre los diez y los catorce años.

De un modo bastante parecido a lo que había sucedido en la Atenas de la Antigüedad, la integridad del estado encontraba su parangón en el cuerpo de las mujeres; y su catadura moral, en la conducta y la manera de vestir que estas adoptaran. Para ser buenas iraníes, para rechazar de plano los valores foráneos, las mujeres debían seguir la tradición. Antes incluso de que Jomeini se hiciera con el poder, este principio ya había calado hondo en la conducta de las mujeres. En pleno clímax de la revolución, escribe James Buchan, las mujeres que nunca se habían puesto un chador negro (que era una capa que empezó a llevarse de manera habitual en Irán en el siglo XVII para cubrirse con ella el cuerpo entero sin ceñirlo y dejar a la vista tan solo el rostro, y que había de ser colocado dándole forma con las manos) lo rescataron y se vistieron con él para demostrar su rechazo frontal a la indumentaria occidental y manifestar así que se identificaban plenamente con las mujeres que habitaban en las zonas más pobres y rurales que ellas y eran más propensas a cubrirse el cuerpo.

El chador se convirtió en toda una manifestación de solidaridad de la clase media con la clase trabajadora. Y esta, a su vez, encontró apoyo en los elementos más religiosos y conservadores de la lucha revolucionaria contra el sah, unos individuos que siempre habían deseado que las mujeres llevaran velo. Chahla Chafiq recuerda que, durante las manifestaciones de protesta, «vi que iban aumentando poco a poco el número de mujeres vestidas con un chador negro que caminaban unos pasos por detrás de los hombres. Un buen día se acercaron a nuestro grupo unos hombres, de esos que se dedicaban a circular entre los manifestantes para aconsejarles que se repartieran en filas que no fueran mixtas. Pues bien, esos hombres vinieron a decirnos que sería mejor que nos pusiéramos el velo, porque así demostraríamos que el pueblo estaba unido contra el sah».

Buchan escribe que la hermana gemela del sah, Ashraf Pahlevi, que había desempeñado un papel muy activo en el desarrollo de los derechos de las mujeres en Irán, observó desde un helicóptero el gentío que integraban las manifestaciones en las calles durante la revolución y se dio cuenta, no sin estupor, que la masa negra que veía moverse a sus pies en realidad estaba constituida por mujeres que vestían con el chador oscuro, como el que su abuela llevó en sus tiempos. «¡Dios mío! –pensó Pahlevi–. ¿Así es cómo va a acabar todo esto?».

El hecho de que las mujeres que luchaban por la igualdad y la

libertad eligieran ponerse el chador integral, que ya había sido recha-
zado por las activistas en favor de los derechos de las mujeres iraníes,
sorprendió no solo a los espectadores extranjeros, sino también a
algunos de los que vivían en el mismo país. En esa fase, de todos
modos, la indumentaria no representaba lo que había representado en
el pasado. Había otras fuerzas en juego. Ahora el chador se asociaba
no solamente al recato sexual o a la devoción religiosa, sino también
a la visibilidad de la tradición. Y en esos momentos, la tradición se
había convertido en el símbolo de la resistencia política.

***

Cuando terminó la revolución, las mujeres tuvieron que aprender a
negociar cuál sería el lugar que ocuparían en la recién creada República Islámica.

En las décadas posteriores, serían muchos los que se sentirían
traicionados. Farrokhroo Parsa fue ejecutada por el estado cuando
tenía cincuenta y siete años. Miles de mujeres abandonaron el país,
aunque otras hicieron justo lo contrario: se unieron a las milicias de
voluntarios para convertirse en soldados de a pie del régimen. Las
mujeres policía patrullaban por las calles para comprobar que el resto
de las mujeres siguieran las normas de humildad impuestas por el
estado, y podían detener a las que llevaran demasiado descubierta la
cabeza o vistieran con unas piezas demasiado ceñidas; incluso había
quien la emprendía a golpes de porra contra las manifestantes. Un
reducido número de mujeres iraníes se aseguraron de disponer de
butaca propia en el Gobierno del país. Entre ellas se encontraban
las animadoras de la República Islámica, que eran las mujeres que
subscribían a pies juntillas el sistema patriarcal del Gobierno. Otras,

sin embargo, se dedicaron a impulsar estratégicamente un conjunto de reformas, anulando los acuerdos que tenían ya pactados con el régimen.

En el caso de que hubiera podido existir una manera más amplia y generosa de imaginar las libertades de las iraníes tras la revolución, una manera de lograr que lo religioso coexistiera con lo seglar, un espacio en que se diera una pluralidad política que valorara la diversidad de la vida y los deseos de las mujeres, una manera de conservar los derechos que las mujeres ya se habían asegurado, y de aumentarlos, hay que decir que todo eso ya había sido ahogado con la eliminación de la izquierda secular, del feminismo y de cualquier otra fuente de oposición. Y eso implicaba que, en la nueva República Islámica, los derechos de las mujeres volverían a convertirse en el regalo que los hombres que se encontraban en el poder tuvieran a bien concederles.

Si en el pasado fue el Gobierno del sah el que había decidido cuáles serían las libertades que podían tener las mujeres, ahora este papel sería desempeñado por los clérigos. La revolución lo puso todo patas arriba, salvo el poder que ostentaban los patriarcas. En este Irán de nueva factura, quitarse el velo pasaría a convertirse en el nuevo símbolo de la resistencia política.

***

El control absoluto del patriarcado reside en lo intrínsicamente que se halla entretejido en la mayoría de nuestras culturas. Por encima de cualquier otra cosa, los seres humanos son animales culturales. Sentimos la necesidad de pertenecer, de tener una historia propia, de sentir que nuestra existencia tiene sentido más allá de nuestro propio ser. Sin eso que nos conecta con el pasado, no tendríamos ningún punto de referencia desde el que construir nuestras identidades. Pero ¿dónde podemos agarrarnos cuando nuestra cultura se convierte a la vez en algo que queremos proteger y en la fuente misma de nuestra opresión?

El politólogo Partha Chatterjee observa que en los movimientos surgidos para hacer frente al Gobierno de los británicos en la India hace más de cien años, tal y como sucedió en Irán tras la revolución de 1979, existió el temor de que las mujeres abandonaran las tradiciones de su país. «Es increíble ver la cantidad de bibliografía que se escribió en el siglo XIX acerca de la amenaza que pendía sobre la occidentalización de las mujeres bengalíes», escribe este autor. Los hombres tenían más margen de maniobra para comportarse como quisieran. Pero el proyecto nacionalista en defensa de la libertad parecía correr peligro si las mujeres, en particular, no eran capaces de personificar lo que se suponía que la nación debía representar. Viviendo en función de sus propias tradiciones culturales, por muy patriarcales que estas fueran, demostrarían que la nación había resistido frente al dominio extranjero. En cuanto a las mujeres, esto mismo «las condenó a una renovada subordinación que, curiosamente, era totalmente legítima». Como escribió Kumari Jayawardena, una académica y feminista de Sri Lanka, las mujeres «tenían que seguir actuando como las guardianas de la cultura nacional, de la religión indígena y de las tradiciones familiares. En otras palabras, debían ser a la vez modernas y tradicionales».

Es el deseo de asirse a lo permanente, sobre todo cuando la vida nos parece abocada a la impermanencia, lo que nos impulsa a defender nuestra cultura y nuestra religión. Durante miles de años, eso ha sido lo que nos ha mantenido anclados al mundo. Pero esa ha sido también la razón de que, en los momentos de crisis, cuando estallan las revoluciones, hay revueltas o se declaran guerras, el poder patriarcal tienda a verse redoblado.

En el Afganistán contemporáneo, por ejemplo, la influencia de los talibanes quizá fuera eliminada por las potencias extranjeras durante un tiempo, pero los conflictos y las catástrofes, tal y como las activistas sobre el terreno han forzado al mundo a entender, solo terminan por reforzar más las voces conservadoras. Esas voces fueron las que prometieron estabilidad en la vorágine, las que explotaron la necesidad que tenía la gente de sentirse a salvo y segura en unos momentos en que se sentían más vulnerables que nunca, y las que asimismo esperaban que las mujeres se sometieran a una forma de patriarcado religioso incluso más represiva que la de Irán. «Vimos que la invasión y la ocupación en realidad reforzaron la mano que tenían los ultraconservadores en Afganistán, porque ellos sí practicaban ese grito de guerra para defender el país de los invasores extranjeros», contó la activista en pro de los derechos de la mujer Yifat Susskind a la revista *The Nation* en 2021. En sus propias palabras: «Varias décadas consecutivas de guerra crearon unas condiciones que en realidad terminaron siendo adversas para el movimiento en defensa de las mujeres afganas».

Como los nacionalistas étnicos y religiosos han sabido siempre, no hay nada más poderoso que tener un enemigo contra el cual el pueblo pueda reafirmar su propia noción de identidad cultural. En su libro de 2020 *The Future of Difference*, las sociólogas Sabine Hark y Paula-Irene Villa Braslavsky describen el modo en que los partidos nacionalistas de Europa han estado recurriendo a la noción de lo que significa ser oriundo para hacer un llamamiento a las mujeres del lugar ante el aumento de la inmigración. Ofrecen a las mujeres blancas y vulnerables, según dicen, la promesa de que serán protegidas frente a lo que describen como unos hombres extranjeros y violentos que proceden de culturas incompatibles con la suya propia. Defienden «los logros de ese nosotros que está en juego (sea la nación, el pueblo, la familia nuclear o el cristianismo) en contraposición a los que vienen de fuera». Es así como el nacionalismo cae en un sesgo y termina convirtiéndose en una mezcla venenosa de xenofobia y patriarcado.

Para algunas mujeres, esta rama del nacionalismo patriarcal se ha convertido en todo un grito de guerra. En Estados Unidos, unos investigadores de la Universidad George Washington hicieron pesquisas sobre las mujeres que participaron en el ataque de la ultraderecha al edificio del Capitolio el 6 de enero de 2021. En marzo del siguiente año, más de un centenar de mujeres ya habían sido arrestadas por delitos relacionados con el asedio. Los investigadores descubrieron que, cuando se vieron obligadas a explicar y dar razón de sus actos, a menudo apelaron a sus papeles de madres, esposas e hijas en busca de protección, o bien de protectoras de sus propios hijos frente a la amenaza externa. Refugiándose en los conceptos patriarcales que definen la feminidad americana, consideraron que estaban defendiendo su propia cultura.

El papel que desempeñamos en la sociedad pasa a formar parte de nuestra identidad. Y esa identidad cobra mayor importancia cuando creemos que la sociedad podría desintegrarse si no desempeñamos bien nuestro papel. Pero cuando las mujeres son a la vez garantes de la cultura, y además se sienten obligadas a defenderla, la consecuencia más nefasta es que las que se dedican a presionar pueden terminar acusadas no solo de traicionar a su propia sociedad, sino de traicionarse también a sí mismas.

En el ínterin, lo impensable deja de serlo. La práctica de la mutilación genital femenina, a la que a veces se denomina circuncisión femenina, ha encontrado grandes defensoras en las mujeres maduras que quieren asegurarse de que sus hijas puedan casarse. Pero cuando en 2007, ante la presión que ejercieron el Gobierno, las sociedades benéficas y los misioneros, los ancianos de Arbore, que habitan en el valle del Rift, al sur de Etiopía, decidieron abolir la circuncisión femenina en su comunidad, encontraron resistencia por parte de las jóvenes. La antropóloga social Echi Gabbert, que tuvo la suerte de estar presente cuando se tomó esa decisión, documentó la defensa apasionada que hizo una adolescente de esta costumbre. «Esto forma parte de la cultura de nuestro padre, de nuestros abuelos. Son nuestros orígenes. Y no nos rendiremos», dijo la muchacha a Gabbert.

«Esta es nuestra cultura y no la abandonaremos. Si nuestras madres deciden negarse a seguir amputándonos, nos amputaremos nosotras mismas».

***

En su libro autobiográfico de 1994 *Sueños en el umbral: memorias de una niña en el harén*, la ya desaparecida socióloga y feminista Fátima Mernissi escribe una crónica de lo que supuso crecer a mediados del siglo xx en uno de los últimos harenes que habían sobrevivido en Marruecos y que se hallaba situado en la antigua ciudad de Fez. Estos harenes eran la residencia de familias extensas muy acomodadas. Los hermanos varones vivían en ellas con sus esposas (a veces en régimen de poligamia), con sus hermanas, fueran estas solteras o divorciadas, y con los hijos de todos ellos. Las mujeres que describe Mernissi de una manera abierta y sin tapujos, sin idealizarlas, son fuertes y listas. Entre ellas hay curtidas guerreras y antiguas esclavas, pero, recluidas todas en el harén, no hay ni una sola de entre ellas que no vea desfilar ante sus ojos el mismo patio de siempre rodeado de altos muros que no pueden abandonar si no cuentan con el permiso de un hombre.

En el harén donde se crió Mernissi, cada una de las mujeres veía su propia circunstancia de una manera particular. Su madre se reprocha lo absurdo de su existencia. Se desespera porque no ha logrado vivir de una manera independiente, y le implora a su hija que imagine una vida distinta de todo aquello (y la niña así lo hace: se va a estudiar a la capital, a Rabat, y luego va a París y a Estados Unidos; Mernissi termina siendo profesora visitante en Berkeley, y luego en Harvard). Pero también hay mujeres mayores que ven el harén como una institución cultural que necesita ser conservada. Tienden a estar de acuerdo con lo que quieren los hombres de la casa, escribe Mernissi. Las mujeres superan en número a los hombres en el hogar. Pero, tal y como observa, la solidaridad femenina es un tema delicado, «porque las mujeres raramente se apoyan entre sí para defenderse de los hombres».

La madre de Mernissi acusa a las que se alían con los hombres por considerarlas responsables en gran medida del sufrimiento de las mujeres, y dice de ellas que «son lobos con piel de cordero». Si la solidaridad femenina existiera en realidad, expresa su madre con amargura, ninguna de ellas estaría en el harén.

Sus diferencias ideológicas se manifiestan con sutileza. Sean cuales sean las circunstancias en las que vive una mujer, encuentra la manera de valerse por sus propios medios. Al vivir recluidas en el harén la mayor parte del tiempo, las mujeres tienen sus propios ámbitos de trabajo y ocio separados de los de los hombres. Sin embargo, y de vez en cuando, en lugar de comer con las demás, la madre de

Mernissi se preparaba con aire desafiante un desayuno, que más bien parecía un banquete, para ella sola. Otra se encaramaba, haciendo gala de sus dotes acrobáticas, al terrado más alto y, desde allí, contemplaba el mundo que la rodeaba. Algunas montaban a caballo y nadaban en el río. Cuando están todas juntas, de todos modos, algo tan sencillo como el motivo que deben bordarse en su propia indumentaria se puede convertir en toda una batalla campal. Unas quieren un bordado innovador, mientras que otras quieren mantenerse fieles a los bordados más anticuados por respeto a sus antepasados, ya que se consideran guardianas de la tradición.

Su tía, escribe Mernissi, «hablaba de las mujeres como si formaran un grupo», aunque «en el fondo no hubiera cohesión alguna entre ellas. La separación entre las mujeres era insalvable, y el conflicto surgido a raíz del diseño de un bordado era señal inequívoca de que su manera ver el mundo difería por completo». El problema, que Mernissi ya vio con toda claridad de pequeña, es que no todas las personas quieren las mismas cosas.

En nuestra búsqueda personal de la felicidad, contraemos compromisos que nos benefician en un momento dado a sabiendas de que quizá decepcionemos a aquellos otros que podrían solidarizarse con nosotros. La política que se aplica a las mujeres no existe en función de su género, como tampoco existe en función de los hombres. No se trata de algo egoísta; podría muy bien tratarse de garantizar la seguridad o la supervivencia. De todos modos, puede terminar por alinearse con los sistemas patriarcales de nuestro entorno y aceptar la tradición por el mero sentido de la conservación, seleccionar los rasgos que priorizamos, negociar las lealtades que se tienen con la familia, la cultura, la nación, la raza, la clase y la casta. Este conflicto, quizá, es lo que trunca la solidaridad femenina.

En *Contra el feminismo blanco*, la abogada y periodista Rafia Zakaria documenta lo vacuas que considera algunas de las afirmaciones que dicen que existe una hermandad femenina mundial. La idea de que las mujeres siempre trabajan en interés de su propio sexo, de que incluso conocen los intereses de las demás, es algo que parece desprovisto de todo sentido en los países que han sufrido invasiones militares por parte de Occidente. Si las feministas occidentales comprendieran realmente las necesidades de las mujeres, explica, ¿habrían defendido los ataques militares de Estados Unidos a Afganistán en nombre de la igualdad de género y la liberación de la mujer, como hicieron algunas? Pensaron que las afganas querrían liberarse del control patriarcal por encima de todo, cuando, en ese momento en concreto (como cualquiera habría deseado), lo que en realidad querían era librarse de la guerra. «La insignificante cuestión de unos bombardeos devastadores que dejaron millares de muertos y muchísimos discapacitados, que truncaron familias enteras para siempre y destrozaron sus medios de subsistencia, era el medio que justificaba el fin de ese resplandeciente objetivo feminista», escribe Zakaria. La fatalidad dictó que se pasara por alto el hecho de que «las afganas estaban inextricablemente relacionadas con los afganos». Los hombres no fueron el enemigo durante la guerra. Los hombres fueron los maridos, los hermanos y los hijos.

Una de las razones por las que la familia de Mernissi se aferró tanto a sus tradiciones fue que Marruecos llevaba mucho tiempo siendo el objetivo de unas potencias extranjeras que tenían sus miras puestas en la colonización del país. Y, en el hogar, la carga de mantener vivas sus antiguas costumbres recayó en las mujeres. Las necesidades y los deseos individuales de las mujeres no importaban en esos momentos, porque lo que estaba en juego era la defensa del estado. La excusa que le dio su padre para no deshacerse de su harén, a pesar de los ruegos de su madre, fue esa tan conocida cantarela de la tradición. «Vivimos tiempos difíciles; el país está ocupado por ejércitos extranjeros, y nuestra cultura está amenazada», le dijo él.

«Lo único que nos queda son estas tradiciones».

***

Los harenes marroquíes terminaron siendo cosa del pasado ya en vida de Fátima Mernissi, pero su educación infantil hizo una mella muy profunda en su trayectoria profesional. La obra de Mernissi como socióloga está dedicada a comprender esas filosofías que afianzaban el patriarcado imprimiéndole unos tintes ideológicos tan marcados que algunas de las mujeres más fuertes que había conocido a lo largo de su vida incluso terminaron por rendirse ante él, cuando no pasaron a defenderlo directamente.

Siguiendo los razonamientos de los intelectuales musulmanes que la habían precedido, tanto varones como mujeres, Mernissi desafió el precepto que dictaba que la subordinación de la mujer ya estaba presente en su religión desde el principio, y que su base teológica o histórica era indiscutible. El patriarcado, lejos de ser un retorno al pasado, en realidad se rehacía constantemente en el presente y, a veces, incluso resultaba fortalecido. La cultura y la religión, ese conglomerado que mantenía unido al harén de su infancia, nunca fueron estáticas, según Mernissi. Dice que lo que muchos consideran que es una tradición, en realidad, se sustenta sobre una base nada sólida.

Hay numerosas pruebas que lo demuestran. A Mernissi le enseñaron, por ejemplo, que las mujeres no podían gobernar un país que se rigiera por las leyes musulmanas. Sin embargo, su abuela le había explicado, cuando ella era pequeña, que una musulmana que había sido esclava accedió al trono egipcio en 1250, después de que su esposo muriera. Cuando el padre de Mernissi dudaba y no sabía si llevarla a la mezquita con él por el hecho de que era una niña, su tío le recordó que el profeta Mahoma, cuya vida es el modelo que siguen los musulmanes modernos, había dirigido servicios de oraciones con una niña jugando delante de él. En el siglo XVII, la biznieta del profeta, Sukayna, se negó a llevar velo, y además se dice que se casó cinco o seis veces sin mostrar obediencia a ninguno de sus esposos.

«Las mujeres huyeron a millares de la aristocrática y tribal Meca para ir a Medina, la ciudad del profeta, en el siglo XVII, porque el islam prometía igualdad y dignidad para todos los seres humanos, fueran estos hombres o mujeres, amos o criados», escribió Mernissi en *The Veil and the Male Élite*. «Cuando terminé de escribir este libro aprendí una cosa: si los derechos de las mujeres constituyen un problema para algunos musulmanes contemporáneos, no es por el Corán ni por el profeta, ni siquiera por la tradición islámica, sino sencillamente porque esos derechos entran en conflicto con los intereses de una élite masculina».

Mernissi demostró que la religión, como muchos otros ámbitos de la vida, con el paso del tiempo, fue reclutada y puesta al servicio del poder para que trabajara para los patriarcas. Y, como ocurrió con todas esas postulaciones míticas sobre la naturaleza de los varones y las mujeres, la dominación masculina, contando con el beneplácito de la religión, contaba con su propia fuerza. Así como los filósofos y los científicos habían apelado a la autoridad de la biología para representar a las mujeres como seres inferiores, los religiosos apelaban a la autoridad de lo divino.

«Para los fundamentalistas, las mujeres simbolizan la pureza étnica y cultural», escribe la socióloga senegalesa Fatou Sow, que ha investigado el modo en que las ideas patriarcales se han ido propagando por Senegal a partir de ciertas interpretaciones del islam que buscan apartar a las mujeres del liderazgo espiritual, promover la mutilación genital femenina y socavar las prácticas del linaje matriarcal. «Los grupos fundamentalistas manipulan la religión por medios ideológicos y políticos, y los temas que tienen que ver más con los derechos de las mujeres son un objetivo muy claro». La cosa tiene truco, y puede llegar a ser de una transparencia desvergonzada: la tradición se reescribe por activa, y luego las mujeres están obligadas a seguirla. «La obediencia al orden patriarcal se considera una señal de compromiso con Dios y con la fe religiosa», escribe Sow.

Por mucho que la religión pueda parecer un conjunto de creencias fijo y eterno, la noción religiosa siempre ha sido manipulada para adecuarla a la política del momento. La Iglesia católica, por ejemplo, siempre ha estado construyendo y reforzando su causa a favor de las familias tradicionales, el papel de la mujer y el género binario. En 2004, antes de que Benedicto XVI fuera papa, el cardenal Joseph Ratzinger escribió una carta a los obispos católicos dejando muy clara su postura contra la ordenación sacerdotal de las mujeres. Ratzinger dijo que las mujeres que buscaban el poder para sí mismas se prestaban a generar «una confusión dañina en lo concerniente al ser humano, y eso tenía unas consecuencias inmediatas y fatales en la estructura de la familia». Y luego pasaba a referirse al feminismo: «A pesar de que existe un determinado discurso feminista que reclama cosas "para nosotras", las mujeres conservan la profunda intuición de que lo mejor de sus vidas está constituido por actividades orientadas al despertar del otro, a su crecimiento y a su protección». Tanto si la mujer lo acepta como si no, siguiendo el razonamiento de

Ratzinger, el auténtico propósito de toda mujer es brindar su apoyo a los hombres y a los niños.

Un parte del privilegio de ejercer el poder es ser capaz de modelar según tus propios parámetros la definición de lo que es moral, natural o auténtico. Cuando los ideólogos de la República Islámica construyeron el nuevo Irán surgido tras la revolución de 1979, también interpretaron la religión de una manera que favoreciera a su política. Eso podría dar razón de las inconsistencias que nos vamos encontrando ocasionalmente en los comentarios del ayatolá Jomeini sobre los derechos de las mujeres. Antes de la revolución, el ayatolá había propuesto que, al menos en público, las mujeres tuvieran la libertad de vestir como quisieran y tomar sus propias decisiones, dando a entender con ello que todo eso guardaba coherencia con su fe. Tanto si eran esas las pretensiones del ayatolá como si no, esos derechos nunca llegaron a materializarse. Y en ese momento, el asunto quedó zanjado como una decisión que se había tomado motivada por cuestiones religiosas.

En este punto es donde la argumentación de Fátima Mernissi resulta más punzante. Si la historia antigua, la tradición o la fe inquebrantable son lo que justifica que las vidas de las mujeres queden circunscritas, ¿cómo es posible que los patriarcas actuales definan lo que es aceptable y lo que no? ¿Cómo pueden doblegar el pasado y las tradiciones a su antojo cuando las mujeres que desean tener más derechos y libertades no pueden hacer lo mismo?

***

Quizá instigada por la hipocresía que se había ido encontrando al paso, Fátima Mernissi se convirtió en una de las fundadoras de una escuela de pensamiento que es conocida con el nombre de feminismo islámico. Mernissi analizó los mismos textos que estudiaban los clérigos conservadores, pero los revisó con una mirada distinta y descubrió las malas interpretaciones que habían hecho y las ambigüedades que se desprendían de su trabajo. Mientras iba planteándose interrogantes sobre la historia, Mernissi reveló que, en el pasado, el mundo árabe se había caracterizado por presentar una mayor diversidad social de la que se reconocía en la actualidad. Incluso llegó a sugerir que, dado el margen que siempre hay que dar a toda interpretación, no existía razón alguna por la que pudiera afirmarse que los textos religiosos no podían ser interpretados de una manera que fuera coherente con la defensa de la igualdad de género.

En el pasado hubo unos historiadores islámicos, dice Mernissi, que «sostuvieron que la familia musulmana representaba un punto de ruptura con las prácticas anteriores», incluidas las «claramente antipatriarcales». Los textos antiguos demostraron que las mujeres habían gozado de poder y libertad; y mostraban también el abanico de derechos sexuales de que disfrutaron las mujeres en el pasado. En determinadas uniones, los hijos no pertenecían al padre biológico de la pareja, y las mujeres eran libres de tener más de una pareja sexual habitual. Algunas esposas tenían la libertad de despachar a los maridos que ya no deseaban por medio de la realización de unos sencillos gestos rituales. En ciertos matrimonios de linaje matriarcal, la costumbre dictaba incluso que los esposos se incorporaran a la tribu de sus esposas.

El antropólogo Andrey Korotayev, que trabaja en la Universidad Estatal de Moscú, confirmó en 1995 que hay pruebas de la existencia de unos linajes matriarcales en el sur de Arabia en el siglo III. Hay textos en que los únicos parientes de los hombres que aparecen registrados son sus hermanos varones, y el resto de los descendientes se atribuyen a la mujer. También hay pruebas de que las mujeres de esas comunidades compartían el liderazgo con los hombres.

El enfoque de Mernissi es muy radical; sin embargo, hay quien arguye que existen ciertos límites en el desafío del patriarcado perteneciente a las religiones principales. No todas las feministas están convencidas de que las religiones mayoritarias del planeta den cabida plenamente a la igualdad de género, sobre todo cuando en sus enseñanzas encontramos pasajes que solo pueden interpretarse como un mandato de la dominación masculina. El Corán, por ejemplo, menciona la obediencia que la mujer le debe a su marido. En *Free Thinker*, que es la biografía de la sufragista Helen Hamilton Gardener escrita por Kimberly Hamlin, de la Universidad de Miami, en Ohio, se describe con todo lujo de detalles que las activistas por los derechos de la mujer en el siglo XIX lo pasaron muy mal cuando tuvieron que lidiar con los estadounidenses que pensaban que las mujeres estaban subordinadas por naturaleza al hombre, porque eso era lo que decía la Biblia. En palabras de Hamlin, «Gardener opinaba que, considerando que prácticamente todos los pasajes bíblicos relacionados con las mujeres resultaban degradantes, el hecho de que una mujer cristiana y ortodoxa a ultranza también fuera sufragista era uno de esos enigmas ante los cuales se rendía».

Sin embargo, las activistas como Gardener descubrieron que eran incapaces de soslayar el tema de la religión si querían atraer hacia su causa a una ingente masa de población que habitaba en un país tan religioso como Estados Unidos. Esa fue la razón de que, durante la segunda mitad del siglo XIX, el reguero de críticas y de reinterpretaciones del cristianismo por parte de varias feministas de altura fuera inagotable, y eso sin mencionar la publicación, en la década de 1890, de *La biblia de la mujer*. Gracias a esos intentos, las mujeres encontraron el camino hacia el feminismo sin tener que abandonar su fe.

Como reconoció de un modo parecido Fátima Mernissi, cuando una sociedad se ha construido sobre unos fundamentos teológicos, cuando se ha posicionado en contra de otros sistemas de pensamiento, pocos lugares a los que recurrir les quedan a las feministas para defender sus derechos que no sean los pautados a través de la religión. Las musulmanas necesitaban encontrar la manera más práctica de reafirmar sus exigencias de igualdad. La obra de Mernissi tuvo tanta influencia porque se encaró a los patriarcas en su propio terreno. Defendía un feminismo que procedía del seno mismo de la cultura a la que intentaba desafiar.

Y en la actualidad sigue siendo muy poderoso. La periodista estadounidense Mona Eltahawy, nacida en Egipto, confesó la alegría que sintió cuando se enteró de que Oriente Medio tenía un legado feminista propio que no había sido directamente importado de Occidente. «Para una joven como yo que se veía enfrentada a unas fuerzas contra las que consideraba que no podría enfrentarse, las palabras de Mernissi se convirtieron en la munición que más necesitaba».

En una época más reciente, concretamente en 2019, el director de cine y transformista británico-iraquí Amrou Al-Kadhi publicó su autobiografía *Unicorn*, en la que expresa que no cabe en sí de gozo cuando descubre un espacio de aceptación en el seno mismo del islam al estudiar de manera independiente los textos religiosos. «Como yo era el marica de clase cuando iba a la escuela islamista, el hecho de que tendría que ir al infierno, por ser lo que sentía en mi interior, me tenía profunda y constantemente angustiado», escribió Al-Kadhi. «He vivido entre Oriente Medio y Londres; y me he sentido muy gay entre los iraquíes, y muy iraquí entre los gais». Tras un evento organizado por unos musulmanes maricones, se enteraron de que existía una tradición islámica de pensamiento crítico y de debate independiente. Fue toda una revelación. «No es Alá quien me prohibía que me identificara como marica, sino la gente que ignoraba la gran abundancia de potenciales alternativos que vienen reflejados en el Corán».

El hecho de que las historias que nos contamos sobre nosotros mismos tengan intrínsecamente la capacidad de decidir el modo en que vivimos es el hilo argumental que recorre toda la obra de Fátima Mernissi. Mernissi se pregunta cuál sería el aspecto que tendría el mundo si volviéramos a reescribir estas historias, y cómo es posible que solo con la imaginación podamos ampliar más los límites que nos imponen las exigencias restrictivas y manipuladoras de la sociedad y el estado.

«La liberación comienza con esas imágenes que van dando vueltas y más vueltas por tu cabecita», cita Mernissi al recordar las palabras que le decía su tía Habiba cuando era una niña pequeña. Las imágenes pueden convertirse en palabras. «¡Y las palabras no cuestan nada!».

***

A mediados del siglo xx, Lewis Alfred Coser, un sociólogo de tendencia izquierdista que había huido de la Alemania nazi y se había instalado en Estados Unidos, sostenía el argumento de que los conflictos interiores y entre los distintos grupos de la sociedad, lejos de ser algo malo, en realidad, es lo que propicia el cambio social. Raramente encontraremos un sistema que funcione para todos en términos de condición social o económica. Las fricciones que se advierten en los extremos son las que mueven el sintonizador y contribuyen a que surjan nuevas formas de pensamiento. «Las sociedades no mueren como mueren los organismos biológicos –escribió Coser–, porque es difícil asignar a las sociedades un momento exacto en que nacer o morir, tal como asignamos a los organismos biológicos».

Lo que nos queda es seguir luchando constantemente.

Existen presiones por hacerse con el poder, y también existen personas que presionan en contra. En ciertos momentos, todo eso contribuye al surgimiento de unas sociedades más restrictivas y autoritarias y, en otros, a que surjan otras que no lo son tanto. Lo que llamamos «patriarcado» puede considerarse un conjunto de factores que está presente en ese conflicto sin fin. Son personas que buscan afirmar su dominio sobre los demás apelando, según su propio punto de vista, a la naturaleza, la historia, la tradición y lo divino. Sus exigencias son inventadas, modificadas, adornadas y reinventadas continuamente. A veces triunfan, pero otras veces fracasan. Sin embargo, la lucha por una sociedad más justa e igualitaria siempre va recolocándose; tampoco es que se quede quieta.

El Irán que había existido antes de la revolución de 1979 no murió tras la República Islámica. En un análisis generacional de lo que sucedió un tiempo después, la socióloga iraní Masserat Amir-Ebrahimi escribió que las mujeres de la revolución sentaron las bases para que las generaciones de mujeres que las sucedieran se convirtieran en «los agentes de cambio más transgresores que hubieran existido jamás». A pesar de haber sido empujadas a los márgenes de la sociedad, consiguieron cambiar las cosas desde esa posición marginal. Fueron «las madres rebeldes que lucharon con encono por su libertad e hicieron frente a la completa islamización de los espacios públicos. Estas mujeres siguieron yendo a las universidades y acudiendo a su trabajo, a pesar de las limitaciones y las frecuentes humillaciones a que debían enfrentarse. Conservaron su individualidad, a pesar de las represiones y los castigos».

El cambio puede verse en el mismo seno familiar, añade la abogada defensora de los derechos humanos Leila Alikarami, que nació en Irán justo antes de la revolución de 1979, estudió Derecho en la Universidad de Teherán y ahora trabaja en Londres. Recuerda Alikarami que, durante su infancia, su abuela la trataba de manera distinta a su hermano. La abuela solía preparar unas galletas especiales durante las vacaciones, explica Alikarami. «A mí me encantaban esas galletas». Pero la abuela siempre procuraba que quedara muy claro que, si las había hecho, era para complacer a su hermano, más que para darles un gusto a ella y a sus otras hermanas. «A mí me dolía mucho todo aquello, y me quejaba contándoselo a mi padre. Se me quitaban las ganas de ir a verla. Papá me decía que la abuela ya era vieja y que no era su intención discriminar a nadie, que no quería hacernos daño, sino que esa era su manera de ser. Este era el entorno en el que ella creció –me cuenta Alikarami–. Estaba a favor de los niños».

Antes de la generación de los padres de Alikarami, las actitudes sobre el género ya habían cambiado. «Mamá es totalmente distinta, –me cuenta–. Cuando hablo con mi madre, puedo hablar claramente con ella. Y también con otros miembros de mi familia, porque saben conversar». Su familia le brindó todo su apoyo para que estudiara y eligiera un camino profesional. El Gobierno de Irán sigue siendo profundamente opresor, y todavía tiene leyes discriminatorias que favorecen a los hombres por encima de las mujeres. Pero el modo en que los individuos elijan vivir su vida, el modo en que se creen su propio espacio, esa ya es otra cuestión. «Ahora la gente tiene estudios y, culturalmente, va por delante del Gobierno».

Las leyes hereditarias en Irán, por ejemplo, dictan que los hijos hereden el doble que las hijas. Pero, según me explica Alikarami, «Yo sé que en mi propia familia muchos hombres eligen repartir su herencia a partes iguales entre hijos e hijas». En los matrimonios contractuales, algunos maridos tampoco aplican el poder que tienen sobre sus mujeres y no les impiden ir a trabajar o viajar, ni pedirles el divorcio. Y si eso implica no tener que pagar una dote cuantiosa, o quizá disfrutar de un mayor presupuesto familiar, porque los dos cónyuges trabajan, los hombres están más que dispuestos a negociar.

No siempre es fácil para los maridos, explica Alikarami. A nivel práctico, los notarios de vez en cuando ponen objeciones a esta clase de acuerdos. Ni los hombres ni sus propios padres quieren ceder demasiado. «A veces no quieren ponerse de acuerdo porque no quieren perder el poder que tienen. A veces dicen que vale, que muy bien, que dejaremos de lado nuestros derechos, os daremos el derecho al divorcio, el derecho al trabajo y el derecho a viajar, pero ¿cómo voy a explicarle todo esto a mi madre? ¿Y a mi familia?». Alikarami me cuenta un caso en el que un hombre accedió a renunciar a sus poderes solo a condición de que su familia no se enterara de lo que iba a hacer.

Como escribieron la historiadora Janet Afary y la especialista en nacionalismo e identidad Jesilyn Faust en su libro de 2021 *Iranian Romance in the Digital Age* («Una historia de amor iraní en la era digital»), a pesar de la gran promoción que ha hecho el Gobierno iraní de la familia y la maternidad tradicionales, se ha constatado una disminución en el número de matrimonios, sobre todo en lo que se refiere a los concertados. En Teherán, en 2018, se contabilizó un divorcio por cada tres matrimonios. En 2016, más del 60% de todos los hogares de la ciudad pertenecían a mujeres. Cuarenta años después de que se fundara la República Islámica, en algunas familias el sustento económico lo proveen las mujeres.

La revolución de 1979 quizá no aportara los cambios por los que las mujeres habían luchado en el pasado, pero tampoco fue capaz de impedir que sucedieran.

Todo esto refleja algunas de las tendencias que han ido manifestándose en Oriente Medio, el norte de África y el sur de Asia, dicen Afary y Faust. Los índices de matrimonio y de natalidad caen en picado. Cada vez hay menos personas que opten por el matrimonio concertado que dicta la tradición. Las mujeres, de promedio, tienen más estudios y trabajan más que hace cuatro décadas; y cuando tienen la oportunidad de reclamar sus libertades, aprovechan la ocasión. En febrero de 2022, una compañía ferroviaria que publicó una oferta de trabajo pidiendo conductoras en Arabia Saudí informó de que había recibido 28 000 solicitudes por los treinta empleos que ofertaba.

A medida que descienden los índices de natalidad, las hijas reciben más cuidados de sus familias, y estas invierten más en sus estudios. En el lugar donde eso se ve más claro es en China. Tras la política que obligaba a tener un solo hijo, y que se aplicó en 1979, el número de mujeres casaderas fue menguando. Como consecuencia, en algunas regiones del país, las mujeres empezaron a darse cuenta de que podían negociar sus propios términos en lo que correspondía al matrimonio. En lugar de tener que mudarse y vivir con la familia de sus maridos, como es costumbre en la mayor parte de China, hubo algunas que persuadieron a sus esposos para que se fueran a vivir con ellas, forzando, de hecho, la matrilocalidad. Biye Gao, una académica especializada en estudios de género de la Escuela Universitaria de Estudios Orientales y Africanos, perteneciente a la Universidad de Londres, documentó, basándose en los trabajos que había hecho sobre el terreno en la provincia de Hunan, que existe una práctica, que en el dialecto local se conoce con el nombre de *zhaolang*, por la que los niños que nacen en el seno de estas familias adoptan el nombre de la madre en lugar de heredar el del padre.

Las chinas a las que entrevistó Biye Gao tendían a ser mucho más independientes económicamente, sobre todo porque tenían a sus propios familiares cerca para ayudarlas en el cuidado de los hijos. Gao describe la situación de una mujer en particular comparándola a la de un hijo substituto que estuviera viviendo en el seno de su propia familia. Esa mujer había trastocado por completo el papel que debía desempeñar en función del género y, haciendo eso, había descubierto «el poder transformador que tiene desafiar al estado opresor» cuando este intentó penalizarla por haber tenido más descendencia (que, por cierto, fue niña).

Globalmente, los índices de natalidad han ido disminuyendo desde hace más de cincuenta años, y han pasado del pico que alcanzaron en la década de 1960, en el que se contabilizaron más de cinco nacimientos por mujer, a poco menos de dos y medio en la actualidad, según datos recopilados por el Banco Mundial. Incluso en China, a pesar de la angustia que causó la antigua política gubernamental de la obligatoriedad de tener un solo hijo por pareja, cuando les dieron la alternativa de tener más recién nacidos, las mujeres optaron por tener menos. En lugar de aumentar el índice de nacimientos, después de introducir la ley por la cual se podían tener dos hijos, desde 2016 este índice ha ido disminuyendo. La libertad de poder tener los hijos que la gente desee se ha convertido en una de las más amargamente refutadas entre los estados y sus ciudadanos.

Los límites vinculados al género, que con tanta beligerancia fueron imponiendo las sociedades patriarcales durante siglos, están siendo desafiados desde todos los frentes. Desde el verano de 2022, los matrimonios entre cónyuges de un mismo sexo ya eran legales en treinta y un países. En 2014, el Tribunal Supremo de la India reconoció oficialmente la existencia de un tercer género, siguiendo el camino que ya habían allanado antes Nepal y Bangladés. «En la actualidad, y por primera vez, me siento orgullosa de ser india», dijo a los periodistas la activista transgénero Laxmi Narayan Tripathi.

***

Las costumbres patriarcales no son nuestras únicas costumbres.

En las sociedades de linaje matriarcal de las montañas Khasi, en Meghalaya, la India, a pesar de las diversas propuestas que se han hecho de cambiar las leyes hereditarias para beneficiar por un igual a las hijas y a los hijos, existe la determinación de no cortar de raíz con las antiguas tradiciones que daban prioridad a las hijas. La gente cree que el linaje matriarcal está tan intricado en el entramado étnico de la vida de los khasis que perderlo podría implicar tener que sacrificar su identidad. La socióloga Tiplut Nongbri me contó que incluso los más veteranos de entre los khasis, con los que ella había hablado, no quieren dar por finalizado su estilo de vida, de linaje matriarcal. «Sienten que algo así sería catastrófico para la sociedad», dice Nongbri, porque socavaría los cimientos sobre los que las familias se constituyen. Al ser una comunidad tribal e indígena que está bajo amenaza, su supervivencia cultural es lo que ha cobrado mayor relevancia. Los hombres y las mujeres de las montañas Khasi viven consagrados a la defensa de los derechos de las mujeres ante un patriarcado que resulta invasivo.

El estado de Kerala, al sur de la India (cuya línea matriarcal fue oficialmente abolida en 1976), ha logrado, por otra parte, cerrar el círculo. Esta región, en el siglo XXI, ha asumido el papel de ser el faro de luz que guíe el empoderamiento de las mujeres. En 2013 inauguraron el Parque del Género, un parque de veinticuatro acres que se encuentra ubicado en la ciudad de Kozhikode, antiguamente llamada Calicut, y que cuenta con un museo y una biblioteca feministas dedicados a documentar la historia de las mujeres, incluidas las mujeres transgénero. Ocho años después de su inauguración, una escuela primaria pública situada en un distrito de Kerala diseñó un uniforme unisex para sus alumnos (que constaba de una camisa y unos pantalones por debajo de la rodilla). La medida fue muy bien acogida por políticos y famosos, y una de las razones que animó a la escuela a tomar esta decisión fue la existencia de la tradición de línea matriarcal que hay en Kerala. Otras escuelas seguirían luego su ejemplo.

La tradición es lo que nosotros elegimos que sea, según he terminado por darme cuenta al pensar en el caso de Kerala.

Hace décadas, un pensamiento parecido fue lo que inspiró la obra del teórico anticolonialista, y también psiquiatra, Frantz Fanon. «Yo no soy prisionero de la historia. Y sé que no es en la historia precisamente donde debería buscar sentido a mi propio destino, –escribió en *Piel negra, máscaras blancas*–. Yo me fundamento en mí mismo». Y ya disponemos de las herramientas para crear el mundo que queremos.

Sin embargo, tanto si estamos hablando de las antiguas Grecia y Roma como si nos referimos a la India o Norteamérica, vemos el pasado como si en él existiera una fórmula mágica que nos indicara cómo deberíamos vivir, cuando, en realidad, el pasado no fue ni mejor ni peor de lo que ahora estamos viviendo, solo distinto. Por lo que hemos visto hasta ahora, los seres humanos nos hemos ido posando sobre distintos arcoíris que han ido dictando la manera de organizarnos, de negociar las normativas de género y su significado. Nunca ha existido nada que permaneciera estático.

A lo largo de varios milenios nos hemos visto empujados gradualmente a creer que tan solo existen unas determinadas maneras de vivir. Las sociedades se han ido homogeneizando a través de la colonización y la propagación de un subconjunto muy limitado de leyes y religiones, que se han fusionado en lo que actualmente hemos dado por llamar «tradiciones». Nuestras instituciones públicas se han fosilizado hasta el punto de parecernos inmutables; y los cambios más nimios en la legislación pueden comportar tener que hacer un esfuerzo pantagruélico durante muchos años. Nos resignamos a conservar los sistemas que ya tenemos, aun cuando sabemos que no funcionan. No es sorprendente, dada esta inercia, que tengamos la sensación de que los patrones sociales que seguimos nos han venido dados por naturaleza o por una intervención divina, en lugar de ser creados por el hombre.

Al término de este viaje (que me ha llevado desde la oscuridad de los tiempos hasta las turbulencias de nuestra actualidad), me pregunto si las sociedades radicales que podamos crear a partir de ahora no podrían convertirse algún día en la base de los usos y las costumbres del mañana. ¿Cómo podemos redescubrir nuestra capacidad de ser socialmente atrevidos? Por muy permanentes que nos parezcan nuestros estilos de vida, por muy sólidas que consideremos las instituciones, las constituciones y las creencias, en realidad nunca fueron inamovibles. Lo inventamos nosotros, prácticamente lo inventamos todo, y por eso somos capaces de inventar otras cosas. No existen unos límites naturales a la reinvención del futuro;

solo nuestra imaginación y nuestro valor. Y, sin embargo, dudamos. Delante del precipicio, miramos hacia abajo y sentimos terror por lo que podríamos perder.

Mejor sería que imagináramos lo que podríamos ganar.

Epílogo

Ya desde la misma Antigüedad, los líderes militares y políticos aprendieron que una de las maneras más eficaces de conservar el poder sobre los demás era emplear una estrategia que venía a decir: «Divide y vencerás». Separando a la gente y dividiéndola en grupos más reducidos se genera desconfianza, resulta más difícil forjar alianzas y las lealtades dejan de ser intergrupales para depositarse en los que están al mando. Es una táctica tan afortunada y catastrófica que se ha venido usando a lo largo de toda la historia y en todo el planeta, ya desde tiempos de Julio César, en la antigua Roma, y, por supuesto, por parte de los colonialistas británicos, en Asia y África. En la actualidad recurren a ella los líderes nacionalistas que avivan el miedo que provocan la inmigración y las minorías.

La división forma parte de lo que otorga poder al patriarcado. El daño que se genera con la opresión de género no es solo económico o físico, sino también emocional y psicológico. El efecto que causa apartar a las hijas de sus padres, distanciar emocionalmente a las esposas de sus maridos y demonizar a los que no se ajustan a unas normas de género muy cortas de miras es el de atizar el miedo y el odio de esos mismos individuos en quienes deberíamos encontrar apoyo y consuelo. Sabemos que es posible amar y confiar en otros seres humanos (nuestra supervivencia como especie ha dependido de eso), pero una consecuencia de dividir a la gente de esta manera para reafirmar el control sobre ella ha sido la de hacerle creer que amar y confiar resulta imposible. Y eso ha subvertido nuestras relaciones más íntimas.

El control patriarcal, en cierto sentido, no difiere demasiado de cualquier otro tipo de control; lo que lo hace especial es el hecho de que funciona incluso a nivel familiar. Su fuerza maquiavélica radica en que es capaz de convertir a las personas más allegadas en el enemigo, y lo hace con tanto sigilo que uno termina aprendiendo que así son las cosas. La evolución de esta estrategia se nota en las prácticas a las que recurren el linaje patriarcal y la patrilocalidad, que separaba a las mujeres de su familia de origen, y también en la brutalidad deshumanizadora del rapto de cautivas. Es evidente que hay unos vínculos clarísimos entre esta historia de distanciación y control, y también en algunas de nuestras leyes y creencias más recientes.

Sin embargo, no podemos dar por sentado que la situación haya sido siempre la misma en todo el planeta. Nada de eso se dio de una manera automática. En algunas regiones, los sistemas patriarcales tienen miles de años de antigüedad. En otras se establecieron, o en determinados casos se reafirmaron, solo desde hace unos cuantos siglos.

El patriarcado, como fenómeno aislado, en realidad no existe. Lo que existe propiamente son múltiples patriarcados, formados por unos hilos sutilmente entretejidos a lo largo de las distintas culturas a su manera, que colaboran con las estructuras de poder locales y con los sistemas ya existentes que propician la desigualdad. Los estados institucionalizaron la categorización humana y las leyes de género; la esclavitud tuvo su influencia en el matrimonio patrilocal; los imperios exportaron la opresión de género a casi todos los rincones del planeta; el capitalismo exacerbó las disparidades de género; y las religiones y tradiciones siguen siendo manipuladas para que impriman un mayor poder psicológico al dominio masculino. Nuevos hilos se están entretejiendo en la urdimbre social, incluso en la actualidad.

Si alguna vez llegamos a construir una sociedad realmente justa, se habrá de desarmar todo, porque no es posible separar la opresión de género del resto.

Enfrentados a una tarea de esta magnitud, la lucha por la igualdad puede parecer una guerra de desgaste. Yo misma he hablado en compañías multinacionales y en congresos de empresas ante mujeres que quieren saber cómo pueden ascender en la escala laboral en unos entornos de trabajo sexistas, sin tener en consideración a las mujeres que, por un salario de subsistencia, les limpian sus despachos después. Todavía no hemos inventado unos sistemas políticos que satisfagan las necesidades de los individuos antes que las exigencias del propio estado, que nos arropen a todos y cada uno de nosotros de los golpes que nos propina el mundo. E incluso cuando las leyes sean lo más justas que podamos llegar a imaginar, cuando trascendamos nuestros estereotipos de género y aceptemos a los demás tal como son, cuando nuestras lenguas y culturas reflejen unos valores que sean compatibles con la igualdad, no por ello dejarán de existir esos personajes que intentarán reafirmar su poder sobre los demás de alguna manera radicalmente novedosa.

Mientras me documentaba para confeccionar este libro, conocí y leí la obra de diversas personas que han consagrado su carrera profesional a luchar por la dignidad y la libertad humanas, que son tan valientes que, para ellas, cabe imaginar unos mundos radicalmente distintos en los que nadie sea capaz de ejercer un control excesivo sobre los demás. Así como nadie es capaz de soportar un trato injusto, la mayoría se siente incómoda cuando ve tratar a los demás injustamente (y aquí también incluyo a los desconocidos). Tenemos la sensación de que compartimos su mismo sufrimiento; y sentimos la necesidad de ayudarlos. En el fondo de todos y cada uno de nosotros existe el deseo de amar y de ser amado, y de extender ese amor más allá de nuestros propios círculos internos. En mi papel de científica, paso mucho tiempo escribiendo y pensando en la naturaleza humana y, a mi entender, creo que esta es la faceta más extraordinaria que, como seres humanos, todos compartimos.

Si en alguna ocasión logramos reparar los daños que ha causado un poder patriarcal que lleva siglos inserido en nuestras vidas, solo lo conseguiremos cultivando esta noción de humanidad compartida (que es la parte de nosotros que consigue amar, aun cuando siga habiendo gente que busque dividirnos para mandar). Seguramente habrá quien diga que la opresión se encuentra entretejida en nuestra misma identidad. Dirán que los seres humanos somos inherentemente egoístas y violentos, y que hay toda una serie de categorías de personas que por su misma naturaleza son dominantes o subordinadas. Pero yo me pregunto: ¿seguiría importándonos tanto el prójimo si eso fuera cierto?

Agradecimientos

En 2017 escribí un libro sobre la ciencia del sexo y el género, titulado *Inferior: cómo la ciencia infravalora a la mujer y cómo las invenciones reescriben la historia,* en el que incluí un capítulo sobre la dominación masculina. Y puedo decir que la pregunta que más me formularon los lectores cuando el libro salió al mercado fue: si no hemos estado siempre dominados por el hombre, ¿cómo explicamos que haya llegado a propagarse tanto el control absoluto del patriarcado? La respuesta a esta pregunta puso en marcha los motores con que pergeñar esta obra. Ahora bien, lo que no fui capaz de prever fue que escribiría la mayor parte del libro durante una pandemia, que viajaría tan solo durante los breves lapsos en que fuera seguro hacerlo y que solo podría hablar con algunos de los especialistas y activistas que cito por teléfono o en línea.

Me gustaría dar las gracias a las personas que mencionaré a continuación por el hecho de haber destinado parte de su valioso tiempo a entrevistarse conmigo directamente, y no solo eso, sino, en algunos casos, haber respondido incluso a preguntas y consultas mías posteriormente: Amy Parish, Frans De Waal, Steven Goldberg, Robin Jeffrey, Manu Pillai, Tiplut Nongbri, Nicole Creanza, Adam Kuper, Brian Steele, Awhenjiosta Myers, Jennifer Nez Denetdale, Ruth Tringham, Resit Ergener, Miriam Robbins Dexter, Cynthia Eller, Colin Renfrew, Karina Croucher, Ian Hoddler, Fidan Ataselim, Melek Önder, Kristian Kristiansen, Pontus Skoglund, Sarah Pomeroy, Stephanie Budin, James Scott, Rebecca Futo Kennedy, Alwin

Kloekhorts, Fayza Haikal, Andrew Bayliss, Walter Penrose, Fairuz Choudhury, Benaifer Bhandari, Catherine Cameron, Blanka Nyklová, Éva Fodor, Kristen Ghodsee, Chahla Chafiq, Masih Alinejad y Leila Alikarami.

Siento un profundo agradecimiento por todos aquellos que me brindaron su apoyo y sus conocimientos de tan variadas y diversas maneras. Sabahattin Alkans fue el experimentado guía que me acompañó en Anatolia. La Fundación Alexander von Humboldt me permitió pasar un largo período de tiempo en Berlín. La beca de investigación del Programa Logan de No Ficción me dio el tiempo que tanto necesitaba para alejarme de las presiones de la vida doméstica, así como la posibilidad de entrar a formar parte de una comunidad de otros creadores de no ficción situada en el norte del estado de Nueva York. Y la Sociedad de Autores del Reino Unido subvencionó mis investigaciones otorgándome la beca del Fondo Fiduciario de K. Blundell.

Me siento en deuda con la Biblioteca Pública de Nueva York, situada en el parque Bryant, por haber tenido el honor de haber podido consultar sus increíbles colecciones de documentos de investigación; con mi maravillosa amiga Jess Wade, que considero desde hace años toda una campeona; con la infinita amabilidad de Alex O'Brien, y la generosa ayuda y consejo de Paige Bethmann, Tim Power, Susan Perkins, Fiona Jordan, Tim Requarth, Paramita Nath, Donna Harsch, Janet Afary, Shomsia Ali, Rafil Kroll-Zaidi, Ruta Nimkar, Neda Sepehrnoush y Pippa Goldschmidt.

Mi trayectoria profesional ha estado durante un tiempo en manos de Louise Haines, de la editorial 4th State, de Amy Caldwell, de Beacon Press, y de Peter Tallack y Tisse Takagi, de la agencia literaria Science Factory; y si algo me han demostrado tener todos ellos sin excepción es una gran fe depositada en mí y una capacidad de animarme inquebrantable. Espero que jamás llegue el día en que pueda decepcionarlos.

Mariyam Haider fue la primera persona encargada de verificar todos los datos de mi libro y detectó con gran pericia varios errores que, a veces, incluso se encontraban contenidos en el material de referencia. Mariyam ha actuado como actúa un grupo de control y ha demostrado ser una buena amiga durante todo el viaje. Este libro, y mis otros dos libros anteriores, habrían sido más flojos sin la agudeza mental y las innumerables horas que le dedicó Pete Wrobel, cuyo talento para recopilar información sin que se le olvide nada es único. Nunca podré llegar a darle las gracias como cabe por toda su generosidad y su sabiduría. Quiero dar las gracias, asimismo, a mis dos brillantes correctoras: Kate Johnson, de 4th State, y Susan Lumenello, de Beacon Press; y también a Poulomi Chatterjee, mi editora de HarperCollins en la India.

Finalmente, querría manifestar todo el amor y la gratitud que me inspira mi paciente y hermosa familia: mis padres; mis suegros; mi hijo, Aneurin; mi esposo, Mukul, y mis hermanas, Rima y Monica. Cada libro que escribo me lleva a comprender un poco más el mundo tal como es, un mundo que quiero que sea mejor para todos y cada uno de ellos.

Bibliografía

Introducción

Pinney, Christopher. «*Photos of the Gods*»: *The Printed Image and Political Struggle in India*, Reaktion Books, Londres, 2004.

Ramayya, Nisha. *States of the Body Produced by Love*, Ignota Books, Reino Unido, 2019.

Ramos, Imma. *Tantra: Enlightenment to Revolution*, Thames & Hudson y el Museo Británico, Londres, 2020.

Dalmiya, Vrinda. «Loving Paradoxes: A Feminist Reclamation of the Goddess Kali», *Hypatia*, vol. 15, núm. 1, pp. 125-50, invierno de 2000.

Merelli, Annalisa. «Kali is the 3000-year-old feminist icon we need today», *Quartz*, 8 de enero de 2020, https://qz.com/1768545/hunduisms-kali-is-the-feminist-icon-the-world-desperately-needs (consultado por última vez el 7 de junio de 2022).

Appiah, Kwame Anthony. «Digging for Utopia», *New York Review of Books*, 16 de diciembre de 2021.

Filmer, Robert. *Patriarca o el poder natural de los reyes*, Alianza Editorial, Madrid, 2010.

Millet Kate. *Sexual Politics*, University of Illinois Press, Urbana y Chicago, 2000 (originariamente publicado en 1970).

Walby, Sylvia. *Theorizing Patriarchy*, Basil Blackwell, Oxford, 1990.

Beechey, Veronica. «On Patriarchy», *Feminist Review*, núm. 3, pp. 66-82, 1979.

Punit, Itika Sharma. «Social distancing from house helps is exposing the Indian famly's unspoken sexism», *Quartz,* India, 26 de maro de 2020, https://qz.com/india/1823823/with-coronavirus-lockdown-working-indian-women-face-family-sexism (última consulta, el 23 de abril de 2021).

Nagaraj, Anuradha. «Wages for housewives: party's manifesto pledge stirs debate in India», *Reuters*, 7 de enero de 2021, https://www.reuters.com/article/us-india-women-politics-idUSKBN29C1TQ (consultado por última vez el 15 de mayo de 2021).

Mohanty, Chandra Talpade. «Under Western Eyes: Feminist Scholarship and Colonial Discourses», *Feminist Review*, núm. 30, pp. 61-88, otoño de 1988.

Ortner, Sherry B. «Gender Hegemonies», *Cultural Critique*, núm. 14, pp. 35-80, 1989-1990.

Jones-Rogers, Stephanie E. *They Were Her Property: White Women as Slave Owners in the American South*, Yale University Press, 2019.

Lerner, Gerda. «Placing Women in History: Definitions and Challenges», *Feminist Studies*, vol. 3, núm. 1/2, pp. 5-14, otoño de 1975.

MacKinnon, Catharine A. *Hacia una teoría feminista del estado*, Ediciones Cátedra, Madrid, 1995.

Delphy, Christine. *Por un feminismo materialista: el enemigo principal y otros textos,* Lasal, Edicions de les Dones, Barcelona, 1985.

Rosaldo, Michelle Zimbalist. «The Use and Abuse of Anthropology: Reflections on Feminism and Cross-Cultural Understanding», *Signs*, vol, 5, núm. 3, pp. 389-417, primavera de 1980.

Capítulo 1. La dominación

Le Guin, Ursula K. «A War Without End», en *Utopia*, de Thomas More, Verso, 2016, Londres y Nueva York.

Saini, Angela. *Inferior: cómo la ciencia infravalora a la mujer y cómo las invenciones reescriben la historia*, Círculo de Tiza, Madrid, 2017.

Parish, Amy Randall. «Female relationships in bonobos (Pan paniscus)», *Human Nature*, núm. 7, pp. 61-96, marzo de 1996.

Parish, Amy R., De Waal, Frans B.M. y Haig, David. «The Other "Closest Living Relative": How Bonobos (Pan paniscus) Challenge Traditional Assumptions about Females, Dominance, Intra-and-Intersexual Interactions, and Hominid Evolution», *Annals of the New York Academy of Sciences*, vol. 907, núm. 1, pp. 97-113, abril de 2000.

De Waal, Frans. *Different: Gender Through the Eyes of a Primatologist*, Granta, Londres, mayo de 2022.

Smith, Jennifer E. *et al.* «Obstacles and opportunities for female leadership in mammalian societies: A comparative perspective», *Leadership Quarterly*, núm. 31, 2020.

Goldberg, Steven. *La inevitabilidad del patriarcado*, Alianza Editorial, Madrid, 1976.

Darwin, Charles. *El origen del hombre y la selección en relación al sexo*, Los Libros de la Catarata, Madrid, 2019.

Wilson, Edward O. «Human Decency is Animal», *New York Times*, p. 272, 12 de octubre de 1975.

Smuts, Barbara. «The Evolutionary Origins of Patriarchy», *Human Nature*, vol. 6, núm. 1, pp.1-32, marzo de 1995.

Delphy, Christine. *Por un feminismo materialista: el enemigo principal y otros textos,* Lasal, Edicions de les Dones, Barcelona, 1985.

Leacock, Eleanor. «Review of *The Inevitability of Patriarchy*, by Steven Goldberg», *American Anthropologist*, vol. 76, núm. 2, junio de 1974, pp. 363-5.

Maccoby, Eleanor E. «Sex in the Social Order: Review of *The Inevitability of Patriarchy*, by Steven Goldberg», *Science*, vol. 182, núm. 4111, pp. 469-71, noviembre de 1973.

«Number of countries where the de facto highest position of executive power was held by a woman from 1960 to 2021», *Statista*, noviembre de 2021, https://www.statista.com/statistics/1058345/countries-with-women-highest-position-executive-power-since-1960 (última consulta, 14 de enero de 2022).

«Women in Politics. 2020», UN Women, 1 de enero de 2020, https://www.unwomen.org/sites/default/files/Headquarters/Attachments/Sections/Library/Publications/2020/Women-in-politics-map-2020-en.pdf (última consulta, 3 de marzo de 2022).

Parish, Amy R. «Two Sides of the Same Coin: Females Compete and Cooperate», *Archives of Sexual Behavior*, publicado en línea el 22 de noviembre de 2021.

Morris-Drake, Amy, Kern, Julie M. y Radford, Andrew N. «Experimental evidence for delayed post-conflict management behaviour in wild dwarf mongooses», *Elife*, 2 de noviembre de 2021, núm. 10, p. e69196.

van Leeuwen, Edwin J.C. *et al.* «A group-specific arbitrary tradition in chimpanzees (Pan troglodytes)», *Animal Cognition*, número del 17 de junio de 2014, pp. 1421-5.

Vince Gaia. «Smashing the patriarchy: why there's nothing natural about male supremacy», *Guardian*, 2 de noviembre de 2019.

Thompson, Melissa Emery. «How can non-human primates inform evolutionary perspectives on female-biased kinship in humans?», *Philosophical Transactions of the Royal Society B*, vol. 374, núm. 1780, 2 de septiembre de 2019.

Sommer V. y Parish A.R. «Living Differences», en *Homo Novus – A Human Without Illusions* (Frontiers Collection), editado por Ulrich J. Frey, Charlotte Störmer y Kai Willführ, editorial Springer, Berlín y Heidelberg, 2010.

Jeffrey Robin. «Matriliny, Women, Development-and a Typographical Error», *Pacific Affairs*, Universidad de Columbia Británica, vol. 63, núm. 3, otoño de 1990, pp. 373-7.

Jeffrey, Robin. «Governments and Culture: How Women Made Kerala Literate», *Pacific Affairs*, Universidad de Columbia Británica, vol. 60, núm. 3, otoño de 1987, pp. 447-72.

Roser, Max y Ortiz-Ospina, Esteban. (2016) «"Literacy", Our World in Data», revisado por última vez el 20 de septiembre de 2018, https://ourworldindata.org/literacy (última consulta realizada el 4 de noviembre de 2021).

«At 96,2%, Kerala tops literacy rate chart; Andhra Pradesh worst performer at 66,4%», *Economic Times*, 8 de septiembre de 2020, https://economictimes.indiantimes.com/news/politics-and-nation/at-96-2-kerala-tops-literacy-rate-chart-andhra-pradesh-worst-performer-at-66-4/articleshow/77978682.cms?utm_source=contentofinterest&utm_medium=text&utm_campaign=cppst (última consulta realizada el 24 de octubre de 2021).

Schneider, David M. y Gough, Kathleen. *Matrilineal Kinship*, University of California Press, Berkeley y Los Ángeles, 1961.

Lowes, Sara. «Kinship Structure & Women: Evidence from Economics», *Daedalus*, vol. 149, núm. 1, invierno de 2020, pp. 119-33.

Khalil, Umair y Mookerjee, Sulagna. «Patrilocal Residence and Women's Social Status: Evidence from South Asia», *Economic Development and Cultural Change*, enero de 2019, vol. 67, núm. 2, pp. 401-38.

Dube, Leela. «Matriliny and Women's Status», *Economic and Political Weekly*, vol. 36, núm. 33, agosto de 2001, pp. 3144-7.

Jordan, Fiona M. *et al*. «Matrilocal residence is ancestral in Austronesian societies», *Proceedings of the Royal Society B*, vol. 276, núm. 1664, 7 de junio de 2009, pp. 1957-64.

Kutty, Madhavan. *The Village Before Time*, traducido del malabar por Gita Krishnankutty, IndiaInk, Nueva Delhi, 2000.

Verjus, Anne. «The Empire of the Nairs: a society without Marriage nor Paternity», conferencia que Verjus dio en el Consorcio sobre la Era Revolucionaria en Charleston, del 23 al 25 de febrero de 2017.

Pillai, Manu S. *The Ivory Throne: Chronicles of the House of Travancore*, HarperCollins, India, 2016.

Arunima, G. «Matriliny and Its Discontents», *India International Centre Quarterly*, vol. 22, núm. 2/3, pp. 157-67, monzón de verano de 1995.

Starkweather, Kathrine y Keith, Monica. «One piece of the matrilineal puzzle: the socioecology of maternal uncle investment», *Philosophical Transactions of the Royal Society B*, vol. 374, núm. 1780, 2 de septiembre de 2019.

Ly, Goki *et al*. «From matrimonial practices to genetic diversity in Southeast Asian populations: the signature of the matrilineal puzzle», *Philosophical Transactions of the Royal Society B*, vol. 374, núm. 1780, 2 de septiembre de 2019.

Chakravarti, Uma. «Whatever Happened to the Vedi *Dasi*? Orientalism, Nationalism, and a Script for the Past», en Kumkum Sangari y Sudesh Vaid (editores): *Recasting Women: Essays in Colonial History*, Kali for Women, Nueva Delhi, 1989.

Moore, Lewis. *Malabar Law and Custom*, Higginbotham & Co., Madrás, 1905.

Moore, Melinda A. «A New Look at the Nayar Taravad», *Man*, vol. 20, núm. 3, septiembre de 1985, pp. 523-41.

Fuller, C.J. «The Internal Structure of the Nayar Cate», *Journal of Anthropological Research*, vol. 31, núm. 4, pp. 283-312, invierno de 1975.

Nongbri, Tiplut. «Kinship Terminology and Marriage Rules: The Khasi of North-East India», *Sociological Bulletin*, vol. 62, núm. 3, pp. 413-30, septiembre-diciembre de 2013.

—. (2010). «Family, gender and identity: A comparative analysis of trans-Himalayan matrilineal structures», *Contributions to Indian Sociology*, vol. 44, núm. 1-2, pp. 155-78, 2012.

Pakyntein, Valentina. «Gender Preference in Khasi Society: An Evaluation of Tradition, Change and Continuity», *Indian Anthropologist*, vol. 30, núm. 1/2, pp. 27-35, junio y diciembre de 2000.

Marak, Queenbala y Jangkhomang. «Matriliny and the Megalithic Practices of the Jaintias of Meghalaya», *Indian Anthropologist*, vol. 42, núm. 2, pp. 67-82, julio-diciembre de 2012.

Banerjee, Roopleena. «Matriarchy and Contemporary Khasi Society», *Proceedings of the Indian History Congress*, vol. 76, pp. 918-30, 2015.

Karmakar, Rahul. «Matrilineal Meghalaya to give and rights to men», *The Hindu*, 26 de octubre de 2021, https://www.thehindu.com/news/national/other-states/matrilineal-meghalaya-to-give-land-rights-to-men/article37175110.ece (última consulta, 14 de noviembre de 2021).

Das, Mohua. «Meet the men's libbers of Meghalaya», *The Times of India*, 27 de agosto de 2017, http://timesofindia.indiatimes.com/articleshow/60237760.cms?utm_source=contentofinterest&utm_medium=text&utm_campaign=cppst (última consulta, 14 de noviembre de 2021).

Krishna, Geetanjali. «The Second Sex», *The Caravan*, 31 de mayo de 2012, https://caravanmagazine.in/lede/second-sex (última consulta, 14 de noviembre de 2021).

Allen, Timothy. «Meghalaya, India: Where women rule, and men are suffragettes», página web de BBC News del 19 de enero de 2012, https://www.bbc.com/news/magazine-16592633 (última consulta, 14 de noviembre de 2021).

Gokhale, Nitin A. Motherdome's Prodigals, *Outlook*, 5 de febrero de 2022, https://www.outlookindia.com/magazine/story/motherdoms-prodigals/215463 (última consulta, 5 de marzo de 2022).

Gopalakrishnan, Manasi. «Men in India's matrilineal Khasi society demand more rights», *DW.com*, 23 de noviembre de 2020, https://www.dw.com/en/india-khasi-men-rights/a-55704605 (última consulta, 14 de noviembre de 2021).

Roy, David. «Principles of Khasi Culture», *Folklore*, vol. 47, núm. 4, pp. 375-93, diciembre de 1936.

«David Roy's contributions finally get due acknowledgement», *Shillong Times*, 23 de diciembre de 2012, https://theshillongtimes.com/2012/12/23/david-roys-contributions-finally-get-due-acknowledgement (última consulta, 5 de noviembre de 2021).

Krier, Jennifer. «The Marital Project: Beyond the Exchange of Men in Minangkabau Marriage», *American Ethnologist*, vol. 27, núm. 4, pp.877-97, noviembre de 2000.

Blackwood, Evelyn. «Representing Women: The Politics of Minangkabau Adat Writings», *Journal of Asian Studies*, vol. 60, núm. 1, febrero de 2001, pp. 125-49.

Chadwick, R.J. «Matrilineal Inheritance and Migration in a Ninangkabau Community», *Indonesia*, núm. 51, pp. 47-81, abril de 1991.

Abdullah, Raufik. «Adat and Islam: An Examination of Conflict in Minangkabau», *Indonesia*, núm. 2, pp. 1-24, octubre de 1966.

Sanday, Peggy Reeves. *Women at the Center: Life in a Modern Matriarchy*, Cornell University Press, Ítaca y Londres, 2002.

Arunima, G.L. *There Comes Papa: Colonialism and the Transformation of Matriliny in Kerala, Malabar, c. 1850-1940*, Orient Longman Private Limited, Nueva Delhi, 2003.

Abraham, Janaki. «Matriliny did not become patriliny!: The transformation of Thiyya "taravad" houses in 20th-century Kerala», *Contributions to Indian Sociology*, vol. 51, núm. 3, septiembre de 2017, pp. 287-312.

Stone, Linda. *Kinship and Gender: An Introduction*, Westview Press, Colorado y Oxford, 1997.

Surowiec, Alexandra, Snyder, Kate T. y Creanza, Nicole. «A worldwide view of matriliny: using cross-cultural analyses to shed light on human kinship systems», *Philosophical Transactions of the Royal Society B*, vol. 374, núm. 1780, 2 de septiembre de 2019.

Graeber, David y Wengrow, David. *The Dawn of Everything: A New History of Humanity*, Allen Lane, Londres, 2021.

—. «Are we city dwellers or hunter-gatherers?», *New Humanist*, 14 de enero de 2019, https://newhumanist.org.uk/articles/5409/are-we-city-dwellers-or-hunter-gatherers (última consulta, 20 de noviembre de 2020).

Stoeltje, Beverly J. «Asante Queen Mothers: A Study in Female Authority», *Annals of the New York Academy of Sciences*, vol. 810, núm. 1, pp. 41-71, junio de 1997.

WaiHong, Choo. *La tribu de las mujeres: vida, amor y muerte en las recónditas montañas de China*, Ediciones Península, Grup 62, Barcelona, 2018.

Suzman, James. *Affluence Without Abundance: The Disappearing World of the Bushmen*, Bloomsbury, Nueva York y Londres, 2017.

Boehm, Christopher. «Egalitarian Behavior and Reverse Dominance Hierarchy», *Current Anthropology*, junio de 1993, vol. 34, núm. 3, pp. 227-54.

Phillips, Anne. *Unconditional Equals*, Princeton University Press, Princeton, Nueva Jersey, 2021.

Capítulo 2. La excepción

«Today in History: The Seneca Falls Convention», página web de la Biblioteca del Congreso, https://www.loc.gov/item/today-in-history/july-19 (última consulta, 2 de abril de 2020).

«Report of the Woman's Rights Convention, held at Seneca Falls, New York, 19 and 20 July 1848, Proceedings and Declaration of Sentiments», página web de la Biblioteca del Congreso, https://www.loc.gov/resource/rbcmil.scrp4006702/?sp=16 (última consulta, 2 de abril de 2020).

Haraway, Donna. «Situated Knowledges: The Science Question in Feminism and the Privilege of Partial Perspective», *Feminist Studies*, vol. 14, núm. 3, pp. 575-99, otoño de 1988.

«Diorama de la vieja Nueva York», página web del Museo Natural de Historia de Estados Unidos, https://www.amnh.org/exhibitions/permanent/

theodore-roosevelt-memorial/hall/old-new-york-diorama#fullscreen (última consulta, e de mayo de 2020).

McGuire, Randall H. «Archaelogy and the First Americans», *American Anthropologist*, New Series, vol. 94, núm. 4, pp. 816-36, diciembre de 1992.

Kuper, Adam. *The Invention of Primitive Society: Transformation of an Illusion*, Routledge, Nueva York, 1988.

Steele, Brian. «Thomas Jefferson's Gender Frontier», *Journal of American History*, vol. 95, núm. 1, pp. 17-42, junio de 2008.

Kerber, Linda K. «Separate Spheres, Female Worlds, Woman's Place: The Rhetoric of Women's History», *Journal of American History*, vol. 75, núm. 1, pp. 9-39, junio de 1988.

de Tocqueville, Alexis. (1840). *La democracia en América*, Ediciones Akal, Tres Cantos, 2017.

Hogan, Margaret A. y Tayor, James C., (editores). *My Dearest Friend: letters of Abigail and John Adams*, Belknap Press, de Harvard University Press, Cambridge, Massachussetts, 2007.

Mill, Harriet Hardy Taylor. *Enfranchisement of Women*, reimpresión de la *Westminster Review* de julio de 1851, Trubner and Col, 60 Paternoster Row, Londres, 1868.

Kerber, Linda K. «The Paradox of Women's Citizenship in the Early Republic: The Case of Martin vs Massachusetts, 1805», *American Historical Review*, vol. 97, núm. 2, pp. 349-78, abril de 1992.

Campaña Global en favor de los derechos de la igualdad nacional, https://equalnationalityrights.org/the-issue/the-problem (última consulta, 9 de mayo de 2022).

Reed Patricia. «The Role of Women in Iroquoian Society», *NEXUS*, vol., 10, núm. 1, pp. 61-87, 1992.

Delsahut, Fabrice y Terret, Thierry. «First Nations Women, Games, and Sport in Pre- and Post-Colonial North America», *Women's History Review*, vol. 23, núm. 6, pp. 976-95, agosto de 2014.

Alonso, Harriet Hyman. «Peace and Women's Issues in US History», *OAH Magazine of History*, vol. 8, núm. 3, pp. 20-5, primavera de 1994.

Detalles sobre la Confederación de las haudenosaunee en https://www.haudenosauneeconfederacy.com (última consulta, 2 de abril de 2020).

Mann, Barbara A. «The Lynx in Time: Haudenosaunee Women's Traditions and History», *American Indian Quarterly*, vol., 21, núm. 3, pp. 423-49, verano de 1997.

Beauchamp, William Martin. «Iroquois Women», *Journal of American Folklore*, vol. 13, núm 49, pp. 81-91, 1900.

Denetdale, Jennifer Nez. «Chairmen, Presidents and Princesses: The Navajo Nation, Gender, and the Politics of Tradition», *Wicazo Sa Review*, vol. 21, núm. 1, pp. 9-28, enero de 2006.

—. «Return to "The Uprising at Beautiful Mountain in 1913": Marriage and Sexuality in the Making of the Modern Navajo Nation», en Joanne Barker (editora), *Critically Sovereign: Indigenous Gender, Sexuality, and Feminist Studies*, Duke University Press, Durham, Carolina del Norte, 2017.

Yellowhorse, Sandra. «My Tongue is a Mountain: Land, Belonging and the Politics of Voice», *Genealogy*, vol. 4, núm. 112, noviembre de 2020.

Ligaya, Mishan. (2022): «Before There Was Man; Before There Was Woman», *New York Times Style Magazine*, 20 de febrero de 2022.

Blackwood, Evelyn. «Sexuality and Gender in Certain Native American Tribes: The Case of Cross-Gender Females», *Signs*, vol. 10, núm. 1, pp. 27-42, 1984.

Niro, Shelley, George, Keller y Brant, Alan. «An aboriginal Presence: Our Origins», página web del Museo de Historia de Canadá, https://www.historymuseum.a/cmc/exhibitions/aborig/fp/fpz2f22e.html (última consulta, 19 de abril de 2020).

López, Barry y Lyons, Oren. «The Leadership Imperative: An Interview with Oren Lyons», *Manoa*, vol., 19, núm. 2, Maps of Reconciliation: Literature and the Ethical Imagination, pp. 4-12, invierno de 2007.

Wagner, Sally Roesch. *Sisters in Spirit: Haudenosaunee (Iroquois) Influence on Early American Feminist*, Native Voices Book Publishing Company, Summertown, Tennessee, 2001.

Declaración de la independencia: la declaración de Seneca Falls, Publicaciones Universidad de León, León, 1993.

Jacobs, Renée. «The Iroquois Great Law of Peace and the United States Constitution: How the Founding Fathers Ignored the Clan Mothers», *American Indian Law Review*, vol., 16, núm. 2, pp. 497-531, 1991.

Corey, Mary E. «Writing and "Righting" the History of Woman Suffrage», en *The Best of New York Archives: Selections from the Magazine, 2001-2011*, pp. 101-5, Fondo Fiduciario del Archivo Estatal de Nueva York, 2017.

Gage, Matilda Joslyn. «The Remnant of the Five Nations», en el *Evening Post* del 24 de septiembre de 1875, https://nyshistoricnewspapers. org/lccn/sn83030390/1875-09-24/ed-1/seq-1 (última consulta, 18 de mayo de 2020).

Tooker, Elisabeth. «Lewis H. Morgan and His Contemporaries», *American Anthropologist*, vol. 94, núm. 2, pp. 357-75, junio de 1992.

Morgan, Lewis Henry. *Ancient Society or Researchers in the Lines of Human Progress from Savagery through Barbarism to Civilization*, Charles H. Kerr & Company, Chicago, 1877.

Service, Elman R. «The Mind of Lewis H. Morgan», *Current Anthropology*, vol., 22, núm. 1, pp. 25-43, febrero de 1981.

Engels, Friedrich. *El origen de la familia, la propiedad privada y el estado*, Fundación Federico Engels, Madrid, 2006.

«Remarks concerning the Savages of North America, [before 7 January 1784]», *Founders Online*, Archivo Nacional, https://founders.archives. gov/documents/Franklin/01-41-02-0280 (última consulta, 12 de marzo de 2022); fuente original: *The Papers of Benjamin Franklin*, vol., 41, del 16 de septiembre de 1783 al 29 de febrero de 1784, Yale University Press, New Haven y Londres, pp. 412-23, 2014.

Landsman, Gail H. «The "Other" as Political Symbol: Images of Indians in the Woman Suffrage Movement», *Ethnohistory*, vol., 39, núm. 3, pp. 247-84, verano de 1992.

Pettigrew, William A. y Veevers, David. *The Corporation as a Protagonist in Global History, c. 1550-1750*, Global Economic History Series, vol. 16, Brill, Leiden, 2019.

Stansell, Christine. «Women, Children, and the Uses of the Streets: Class and Gender Conflict in New York City, 1850-1860», *Feminist Studies*, vol. 8, núm. 2, pp. 309-35, verano de 1982.

Bret, David. *Doris Day: Reluctant Star*, J.R. Books Ltd, Londres, 2008.

«Marriage and civil partnership», página web de la Biblioteca Británica del

8 de marzo de 2013, https://www.bl.uk/sisterhood/articles/marriage-and-civil-parnership (última consulta, 12 de septiembre de 2022).

«Women in the Civil Service – History», CivilServant.org, https://www.civilservant.org.uk/women-history.html (última consulta, 12 de septiembre de 2022).

Zagarri, Rosemarie. «Morals, Manners, and the Republican Mother», *American Quarterly*, vol. 44, núm. 2, pp. 192-215, junio de 1992.

—. «The Significance of the "Global Turn" for the Early American Republic: Globalization in the Age of Nation-Building», *Journal of the Early Republic*, vol. 31, núm. 1, pp. 1-37, primavera de 2011.

Jaffe, Alexandra. «Trump Honors "Great Patriot", Conservative Icon Phyllis Schlafly», *NBC News,* 10 de septiembre de 2016, https://www.nbcnews.com/politics/2016-election/donald-trump-honor-conservative-icon-phyllis-schlafly-funeral-n646101 (última consulta, 30 de julio de 2022)

Fletcher, Alice. «The Legal Condition of Indian Women», discurso pronunciado en la Primera Convención del Consejo Internacional de las Mujeres en el Teatro Lírico de Albaugh, Washington DC, 29 de marzo de 1888.

Ryan, Melissa. «Others and Origins: Nineteenth-Century Suffragists and the "Indian Problem"», en Christine L. Ridarsky y Mary M. Huth (editoras), *Susan B. Anthony and the Struggle for Equal Rights*, Boydell and Brewer, Rochester, Nueva York, y Woodbridge, Suffolk, pp. 117-44, 2012.

Griffith, Elisabeth. *In Her Own Right: The Life of Elizabeth Cady Stanton*, Oxford University Press, Nueva York, 1984.

Hamad, Ruby. *White Tears/Brown Scars: How White Feminism Betrays Women of Colour*, Trapeze, Londres, 2020.

Shoemaker, Nancy. «The Rise and Fall of Iroquois Women», *Journal of Women's History*, vol. 2, núm. 3, pp. 39-57, invierno de 1991.

Leacock, Eleanor. Interpreting the Origins of Gender Inequality: Conceptual and Historical Problems», *Dialectical Anthropology*, vol. 7, núm. 4, pp. 263-84, febrero de 1983.

Fiske, Jo-Anne. «Colonization and the Decline of Women's Status: The Tsimshian Case», *Feminist Studies*, vol. 17, núm. 3, pp. 509-35, otoño de 1991.

Ghosh, Durba. «Gender and Colonialism: Expansion or Marginalization?», *Historical Journal*, vol. 47, núm. 3, pp. 737-55, septiembre de 2004.

Pember, Mary Annette. «Death by Civilization», *The Atlantic*, 8 de marzo de 2019, https://www.theatlantic.com/education/archive/2019/03/traumatic-legacy-indian-boarding-schools/584293 (última consulta, 12 de marzo de 2022).

Sacks, Karen Brodkin. «Toward a Unified Theory of Class, Race, and Gender», *American Ethnologist*, vol. 16, núm. 3, pp. 534-50, agosto de 1989.

Capítulo 3. El génesis

Weil, Simone. *Raíces del existir: preludio a una declaración de deberes hacia el ser humano*, Editorial Comares, Albolote, Granada, 2023.

Balter, Michael. *The Goddess and the Bull; Çatalhüyük: An Archaelogical Journey to the Dawn of Civilization*, Free Press, Nueva York, 2005.

Belmonte, Cristina. «This Stone Age settlement took humanity's first steps toward city life», *History Magazine, National Geographic*, 26 de marzo de 2019, https://www.nationalgeographic.com/history/magazine/2019/03-04/early-agricultural-settlement-catalhoyuk-turkey (última consulta, 21 de junio de 2020).

«Neolitic Site of Çatalhüyük», página web de la Convención de las Naciones Unidas sobre las Organizaciones Mundiales del Patrimonio Educativo, Científico y Cultural, https://whc.unesco.org/en/list/1405 (última consulta, 21 de junio de 2020).

Nakamura, Carolyn y Meskell, Lynn. «Articulate Bodies: Forms and Figures at Çatalhüyük», *Journal of Archaeological Method and Theory*, vol. 16, núm. 3, pp. 205-30, 2009.

Meskell, Lynn, y Nakamura, Carolyn. «Çatalhüyük 2005 Archive Report», 2005, pp. 161-88: https://web.stanford.edu/group/figurines/cgi-bin/omeka/files/original/f9bcd1d615efc93fcd1fe897640ebbc.pdf (última consulta, 9 de agosto de 2020).

Hodder, Ian. «James Mellaart 1925-2012», en *Biographical Memoirs of*

Fellows of the British Academy, XIV, pp. 411-20, British Academy, Londres, 2015.

Mellaart, James. «A Neolithic City in Turkey», *Scientific American*, vol. 210, núm. 4, pp. 94-105, abril de 1964.

Barstow, Anne. «The Uses of Archaeology for Women's History: James Mellaart's Work on the Neolithic Goddess at Çatalhüyük», *Feminist Studies*, vol. 4, núm. 3, pp. 7-18, octubre de 1978.

Stone Merlin. *Cuando Dios era mujer: exploración historia del antiguo culto a la gran diosa y la supresión de los ritos de las mujeres*, Editorial Kairós, S.A., Barcelona, 2021.

Eisler, Riane. *El cáliz y la espada*, Capitán Swing Libros, Madrid, 2021.

Steinem, Gloria. «Wonder Woman», en Charles Hatfield *et al.* (editores): *The Superhero Reader*, University Press of Misssissippi, pp. 203-10, 2013.

Gimbutas, Marija y Dexter, Miriam Robbins. *Las diosas vivientes*, Ediciones Obelisco S.L., Rubí, Barcelona, 2022.

Steinfels, Peter. «Idyllic Theory of Goddesses Creates Storm», *New York Times*, Sección de Ciencia, p. 1, 13 de febrero de 1990.

Dexter, Miriam Robbins. «The Roots of Indo-European Patriarchy: Indo-Europena Female Figures and the Principles of Energy», en Cristina Biaggi (editora), *The Rule of Mars: Readings of the Origins, History and Impact of Patriarchy, Knowledge, Ideas & Trends*, Inc. pp. 143-54, Manchester, Connecticut, 2006.

Christ, Carol Patrice. «A Different World: The Challenge of the Work of Marija Gimbutas to the Dominant World-View of Western Cultures», *Journal of Feminist Studies in Religion*, vol. 12, núm. 2, pp. 53-66, otoño de 1996.

Trigham, Ruth. «Review of Archaeology: The Civilization of the Goddess: The Work of Old Europe», Marija Gimbutas (Joan Marler, editor), *American Anthropologist*, vol. 95, núm. 1, pp. 196-7, marzo de 1993.

«Episode 1: Joseph Campbell and the Power of Myth», 21 de junio de 1988, BillMoyers.com, https://billmoyers.com/content/ep-1-joseph-campbell-and-the-power-of-myth-the-hero's-adventure-audio (última consulta, 18 de marzo de 2022).

Eller, Cynthia. *The Myth of Matriarchal Prehistory: Why an invented past Won't Give Women a Future*, Beacon Press, Boston, 2000.

Butler, Judith. *El género en disputa: el feminismo y la subversión de la identidad*, Ediciones Paidós Ibérica, Barcelona, 2007.

Meskell, Lynn. «Goddesses, Gimbutas and New Age Archaeology», *Antiquity*, vol. 69, núm. 262, pp. 74-86, marzo de 1995.

Thornton Bruce. «The False Goddess and Her Lost Paradise», *Arion: A Journal of Humanities and the Classics*, vol. 7, núm. 1, pp. 72-97, primavera-verano de 1999.

Keller, Mara Lynn. «Gimbutas's Theory of Early European Origins and the Contemporary Transformation of Western Civilization», *Journal of Feminist Studies in Religion*, vol. 12, núm. 2, pp. 73-90, otoño de 1996.

Gero, Joan M. y Margaret W. Conkey. *Engendering Archaeology: Women and Prehistory*, Blackwell, Oxford, Reino Unido, 1991.

Conkey, Margaret W. y Tringham, Ruth E. «Archaeology and the Goddess: Exploring the Contours of Feminist Archaeology», en Abigail Stewart y Donna Stanton (editoras), *Feminisms in the Academy: Rethinking the Disciplines,* University of Michigan Press, Ann Arbor, 1995.

Belcher, Ellen H. «Identifying Female in the Halaf: Prehistoric Agency and Modern Interpretations», *Journal of Archaelogical Method and Theory*, vol. 23, núm. 3, pp. 921-48, septiembre de 2016.

Hays-Gilpin, Kelley. «Feminist Scholarship in Archaeology», *The Annals of the American Academy of Political and Social Science*, vol. 571, pp. 89-106, septiembre de 2000.

Hodder, Ian. «Women and Men at Çatalhüyük», *Scientific American,* vol. 290, núm. 1, pp. 76-83, enero de 2004.

Hodder, Ian. «Çatalhüyük: the Leopard Changes Its Spots, A Summary of Recent Work», *Anatolian Studies*, vol. 64, pp. 1-22, 2014.

Bolger, Diane. «The Dynamics of Gender in Early Agricultural Societies of the Near East», *Signs*, vol. 35, núm. 2, pp. 503-31, invierno de 2010.

Molleson, Theya. «The Eloquent Bones of Abu Hureyra», *Scientific American*, vol. 271, núm. 2, pp. 70-5, 1994.

Pilloud, Marin A. y Larsen, Clark Spencer. «"Official" and "practical" kin: Inferring social and community structure from dental phenotype at

Neolithic Çatalhüyük, Turkey», *American Journal of Physical Anthropology*, agosto de 2011, vol. 145, núm. 4, pp. 519-30.

Larsen, Clark Spencer *et al.* «Bioarchaeology of Neolithic Çatalhüyük reveals fundamental transitions in health, mobility, and lifestyle in early farmers», *Proceedings of the National Academy of Sciences*, vol. 116, núm. 26, 25 de junio de 2019, pp. 12615-23.

Schmidt, Klaus. «Göbekli Tepe – The Stone Age Sanctuaries, New results of ongoing excavations with a special focul on sculptures and high reliefs», *Documenta Praehistorica*, 31 de diciembre de 2011, vol. 37, pp. 239-56.

Rountree, Kathryn. «Arcaheologists and Goddess Feminists at Çatalhüyük: An Experiment in Multivocality», *Journal of Feminist Studies in Religion*, vol. 23, núm. 2, otoño de 2007, pp. 7-26.

Capítulo 4. La destrucción

«Emine Bulut. Anger in Turkey over mother's murder», página web de la *BBC News* del 23 de agosto de 2019, https://www.bbc.co.uk/news/world-europe-49446389 (última consulta, 25 de agosto de 2020).

Bruton, F. Brinley. «Turkey's President Erdogan Calls Women Who Work "Half Persons"», página web de la *NBC News* del 8 de junio de 2016, https://www.nbcnews.com/news/world»turkey-s-president-erdogan-calls-women-who-work-half-persons-n586421 (última consulta, 19 de marzo de 2022).

«Turkey president Erdogan: Women are not equal to men», página web de la *BBC News* del 24 de noviembre de 2014, https://www.bbc.com/news/world-europe-30183711 (última consulta, 19 de marzo de 2022).

Belge, Burçin. «Women Policies Erased from Political Agenda», Bianet.org, 2011, http://bianet.org/english/women/130607-women-policies-erased-from-political-agenda (última consulta, 9 de septiembre de 2020).

Butler, Daren, Orhan, Coskun y Birsen, Altayli. «Turkey considering quitting treaty on violence against women: ruling party», *Reuters*, 5 de agosto de 2020, https://www.reuters.com/article/us-turkey-women/

turkey-considering-quitting-treaty-on-violence-against-women-ruling-party-idUSKCN2511QX (última consulta, 9 de septiembre de 2020).

Yalcinap, Esra. «Turkey Erdogan: Women rise up over withdrawal from Istanbul Convention», página web de la *BBC News*, 26 de marzo de 2021, https://www.bbc.co.uk/news/world-europe-56516462 (última consulta, 3 de mayo de 2021).

Kandiyoti Deniz. «End of Empire: Islam, Nationalism and Women in Turkey», en *Women, Islam and the State*, Palgrave Macmillan, Londres, 1991.

Göknar, Erdäg. «Turkish-Islamic Feminism Confronts National Patriarchy: Halide Edib's Divided Self», *Journal of Middle East Women's Studies*, primavera de 2013, vol. 9, núm. 2, pp. 32-57.

Lowenthal, David. *El pasado es un país extraño*, Ediciones Akal, Tres Cantos, Madrid, 1998.

Peterson, Jane. «Domesticating gender: Neolithic patterns from the southern Levant», *Journal of Anthropological Archaeology*, vol. 29, pp. 249-64, 2010.

Hagelberg, Erika *et al*. «Introduction, Ancient DNA: the first three decades», *Philosophical Transactions of the Royal Society of London, Series B, Biological Sciences*, vol. 370, 2015.

Haak, Wolfgang *et al*. «Ancient DNA from the first European farmers in 7500-year-old Neolithic sites», *Science*, vol. 310, 11 de noviembre de 2005, pp. 1016-18.

Kristiansen, Kristian. *Archaeology and the Genetic Revolution in European Prehistory*, Cambridge University Press, Cambridge, 2022.

Haak, Wolfgang *et al*. «Massive migration from the steppe was a source for Indo-European languages in Europe», *Nature*, vol. 522, 11 de junio de 2015, pp. 207-11.

Reich, David. «Ancient DNA Suggests Steppe Migrations Spread Indo-European Languages», *Proceedings of the American Philosophical Society*, vol. 162, núm. 1, marzo de 2018, pp. 39-55.

Tassi, Francesca *et al*. «Genome diversity in the Neolithic Globular Amphorae culture and the spread of Indo-European languages», *Proceedings of the Royal Society B*, vol. 284, 29 de noviembre de 2017.

Allentoft, Morton E. *et al.* «Population genomics of Bronze Age Eurasia», *Nature*, vol. 522, 1 de junio de 2015, pp. 167-72.

Reich, David. *Quiénes somos y cómo llegamos hasta aquí: ADN antiguo y la nueva ciencia del pasado humano*, Antoni Bosch Editor, S.A., Barcelona, 2019.

Heyd, Volker. «Kossinna's smile», *Antiquity*, vol. 91, núm. 356, pp. 348-59, 2017.

Mallory, Fintan. «The Case Against Linguistic Palaentology», *Topoi: An International Review of Philosophy*, 12 de febrero de 2020.

Hakenbeck, Susanne E. «Genetics, archaeology and the far right: an unholy Trinity», *World Archaelogy*, vol. 51, núm. 4, pp. 517-27, 2019.

Furholt, Martin. «Massive Migrations? The Impact of Recent DNA studies on our view of third Millennium Europe», *European Journal of Archaeology*, vol, 21, núm. 2, mayo de 2018, pp. 159-91.

—. «Mobility and Social Change: Understanding the European Neolithic Period after the Archaeogenetic Revolution», *Journal of Archaeological Research*, vol. 29, pp. 481-535, enero de 2021.

Toler, Pamela D. *Women Warriors: An Unexpected History*, Beacon Press, Boston, 2019.

Haas, Randall *et al.* «Female hunters of the early Americas», *Science Advances*, vol. 6, núm. 45, 4 de noviembre de 2020.

Wei-Haas, Maya. «Prehistoric female hunter Ddiscovery upends gender role assumptions», *National Geographic* en línea, 4 de noviembre de 2020, https://www.nationalgeographic.com/science/2020/11/prehistoric-female-hunter-discovery-upends-gender-role-assumptions (última consulta, 17 de noviembre de 2020).

Hedenstierna-Jonson, Charlotte *et al.* «A female Viking warrior confirmed by genomics», *American Journal of Physical Anthropology*, vol. 164, núm. 4, pp. 853-60, diciembre de 2017.

«An officer and a gentlewoman from the Viking army in Birka», *ErekAlert!*, comunicado de prensa del 8 de septiembre de 2017, https://www.eurekalert.org/pub_releases/2017-09/su-aoa090817.php (última consulta, 18 de noviembre de 2020).

Bolger, Diane (editora). *Gender Through Time in the Ancient Near East*, AltaMira Press, Lanham, Maryland, 2008.

Bolger, Diane y Wright, Rita P. «Gender in Southwest Asian Prehistory», en *A Companion of the National Academy of Sciences*, Wiley-Blackwell, Oxford, 2012.

Goldberg, Amy *et al.* «Ancient X chromosomes reveal contrasting sex bias», *Proceedings of the National Acaemy of Sciences*, vol. 114, núm. 10, pp. 2657-62, 7 de marzo de 2017.

Kristiansen, Kristian *et al.* «Re-theorising mobility and the formation of culture and language among the Corded Ware Culture in Europe», *Antiquity*, vol. 91, núm. 356, pp. 334-47, 2017.

«Steppe migrant thugs pacified by Stone Age farming women», *Science Daily*, 4 de abril de 2017, https://www.sciencedaily.com/releases/2017/04/170404084429.htm (última publicación, 2 de mayo de 2021).

Anthony, David W. *The Horse, the Wheel, and Language: How Bronze-Age Riders from the Eurasian Steppes Shaped the Modern World*, Princeton University Press, 2007.

Barras, Colin. «History of Violence», *New Scientists*, 30 de marzo de 2019, pp. 29-33.

Scorrano, Gabriele *et al.* «The genetic and cultural impact of the Steppe migration into Europe», *Annals of Human Biology*, vol. 48, núm. 3, mayo de 2021, pp. 223-33.

Ammerman, Albert J. «Comment on Ancient DNA from the First European Farmers i 7500-Year-Old Neolithic Sites», *Science*, vol. 312, 30 de junio de 2006, página 1875.

De Barros Damgaard, Peter *et al.* «The first horse herders and the impact of early Bronze Age steppe expansions into Asia», *Science*, vol. 360, núm. 6396, 29 de junio de 2018.

Mathieson, Iain *et al.* «The genomic history of southeastern Europe», *Nature*, 8 de marzo de 2018, vol. 555, 2018, pp. 197-203.

Wilkin, Shevan *et al.* «Dairying enabled Early Bronze Age Yamnaya steppe expansions», *Nature*, septiembre de 2021, vol. 598, pp. 629-33.

Carpenter, Jennifer. «Archaeologists uncover a Neolithic massacre in early Europe», *Science*, 17 de agosto de 2015, https://www.science.org/content/article/archaeologists-uncover-neolithic-massacre-early-europe (última consulta, 21 de marzo de 2022).

Meyer, Christian *et al.* «The massacre mass grave of Schöneck-Kilianstädten reveals new insights into collective violence in Early Neolithic Central Europe», *Proceedings of the National Academy of Sciences*, vol. 112, núm. 36, agosto de 2015, pp. 11217-22.

Silva, Marina *et al.* «A genetic chronology for the Indian Subcontinent points to heavily sex-biased dispersals», *BMC Evolutionary Biology*, vol. 17, núm. 88, 23 de marzo de 2017.

Balaresque, Patricia *et al.* «Y-chromosome descent clusters and male differential reproductive success: young lineage expansions dominate Asian pastoral nomadic populations», *European Journal of Human Genetics*, vol. 23, 14 de enero de 2015, pp. 1413-22.

Krause, Johannes y Trappe, Thomas. *A Short History of Humanity: A new History of Old Europe*, traducido al inglés por Caroline Waight, Random House, Nueva York, 2021.

Karmin, Monika *et al.* «A recent bottleneck of Y chromosome diversity coincides with a global change in culture», *Genome Reesearch*, vol. 25, núm. 4, 2015, pp. 459-66.

Zeng, Tian Chen *et al.* «Cultural hitchhiking and competition between patrilineal kin groups explain the post-Neolithic Y-chromosome bottleneck», *Nature Communications*, vol. 9, 25 de mayo de 2018.

Knipper, Corina *et al.* «Female exogamy and gene pool diversification», *Proceedings of the National Academy of Sciences*, vol. 114, núm. 38, 19 de septiembre de 2017, pp. 10083-8.

Reich, David. «Social Inequality Leaves a Genetic Mark», *Nautilus*, 29 de marzo de 2018, http://nautil.us/issue/58/self/social-inequality-leaves-a-genetic-mark (última consulta, 21 de noviembre de 2020).

Underhill, Peter A. *et al.* «The phylogenetic and geographic structure of Y-chromosome haplogroup R1a», *European Journal of Human Genetics*, vol. 23, pp. 124-31, 2015.

Onon, Urgunge. *The Secret History of the Mongols: The Life and Times of Chinggis Khan*, Routledge Curzon, Londres y Nueva York, 2001.

McLynn, Frank. *Genghis Khan: His Conquests, His Empire, His Legacy*, Da Capo Press, Boston, 2015.

Zerjal, Tatiana *et al.* «The Genetic Legacy of the Mongols», *American

Journal of Human Genetics, vol. 72, núm. 3, 1 de marzo de 2003, pp. 717-21.

Moore, Laoise T. *et al*. «A Y-chromosome signature of hegemony in Gaelic Ireland, *American Journal of Human Genetics*, vol. 78, núm. 2, febrero de 2006, pp. 334-8.

Sjögren, Karl-Göran *et al*. «Kinship and social organization in Copper Age Europe, A cross-disciplinary analysis of archaeology, DNA, isotopes, and anthropology from two Bell Beaker cemeteries, bioRxiv 863944», 11 de diciembre de2019 (preimpresión).

Schroeder, Hannes. «Unraveling ancestry, kinship, and violence in a Late Neolithic mass grave», *Proceedings of the National Academy of Sciences*, mayo de 2019, vol. 116, núm. 22, pp. 10705-10.

De Nicola, Bruno. *Women in Mongol Iran: The Khatums, 1206-1335*, Edinburgh University Press, 2017.

Lazaridis, Iosif *et al*. «Genetic origins of the Minoans and Mycenaeans», *Nature*, 2 de agosto de 2017, vol. 548, pp. 214-18.

Capítulo 5. La restricción

«Segundo defecó aquí», pintada pompeyana, localización IX.8.3., Casa del Centenario; en la letrina que hay junto a la puerta principal, referencia 5243.

«Antioco estuvo aquí con su novia Citera», pintada pompeyana, localización II.7., barracones de los gladiadores, referencia 8792b.

Rabinowitz, Nancy Sorkin y Auanger, Lisa (editoras). «Introduction», *Among Women: From the Homosocial to the Homoerotic in the Ancient World,* University of Texas Press, Austin, 2002.

Katz, Marilyn. «Ideology and "The Status of Women" in Ancient Greece», *History and Theory*, vol. 31, núm. 4, pp.70-97, diciembre de 1992.

Katz, Marilyn A. «Sappho and Her Sisters. Women in Ancient Greece», *Signs*, vol. 25, núm. 2, pp. 505-31, invierno 2000.

Blundell, Sue. *Women in Ancient Greece*, Harvard University Press, Cambridge, Massachusetts, 1995.

Roy, J. «"Polis" and "Oikos" in Classical Athens», *Greece & Rome*, vol. 46, núm. 1, pp. 1-18, abril de 1999.

Aristóteles. *Política*, Gredos, Grupo RBA, Madrid, 2000.

Hesíodo. *The Homeric Hymns and Homerica*, traducción inglesa de Hugh G., Evelyn-White; *Los trabajos y los días*, Ediciones Omega S.A., Barcelona, 2003.

Morris, Ian. «Archaeology and Gender Ideologies in Early Archaic Greece», *Transactions of the American Philological Association* (1974-2014), vol. 129, pp. 305-17, 1999.

Pomeroy, Sarah B. *Diosas, rameras, esposas y esclavas*, Ediciones Akal, Tres Cantos, Madrid, 2020.

Osborne, Robin. «Law, the Democratic Citizen and the Representation of Women in Classical Athens», *Past & Present*, núm. 155, pp. 3-33, mayo de 1997.

Ramsey, Gillian. «Hellenistic women and the law: agency, identity, and community», en *Women in Antiquity: Real Women Across the Ancient World*, editado por Stephanie Lynn Budin y Jean Macintosh Turga, primera edición, Routledge, Londres, 2016.

Lardinois, André y McClure, Laura (editores). *Making Silence Speak: Women's Voices in Greek Literature and Society*, Princeton University Press, Princeton y Oxford, 2001.

Dossey, Leslie. «Wife Beating and manliness in Late Antiquity», *Past & Present*, núm. 199, pp. 3-40, mayo de 2008.

Rousseau, Jean-Jacques (1762). *Emilio o la educación*, Club Internacional del Libro, Marketing Directo, S.L., Madrid.

Scheidel, Walter. «The Most Silent Women of Greece and Rome: Rural Labour and Women's Life in the Ancient World (II)» *Greece & Rome*, vol. 43, núm. 1, octubre de 1995, pp. 1-10.

«FAO Policy on Gender Equality 2020-2030», Organización de las Naciones Unidas para la Agricultura y la Alimentación, Roma, 2020.

Davis, Angela Yvonne. *Mujeres, raza y clase*, Ediciones Akal, Tres Cantos, Madrid, 2004.

Alesina, Alberto *et al.* «On the Origins of Gender Roles. Women and the Plough», *The Quarterly Journal of Economics*, vol. 128, núm. 2, mayo de 2013, pp. 469-530.

Tauger, Mark B. «Not by Grain Alone», *Agricultural History*, vol. 92, núm. 3, pp. 429-35, verano de 2018.

Bolger, Diane. «The Dynamics of Gender in Early Agricultural Societes of the Near East», *Signs*, vol. 35, núm. 2, pp. 503-31, invierno de 2010.

Burton, Michael L. y White, Douglas R. (1984). «Sexual Division of Labor in Agriculture», *American Anthropologist*, vol. 86, núm. 3, pp. 568-83, septiembre de 1984.

Scott, James C. *Against the Grain: A Deep History of the Earliest States*, Yale University Press, New Haven, Connecticut, 2017.

«Gender and Sexuality: Ancient Near East», en Ilona Zsolnay (editora), *The Oxford Encyclopedia of the Bible and Gender Studies*, Estudios Bíblicos de Oxford en línea, http://www.oxfordbiblicalstudies.com/article/opr/t453/e48 (última consulta, 12 de abril de 2022).

Lerner, Gerda. *The Creation of Patriarchy*, Oxford University Press, Nueva York y Oxford, 1986.

Hunter, Virginia. «Review: The Origins of Patriarchy: Gender and Class in the Ancient World», *Labour/Le Travail*, vol. 22, pp. 239-46, otoño de 1988.

Meyers, Carol L. «Was Ancient Israel a Patriarchal Society?» *Journal of Biblical Literature*, vol. 133, núm. 1, pp. 8-27, primavera de 2014.

Rohrlich, Ruby. «State Formation in Sumer and the Subjugation of Women», *Feminist Studies*, vol. 6, núm. 1, pp. 76-102, primavera de 1980.

Crawford, Harriet E.W. *The Sumerian World*, Routledge, Londres, Nueva York, 2013.

Beavis, Mary Ann (2007). «Christian Origins, Egalitarianism, and Utopia», *Journal of Feminist Studies in Religion*, vol. 23, núm. 2, pp. 27-49, otoño de 2007.

«Deborah Sampson (1760-1827)», editado por Debra Michals, Museo Nacional de Historia de las Mujeres, 2015, https://www.womenshistory.org/education-resources/biographies/deborah-sampson (última consulta, 27 de abril de 2022).

Assante, Julia. «The kar.kid/harimtu, prostitute or single woman? A reconsideration of the evidence», *Ugarit-Forschungen*, núm. 30, pp. 5-96, 1998.

Bundin, Stephanie Lynn. *The Myth of Sacred Prostitution in Antiquity*, Cambridge University Press, 2008.

Lerner, Gerda. «The Origin of Prostitution in Ancient Mesopotamia», *Signs*, vol. 11, núm. 2, invierno de 1986, pp. 236-54.

Kennedy, Rebecca Futo. *Immigrant Women in Athens: Gender, Ethnicity, and Citizenship in the Classical City*, Routledge, Nueva York, 2014.

Kennedy, Rebecca Futo. «Strategies of Disenfranchisement: "Citizen" women, minor heirs and the precarity of status in Attic Oratory», en S. Gartland y D. Tandy (editoras), *Voiceless, Invisible, and Countless* (texto en revisión de Oxford University Press).

McCaffrey, Kathleen. «The Female Kings of Ur», en Diane Bolger (editora), *Gender Through Time in the Ancient Near East*, AltaMira Press, Lanham, Maryland, pp. 173-215, 2008.

Gilligan, Carol y Snider, Naomi. *Why Does Patriarchy Persist?*, Polity Press, Cambridge, Inglaterra, y Medford, Massachusetts, 2018.

Scott, James C. *Domination and the Arts of Resistance: Hidden Transcripts*, Yale University Press, New Haven y Londres, 1990.

Zeitlin, Froma I. «The Dynamics of Misogyny: Myth and Mythmaking in the Oresteia», *Arethusa*, vol. 11, núm. 1/2, pp. 149-84, 1978.

Mathan, Dev, Kelkar, Govind y Xiaogang, Yu. «Women as Witches and Keepers of Demons: Cross-Cultural Analysis of Struggles to Change Gender Relations», *Economic and Political Weekly*, vol. 33, núm. 44, octubre-noviembre de 1998, pp. WS58-69.

Vlassopoulos, Kostas. «Free Spaces: Identity, Experience and Democracy in Classical Athens», *The Classical Quarterly*, vol. 57, núm. 1, mayo de 2007, pp. 33-52.

Rantala, Jussi (editora). *Gender, Memory, and Identity in the Roman World*, Amsterdam University Press, Ámsterdam, 2019.

McLynn, Frank. *Genghis Khan: His Conquests, His Empire, His Legacy*, Da Capo Press, Boston, 2015.

Song Min, Choi. «Mandatory Military Service Extends to Women», *Daily NK*, 28 de enero de 2015, https://www.dailynk.com/english/mandatory-military-service-extends (última consulta, 6 de abril de 2022).

Bayliss, Andrew. *The Spartans*, Oxford University Press, Oxford, 2020.

Pomeroy, Sarah B. «Spartan Women among the Romans: Adapting Models, Forging Identities», *Memoirs of the American Academy in Rome, Supplementary Volumes*, vol. 7, 2008, pp. 221-34.

Penrose, Jr, Walter Duvall. *Postcolonial Amazons: Female Masculinity and Courage in Ancient Greek and Sanskrit Literature*, Oxford University Press, Oxford, 2016.

Holmes, Brooke. *Gender: Antiquity and its Legacy*, I.B. Tauris, Londres y Nueva York, 2012.

Lepowsky, Maria. «Women, men, and aggression in an egalitarian society», *Sex Roles*, vol. 30, febrero de 1994, pp. 199-211.

Ghisleni, Lara *et al.* «Introducción a "Binary Binds": Deconstructing Sex and Gender Dichotomies in Archaelogical Practice», *Journal of Arcahaeological Method and Theory*, vol. 23, núm. 3, primavera, septiembre de 2016, pp. 765-87.

Matic, Uros. «(De)Queering Hatshepsut: Binary Bind in Archaeology of Egypt and Kingship Beyond the Corporeal», *Journal of Archaeological Method and Theory*, vol. 23, núm. 3, Springer, septiembre de 2016, pp. 810-31.

Golden, Mark y Toohey, Peter. *Sex and Difference in Ancient Greece and Rome*, Edinburgh University Press, 2003.

Laqueur, Thomas. *La construcción del sexo*, Ediciones Cátedra, Madrid, 1994.

Olson, Kelly. «Masculinity, Appearance, and Sexuality: Dandies in Roman Antiquity», *Journal of the History of Sexuality*, vol. 23, núm. 2, mayo de 2014, pp. 182-205.

Bucar, Elizabeth M. «Bodies at the Margins: The Case of Transsexuality in Catholic and Shia Ethics», *The Journal of Religious Ethics*, vol. 38, núm. 4, diciembre de 2010, pp. 601-15.

Oyewumi, Oyeronke. *The Invention of Women: Making an African Sense of Western Gender Discourses*, University of Minnesota Press, 1997.

Platón. *La república*, Edimat Libros, Arganda del Rey, Madrid, 2019.

Harvard Law Review, «Patriarchy is Such a Drag: The Strategic Possibilites of a Postmodern Account of Gender», *Harvard Law Review*, vol. 108, núm. 8, junio de 1995, pp. 1973-2008.

Surtees, Allison y Dyer, Jennifer (editoras). *Exploring Gender Diversity in the Ancient World*, Edinburgh University Press, 2020.

Von Stackelberg, Katharine T. «Garden Hybrids: Hermaphrodite Images in the Roman House», *Classical Antiquity*, vol. 33, núm. 2, octubre de 2014, pp. 395-426.

Fletcher, Judith. «The virgin Choruses of Aeschylus», en Bonnie MacLachlan y Judith Fletcher (editoras), *Virginity Revisited: Configurations of the Unpossessed Body*, University of Toronto Press, 2007.

Capítulo 6. El aislamiento

Eurípides. *Hécuba*, Ediciones Clásicas, S.A., Madrid, 2006.

«Coercive or controlling behaviour now a crime», página web del Gobierno del Reino Unido, 29 de diciembre de 2015, https://www.gov.uk/government/news/coercive-or-controlling-behaviour-now-a-crime (última consulta, 27 de febrero de 2021).

Bhatt, Archana Pathak. «The Sita Syndrome: Examining the Communicative Aspects of Domestic Violence from a South Asian Perspective», *Journal of International Women's Studies*, vol. 9, núm. 3, mayo de 2008, pp. 155-73.

Adiga, Aravind. *Tigre blanco*, Miscelánea, Roca Editorial, Barcelona, 2009.

Anukriti S *et al*. «Curse of the Mummy-ji: The Influence of Mothers-in-Law on Women in India», *American Journal of Agricultural Economics*, vol. 102, núm. 5, octubre de 2020, pp. 1328-51.

Karmaliani, Rozina *et al*. «Report: Understanding intimate partner violence in Pakistan through a male lens», Instituto para el Desarrollo de Ultramar, 20 de marzo de 2017.

Coffey, Diane. «When women eat last», *The Hindu*, 3 de enero de 2017, https://www.thehindu.com/opinion/op-ed/When-women-eat-last/article16978948.ece (última consulta, 27 de abril de 2021).

de Beauvoir, Simone. *El segundo sexo*, Ediciones Cátedra, Grupo Anaya, Madrid, 2017.

Jayawardena, Kumari. *Feminism and Nationalism in the Third World*, Verso, (1.ª edición de 1986), Londres y Nueva York, 2016.

Lerner, Gerda. *The Creation of Patriarchy*, Oxford University Press, Nueva York y Oxford, 1986.

Organización Internacional del Trabajo: «Global Estimates of Modern Slavery: Forced Labour and Forced Marriage», ILO y Fundación Walk Free, Ginebra, 19 de septiembre de 2017, https://www.ilo.org/global/publications/books/WCMS_575479/lang-en/index.htm (última consulta, 9 de marzo de 2021).

«Child Marriage Around the World: Infographic», UNICEF, 11 de marzo de 2020, https://www.unicef-org/stories/child-marriage-around-world (última consulta, 9 de marzo de 2021).

«Improvements introduced to marriage registration system», página web del Gobierno del Reino Unido, 4 de mayo de 2021, https://www.gov.uk/government/news/improvements-introduced-to-marriage-registration-system (última consulta, 12 de mayo de 2021).

Stretton, Tim y Krista J. Kesselring (editores). *Married Women and the Law: Coverture in England and the Common Law World*, McGill-Queen's University Press, 2013.

Levin, Bess. «Samuel Alito's Antiabortion Inspiration: A 17th-century jurist who supported marital rape and had women executed», *Vanity Fair* en línea, 3 de mayo de 2022, https://www.vanityfair.com/news/2022/05/samuel-alito-roe-v-wade-abortion-draft (última consulta, 19 de mayo de 2022).

Deuteronomio 21:10-25:19. *la Biblia*, versión oficial de la Conferencia Episcopal Española, Biblioteca de Autores Cristianos, Madrid, 2017.

Gelb, I.J. «Prisoners of War in Early Mesopotamia», *Journal of Near Eastern Studies*, vol. 32, núm. 1/2, enero-abril de 1973, pp. 70-98.

Colley, Linda. «Going Native, Telling Tales: Captivity, Collaborations and Empire», *Past & Present*, núm. 168, pp. 170-93, agosto de 2000.

Cameron, Catherine M. *Captives: How Stolen People Changed the World*, University of Nebraska Press, Lincoln y Londres, 2016.

«World of Domesday: The social order», Archivos Nacionales del Reino Unido, https://www.nationalarchives.gov.uk/domesday/world-of-domesday/order.htm (última consulta, 17 de abril de 2022).

Rossiter, W.S. *A Century of Population Growth. From the First Census to the Twelfth Census of the United States: 1790-1900*. Oficina del Censo de Estados Unidos, https://www.census.gov/library/publications/decennial/1900/century-of-growth/1790-1900-century-of-growth-part-1. pdf (última consulta, 22 de septiembre de 2022).

Hochschild, Adam. *Bury the Chains: Prophets and Rebels in the Fight to Free an Empire's Slaves*, Houghton Mifflin, Boston, 2005.

Helgason, Agnar *et al.* «Estimating Scandinavian and Gaelic ancestry in the male settlers of Iceland», *American Journal of Human Genetics*, vol. 67, núm. 3, septiembre de 2000, pp. 697-717.

Cocks, Tim y Abrak, Isaac. «Nigeria's Boko Haram threatens to sell kidnapped schoolgirls», *Reuters*, 5 de mayo e 2014, https://www.reuters.com/article/uk-nigeria-girls-protester/nigerias-boko-haram-threatens-to-sell-kidnapped-schoolgirls-idUKKBN0DL0LH20140505 (última consulta, 15 de mayo de 2021).

Mbah, Fidelis. «Nigeria's Chibok schoolgirls: Five years on, 112 still missing», Aljazeera.com, 14 de abril de 2019, https://www.aljazeera.com/news/2019/4/14/nigerias-chibok-schoolgirls-five-years-on-112-still-missing (última consulta, 25 de septiembre de 2021).

Taylor Lin. «Nearly 10.000 Yazidis killed, kidnapped by Islamic State in 2014, study finds», *Reuters*, 9 de mayo de 2017, https://www.reuters.com/article/us-mideast-crisis-iraq-yazidis-idUSKBN185271 (última consulta, 15 de marzo de 2021).

«Kyrgyzstan: Fury over death of "bride kidnapping" victim», página web de la *BBC News*, 8 de abril de 2021, https://www.bbc.co.uk/news/world-asia-56675201 (última consulta, 23 de abril de 2021)

Taylor, Lin. «One in five girls and women kidnapped for marriage in Kyrgyzstan: study», *Reuters*, 2 de agosto de 2017, https://www.reuters.com/article/us-kyrgyzstan-women-bride-kidnapping-idUSKBN1AH5GI (última consulta, 15 de marzo de 2021).

Becker, Charles M. Mirkasimov, Bakhrom y Steiner, Susan. Ponencia núm. 35, «Forced Marriage and Birth Outcomes», Instituto de Política y Administración Públicas, Universidad de Asia Central, 2016. https://www.ucentralasia.org/Cotent/Downloads/Forced%20Marriage%20and%20Birth%20outcomes%20updated.pdf (última consulta, 12 de mayo de 2021).

Steiner, Susan y Becker, Charles M. «How Marriages Base on Bride Capture Differ: Evidence from Kyrgyzstan», *Demographic Research*, vol. 41, núm. 20, pp. 579-92, 22 de agosto de 2019.

Arabsheibani, Reza, Kudebayeva, Alma y Mussurov, Altay. «Bride Kidnapping and Labour Supply Behaviour of Married Kyrgyz Women», ponencia núm. 14133 del Instituto de Economía del Trabajo (IZA), 3 de marzo de 2021, https://papers.ssrn.com/sol3/Delivery.cfm/dp14133.pdf?abstractid=3794079&mirid=1 (última consulta, 31 de marzo de 2021).

Rowbotham, Sheila. *Mujeres, resistencia y revolución: una historia de las mujeres y la revolución en el mundo moderno*, Txalaparta S.L., Tafalla, Navarra, 2020.

Patterson, Orlando. *Slavery and Social Death: A Comparative Study, with a new preface*, Harvard University Press, Cambridge, Massachusetts, (1.ª edición de 1982), 2018 (con una nueva introducción).

—. «Trafficking, Gender and Slavery: Past and Present», discurso transcrito en la obra *The Legal Parameters of Slavery: Historical to the Contemporary*, publicado por el Instituto Charles Hamilton de Houston, Facultad de Derecho de Harvard, Cambridge, Massachusetts, 2011.

Delphy, Christine. *Por un feminismo materialista: el enemigo principal y otros textos*, Lasal, Edicions de les Dones, Barcelona, 1985.

Abramowicz, Sarah. «English Child Custody Law, 1660-1839: The Origins of Judicial Intervention in Paternal Custody», *Columbia Law Review*, vol. 99, núm. 5, junio de 1999, pp. 1344-92.

Folbre, Nancy. *Rise and Decline of Patriarchal Systems: An Intersectional Political Economy*, Verso Books, Nueva York, 2021.

García, Manon. *We Are Not Born Submissive: How Patriarchy Shapes Women's Lives*, Princeton University Press, Princeton, Nueva Jersey, 4 de mayo de 2021.

Efesios 5:24. *la Biblia*, versión oficial de la Conferencia Episcopal Española, Biblioteca de Autores Cristianos, Madrid, 2017.

Human Rights Watch: «Everything I Have to Do is Tied to a Man: Women and Qatar's Male Guardianship Rules», HRW, Nueva York, 29 de marzo de 2021, https://www.hrw.org/report/2021/03/29/everything-ihave-do-tied-man/women-and-quatars-male-guardianship-rules (última consulta, 31 de marzo de 2021).

Mernissi, Fátima. *El poder olvidado: las mujeres ante un islam en cambio*, Icaria Editorial, Barcelona, 2003.

Holzman, Donald. «The Place of Filial Piety in Ancient China», *Journal of the American Oriental Society*, vol. 118, núm. 2, abril-junio de 1998, pp. 185-99.

Como, Lucia, La Ferrara, Eliana y Voena, Alessandra. «Female Genital Cutting and the Slave Trade», ponencia presentada en el Centro de Investigaciones de Política Económica, Londres, diciembre de 2020.

Organización Mundial de la Salud: «Female genital mutilation», 3 de febrero de 2020, https://www.who.int/news-room/fact-sheets/detail/female-genital-mutilation (última consulta, 15 de mayo de 2021).

Kandiyoti, Deniz. «Bargaining with Patriarchy», *Gender and Society*, vol. 2, núm. 3, septiembre de 1988, pp. 274-90.

Afzal, Nazir. *The Prosecutor: One Man's Pursuit of Justice for the Voiceless*, Ebury Press, Londres, 2020.

Nwaubani, Adaobi Tricia. «Letter from Africa: Freed Boko Haram "wives" return to captors», página web de la *BBC News*, 26 de julio de 2017, https://www.bbc.co.uk/news/world-africa-40704569 (última consulta, 15 de marzo de 2021).

Patterson, Orlando. *Freedom: Volume I: Freedom in the Making of Western Culture*, Basic Books, Nueva York, 1991.

Martin, Debra L. Harrod, Ryan P. y Fields, Misty. «Beaten Down and Worked to the Bone: Bioarchaeological Investigations of Women and Violence in the Ancient Southwest», *Landscapes of Violence*, vol. 1, núm. 1, artículo 3, 2010.

Leonetti, Donna L. *et al*. «In-Law Conflict: Women's Reproductive Lives and the Roles of Their Mothers and Husbands among the Matrilineal Khasi», *Current Anthropology*, vol. 48, núm. 6, pp. 861-90, diciembre de 2007.

Rohrlich, Ruby. «State Formation in Sumer and the Subjugation of Women», *Feminist Studies*, vol. 6, núm. 1, pp. 76-102, primavera de 1980.

Gilligan, Carol y Snider, Naomi. *Why Does Patriarchy Persist?*, Polity Press, Cambridge, Inglaterra; y Medford, Massachusetts, 2018.

Capítulo 7. La revolución

Luxemburgo, Rosa. «The Socialisation of Society», diciembre de 1918, traducido del alemán al inglés por Dave Hollis, Marxists.org, https://www.marxists.org/archive/luxemburg/1918/12/20.htm (última consulta, 25 de abril de 2022).

«Germany: New Reichstag», *TIME*, 12 de septiembre de 1932, http://content.time.com/time/subscriber/article/0.33009.744331.00.html (última consulta, 30 de mayo de 2021).

Zetkin, Clara. «Fascism must be Defeated», *SocialistWorker.org*, 10 de enero de 2014, http://socialistworker.org/2014/01/10/fascism-must-be-defeated (última consulta, 30 de mayo de 2021).

—. *Clara Zetkin: Selected Writings*, Haymarket Books, Chicago, 2015 (publicado por primera vez por International Publishers, Nueva York, en 1984).

Dollard, Catherine L. «Socialism and Singleness: Clara Zetkin», en *The Surplus Woman: Unmarried in Imperial Germany, 1871-1918*, pp. 164-75, Berghahn Books, Nueva York y Oxford, 2009.

Boxer, Marilyn J. «Rethinking the Socialist Construction and International Career of the Concept "Bourgeois Feminism"», *The American Historical Review*, vol. 112, núm. 1, febrero de 2007, pp. 131-58.

Harsch, Donna. «Approach/avoidance: Communists and women in East Germany, 1945-9», *Social History*, vol. 25, núm. 2, mayo de 2000, pp. 156-82.

Davis, Angela Y. *Mujeres, raza y clase*, Ediciones Akal, S.L., Tres Cantos, Madrid, 2004.

Arruzza, Cinzia, Bhattacharya, Tithi y Fraser, Nancy. *Manifiesto de un feminismo para el 99%*, Herder Editorial, Barcelona, 2023.

Kaplan, Temma. «On the Socialist Origins of International Women's day», *Feminist Studies*, vol. 11, núm. 1, pp. 163-71, primavera de 1985.

Evans, Richard J. «Theory and practice in German Social Democracy 1880-1914: Clara Zetkin and the Socialist Theory of Women's Emancipation», *History of Political Thought*, vol. 3, núm. 2, pp. 285-304, 1982.

Breuer, Rayna. «How Angela Davis became an icon in East Germany»,

DW.com, 12 de octubre de 2020, https://www.dw.com/en/how-angela-davis-became-an-icon-in-east-germany/a-55237813 (última consulta, 14 de julio de 2021).

Drakulic, Slavenka. *How We Survived Communism and Even Laughed*, Random House, Londres, 1993.

Hoffmann, David L. «The Great Socialist Experiment? The Soviet State in Its International Context», *Slavic Review*, vol. 76, núm. 3, pp. 619-28, otoño de 2017.

Applebaum, Anne y Lieven, Anatol. «Was communism as bad as Nazism?», *Prospect*, 20 de octubre de 2020.

Addelmann, Quirin Graf y von Godin, Gordorn Freiherr (editores). *DDR Museum Guide: A companion to the Permanent Exhibition*, DDR Museum Verlag GmbH, Berlín, 2017.

Funk, Nanette. «Feminism and Post-Communism», *Hypatia*, vol. 8, núm. 4, pp. 85-8, otoño de 1993.

Goldman, Wendy Z. *Women, the State, and Revolution: Soviet Family Policy and Social Life, 1917-1936*, Cambridge University Press, Cambridge y Nueva York, 1993.

Smith, Hedrick. «In Soviet Union, Day Care Is the Norm», *New York Times*, 17 de diciembre de 1974, https://www.nytimes.com/1974/12/17/archives/in-soviet-union-day-care-is-the-norm.html (última consulta, 6 de febrero de 2022).

Lenin, V.I. «Discurso en el I Congreso de Toda Rusia de Obreras», 19 de noviembre de 1918, Marxists.org, https://www.marxists.org/espanol/lenin/obras/1918/noviembre/19.htm (Juan Fajardo, mayo de 2019).

Brown, Archie. *The Rise and Fall of Communism*, Bodley Head, Londres, 2009.

Ruthchild, Rochelle Goldberg. «Women and Gender in 1917», *Slavic Review*, vol. 76, núm. 3, pp. 694-702, otoño de 2017.

Bauer, Raymond A. Inkeles, Alex y Kluckhohn, Clyde. *How the Soviet System Works, Cultural, Psychological and Social Themes*, Harvard University Press, Cambridge, Massachusetts, 1956.

El Proyecto de Harvard sobre el Sistema Social Soviético En Línea, Biblioteca de Harvard, https://library.harvard.edu/sites/default/files/static/

collections/hpsss/index.html (última consulta, 30 de mayo de 2021). Transcripciones referenciadas en: Apéndice A, vol. 2, fichero 11 (entrevistador J.R., categoría A3); Apéndice A, vol. 32, fichero 91/(NY)1124 (entrevistador M.S., categoría A4); Apéndice B, vol. 22, fichero 607 (entrevistador M.F.); Apéndice B, vol. 23, fichero 67, (entrevistador K.G.).

May, Elaine Tyler. *Homeward Bound: American families in the Cold War era*, Basic Books, Nueva York, 1988.

Faderman, Lillian. *Woman: The American History of an Idea*, Yale University Press, New Haven, marzo de 2022.

«Postwar Gender Roles and Women in American Politics», ensayo incluido en Mujeres del Congreso, exposición de 1917-2006, Historia, Arte y Archivos de la Cámara de Representantes de Estados Unidos, 2007, https://history.house.gov/Exhibitions-and-Publication/WIC/Historical-Essays/Changing-Guard/Identity (última consulta, 2 de junio de 2021).

Bix, Amy Sue. *Girls Coming to Tech! A History of American Engineering Education for Women*, MIT Press, Cambridge, Massachusetts, 2013.

Ruthchild, Rochelle. «Sisterhood and Socialism: The Soviet Feminist Movement», *Frontiers: A Journal of Women Studies*, vol. 7, núm. 2, pp. 4-12, 1983.

Fodor, Eva. «The State Socialist Emancipation Project: Gender Inequality in Workplace Authority in Hungary and Austria», *Signs*, vol. 29, núm. 3, pp. 783-813, primavera de 2004.

Fuchs, Michaela *et al*. Ponencia de la IAB 201911: «Why do women earn more than men in some regions? Explaining regional differences in the gender pay gap in Germany», Instituto para la Investigación sobre el Empleo, Nuremberg, Alemania, 2019.

Lukic, Jasmina. «One Socialist Story, or How I Became a Feminist», en «Ten Years After: Communism and Feminism Revisited», editado por Francisca de Haan, *Aspasia*, vol. 10, núm. 2, marzo de 2016, pp. 135-45.

Guglielmi, Giorgia. «Eastern European universities score highly in university gender ranking», *Nature*, 29 de mayo de 2019, https://www.nature.com/articles/d41586-019-01642-4 (última consulta, 14 de septiembre de 2022).

Eveleth, Rose. «Soviet Russia Had a Better Record of Training Women in STEM Than America Does Today», *Smithsonian Magazine*, 12 de diciembre de 2013, https://www.smithsonianmag.com/smart-news/soviet-russia-had-a-better-record-of-training-women-in-stem-than-america-does-today-180948141 (última consulta, 8 de junio de 2021).

Gharibyan, Hasmik y Gunsaulus, Stephan. «Gender Gap in Computer Science Does Not Exist in One Former Soviet Republic: results of a study», *Association for Computing Machinery Special Interest Group on Computer Science Education Bulletin*, junio de 2006, vol. 38, núm. 3, pp. 222-6.

Lippmann, Quentin y Senik, Claudia. «Math, Girls and Socialism», *Journal of Comparative Economics*, mayo de 2018, vol. 46, núm. 3, pp. 874-88.

Friedman-Sokuler, Naomi y Senik, Claudia. «From Pink-Collar to Lab Coat: Cultural Persistence and difusión of Socialist Gender Norms», ponencias 13385 del IZA, Instituto de Economía del Trabajo, Bonn, Alemania, junio de 2020.

Friedan, Betty. *La mística de la feminidad*, Ediciones Cátedra, Grupo Anaya, Madrid, 2019.

Gosse, Van. «Betty Friedan», en *The Movements of the New Left, 1950-1975: A Brief History with Documents*, Colección Bedford de Historia y Cultura, Palgrave Macmillan, Nueva York, 2005.

Horowitz, Daniel. «Rethinking Betty Friedan and the Feminine Mystique: Labor Union Radicalism and Feminism in Cold War America», *American Quarterly*, vol. 48, núm. 1, marzo de 1996, pp. 1-42.

Ghodsee, Kristen Rogheh. *Why Women Have Better Sex Under Socialism: and Other Arguments for Economic Independence*, Nation Books, Nueva York, 2018.

Ghodsee, Kristen. «Opinion: Why Women Had Better Sex Under Socialism», *New York Times*, 12 de agosto de 2017.

Ghosh, Pallab. «Valentina Tereshkova: USSR was "worried" about women in space», página web de *BBC News*, 17 de septiembre de 2015, hhttps://www.bbc.co.uk/news/science-environment-34270395 (última consulta, 30 de mayo de 2021)

Schuster, Alice. «Women's Role in the Soviet Union: Ideology and Reality», *Russian Review,* vol. 30, núm. 3, julio de 1971, pp. 260-7.

Schulte, Elizabeth. «Clara Zetkin, Socialism and Women's Liberation», SocialistWorker.org, 7 de marzo de 2014, https://socialistworker.org/2014/03/07/clara-zetkin-and-socialism (última publicación, 23 de abril de 2022).

Rowbotham, Sheila. *Mujeres, resistencia y revolución: una historia de las mujeres y la revolución en el mundo moderno*, Txalaparta S.L., Tafalla, Navarra, 2020.,

Honeycutt, Karen. «Clara Zetkin: A Socialist Approach to the Problem of Woman's Oppression», *Feminist Studies*, vol. 3, núm. 3/4, pp. 131-44, primavera-verano de 1976.

Sudau, Christel y Biddy Martin. «Women in the GDR», *New German Critique*, núm. 13, pp. 69-81, invierno de 1978.

Harsch, Donna. *The Revenge of the domestic: Women, the Family, and Communism in the German Democratic Republic*, Princeton University Press, 2006.

Fondo de las Naciones Unidas para el Desarrollo de las Mujeres: «The Story Behind the Numbers: Women and Employment in Central and Eastern Europe and the Western Commonwealth of Independent States», UNIFEM, marzo de 2006, https://www.refworld.org/docid/46cadad40.html (última publicación, 18 de junio de 2021).

Fodor, Eva y Balogh, Anikó. «Back to the kitchen? Gender role attitudes in 13 East European countries», *Zeitschrift für Familienforschung* (*Journal of Family Research*), vol. 22, núm. 3, pp. 289-3027.

Kranz, Susanne. «"Der Sozialismus Siegt": Women's Ordinary Lives in an East German Factory», *Journal of International Women's Studies*, vol. 18, núm. 4, pp. 50-68.

Ghodsee, Dristen. «Red Nostalgia? Communism, Women's Emancipation, and Economic Transformation in Bulgaria», *L'Homme*, vol. 15, núm. 1, enero de 2004, pp. 23-36.

«Vladimir Putin Meets with Members of the Valdai Discussion Club, Transcript of the Plenary Session of the 18th Annual Meeting», Club Valdai, 22 de octubre de 2021, https://valdaiclub.com/events/posts/articles/vladimir-putin-meets-with-members-of-the-valdai-discussion-club-transcript-of-the-18th-plenary-session (última publicación, 23 de abril de 2022).

Kirchik, James. «Why Putin's Defense of "Traditional Values" Is Really a War on Freedom», *Foreign Policy*, 3 de enero de 2014, https://foreignpolicy.com/2014/01/03/why-putins-defense-of-traditional-values-is-really-a-war-on-freedom (última consulta, 23 de abril de 2022).

Neumeyer, Joy. «Poland's Abortion Ban Protests Changed the Country Forever», *Foreign Policy*, 8 de noviembre de 2021, https://foreignpolicy.com/2021/11/08/poland-abortion-ban-women-strike-catholic-religion-progressive-politics (última consulta, 10 de febrero de 2022).

«Polish election: Andrzej Duda says LGBT "ideology" worse tan communism», *BBC News*, 14 de junio de 2020, https://www.bbc.co.uk/news/world-eurpe-53039864 (última consulta, 2 de julio de 2021).

«Hungary to stop financing gender studies courses: PM aide», *Reuters*, 14 de agosto de 2018, https://www.reuters.com/article/us-hungary-government-education/hungary-to-stop-financing-gender-studies-courses-pm-aide-idUSKBN1KZ1M0 (última consulta, 18 de junio de 2021).

Fodor, Eva. *The Gender Regime of Anti-Liberal Hungary*, Palgrave Macmillan, Cham, Suiza, 2022.

Edgar, Adrienne. «Bolshevism, Patriarchy, and the Nation: The Soviet "Emancipation" of Muslim Women in Pan-Islamic Perspective», *Slavic Review*, vol. 65, núm. 2, pp. 252-72, verano de 2006.

Borbieva, Noor O'Neill. «Kidnapping Women: Discourses of Emotion and Social Change in the Kyrgyz Republic», *Anthropological Quarterly*, vol. 85, núm. 1, pp. 141-69, invierno de 2012.

Oglobin, Constantin G. «The Gender Earnings Differential in the Russian Transition Economy», *Industrial and Labor Relations Review*, vol. 52, núm. 4, pp. 602-27, julio de 1999.

Oglobin, Constantin. «The Sectoral Distribution of Employment and Job Segregation by Gender in Russia», *Regional and Sectoral Economic Studies*, vol. 5, núm. 2, pp. 5-18.

Capítulo 8. La transformación

Bahrami, Ardavan. «A woman for all seasons: In memory of Farrokhrou Parsa», *iranian.com*, 9 de mayo de 2005, http://www.iranian.com/ ArdavanBahrami/2005/May/Parsa/index.html (última consulta, 12 de enero de 2022).

«Farrokhru Parsa»: Centro Abdorrahman Boroumand para los Derechos Humanos en Irán, https://www.iranrights.org/memorial/story/34914/ farrokhru-parsa (última consulta, 12 de enero de 2022).

Childress, Diana. *Equal Rights is Our Minimun Demand: The Women's Rights Movement in Iran, 2005*, Twenty-First Century Books, Minneapolis, 2011.

Esfandiari, Golnaz. «Hijabs and Harassment: How Iran Soured Its "Sisters" on the Revolution», *Radio Free Europe*, 23 de febrero de 2019, https:// www.rferl.org/a/hijabs-harassment-how-iran-soured-its-sisters-on-the-revolution/29786447.html (última consulta, 12 de enero de 2022).

Cain, Sian. «Hangameh Golestan's best photograph: Iranian women rebel against the 1979 hijab law», *Guardian*, 3 de septiembre de 2015, https://www.theguardian.com/artanddesign/2015/sep/03/hengameh-golestans-best-photograph-iranian-women-rebel-against-the-1979-hijab-law (última consulta, 14 de enero de 2022).

«100.000 Iranian Women March Against The Hijab Law in 1979 Tehran», *Flashbak*, 14 de octubre de 2017, https://flasbak.com/100000-iranian-women-march-hijab-law-1979-tehran-388136 (última consulta, 13 de enero de 2022).

Ibrahim, Youssef M. «"Death to Despostism Under Any Cover", Was the Cry Last Week», *New York Times*, 11 de marzo de 1979, https://www. nytimes.com/1979/03/11/archives/irans-new-women-rebel-at-returning-to-the-veil.html (última consulta, 26 de enero de 2022).

Buchan, James. *Days of God: The Revolution in Iran and its Consequences*, Simon and Schuster, Nueva York, 2012.

Jecks, Nikki. «"I was Iran's last woman minister"», *BBC News*, 19 de agosto de 2009, http://news.bbc.co.uk/2/hi/middle_east/8207371.stm (última consulta, 16 de enero de 2022).

Alinejad, Masih. *The Wind in My Hair: My Fight for Freedom in Modern Iran*, Little, Brown and Company, Nueva York, 2018.

Dehghan, Saeed Kamali. «Tehran hijab protest: Iranian police arrest 29 women», *Guardian*, 2 de febrero de 2018, https://www.theguardian.com/world/2018/feb/02/tehran-hijab-protest-iranian-police-arrest-29-women (última consulta, 21 de enero de 2022).

Centro Alto el Fuego en los Derechos Civiles: «Beyond the Veil: Discrimination Against Women in Iran», Centro Alto el Fuego en los Derechos Civiles, Centro para los Defensores de los Derechos Humanos y Grupo Internacional para los Derechos de las Minorías, septiembre de 2019, https://www.ceasefire.org/wp-content/uploads/2019/09/Beyond-the-Veil_CEASEFIRE_MRG_Iran_EN_Sept19.pdf (última consulta, 13 de febrero de 2022).

«Flower protest in Paris for Iranian no-headscarf activist», *Associated Press*, 8 de marzo de 2021, https://apnews.com/article/paris-iran-middle-east-womens-rights-2cc61bf90a93907a9bbf2b47a3d9d91d (última consulta, 16 de enero de 2022).

«Iran protests spread, death toll rises as internet curbed». *Reuters*, 21 de septiembre de 2022, https://www.reuters.com/world/middle-east/four-iranian-plice-officers-injured-one-assitant-killed-after-protests-iran-2022-09-21 (última consulta, 22 de septiembre de 2022).

Rasmussen, Sune Engel. «Iran Protests Erupt Anew After Teenage Demonstrator's Death», *Wall Street Journal*, 5 de octubre de 2022, https://www.wsj.com/articles/iran-protests-erupt-anew-after-a-teenage-protesters-death-11664993771 (última consulta, 19 de octubre de 2022).

«Iran protests: Schoolgirls heckle paramilitary speaker», *BBC News*, 5 de octubre de 2022, https://www.bbc.com/news/world-middle-east-63143504 (última consulta, 19 de octubre de 2022).

«Iran man "drives car into two women" for "not wearing hijab"», *New Arab*, 11 de agosto de 2021, https://english.alaraby.co.uk/news/iran-man-drives-car-two-women-not-wearing-hijab (última consulta, 21 de enero de 2022).

Wright, Robin. «Iran's Kidnapping Plot Exposes Its Paranoia», *New Yorker*, 19 de julio de 2021, https://www.newyorker.com/news/daily-comment/

irans-kidnapping-plot-exposes-its-paranoia (última consulta, 13 de febrero de 2022).

Fazeli, Yaghoub. «Iranian journalist Nasih Alinejad's brother sentenced to 8 years in prison: Lawyer», *Al Arabiya English*, 16 de julio de 2020, https://english.alarabiya.net/News/middle-east/2020/07/16/Iranian-journalist-Masih-Alinejad-s-brother-sentenced-to-8-years-in-prison-Lawyer (última consulta, 21 de enero de 2022).

Washburn, Dan. «Interview: What it Was Like to Travel to Iran With Andy Warhol in 1976», *Asia Blog*, Sociedad de Asia, 22 de octubre de 2013, https://asiasociety.org/blog/asia/interview-what-it-was-travel-iran-andy-warhol-1976 (última consulta 20 de mayo de 2022).

Afary, Janet. «Steering between Scylla and Charybdis: Shifting Gender Roles in Twentieth Century Iran», *NWSA Journal*, vol. 8, núm. 1, pp. 28-49, primavera de 1996.

Fincher, Leta Hong. *Betraying Big Brother: The Feminist Awakening in China*, Verso, Londres y Nueva York, 2018.

Kasakove, Sophie. «What's Happening With Abortion Legislation in States Across the Country», *New York Times*, 14 de abril de 2022, https://www.nytimes.com/article/abortion-laws-us.html (última consulta, 2 de mayo de 2022).

«Oklahoma passes bill banning most abortions after conception», página web de *BBC News*, 20 de mayo de 2020. https://www.bbc.com/news/world-us-canada-61517135 (última consulta, 21 de mayo de 2022).

«Former President Trump in Florence, South Carolina», C-SPAN.org, 12 de marzo de 2022, https://www.c-span.org/video/?518447-1/president-trump-florence-south-carolina (última consulta, 2 de mayo de 2022).

Gessen, Masha. «Family Values», *Harper's Magazine*, marzo de 2017.

Beckerman, Gal. *The Quiet Before: On the Unexpected Origins of Radical Ideas*, Crown, Nueva York, 2022.

Amir-Ebrahimi, Masserat. «The Emergence of Independent Women in Iran: A Generational Perspective», en Janet Afary y Jesilyn Faust (editoras): *Iranian Romance in the Digital Age: From Arranged Marriage to White Marriage*, I.B. Tauris, Londres, 2021.

Ebadi, Shirin. «I thought the Iranian Revolution would bring freedom, I

was wrong», *Washington Post*, 25 de febrero de 2020, https://www.
washingtonpost.com/opinions/2020/02/25/i-thought-iranian-revolu-
tion-would-bring-freedom-i-was-wrong (última consulta, 14 de enero
de 2022).

Hasso, Frances Susan. «Bargaining With the Devil: States and Intimate
Life», *Journal of Middle East Women's Studies*, vol. 10, núm. 2, pp.
107-34, primavera de 2014.

«The age of consent and rape reform in Delaware», *Widener Law Blog*,
Delaware Library, 7 de julio de 2014, https://blogs.lawlib.widener.edu/
delaware/2014/07/07/the-age-of-consent-and-rape-reform-in-delaware
(última consulta, 9 de febrero de 2022).

Freedman, Estelle B. *Redefining Rape: Sexual Violence in the Era of
Suffrage and Segregation*, Harvard University Press, Cambridge,
Massachusetts, 2013.

El Saadawi, Nawal. *Woman at Point Zero*, Zed Books, Londres, 1983.

Sullivan, Zohreh T. «Eluding the Feminist, Overthrowing the Modern?
Transformations in Twentieth-Century Iran», capítulo 6 del libro editado por Lila Abu-Lughod, *Remaking Women: Feminism and Modernity
in the Middle East*, Princepton University Press, Princeton, Nueva
Jersey, pp. 215-42, 1998.

Kar, Mehrangiz y Pourzand, Azadeh. «Iranian Women in the Year 1400:
The Struggle for Equal Rights Continues», Nota Breve, Consejo Atlántico, 2021.

Osanloo, Arzoo. «Lessons from the Suffrage Movement in Iran», *The Yale
Law Journal* (Forum), vol. 129, 20 de enero de 2020.

Borjian Maryam. «The Rise and Fall of a Partnership: The British Council
and the Islamic Republic of Iran (2001-09)» *Iranian Studies*, vol. 44,
núm. 4, julio de 2011, pp. 541-62.

«Statistics Center of Iran: More than 9.000 Child Marriages Were Regis-
tered in the Summer of 1999», *RFI*, 2 de enero de 2021, https://bit.
ly/321K7zD (última consulta, 3 de febrero de 2022).

Sadeghi, Fátima. «Foot Soldiers of the Islamic Republic's "Culture of Mo-
desty"», *Middle East Research and Information Project*, núm. 250,
primavera de 2009.

Chatterjee, Partha. *The Nation and its Fragments: Colonial and Postcolonial Histories*, Princeton University Press, Princeton, Nueva Jersey, 1993.

—. «The Nationalist Resolution of the Women's Question», en Kumkum Sangari y Sudesh Vaid (editoras), *Recasting Women: Essays in Colonial History*, Kali for Women, Nueva Delhi, 1989.

Chattopadhyay, Shreya. «As the US Leaves Afghanistan, Anti-War Feminists Push a new Approach to Foreign Policy», *The Nation*, 9 de agosto de 2021, https://www.thenation.com/article/world/afghanistan-feminist-foreign-policy (última consulta, 19 de febrero de 2022).

Hark, Sabine y Villa, Paula-Irene. *The Future of Difference: Beyond the Toxic Entanglement of Racism, Sexism and Feminism*, Verso, Londres, y Nueva York, 2020.

Matfess, Hilary y Margolin, Devorah. «The Women of January 6th: A Gendered Analysis of the 21st Century American Far-Right», Programa sobre el Extremismo de la Universidad George Washington, Washington DC, abril de 2022.

Razavi, Shara y Jenichen, Anne. «The Unhappy Marriage of Religion and Politics: Problems and Pitfalls for Gender Equality», *Third World Quarterly*, vol. 31, núm. 6, pp. 833-50, 2010.

Gabbert, Echi Christina. «Powerful Mothers, Radical Daughters: Tales about and cases of women's agency among the Arbore of southern Ethiopia», *Paideuma*, núm. 60, pp. 187-204, 2014.

Mernissi, Fátima. *Sueños en el umbral: memorias de una niña en el harén,* El Aleph Editores, Grup 62, Barcelona, 2002.

Zakaria, Rafia. *Contra el feminismo blanco*, Continta Me Tienes (Errementari S.L.), Madrid, 2022.

Mernissi, Fátima. *El poder olvidado: las mujeres ante un islam en cambio*, Icaria Editorial, Barcelona, 2003.

Mernissi, Fátima. *The Veil and the Male Élite: A Feminist Reinterpretation of Women's rights in Islam*, Addison-Wesley Publishing Company, Inc., Nueva York, 1991.

Sow, Fatou. «Fundamentalisms, Globalisation and Women's Human Rights in Senegal», *Gender and Development*, vol. 11, núm. 1, mayo de 2003, pp. 69-76.

Ratzinger, Joseph Cardinal. «Letter to the Bishops of the Catholic Church on the Collaboration of Men and Women in the Church and in the World», página web del Vaticano, 31 de mayo de 2004, https://www.vatican.va/roman_curia/congregations/cfaight/documents/rc_con_cfaith_doc:20040731_collaboration _en.html (última consulta, 17 de febrero de 2022).

Seedat, Fátima. «Islam, Feminism, and Islamic Feminism: Between Inadequacy and Inevitability», *Journal of Feminist Studies in Religion*, vol. 29, núm. 2, pp. 25-45, otoño de 2013.

Golley, Nawar Al-Hassan. «Is Feminism Relevant to Arab Women?», *Third World Quarterly*, vol. 25, núm. 3, pp. 521-36, 2004.

Korotayev, Andrey. «Were There Any Truly Matrilineal Lineages in the Arabian Peninsula?», *Proceedings of the Seminar for Arabian Studies*, vol. 25, pp. 83-98, 1995.

Bakhshizadeh, Marziyeh. «Three Streams of Thought in the Near East and Iran and Their View son Women's Rights», en *Changing Gender Norms in Islam Between Reason and Revelation*, pp. 101-12, primera edición, Verlag Barbara Budrich, Opladen, Alemania, 2018.

Hamlin, Kimberly A. *Free Thinker: Sex, Suffrage, and the Extraordinary Life of Helen Hamilton Gardener*, W.W. Norton and Company, Nueva York, 2020.

Eltahawy, Mona. *Headscarves and Hymens: Why the Middle East Needs a Sexual Revolution*, Farrar, Straus and Giroux, Nueva York, 2015.

Al-Kadhi, Amrou. *Unicorn, The Memoir of a Muslim Drag Queen*, 4th Estate, Londres, 2019.

Coser, Lewis A. «Social Conflict and the Theory of Social Change», *British Journal of Sociology,* vol. 8, núm. 3, pp. 197-207, septiembre de 1957.

Alikarami, Leila. *Women and Equality in Iran: Law, Society and Activism*, I.B. Tauris, Londres, 2019.

«Inheritance Law», Portal de Datos de Irán, https://irandataportal.syr.edu/inheritance-law (última publicación, 13 de febrero de 2022).

Afary, Janet y Faust, Jesilyn (editoras). *Iranian Romance in the Digital Age: From Arranged Marriage to White Marriage*, I.B. Tauris, Londres, 2021.

Barlow, Rebecca y Shahram Akbarzadeh. «Women's Rights in the Muslim World: Reform or Reconstruction?», *Third World Quarterly*, vol. 27, núm. 8, pp. 1481-94, 2006.

Kandiyoti, Deniz. *Gendering the Middle East: Emerging Perspectives*, Syracuse University Press, Nueva York, 1996.

Mir-Hosseini, Ziba. «The Conservative: Reformist Conflict over Women's Rights in Iran», *International Journal of Politics, Culture, and Society*, vol. 16, núm. 1, pp, 37-53, otoño de 2002.

Ortiz-Ospina, Esteban y Roser, Max. «Marriages and Divorces», *OurWorldInData.org*, https://ourworldindata.org/marriages-and-divorces (última consulta, 19 de febrero de 2022).

«Saudi Arabia: 20.000 women apply for 30 train driver Jobs», página web de *BBC News*, 17 de febrero de 2022, https://www.bbc.com/news/world-middle-east-60414143 (última consulta, 17 de febrero de 2022).

Gao, Biye. «State, Family and Women's Reproductive Agency in China», *feminist@law*, vol. 6, núm. 2, 2017.

Yip Waiyee. «China: The men who are single and the women who don't want kids», página web *BBC News*, 25 de mayo de 2021, https://www.bbc.co.uk/news/world-asia-china-57154574 (última consulta, 2 de mayo de 2022).

«Fertility rate, total (birhts per woman)», Banco Mundial, https://data.worldbank.org/indicator/SP.DYN.TFRT.IN (última consulta, 19 de febrero de 2022).

«India court recognises transgender people as third gender», página web de *BBC News*, 15 de abril de 2014, https://www.bbc.com/news/world-asia-india-27031180 (última consulta, 19 de febrero de 2022).

«Marriage Equality Around the World», Fundación Campaña por los Derechos Humanos, https://www.hrc.org/resources/marriage-equality-around-the-world (última publicación, 2 de mayo de 2022).

Karmakar, Rahul. «Matrilineal Meghalaya to give land rights to men», *The Hindu*, 26 de octubre de 2021, https://www.thehindu.com/news/national/other-states/matrilineal-meghalaya-to-give-land-rights-to-men/article37175110.ece (última consulta, 14 de noviembre de 2021).

Jacob, Jeemon. «How a Kerala school has set the trend with gender-neu-

tral uniform», *India Today*, 16 de noviembre de 2021, https://www.
indiatoday.in/india-today-insight/story/how-a-kerala-school-has-set-
the-trend-with-gender-neutral-uniform-1877283-2021-11-16 (última
publicación, 19 de noviembre de 2021).

«Now, gender neutral uniforms for Plus One students of Balussery school»,
The Hindu, 18 de diciembre de 2021, https://www.thehindu.com/news/
cities/kozhikode/now-gender-neutral-uniforms-for-plus-one-students-
of-balussery-school/article37954516.ece (última publicación, 5 de
marzo de 2022).

Fanon, Frantz. *Piel negra, máscaras blancas*, Ediciones Akal, S.A., Madrid, 2016.

Índice analítico

la postura sufragista hacia los inmigrantes de Estados Unidos, 103-104

los inmigrantes judíos soviéticos en Israel, 302

los inmigrantes pobres de Estados Unidos, 100-101, 103-104

miedos de los nativos a los extranjeros en Europa, 168, 348, 371

Mill, Harriet Taylor, 29, 75

Mill, John Stuart, 29

Millett, Kate: *Política sexual*, 20

minorías sexuales, derechos de las, 236-237, 310, 317, 360

mitología, 27-28, 131, 137-139

antigua Grecia, 128-129, 225-226, 232, 238

y Gimbutas, 123, 128-129

Mohanty, Chandra Talpade, 21

monarquía:

eunucos en las casas reales, 252

faraonas, 228

mandato divino de los reyes, 19

pompa y boato europeos, 226

reina madre del imperio asante, 58

reinas y emperatrices, 22, 47, 213, 219, 220, 228

surgimiento en la antigua Mesopotamia, 213

mongoles, 182, 186, 188, 223

Morgan, Lewis Henry, 88-90, 91, 93, 95, 110, 122, 138

Morris, Ian, 198

Morris-Drake, Amy, 39

movimientos en defensa de los derechos de la mujer:

Convención en Seneca Falls (1848), 65, 66, 67, 76, 79, 80, 81, 86, 87, 97, 103, 107, 109

desarrollo en el siglo XIX, 65-66, 75-76, 86-87, 91, 95

movimiento por la liberación de las mujeres en Estados Unidos, 305, véase también feminismo,

traiciones de raza y clase en Estados Unidos, 103, 109

y derechos de los indígenas americanos, 95, 101-102

Museo Americano de Historia Natural, ciudad de Nueva York, 67-69, 71, 74

mutilación genital femenina, 268, 350, 356

Myers, Awhenjiosta, 80, 85

Nación Navajo, la, 79, 83-84, 108

nacionalismo extremista, 168, 319, 349

Naim, Mochtar, 52-53

nairs, los, 43-47, 48, 53-54, 106

Natan Dev, 227

neandertales, los, 161

Nefertiti, 228

editorial **K**airós

Puede recibir información sobre
nuestros libros y colecciones inscribiéndose en:

www.editorialkairos.com
www.editorialkairos.com/newsletter.html

Numancia, 117-121 • 08029 Barcelona • España
tel. +34 934 949 490 • info@editorialkairos.com